재림을 준비하는 교회가
성령님과 동행하는 법

정학영

재림을 준비하는 교회가
성령님과 동행하는 법

지은이	정학영
초판발행	2021년 6월 28일
펴낸이	배용하
등록	제364-2008-000013호
펴낸곳	도서출판 대장간
	www.daejanggan.org
등록한곳	충남 논산시 매죽헌로 1176번길 8-54
대표전화	전화 : 041-742-1424 전송 : 0303-0959-1424
분류	기독교	성령	방언	예언
ISBN	978-89-7071-562-9 (03230)

이 책은 저작권법에 의해 보호를 받는 출판물입니다.
기록된 형태의 허락 없이는 무단 전재와 복제를 금합니다.

 값 18,000원

하나님의 영광과
그의 이름을
위하여…

추천의 글
*가나다 순

　성령의 은사에 대해서 신약성경은 로마서12장, 고린도전서12-14장, 에베소서4장, 벧전4:10에서 말씀한다. 성령의 은사는 주 성령께서 개 교회를 세우기 위해서 각 교회의 지체들에게 주시는 능력이다. 우리가 알게 되는 것은 성령의 은사는 개 교회마다 다르게 주어졌다는 것이다. 로마교회에 주신 은사가 고린도교회나 에베소교회에 주신 은사와 똑같지 않고 같은 은사도 있고 다른 은사도 있다. 이것은 성령께서 개교회의 형편에 따라서 주권적으로 은사를 주신다는 것이다.

　바울사도는 고린도전서12-14장에서 고린도교인들에게 성령의 은사에 대해서 잘 알고 교회생활을 할 것을 권고한다. 우리는 성경에서 말씀하신 성령의 은사를 사모하면서 우리의 교회를 세워 나가야한다.

　본서는 성령의 은사인 방언과 예언에 대해서 잘 설명한 책이다. 저자인 정학영 목사가 성령으로부터 받은 은사를 체험하고 방언과 예언에 대해서 더 알기 원하는 이들을 가르칠 목적으로 이 책을 기록하였다고 생각한다. 저자의 주관적인 해석이 있을 수 있으나 독자들이 성령의 인도에 의해서 분별하여 이해하면 신앙생활에 유익을 주리라 생각하여 추천한다. 누구든지 사모하는 마음으로 성령의 은사를 알기 원한다면 이 책을 읽음으로 신앙생활에 많은 도움을 받게 되리라 생각한다.

前 침례신학대학교 총장 이정희 목사

할렐루야!

먼저 본서의 발간을 진심으로 축하드립니다.

교회사적으로 우리가 믿는 삼위일체 하나님은 각기 다른 위격을 가지고 계실 때 순환적 의미에서 보다는 구약은 성부 하나님께서 전면에서 보다 더 드러내신 기간이었고 신약은 성자 예수님께서 전면에 나타내셨으며 지금은 주님의 기도와 요청으로 보내신 성령 하나님께서 조금 더 전면에 나타나 사역하시는 기간이라 할 수 있겠습니다.

그렇지만 성령님께서도 하나님의 뜻을 위해 그리고 예수님을 드러내시는 사역의 목적을 갖고 계십니다.

이러한 관점에서 오늘날 교회는 성령 중심의 사역으로써 그 분을 통해 말씀을 읽고 연구, 묵상하여 성도들로 하여금 예수님처럼 말씀을 상황에 실제화 시키는 삶을 살도록 해야 되리라 봅니다.

특히 물질과 황금 숭배사상이 범람하여 교회 안까지 침투해 오는 현대 사회에서 우리는 성령 하나님을 통해 말씀을 가리고 영적 분별력을 발휘하여 모든 사탄 마귀의 궤계를 물리쳐 하나님께서 이 땅을 다스리라는 명령을 온전히 수행하여 천국확장 사역에 매일 매일 매진해야 하리라 봅니다.

하여 금번 정학영 목사님께서 펴내신 본서는 우리에게 영적세계를 이해하고 성령님과의 관계 및 그분의 일하심을 통해 땅 끝 선교의 사명을 능히 감당할 뿐만 아니라 크리스천 한 사람 한 사람이 자신의 영역 속에서 영적 전쟁에 승리하여 하나님께 영광 돌리며 종의 삶을 체험하는 귀한 밑거름이 되리라 믿습니다.

모쪼록 본서가 어렵고 복잡한 영적세계에 대해 참된 등불 역할을 감당하여 현대 교회에서 실제적 이바지가 되어 교회가 하나님께서 주신 권세와 축복으로 이 땅에서 하나님의 크신 능력과 영광을 나타내는 계기가 되기를 소망합니다!

G국 선교사 조나단

은혜의 글
*가나다 순

먼저 이 책을 읽게 되어 36년 믿음생활 가운데 새로운 단계를 맞이하게 되었습니다. 전체 내용이 "통전通典적 영적원리"를 세밀하게 나타내고 있음으로 빠른 이해를 통한 "바른 깨달음으로 이어짐"과 "영적인 공감"은 신앙생활의 진정한 만족을 갖게 했으며, 성경의 관련구절과 내용설명이 "진리의 연계" 형태로 자세히 기록되어 있어서 사모하고 바라던 "은혜의 본류"를 아무런 어려움 없이 접할 수 있었습니다. 특히 진리의 이해측면에서 부분적으로 알고 있으면서도 전부로 생각했던 부족함을 온전히 채우게 됨이 가장 귀하게 느껴집니다. 영광말씀아카데미G_Ba의 교안을 통하여 풍성한 은혜를 주신 아버지 하나님께 진정 감사드립니다. 할렐루야

화제교회 김광연 장로

주님께 감사하며 이 책을 읽고 또 읽으면서 통전通典적으로 저에게 주신 은혜와 감명의 말씀은 "믿음은 들음에서 나며 들음은 그리스도의 말씀"에 근거하여 바라는 것들의 실상이 성령으로 열리는 말씀을 통하여 드러남을

다시 한 번 일깨워 주었습니다! 성령의 말씀으로 감동되어 열려지는 방언과 통변, 그리고 예언에 대한 정립으로 더욱 감사했습니다. 하나님의 사랑을 따라 구할 때 온전한 질서 안에서 말씀과 성령이 하나 되어 주님의 영광을 맛보며, 공유함을 배워갈 수 있었습니다. 또한 레마적 선포는 확실한 부요의 삶을 체험하며 경륜의 신정정치로 겸손한 삶을 배워 가는데 많은 유익이 되었습니다. 특별히 방언통변과 예언의 강한 기름 부으심의 다양성은 목마른 영광의 삶을 해소시켰습니다. 위로부터 오는 주님을 경외함과 은혜를 누리고 나누는 기쁨! 성도! 그 이름의 회복을 통하여 주님을 더욱 찬양하며 사랑합니다. 샬롬!

온사랑교회 김병연 목사

이 책을 읽고 성령의 인도하심과 분별, 성령의 음성 듣는 법과 예언에 있어서 어떻게 말씀과 성령이 하나로 역사하는지의 통전通典적 영적원리를 이해하게 되었습니다. 지속적으로 유지되는 기름 부으심으로 하나님을 더 깊이 경험하면서 제 믿음의 삶을 말씀과 성령으로 분별케 하시고 주님의 통치를 받게 하시니 참으로 기쁩니다. 성령의 감동으로 나타나는 방언통변과 예언은 하나님의 영광을 드러내며 교회의 덕이 되게 하고 또한 저로 주님과의 친밀한 교제를 통하여 거룩함으로 부요하고 풍성한 삶을 진리 안에서 누리게 합니다. 이와 같이 생명력이 넘치는 좋은 책을 쓰도록 역사하신 하나님께 감사와 영광과 찬양을 올려드립니다. 할렐루야!

예수사랑교회 심사라 목사

영성 깊은 말씀을 만나 하나님께 영광을 올려드리며 많은 책들을 펴내신 정학영 목사님께 감사드립니다. 영광말씀아카데미G_Ba를 통하여 말씀을 배우면서 성경의 영적 맥과 계시된 말씀을 더욱 더 깊이 깨닫게 되었고 감탄하게 되었습니다. 성령의 기름 부으심을 통하여 예수님을 깊이 만나는 책들입니다. 이 시대에 그리스도인들이 영성 깊은 말씀을 경험해야한다고 하셨기에 기도하겠습니다. 성령님의 인도함 속에서 옳은 길로 인도하는 참 종이 되겠습니다. 이 시대 기름부음 받은 하나님의 말씀에 빛날 교회가 등대역할 하면서 먼저는 지도자들이 그 말씀을 경험하며 하나님의 은혜와 평강을 누리기를 기도하겠습니다.

벧엘기도원 원장 천명임 목사

들어가는 글

"슬기 있는 자들은 그릇에 기름을 담아 등燈과 함께 가져갔더니 _ 마25:4
그런즉 깨어 있으라 너희는 그 날과 그 때를 알지 못하느니라 _ 마25:13"

이 말씀은 신랑되신 주님이 베풀어 놓으신 혼인잔치에 들어간 등과 기름을 준비한 슬기로운 다섯 처녀의 신앙생활을 단적으로 설명한 구절입니다. 여기서 등은 하나님의 말씀을시119:105, 계21:23, 기름은 성령의 역사를 의미합니다. 이는 등이 기름으로 충만하여 꺼지지 않고 활활 타올라 어두움을 분별하고 이겨내며 어두운 밤을 밝히는 신앙생활을 의미합니다. 이는 말씀과 성령이 하나되어 의의 말씀을 먹고 삶에 실재가 되는 온전한 신앙인을 의미함. 히4:12-13, 5:11-6:2, 마5:13-16, 엡4:12-13

또 성경에는 베뢰아 사람들이 나옵니다. 성경은 이들을 "베뢰아에 있는 사람들은 데살로니가에 있는 사람들 보다 더 너그러워서 간절한 마음으로 말씀을 받고 이것이 그러한가 하여 날마다 성경을 상고하므로행17:11"라고 기록합니다. 이 말씀은 사도바울이 데살로니가에서 유대인의 시기와 질투, 갖은 억측가운데 핍박을 받고 베뢰아로 이동하여 유대인의 회당에서 말씀을 전하는데, 베뢰아에 사는 사람들을 표현하기를 데살로니가에 사는 사람들보다 더 너그러워서신사적라고 표현했습니다. 바울은 두 도시에서 모두 유대인의 회당에서 말씀을 선포하며 강론했습니다. 그러나 바울의 가르침예수의 십자가 죽음과 부활에 대한 두 도시의 사람들 사이에는 상당한 다른 태도를 보여줍니다. 한 곳은 시기와 질투로 바울일행을 핍박으로 일관하였고 다른 곳에서는 전하는 말씀을 전심으로 받았습니다. 그리고 더 놀라운 사실은 베뢰아인ㅅ들은 말씀을 받되 간절한 마음으로 받고, 또 받은 말씀이 과연 진실인가 하여 날마다 "상고했다"1)고 했습니다. 저는 이 말씀을 보고 큰 감명을 받았습니다. 현 시대를 살고 있는 우리들 가운데서도조차 베뢰아 사람들과 같은 자세를 가진 이들을 찾기란 그리 쉬운 일이 아니기 때문입니다.

예수님은 부활마22:23-28에 대한 하나님의 의도를 알지 못하는 유대인들에게 "예수께서 대답하여 이르시되 너희가 성경도, 하나님의 능력도 알지 못하는고로 오해하였도다.마22:29"라고 말씀하시며 그들의 영적무지를 질타하셨습니다. 마23장에서도 주님은 영적인 의미도 모른 체, 형식과 율법 조문γράμμα 그람마 the letter, 고후3:6, 그리고 그들 조상의 유전을 따라 하나님의 의가 아닌 자신의 의를 세우려고 종교적 열심만을 쫓아 행하는 유대인들롬10:2-3에게 "뱀들아 독사의 새끼들아 너희가 어떻게 지옥의 판결을 피하겠느냐마23:33"라는 호된 질책을 우리는 기억하고 있습니다. 그러나 이와 반대로 행17:11에 말하는 베뢰아 사람들은 "더 너그럽다 혹은 더 신사적2)이다"

---

1) ἀνακρίνω(아나크리노) ; "검사하다", "찾다", "분별하다",examine, search, discern
2) εὐγενής(유게네스); "잘 태어난"⇐ (유⟨eu:좋은⟩와 게노스⟨genos:가족, 종족⟩의 합성어)의 비교급, be of more noble character
* 참조: 종족(species, tribe, kind)은 근본적으로 소속의 의미를 포함하고 있다. 하나님의 자녀는 하나님께 속하였고(요일3:9, 5:19, 고후5:17 ⇐ 새로운 피조물 a brand new species, cf.καινός κτίσις), 거듭나지 못한 자녀는 악한 자(곧 마귀)에 속해 있다. (요일3:10,12, 요일5:19, 마23:33, 계2:9) 고로 하나님의 아들은 자연스럽게 하나님의 영으로 인도받는 자요(롬8:14,9), 마귀의 자녀는 마귀에 끌려 다니는 것이다.(요8:38,42,44, 고전12:3, 엡2:1-3) 주님도 마귀에 인도받던 베드로와 제자들을 꾸짖으셨고(마16:23, 눅9:55 KJV, 요13:2,27), 엘리의 두 아들은 벨리알에 끌려다니는 불량배였다. (삼상2:12 KJV) 여호수아

라는 칭찬을 받은 것은 참으로 고무적인 일입니다.

그래서 우리는 여기서 칭찬을 들은 베뢰아 사람들에 대해 좀 더 연구해 보기로 합니다.

우선, 그들은 전심으로 말씀을 받아들였습니다. 이 부분은 그들의 마음이 열려있다는 의미입니다. 마음이 완악하지 않고 전심으로 구하는 간절함을 읽을 수가 있습니다. 그들은 수용적이었습니다. 주님도 산상수훈의 팔복 중에서 "심령이 가난한 자는 복이 있나니 …애통하는 자는 복이 있나니 …의에 주리고 목마른 자는 복이 있나니"라 하심같이, 베뢰아 사람들은 진정한 복된 자들임에 틀림이 없습니다.

중요한 것은 여기서 끝이 아니라는 점입니다. 그들은 받은 말씀을 매일 "상고했다"고 되어있습니다.

여기서 "상고하다 ἀνακρίνω"는 ἀνα 아나, ~위로와 κρίνω 크리노, judge, 판단·심판하다의 합성어입니다. 이 합성어는 "위로부터 오는 분별력으로 판단하다"란 의미를 지니고 있습니다. 이것은 곧 성령의 기름 부으심 가운데 분별하는 것을 말합니다. 고전2:13-15, 요일2:20, 27, 마23:10

아멘!

(고전2:13-15) 우리가 이것을 말하거니와 사람의 지혜의 가르친 말로 아니하고 오직 성령의 가르치신 것으로 하니 신령한 일은 신령한 것으로 **분별**하느니라(συγκρίνω 쉉크리노(σύν 쉰, "함께" + κρίνω 크리노, "판단하다")) 14

갈렙은 다른 열명의 정탐꾼들과 다른 영을 지니고 있었다. (민14:24 KJV).

육에 속한 사람은 하나님의 성령의 일을 받지 아니하나니 저희에게는 미련하게 보임이요 또 깨닫지도 못하나니 이런 일은 영적으로라야 **분별**함이니라(ἀνακρίνω) 15 신령한 자는 모든 것을 **판단**하나(ἀνακρίνω) 자기는 아무에게도 판단을 받지 아니하느니라

(요일2:20) 너희는 거룩하신 자에게서 기름 부음을 받고 모든 것을 아느니라

(요일2:27) 너희는 주께 받은 바 기름 부음이 너희 안에 거하나니 아무도 너희를 가르칠 필요가 없고 오직 그의 기름 부음이 모든 것을 너희에게 가르치며 또 참되고 거짓이 없으니 너희를 가르치신 그대로 주 안에 거하라

(마23:10) 또한 지도자라 칭함을 받지 말라 너희 지도자는 하나이니 곧 그리스도니라

베뢰아 사람들은 말씀을 **간절한 마음으로**πᾶς προθυμία 파스 프로튀미아, with great eagerness받고, **연구하며**σπουδάζω 스푸다조, 딤후2:15, 또 성령으로 **분별하라** ἀνακρίνω 아나크리노, 행17:11, 고전2:14-15 하신 하나님의 요구를 따르는 사람들이었습니다.

이렇게 하는 사람들은 바울이 전한 메시지를 결코 헛되이 다루거나 가볍게 여길 수가 없습니다. 이러한 자들은 성숙한 자들이요 성령으로 인도함을 받을 자들이 본받아야 할 모범이기도 합니다. 동시에 이러한 사람들은 결단코 잘못된 교리에 빠지지 않습니다. 그리고 이러한 사람들은 진정으로 "불의를 기뻐하지 아니하며 진리와 함께 기뻐하는 자들고전13:6"입니다.

데살로니가와 베뢰아에 사는 두 부류의 사람들을 대별하여 비교해 보면, 같은 성경말씀을 두고도 사람의 지혜로 보는 것그래서 바울 일행을 핍박함과 성령으로 보는 것그래서 하나님이 기뻐하는 삶을 살아감의 차이가 천양지차天壤之差를 드러내는 것을 볼 수 있습니다. 이렇듯 사람의 지혜로 가르치는 말씀과

성령으로 가르치는 것과는 엄청난 차이를 만들어 냅니다. 그 단적인 예로 위에서 두 부류의 사람들이 말씀을 대하는 태도에 대해 말씀드렸습니다. 전자는 말씀을 오해하게 만들고 하나님의 능력을 맛보지 못하게 합니다. 전자는 머리의 이성적 지식으로 만족을 받을 수 있을지는 모르나 영적인 만족은 누릴 수가 없습니다. 그러나 후자는 하나님의 것들엡1:3, 약1:17을 맛보고시34:8, 누리고요일1:3, 딤전6:17, 약1:5, 그리고 전하는 자들벧전2:9, 3:9입니다. 고전4:20에서도 하나님 나라는 말에 있지 않고 오직 능력에 있다고 했습니다.

유대인은 스스로 모세를 자기들의 선생이요, 하나님의 백성이요, 말씀을 소유한 자요, 하나님을 자신들의 아버지요, 그 하나님을 사랑한다고 여겼습니다. 그러나 주님은 다르게 진단하셨습니다. 오히려 그들은 모세의 말을 오해했고마22:29, 요5:45-47, 그래서 하나님의 말씀을 소유하지 못했으며요5:38, 그들에게는 하나님을 사랑함이 없었고요5:42, 그들은 오히려 마귀의 음성을 따라 가며요8:47, 마귀와 함께 본 것을 행했다고 하셨습니다. 요8:38, 약3:14-15 결국 주님은 그들은 아래에서 났고 이 세상에 속하였으며요8:23, 그들의 아비는 마귀가 되었다고 진단하셨습니다. 요8:44, 마23:33

> (요8:38) 나는 내 아버지에게서 본 것을 말하고 너희는 너희 아비에게서 들은 것을 행하느니라
>
> (요8:44) 너희는 너희 아비 마귀에게서 났으니 너희 아비의 욕심을 너희도 행하고자 하느니라 그는 처음부터 살인한 자요 진리가 그 속에 없으므로 진리에 서지 못하고 거짓을 말할 때마다 제 것으로 말하나니 이는 그가 거짓말쟁이요 거짓의 아비가 되었음이라
>
> (요8:47) 하나님께 속한 자는 하나님의 말씀을 듣나니 너희가 듣지 아니함은

하나님께 속하지 아니하였음이로다

사도 바울은 고린도에서 전도하며 안식일 마다 회당에서 말씀을 강론하였는데, 그때의 모습을 성경은 "…바울이 하나님의 말씀에 붙잡혀 유대인들에게 예수는 그리스도라 밝히 증언하니행18:5 "라고 표현했습니다. 킹 제임스 성경King James Version, KJV에서는 "하나님의 말씀에 붙잡혀"를 "성령 안에서 매임 바 되어pressed in the spirit"라고 표현했는바, 이러한 모습이 바로 성령 안에서 분별되어지고 감동되어진 말씀을 취하는 자의 단적인 예가 됩니다. 진정한 영성은 말할 나위도 없이 주님을 닮는 것입니다. 그런데 실은 우리가 물과 성령으로 거듭나는 순간 새로운 피조물로서고후5:17, 요3:5-7 이미 주님과 닮은 자로 재창조되었습니다.엡4:23-24, 5:1, 요일3:9, 창1:26 ; 영의 세계에서 일어나는 현상 그리하여 성도의 삶은 완전하여 예수그리스도의 장성한 분량에 충만한 데까지엡4:12-13,15, 히6:2 ; 영과 혼의 세계에서 일어나는 현상 이르러 주님을 세상에 계시하며 증거하는 것입니다.고후5:20, 행1:8, 요17:21 ; 육이 義의 도구로 영광을 드러낸 삶

(엡4:23-24) 오직 너희의 심령이 새롭게 되어 And be renewed in the spirit of your mind(KJV) 24 하나님을 따라 의와 진리의 거룩함으로 지으심을 받은 새 사람을 입으라 and to put on the new self, created to be like God in true righteousness and holiness

(엡5:1) 그러므로 사랑을 받은 자녀같이 너희는 하나님을 본받는 자가 되고 Be imitators of God, therefore, as dearly loved children

(요일3:9) 하나님께로부터 난 자마다 죄를 짓지 아니하나니 이는 하나님의 씨가 그의 속에 거함이요 그도 범죄하지 못하는 것은 하나님께로부터 났음이라

(창1:26) 하나님이 이르시되 우리의 형상을 따라 우리의 모양대로 우리가 사람을 만들고 그들로 바다의 물고기와 하늘의 새와 가축과 온 땅과 땅에 기는 모든 것을 다스리게 하자 하시고

(엡4:12-13,15) 이는 성도를 온전하게 하며 봉사의 일을 하게 하며 그리스도의 몸을 세우려 하심이라 13 우리가 다 하나님의 아들을 믿는 것과 아는 일에 하나가 되어 온전한 사람을 이루어 그리스도의 장성한 분량이 충만한 데까지 이르리니 15 오직 사랑 안에서 참된 것을 하여 범사에 그에게까지 자랄지라 그는 머리니 곧 그리스도라

이처럼 성경에서 우리들에게 가르치는 것은 **말씀과 성령은 하나가 되어 역사한다**는 사실입니다. 말씀만 단독으로 선포되어지는 법도 없으며, 말씀 없이 일하시는 성령님도 아니십니다. 그런데 불행하게도 성령의 역사가 없는 말씀은 말씀 자체를 오해하게 만들고 또한 능력을 잃어버리게 만듭니다. 마22:29, 갈5:18, 롬10:2-3 동시에 말씀과 함께하지 않는 성령은 분별력을 잃어버리게 되어 사단의 도구로 이용되기도 합니다. 이를 일러 전자는 **율법주의**라는 비판을 받게 되고 후자는 **신비주의**라는 의심을 받게 됩니다.

성령과 **말씀**은 언제나 함께 **하나**로 역사하고, 또 그렇게 되어야 안전하고 완벽합니다. 요16:13-15, 겔36:25-26, 마25:4 이것이 주님을 닮은 진정한 영성3)의 모습이기도 합니다. 이것이 하나님이 이스라엘에게 주신 새 언약의 기본입니다. 사59:21, 학2:5 이를 잘 이해하지 못하기에 지금도 양 극단율법주의 혹은

---

3) 아담이 창조될 시 삼위일체 하나님의 형상과 그 모습대로 창조되었다. (창1:26) 이는 아담의 영과 혼이 완전히 하나된 생혼(ψυχὴν ζῶσαν, living soul)의 상태로 설명되어진다. (창2:7 KJV, 고전15:45 KJV) 즉 생혼의 상태는 성령께서 사람의 영과 하나되어 일하시는 바, 심령(heart)을 통하여 혼의 영역 안으로 전달되고, 혼은 이를 전적으로 순응하는 모습이다. 온전히 성령으로 인도함 받는 성령 충만한 상태를 말한다. 하나님은 이러한 모습으로 살아가다가(히4:12, 롬8:14, 요일2:6) 재림 시 창조시의 온전한 모습으로 발견되어지기를 원하신다. (살전5:23) 참고로 아담은 오실 예수님의 그림자요 모형이었다. (롬5:14).

신비주의적 현상이 교계를 하나 되지 못하게 합니다.

> (사59:21) 여호와께서 또 이르시되 **내가 그들과 세운 나의 언약이 이러하니** 곧 네 위에 있는 나의 영과 네 입에 둔 나의 말이 이제부터 영원하도록 네 입에서와 네 후손의 입에서와 네 후손의 후손의 입에서 떠나지 아니하리라 하시니라 여호와의 말씀이니라
>
> (학2:5) 너희가 애굽에서 나올 때에 내가 너희와 언약한 말과 나의 영이 계속하여 너희 가운데 머물러 있나니 너희는 두려워하지 말지어다
>
> (마25:4) 슬기 있는 자들은 그릇에 기름(곧 성령)을 담아 등(곧 말씀, 시119:105)과 함께 가져갔더니

부언하자면, 소위 치유·은사운동 "제3의 물결" 포함과 같이 성령운동에 동참하는 부류의 사람들을 이해하지 못하는 이들소위 나름 말씀 중심으로 신앙생활 한다는 부류은 저들을 신비주의자들이라 경계하고 비판하는 경향이 있습니다. 그리고 이에 반하여 성령운동을 하는 이들은 상대방에 대해 성령의 세계를 이해하지 못하는 율법주의자들이라 평가하는 경향이 있습니다. 이로 인하여 교계가 서로 하나가 되지 못하고 분리되는 슬픈 현실에 우리는 살고 있습니다. 이는 서로가 성경에서 전하는 하나님의 의도에 대한 이해부족에서 기인한 것이라 확신합니다.

본서에서는 이러한 부분을 어떻게든 조금이라도 해소해 보려는 노력과 함께 미력하나마 하나님이 원하시는 방식을 바로 전해보려는 갈망에서 본서를 쓰게 되었습니다. 동시에 비록 활발한 예언 사역은 아니었지만, 그래도 교회를 개척하기 전 5여 년 동안 예언 사역의 언저리에서 성령 운동에 동참한 경험을 비추어 부족한 부분을 가다듬고, 또 겔47:1-12와 슥14:8에서

예언하고 있는 바와 같이 주님 재림 전에 나타날 강한 성령의 운행하심에 동참하고 싶은 갈망에서 본서를 쓰게 되었습니다.

교회를 개척하고 나서도 여전히 예언 사역에 나름대로 열심이었던 어느 날 주님께서는 충격적인 말씀을 주셨습니다. 저자가 하는 예언의 정확도가 20%에도 미치지 못한다는 것이었습니다. 하여 당시까지의 모든 예언 사역을 내려놓기로 마음을 먹고 기도했습니다. 그러나 주님은 예언사역을 계속하되 성령의 임재 아래서 하라 하시며 용기와 위로를 주셨습니다. 그래서 다시 힘을 내어 지금까지 부족한 부분이 무엇이고, 또 성경 말씀에 비추어 문제가 된 것이 무엇이었는지를 점검하며 저자와 비슷한 길을 걷고 경험하고 있는 이들에게 조금이라도 도움이 되었으면 하는 마음도 본서에 담고 있습니다.

특히 본서에서는 성령의 인도하심과 분별, 성령의 음성 듣기와 예언하는 법을 중심으로 전개됩니다. 이 주제가 성도의 삶과 밀접한 관련이 있고, 동시에 두 극단율법주의 혹은 신비주의의 논쟁 한가운데에 서있는 주제이기도 합니다. 그러므로 본서를 통하여 본 주제에 대해 "어떻게 말씀과 성령이 하나로 역사하는지"의 통전通典적 영적원리를 바탕으로 두 극단을 향한 하나님의 마음을 이해하게 되리라 생각합니다.

모든 성도는 성령의 인도함을 받고 살아가야 함과 동시에롬8:14, 갈5:25, 요6:13-15 성경의 말씀을 근거로 살아가야 합니다.마4:4, 신8:3

(롬8:14) 무릇 하나님의 영으로 인도함을 받는 사람은 곧 하나님의 아들이라

(요16:13-14) 그러나 진리의 성령이 오시면 그가 너희를 모든 진리 가운데로 인도하시리니 그가 스스로 말하지 않고 오직 들은 것을 말하며 장래 일을 너희에게 알리시리라 14 그가 내 영광을 나타내리니 내 것을 가지고 너희에

게 알리시겠음이라 15 무릇 아버지께 있는 것은 다 내 것이라 그러므로 내가 말하기를 그가 내 것을 가지고 너희에게 알리시리라 하였노라
(마4:4) 예수께서 대답하여 이르시되 기록되었으되 사람이 떡으로만 살 것이 아니요 하나님의 입으로부터 나오는 모든 말씀으로 살 것이라 하였느니라 하시니
(신33:8) 레위에 대하여는 일렀으되 주의 둠밈(완전)과 우림(빛들)이 주의 경건한 자에게 있도다 주께서 그를 맛사에서 시험하시고 므리바 물 가에서 그와 다투셨도다

하여 본서는 주님의 재림이 가까워 오는 이때에, 어떻게 하면 방주를 준비하며 의의 복음을 전파한 노아처럼벧후2:5, 재림시의 혼인잔치에 넉넉히 들어가게 된 슬기로운 다섯 처녀들처럼마25:4,10,13 깨어 있을 수 있을까 고민한 책입니다. 그리하여 어떻게 성령의 인도함을 충만히 받을 것인지, 또 어떻게 거짓과 미혹을 분별할 것인지, 동시에 자연스럽게 나타나는 예언적 사역을 어떻게 잘 감당할 것인가에 대한 영적원리를 설명하며, 이를 알기 쉽게 그림으로 표현하였습니다.

주님은 본서의 내용을 몸 된 교회에서 먼저 나누기를 원하셨는데, 그 특징을 요약하면 아래와 같습니다.

① 베뢰아 사람들처럼 말씀을 **갈망하고 연구하며**^{σπουδάζω} 스푸다조, 딤후2:15, 성령으로 **분별하라**^{ἀνακρίνω} 아나크리노, 행17:11, 고전2:14-15, ^{ὀρθοτομέω} 오르도토메오 딤후2:15 하신 하나님의 요구대로, 본서는 성령의 기름 부으심 아래 수년간의 기도와 땀의 수고로 완성되었습니다.

② 본서는 특히 방언과 예언의 주제를 다루면서, 특히 예언에 대한 성경

적인 바른 지식과 실제 사역 현장에서 다루어져야 하는 부분을 성령의 조명 아래 조화가 이루어지도록 힘썼습니다. 특히 주님과 아버지와의 영적 관계가 성도와 주님과의 영적관계로 동일하게 적용되는 사실을 깨닫게 되어요14:10-13, 벧전2:21, 요일2:6, 그 영적원리대로 예언부분에 적용하려 했습니다.요16:13-15

③ 성령의 인도함, 방언, 분별, 그리고 예언에 관한 훌륭한 책들이 이미 세상에 나와 있습니다. 그러나 이들의 주제는 하나하나 떨어져 독립적 의미로 존재하는 것들이라기보다는, 오히려 긴밀한 영적원리로 서로 연결되고 상관되어 있어 통합적 시각으로 접근해야 주님께서 의도하신 바를 더 깊이 알 수가 있습니다. 그래서 본서는 이를 성경 전체를 보는 눈으로 접근하여 여러 주제들을 통합적으로 설명했으며, 다양한 그림으로 정리하여 이해를 돕도록 노력했습니다.

④ 본서에서 다루는 내용은 지식 위주나 성경의 지엽적인 주제는 가능한 배제하고, 실제적인 신앙 측면에서 성도의 일상 삶 가운데 구체적으로 경험되며 체험되어 지도록 했습니다.

⑤ 본서는 2014년에 첫 출판된 내용에 대한 개정 증보판에 해당됩니다. 2014년 출판 이래 화요영성학교 등 다양한 통로를 통해 전달되고, 함께 은혜를 나누던 중 성령께서 더 깊은 영적 원리를 깨닫게 하시고 열어주셨던 된 내용을 설명과 함께 그림으로 추가하였습니다.추천과 은혜의 글은 초판 발행 시 주신 글들을 그대로 실었음

이를 위하여 많은 이들의 도움이 있었습니다. 처음 요한계시록 책을 저

술할 때부터 지금까지 기도할 때마다 옆에서 함께 있으며 토론의 힘이 되어 주며 지금도 동역하는 둘째 준화 전도사, 묵묵히 응원하며 마음으로 기도하는 큰 아들 승화, 친정 식구들. 한결같은 관심을 아끼지 않으시고 힘이 되어 주시며 추천과 은혜의 글까지 써주신 목사님들과 장로님, 함께 은혜를 받으며 기도에 동참해 주신 많은 동역자 분들. 그리고 부족한 목사를 도와 기다려주고 기도에 동참해 주신 빛날교회 모든 성도들.

특히 부족한 제자를 격려하시며 기쁜 마음으로 추천서를 써 주신 이정희 전前침례신학대학교 총장님. 성경의 원리대로 말씀과 능력으로 선교사역을 펼치시는 G국 조나단 선교사님. 한결같은 사랑으로 품어주시며 기도해 주시는 한사랑교회 강한중 목사님과 교회 모든 지체들. 그리고 본서 제작자들께 심심한 감사의 말씀을 드리며, 무엇보다도 먼저 천국에서 주님의 품에 안식하며 기다리는 사랑하는 아내를 그리며, 모든 영광 주님께 돌려드립니다.

2021년 6월 여름문턱에서
저자 정학영 드림

차례

추천의 글 ··· 11
들어가는 글 ··· 17

1장 • 영적 존재
1.1 거듭난 인간의 상태　　　　　　　　37
1.2 사람의 구성　　　　　　　　　　　44
1.3 영·혼·육의 상관성　　　　　　　　54

2장 • 성령으로 인도 받아라
2.1 성령의 인도함을 받는 방법　　　　71
2.2 어떻게 분별할 것인가?　　　　　　93

3장 • 영으로 기도하라
3.1 성령 임재의 표적　　　　　　　　161
3.2 성령의 나타나심　　　　　　　　167
3.3 방언이 왜 중요한가?　　　　　　　179

4장 • 예언적 삶을 살라
4.1 예언의 필요성과 유의할 점　　　　203
4.2 참 예언자를 존중하라!　　　　　　221
4.3 예언의 분류　　　　　　　　　　230
4.4 예언하는 법　　　　　　　　　　243

5장 • 영광의 삶
5.1 영광의 통로(θϛ ⇨ 예수 ⇨ 성도)　　289
5.2 완전한 데로 나아가라　　　　　　299

나가는 글 ·· 319

부 록

부록1 : 하늘로부터 오는 것 ………………………………… 327

부록2 : 세상으로부터 오는 것 ……………………………… 331

부록3 : 성령의 역할과 명칭 ………………………………… 337

부록4 : 기름 부으심………………………………………… 339

부록5 : 삼위일체 하나님과 교회 …………………………… 346

부록6 : 축사 ………………………………………………… 357

그림 목록

[그림1. 사람의 주요구성]
[그림2-1. 삼위일체 θ과 교회와 관계성]
[그림2-2. 성령의 인도와 예언]
[그림3-1. 교회와 영계(1)]
[그림3-2. 교회와 영계(2)]
[그림4. 내주(內住)하시는 성령님의 영향력을 키우는 방법]
[그림5. 삼위일체 하나님과 하나됨(oneness)]
[그림6. 어떻게 분별할 것인가?-고전2:13-15, 5:3-4]
[그림7. 성령님의 인도방법]
[그림8-1. 성령의 교제와 방언]
[그림8-2. 성령의 교제와 방언]
[그림8-3. 성령의 교제와 누림/증거]
[그림9. 성령의 교제로 주님과 하나님 아버지 증거의 원리]
[그림10. 성령감동의 통로]
[그림11. 영의 흐름과 예언]
[그림12-1. 레마적 예언 및 선포]
[그림12-2. 레마적 예언 및 선포: 전화위복의 θ]
[그림13. 영광 사이클]
[그림14. 요17:21 도해]
[그림15. 요17:23 도해]
[그림16. 그리스도의 지체와 연합]
[그림17. 깊은 영광으로 들어가는 길]

1장
영적 존재

> 평강의 하나님이 친히 너희를 온전히 거룩하게 하시고
> 또 너희의 온 영과 혼과 몸이 우리 주 예수 그리스도께서
> 강림하실 때에 흠 없게 보전되기를 원하노라
> 살전5:23

　바리새인이며 유대 율법사요 산헤드린 공회 회원이었던 니고데모와 예수님과의 한 밤의 대화는 어쩌면 온 인류의 철학과 종교를 대표하는 한 인간과 하늘을 대표하는 예수님과의 만남이라고 말하고 싶습니다.
　이 두 사람의 대화 마지막 부분에 주님은 "…너는 이스라엘의 선생으로서 이러한 일을 알지 못하느냐요3:10"라고 하신 대목은 인간의 한계와 하늘 비밀을 전하시는 주님의 안타까움을 표현한 말씀입니다.
　니고데모는 말 그대로 산헤드린 공의회 회원이 될 만큼 종교적 지식이 대단한 유대인의 지도자였지만, 주님과의 대화 가운데는 그의 영적 무지함을 그대로 드러내고 있습니다. 예수님의 행하시는 표적을 보면서요10:36-38 예수란 사람이 하나님이 함께 하심을 확신한 그는 밤에 예수님을 찾아왔습니다.요3:2
　주님은 그가 온 이유를 묻기도 전에 니고데모가 무엇을 갈망하고 있는지를 이미 영적으로 파악하고 있었습니다. 그렇기에 하나님 나라에 들어가는 비밀을 묻기도 전에 주님은 니고데모에게 단도직입적으로 거듭남의 이야기를 하신 것입니다.

　(요3:3) 예수께서 대답하여 가라사대 진실로 진실로 네게 이르노니 사람이 거듭나지 아니하면 하나님 나라를 볼 수 없느니라

전도서 기자는 인간 내면의 갈망함을 "…또 사람에게 영원을 사모하는 마음을 주셨느니라 그러나 하나님의 하시는 일의 시종을 사람으로 측량할 수 없게 하셨도다.전3:11"라고 표현하였습니다.

그러나 "…해 아래에는 새 것이 없나니전1:9"이와 같이, 이 땅의 것으로는 인간의 내면 깊숙한 곳에서 끝없이 일어나는 영원을 향한 갈증을 해갈시켜 줄 수 있는 것명예도, 재물도, 철학도, 종교도, 이 세상 그 어떤 것도이 없다는 사실을 확인 시켜주는 말씀입니다. 자신 속의 갈망함과 공허함을 가지고, 뭔가 새로운 것을 찾아가고자 하는 니고데모의 내면 깊은 곳을 주님은 보셨습니다. 외모를 취하지 않으시고 그 중심을 보시는 주님은 이 땅에 없는 새것 곧 하늘로부터 오는 것을 취하려면 먼저 이 땅에 속하지 않는 하나님 나라에 들어가야만 하는 사실을 분명하게 하셨습니다.

"…진실로 진실로 네게 이르노니 사람이 거듭나지 아니하면 하나님 나라를 볼 수 없느니라요3:3."이것이 주님의 해결책이셨습니다. 영원함과 새로움은 하나님 나라에서만 경험되어 지는 것입니다.

그러나 이 땅에 속한 육신의 상태로는 결단코 영원을 경험할 수도 새로운 것을 맛볼 수도 없습니다. 설령 어머니 모태로 들어가 다시 태어날 수 있다고 해도 주님이 말씀하시는 거듭남을 경험할 수가 없는 것입니다. 주님은 분명하게 거듭나는 개념을 알려주셨습니다. 그것은 육신에 관한 것이 아닌 영에 관련된 것임을 알게 하셨습니다.

(요3:4-8) 니고데모가 가로되 사람이 늙으면 어떻게 날 수 있삽나이까 두 번째 모태에 들어갔다가 날 수 있삽나이까 5 예수께서 대답하시되 진실로 진실로 네게 이르노니 사람이 물과 성령으로 나지 아니하면 하나님 나라에 들어갈 수 없느니라 6 육으로 난 것은 육이요 성령으로 난 것은 영이니 7 내가 네게 거듭나야 하겠다 하는 말을 기이히 여기지 말라 8 바람이 임의로 불매

네가 그 소리를 들어도 어디서 오며 어디로 가는지 알지 못하나니 성령으로 난 사람은 다 이러하니라

(약2:26) 영혼(영, spirit [KJV]) 없는 몸이 죽은 것 같이 행함이 없는 믿음은 죽은 것이니라

(슥12:1) …여호와 곧 하늘을 펴시며 땅의 터를 세우시며 사람 안에 심령(영, spirit [KJV])을 지으신 자가 가라사대

이처럼 거듭나는 부분은 육이 아니라 사람의 영입니다. 이는 물과 성령으로만 가능합니다. 여기서 물은 하나님 말씀을 의미합니다.엡5:26, 겔36:25 성경에서도 "너희가 거듭난 것은 썩어질 씨로 된 것이 아니요 썩지 아니할 씨로 된 것이니 살아 있고 항상 있는 하나님의 말씀으로 되었느니라벧전1:23" 이라고 하셨습니다. 하나님의 말씀을 듣는 이로 하여금 생명의 영이신 성령의 역사로 인하여 믿어지게 되고, 이로서 성경을 통하여 하신 말씀과 십자가의 피로 거듭남의 씻음과 새롭게 하심을 입는 것입니다.딛3:5, 벧전1:2

주님께서도 "살리는 것곧 생명은 영이니 육은 무익하니라 내가 이른 말이 영이요 생명이라요6:32-33"라고 하셨습니다. 주께서 주시는 말씀이 성령으로 생명이 되게 하고 이로서 그 생명을 얻는 부분이 바로 영임을 알려주는 말씀입니다.

다른 말씀에서도 "새 사람을 입는다", "사망에서 생명으로 옮겨졌다", 혹은 "예수마지막 아담는 살려주는 영이다.고전15:45"라 하여 같은 의미를 다양하게 표현하고 있습니다.

(딛3:5) 우리를 구원하시되 우리의 행한 바 의로운 행위로 말미암지 아니하고 오직 그의 긍휼하심을 따라 **중생의 씻음과 성령의 새롭게 하심으로 하셨나니**

(엡4:24) 하나님을 따라 의와 진리의 거룩함으로 지으심을 받은 **새 사람을 입으라**

(골3:10) **새 사람을 입었으니** 이는 자기를 창조하신 자의 형상을 좇아 지식에까지 새롭게 하심을 받는 자니라

(요5:24) …내 말을 듣고 또 나 보내신 이를 믿는 자는 영생을 얻었고 심판에 이르지 아니하나니 **사망에서 생명으로 옮겼느니라**

이와 같이 하나님 말씀으로 중생의 씻음과 성령의 새롭게 되는 부분은 사람의 육이 아니라 사람의 영임을 분명히 알아야 합니다.

이렇게 거듭난 사람은 자유로이 움직이는 바람처럼 성령을 따라 움직이며 성령의 인도함을 받게 됩니다.

(롬8:14-16) 무릇 하나님의 영으로 인도함을 받는 사람은 곧 하나님의 아들이라… 16 성령이 친히 우리의 영과 더불어 우리가 하나님의 자녀인 것을 증언하시나니

(갈5:25) 만일 우리가 성령으로 살면 또한 성령으로 행할지니

(요3:8) 바람이 임의로 불매 네가 그 소리를 들어도 어디서 오며 어디로 가는지 알지 못하나니 성령으로 난 사람은 다 이러하니라

(요21:18) …젊어서는 네가 스스로 띠 띠고 원하는 곳으로 다녔거니와 늙어서는 네 팔을 벌리리니 남이 네게 띠 띠우고 원치 아니하는 곳으로 데려가리라

1.1 거듭난 인간의 상태

성경은 "…이 세상이 자기 지혜로 하나님을 알지 못하므로…고전1:21"라 말씀하십니다. 같은 영적 현상으로 세상 지혜로는 하나님 아들도, 하나님의 영도, 그리고 심지어는 성도조차도 모르며 깨닫지 못한다고 했습니다.고전2:8, 요7:27, 8:14,19, 요일3:1, 롬3:11

세상 사람들도 정신 및 의식세계, 그리고 각자의 인격을 소유했지만 여전히 하나님을 모르는 이유는 거듭남의 비밀에서 그 답을 찾아야 합니다. 하나님은 영이십니다.요4:24 그리고 영의 기관을 통하여 서로 교제가 이루어집니다.

그런고로 세상 사람들은 그들의 영이 시체와 같이 죽어있음으로 인해엡2:1 하나님을 인지하지 못하는 것은 어쩌면 당연한 결과라 할 수 있습니다.

그러면 사람의 영이 거듭나게 되면 그 사람의 영에서는 어떤 변화가 있는 것입니까?

첫째로, 거듭난 영은 자신을 창조하신 분이 누구인지를 즉각적으로 인지認知하게 됩니다. 그리고 영의 말을 하게 됩니다. 그 첫 외침이 "아바, 아버지!"입니다. 하나님을 아버지라고 부르는 것입니다.

이것은 아들양자의 영을 받음으로 나타나는 영의 고백이자 인지의 외침입니다. 이는 영의 고백이지 육의 소리가 아닙니다.

> (롬8:15-16) 너희는 다시 무서워하는 종의 영을 받지 아니하고 양자의 영을 받았으므로 우리가 아빠 아버지라고 부르짖느니라 16 성령이 친히 우리의 영과 더불어 우리가 하나님의 자녀인 것을 증언하시나니
>
> (갈4:6) 너희가 아들이므로 하나님이 그 아들의 영을 우리 마음 가운데 보내

사 아빠 아버지라 부르게 하셨느니라

(히12:9) …모든 영의 아버지께 더욱 복종하여 살려 하지 않겠느냐

양자가 되는 영을 받는 즉시 다시 말하면 하나님의 아들로 인침을 받는 순간에 자신을 창조하셨고 자신의 출생 뿌리가 누구인지를 알게 된다는 말입니다. 또한 동시에 자연스럽게 성령의 감동으로 혼과 육의 고백이 따르게 됨 ; 약1:18, 고전12:3 그리고 이 사실을 성령께서 친히 성도의 영과 더불어 증언하게 됩니다. 롬8:16, 고후1:22 아멘!

(고후1:21-22) 우리를 너희와 함께 그리스도 안에서 굳건하게 하시고 우리에게 기름을 부으신 이는 하나님이시니 22 그가 또한 우리에게 인치시고 보증으로 우리 마음에 성령을 주셨느니라

(롬8:16) 성령이 친히 우리의 영과 더불어 우리가 하나님의 자녀인 것을 증언하시나니

(약1:18) 그가…자기의 뜻을 따라 진리의 말씀으로 우리를 낳으셨느니라

둘째로, 피조물과 창조주의 관계를 자연스럽게 알게 됩니다. 창1:1 다시 말하면 피조물로서의 인간이 자신을 창조하신 창조주 하나님께 마땅히 취하고 드려야 할 것, 곧 경배와 찬양을 시작하게 됩니다.

"아바! 아버지!"라는 고백 속에 하나님과 자녀의 관계성을 나타내는 동시에, 창조주모든 영의 아버지, 모든 빛의 아버지, 만유의 아버지 ; 히12:9, 약1:17, 엡4:6와 피조물과의 관계성을 드러냅니다.

(롬1:9) 내가 그의 아들의 복음 안에서 **내 심령**(spirit 영)**으로 섬기는 하나님**이 나의 증인이 되시거니와…

(롬7:6)…우리가 영의 새로운 것으로 섬길 것이요 율법 조문의 묵은 것으로 아니할지니라

(엡4:6) 하나님도 한 분이시니 곧 **만유의 아버지시라 만유 위에 계시고 만유를 통일하시고 만유 가운데 계시도다**

(히9:14) 하물며 영원하신 성령으로 말미암아 흠 없는 자기를 하나님께 드린 그리스도의 피가 어찌 너희 양심을 죽은 행실에서 깨끗하게 하고 **살아 계신 하나님을 섬기게 하지 못하겠느냐**

성경은 하나님은 참된 예배자를 찾으시고, 이들이 드리는 예배가 "신령과 진정으로 드리는 예배"가 되어야 한다고 하셨습니다.

이는 바로 물말씀과 성령으로 거듭난 자의 영이 창조주께 취하는 첫 반응이며, 이러한 예배는 온전히 사람의 영이 성령에 이끌리어 하나님께 나아가며 부복俯伏하며 경배하는 것을 의미합니다.

(요4:23) 아버지께 참되게 예배하는 자들은 **영**(πνεῦμα 프뉴마, spirit, 영)**과 진리로 예배할 때가 오나니** 곧 이 때라 아버지께서는 자기에게 **이렇게 예배하는 자들을 찾으시느니라**

(빌3:3) 이는 **영 안에서 하나님을 경배하며**, 그리스도 예수 안에서 **기뻐하고**, 육신을 신뢰하지 않는 우리가 할례파임이니라[KJV]

(롬1:9) 내가 그의 아들의 복음 안에서 내 **심령**으로 섬기는(λατρεύω 라트류오, serve, worship, 예배하다 봉사하다) 하나님이…

(롬7:6) …우리가 **영**의 새로운 것으로 **섬길 것이요**(δουλεύω 둘류오, serve, 섬기다) 율법 조문의 묵은 것으로 아니할지니라

(롬12:11) 일에는 게으르지 말고, **영 안에서 열심을 내며, 주를 섬겨라**[KJV]

이렇게 영적으로 예배하는 자는 성령에 이끌리어 영으로 기도하며 찬양도 하게 됩니다. 이때 육체는 성령의 감동과 믿음으로 온전히 하나님의 임재 안에서 하나님께 찬양하며 경배를 드리게 됩니다.

다윗 왕은 예루살렘으로 법궤가 들어올 때 하나님께 대한 감사와 기쁨이 충만하여 입은 에봇이 벗겨 내려오는 줄도 모르고 하나님, 그분만을 향해 집중하여 온 몸으로 경배를 드렸습니다.

이는 마치 "주를 섬겨 금식할 때…행13:2"처럼, 계시록 4-5장에서처럼 주님의 보좌 앞에 모여 드리는 천사들의 예배를 연상하게 합니다. 계4:8-11, 5:11-12

신령과 진정으로 드리는 자는 영으로도 기도하며 또 찬양을 드리게 됩니다. 고전14:15, 엡5:19, 골3:16, 계14:3 그러면 예배 중에 성령께서 임재하시고 역사하시어 계시와 지혜, 각종 은사와 권능으로 충만하게 됩니다. 고전14:26, 사11:2

> (고전14:15) 그러면 어떻게 할까 **내가 영으로 기도하고 또 마음으로 기도하며 내가 영으로 찬송하고 또 마음으로 찬송하리라**
>
> (엡5:19) 시(ψαλμός 프살모스)와 찬미(ὕμνος 휨노스)와 **신령한 노래들**(ᾠδή 오데)로 서로 화답하며 너희의 마음으로 주께 노래하며 찬송하며
>
> (골3:16) 그리스도의 말씀이 너희 속에 풍성히 거하여 모든 지혜로 피차 가르치며 권면하고 시와 찬미와 **신령한 노래를 부르며** 마음에 감사함으로 하나님을 찬양하고
>
> (계14:3) 저희가 보좌와 네 생물과 장로들 앞에서 **새 노래를 부르니 땅에서 구속함을 얻은 십 사만 사천인 밖에는 능히 이 노래를 배울 자가 없더라**
>
> (고전14:26) 그런즉 형제들아 어찌할까 너희가 모일 때에 각각 **찬송시도 있으며** 가르치는 말씀도 있으며 계시도 있으며 방언도 있으며 통역함도 있나니 모든 것을 덕을 세우기 위하여 하라

셋째로, 영이 거듭난 사람은 하나님을 경외하며, 그의 말씀도 경외하게 됩니다. 그리고 복종하게 됩니다.히12:9, 약1:17

다시 말하면 경건함과 두려움으로 하나님을 기쁘게 섬기게 됩니다.히12:28, 빌3:3 이로서 하나님을 더 깊이 알려는 갈망으로 넘쳐나게 됩니다.

(사11:2) 그의 위에…**여호와를 경외하는 영**이 강림하시리니
(행5:11) 온 교회와 이 일을 듣는 사람들이 **다 크게 두려워하니라**
(행9:31) 그리하여… **주를 경외함**과 성령의 위로로 진행하여 수가 더 많아지니라
(사66:2)…무릇 마음이 가난하고 심령에 통회하며 **내 말을 듣고 떠는 자** 그 사람은 내가 돌보려니와
(히8:11) …그들이 작은 **자로부터 큰 자까지 다 나를 앎이라**
(벧후1:8) 이런 것이 너희에게 있어 흡족한 즉 **너희로 우리 주 예수 그리스도를 알기에 게으르지 않고 열매 없는 자가 되지 않게 하려니와**
(히12:28) 그러므로 우리가 흔들리지 않는 나라를 받았은즉 은혜를 받자 이로 말미암아 **경건함과 두려움으로 하나님을 기쁘시게 섬길지니**

넷째로, 거듭난 영은 하나님의 씨가 그의 속에 거함으로 자신을 창조하신 분의 뜻과 마음을 알고 새로운 삶을 추구하게 됩니다. 하나님의 본성선과 사랑, 의, 생명대로 행하고자 합니다.

(사43:7,21) 내 이름으로 불려지는 모든 자 곧 내가 내 영광을 위하여 창조한 자를 오게 하라 그를 내가 지었고 그를 내가 만들었느니라…21 이 백성은 내가 나를 위하여 지었나니 나를 찬송하게 하려 함이니라
(롬7:22) 내 속사람(곧 영)으로는 하나님의 법을 즐거워하되

(엡2:10) 우리는 그가 만드신 바라 **그리스도 예수 안에서 선한 일을 위하여 지으심을 받은 자니…**

(요일3:9) 하나님께로부터 난 자마다 죄를 짓지 아니하나니 이는 **하나님의 씨가 그의 속에 거함**이요 그도 범죄하지 못하는 것은 하나님께로부터 났음이라

(롬5:5) 소망이 우리를 부끄럽게 하지 아니함은 우리에게 주신 성령으로 말미암아 **하나님의 사랑이 우리 마음에 부은 바 됨이니**

그러므로 죄를 짓는다거나 하나님 외에 다른 우상을 섬긴다는 것은 상상을 할 수가 없습니다.

하나님은 영의 사람들을 통해 영광과 찬양을 온전히 받으시기를 원하시는데, 이것이 예배의 삶이요 하나님의 영광을 드러내는 삶이 되는 것입니다. 롬12:1, 빌3:3 아멘!

(사43:12) 내가 알려 주었으며 구원하였으며 보였고 너희 중에 다른 신이 없었나니 그러므로 너희는 나의 증인이요 나는 하나님이니라 여호와의 말씀이니라

(사42:8) 나는 여호와니 이는 내 이름이라 **나는 내 영광을 다른 자에게, 내 찬송을 우상에게 주지 아니하리라**

(롬12:1) 그러므로 형제들아 내가 하나님의 모든 자비하심으로 너희를 권하노니 **너희 몸을 하나님이 기뻐하시는 거룩한 산 제물로 드리라 이는 너희가 드릴 영적 예배니라**

(빌3:3) 이는 **영 안에서 하나님을 경배하며**, 그리스도 예수 안에서 기뻐하고, 육신을 신뢰하지 않는 우리가 할례파임이니라[KJV]

끝으로, 거듭난 자는 그 영속에 하나님의 본성과 신성뿐만 아니라요일3:9, 롬5:5, 하나님혹은 하나님 나라의 부요함으로 채워지게 됩니다.골2:1-3, 엡1:3, 롬 14:17

하나님 나라와 그의 영광에 들어갈 뿐만 아니라히2:10, 고후3:18, 주님과 함께 하나님의 상속자가 되어 생명과 경건에 속한 모든 것을 부여받으며 하나님의 신성에 참여하는 선물을 누리게 됩니다.벧후1:3-4 할렐루야!

(벧후1:3-4) 그의 신기한 능력으로 생명과 경건에 속한 모든 것을 우리에게 주셨으니 이는 자기의 영광과 덕으로써 우리를 부르신 이를 앎으로 말미암음이라 4 이로써 그 보배롭고 지극히 큰 약속을 우리에게 주사 이 약속으로 말미암아 너희가 정욕 때문에 세상에서 썩어질 것을 피하여 신성한 성품에 참여하는 자가 되게 하려 하셨느니라

(엡1:3) 찬송하리로다 하나님 곧 우리 주 예수 그리스도의 아버지께서 그리스도 안에서 하늘에 속한 모든 신령한 복을 우리에게 주시되

(롬8:17) 자녀이면 또한 상속자 곧 하나님의 상속자요 그리스도와 함께 한 상속자니

(엡3:6) 이는 이방인들이 복음으로 말미암아 그리스도 예수 안에서 함께 후사가 되고 함께 지체가 되고 함께 약속에 참예하는 자가 됨이라

(골2:9-10) 그 안에는 신성의 모든 충만이 육체로 거하시고 10 너희도 그 안에서 충만하여졌으니 그는 모든 통치자와 권세의 머리시라

(엡1:23) 교회는 그의 몸이니 만물 안에서 만물을 충만케 하시는 이의 충만함이니라

이렇게 거듭난 자는 하나님의 것으로 만족하며고후3:5, 주님을 더욱 사랑하며빌3:3, 하늘 복가장 큰 복: 구원을 세상에 나누어주는 자가 됩니다.창12:3, 벧

전3:9, 마10:12 아멘!

(고후3:5) 우리가 무슨 일이든지 우리에게서 난 것 같이 생각하여 스스로 만족할 것이 아니니 **우리의 만족은 오직 하나님께로부터 나느니라**
(빌3:3) 하나님의 성령으로 봉사하며 **그리스도 예수로 자랑하고** 육체를 신뢰하지 아니하는 우리가 곧 할례당이라
(고후5:9) 그런즉 우리는 몸으로 있든지 떠나든지 주를 **기쁘시게 하는 자가 되기를 힘쓰노라**
(고후5:14) 그리스도의 사랑이 우리를 강권하시는도다…
(벧전3:9) "악을 악으로, 욕을 욕으로 갚지 말고 도리어 **복을 빌라 이를 위하여 너희가 부르심을 받았으니** 이는 복을 이어받게 하려 하심이라"
(벧전2:9) …너희를 어두운 데서 불러내어 **그의 기이한 빛에 들어가게 하신 이의 아름다운 덕을 선포하게 하려 하심**이라

1.2 사람의 구성

하나님은 영원 전부터 홀로 자존自存하시는 영靈이시며, 모든 만물을 창조하신 창조주 이십니다.출3:14, 요4:24, 창1:1

그리고 창조하신 만물을 능력의 말씀으로 붙들고 계십니다.히1:3 하나님은 모든 것을 지으신 바, 사람Adam을 창조하실 때는 흙으로 지으시고 그 코에 생기를 불어넣으심으로 영과 혼이 사람 속에 있게 하셨습니다.창2:7 성경은 이 영을 속사람1)inner man이라 합니다.엡3:16, 고후4:16

---

1) ① 영(1) = 속사람(고후4:16), 새사람(골3:3,10), 새로운 피조물(고후5:17) = 마음(Heart)에 숨은 사람(벧전3:4)
　② 영(2) : 하나님을 認知(인지)하는 기관(롬8:15, 약2:26)
　　　⇨ 하나님과 교제가 이루어지는 기관(롬8:16)
　　　⇨ 하나님의 믿음이 있는 것(벧후1:1, 벧전1:7,21, 골1:12, 롬12:3,6, 10:17, 막11:22)
　　　⇨ 하나님의 말씀이 받아지고 이해되며 반응하는 기관(요6:63, 고후3:3 heart)

(창2:7) 여호와 하나님이 흙으로 사람을 지으시고 **생기****를 그 코에 불어넣으시니 사람이 **생혼***이 된지라(King James Version[KJV])
(고후4:16) 그러므로 우리가 낙심하지 아니하노니 **겉사람**(outward man)은 후패하나 **우리의 속**(inward [man])은 날로 새롭도다
(엡3:16) 그 영광의 풍성을 따라 그의 성령으로 말미암아 너희 **속 사람**(inner man)을 능력으로 강건하게 하옵시며

하나님은 이 속 사람 속에 자신의 **형상**삼위 일체적 하나님의 영적 속성, 신성을 두셨습니다.

(창1:26-27) 하나님이 이르시되 **우리**(삼위일체 하나님)의 형상을 따라 우리의 모양대로 우리가 사람을 만들고 그들로 바다의 물고기와 하늘의 새와 가축과 온 땅과 땅에 기는 모든 것을 다스리게 하자 하시고 27 하나님이 자기 형상 곧 하나님의 형상대로 사람을 창조하시되 남자와 여자를 창조하시고

거듭난 사람이 하나님의 **신성**神性 divine nature에 참예한다는 말씀벧후1:4은 이미 아담의 창조 시부터 적용되던 사실임을 아는 것은 참으로 흥미로운 일입니다. 아담이 지음 받고 하나님의 동산인 에덴동산에서 살아갈 때 그가 하나님의 신성으로 가득한 그의 영적 능력을 보면 신비롭고 놀라울 따름입니다.

즉, 하나님은 동방의 에덴에 동산을 창설하시고 그 지으신 사람을 거기

⇨ 하나님의 영적속성(하나님의 형상)을 받는 곳 (잠20:27, 골3:10)
⇨ 하나님의 영(주, 성령)이 임하시는 곳(딤후4:22, 고전3;16), 사랑이 임하는 곳(롬5:5 heart)
⇨ 하나님의 나라와 영광(눅17:21, 마12:28)/하나님 은혜가 임하는 곳(갈5:18, 몬1:25)
③ 영(3) : 사람의 형편(사정)을 가장 잘 아는 기관임(고전2:11) ⇨ 하나님의 등불(잠20:27)
④ 영이 자라고 힘을 받으려면(살후1:3, 고후4:16)…
⇨ 영의 양식은 하나님의 말씀을 일용할 양식과 같이 먹어야 함(마4:4, 신8:3).
⇨ 하나님의 영(성령)으로 늘 교제가 일어나야 함(엡3:16)

두시고 그것을 경작하며 지키게 하셨습니다. 창2:8,15

여기서 에덴은 하나님의 통치가 이루어지는 하나님 나라가 임하심을 의미하는데, 하나님은 자신의 나라를 아담에게 맡기신 것을 또한 상징합니다. 눅22:29, 12:32 땅의 통치자는 하나님이시지만 하나님은 그것을 아담에게 맡기시고 하나님을 대신하여 통치하게 하셨습니다. 창1:26-28, 시115:16

아담은 하늘과 땅의 풍요함과 하나님과의 친밀함 속에서 하나님의 일곧 이름 짓는 것을 수행하기도 했습니다. 창2:19,23 아담의 영성은 하나님의 것으로 충만했습니다.

이것이 바로 사람을 통하여 하나님이 이루시는 신정정치神政政治, 친히 하나님이 다스리는 정부를 말하는데, 아담이 그 효시가 되었습니다. 할렐루야!

(창2:19-23) 여호와 하나님이 흙으로 각종 들짐승과 공중의 각종 새를 지으시고 아담이 무엇이라고 부르나 보시려고 그것들을 그에게로 이끌어 가시니 아담이 각 생물을 부르는 것이 곧 그 이름이 되었더라 20 아담이 모든 가축과 공중의 새와 들의 모든 짐승에게 이름을 주니라…21 여호와 하나님이 아담을 깊이 잠들게 하시니 잠들매 그가 그 갈빗대 하나를 취하고 살로 대신 채우시고 22 여호와 하나님이 아담에게서 취하신 그 갈빗대로 여자를 만드시고 그를 아담에게로 이끌어 오시니 23 아담이 이르되 이는 내 뼈 중의 뼈요 살 중의 살이라 이것을 남자에게서 취하였은즉 여자라 부르리라 하니라 24 이러므로 남자가 부모를 떠나 그의 아내와 합하여 둘이 한 몸을 이룰지로다

사람Adam이 창조될 때의 사건을 다시 한 번 묵상해 보는 것이 필요합니다. 하나님은 사람Adam을 창조하실 때 "생혼2)$\psi\nu\chi\grave{\eta}\nu\ \zeta\tilde{\omega}\sigma\alpha\nu$, living soul"이 되게

---

2) 생혼)* : (히)"**네페쉬**(여성명사, 단수 : 혼) **하야**(חיה)(여성형용사, 단수)", 생혼(living soul)
　(헬) "**프쉬케 자오**($\psi\nu\chi\eta\ \zeta\alpha\omega$)" ⇨ 생혼(living soul)

하셨습니다. 창2:7 KJV

이 단어는 생소한 단어이긴 해도 참으로 중요한 의미를 담고 있습니다. 신약에서도 예수님 곧 마지막 아담과 이 첫 사람을 비교할 때도 이 단어가 등장합니다. 고전15:45

(창2:7) 여호와 하나님이 흙으로 사람을 지으시고 생기를 그 코에 불어넣으시니 사람이 **생혼이 된지라**[KJV]

(고전15:45) 기록된 바 **첫 사람 아담은 생혼**이 되었다 함과 같이 **마지막 아담**은 살려 주는 영이 되었나니[KJV]

이 생혼이라는 단어는 다른 표현으로 성경 여러 곳에 등장합니다. 요삼1:2에는 "**혼이 잘됨같이**[KJV]"로, 벧전1:9에는 "**혼의 구원**[KJV]"으로 소개됩니다.

(요삼1:2) 사랑하는 자여 네 **혼***(ψυχη 프쉬케)**이 잘 됨**같이 네가 범사에 잘 되고 강건하기를 내가 간구 하노라[KJV]

(벧전1:9) 믿음의 결국 곧 **혼*의 구원을 받음**이라[KJV]

(잠17:22) 마음의 즐거움은 양약이라도 심령의 근심은 뼈로 마르게 하느니라

이 **생혼**은 **생기**와 더불어 창2:7에서 아담이 창조 될 때 사용된 단어이므로, 이 단어 원어와 쓰인 배경을 잠시만 살펴보면 이해에 큰 도움을 얻게 됩니다.

= 새로이 변화 받은 혼(롬12:2, 골3:10), 혼이 잘된 상태(요삼1:2)
= 영(성령)에 지배당하고 영의 정보로 충만한 상태(**성령충만**)
= 성령께서 일하시는데 전혀 방해를 받지 않는 혼의 상태(엡5:18, 갈5:16-18)
= 혼의 구원(벧전1:9)

먼저 생기는 히브리어로 "네샤마 하임 נְשָׁמָה חַיִּים" 곧, 생명의 호흡3) breath of life으로 여기서 호흡은 바람, 영靈이란 뜻을 가지고 있습니다. 이것은 사람이 거듭날 때 "성령으로 난 것은 영"인 것과 같이요3:6, 성령이신 생기를 불어 넣으므로 동시에 영을 창조하심을 의미합니다.

고로 "생기를 불어넣었다"라는 말은 곧 "영을 창조하셨다.슥12:1"와 같은 의미입니다.

둘째로 생혼4)은 히브리어로는 "네페쉬 하야 נֶפֶשׁ חַיָּה", 헬라어로는 "퓨슈켄 죠산"으로, "살아있는 혼living soul"을 뜻합니다.5)

그러므로 창2:7[KJV], 롬12:2 및 요삼1:2[KJV], 그리고 벧전1:9[KJV]의 말씀을 비교하여 다시 그 의미를 재구성해 보면 다음과 같이 결론 내릴 수가 있습니다.

즉 생혼은 **"영(성령)에 지배당하고 영의 정보로 충만한 혼의 상태"**로서,

---

3) **네샤마**:(여성명사, 단수: 호흡, 바람, 영, 영혼) **하임**:남성명사, 복수: 생명들
  (주1) **루아흐**(רוּחַ)(창1:2) 는 "불다", 즉 "숨을 쉬다"란 동사에서 유래됨. "바람", "호흡", "생명", "영"의 의미 ⇨ (히) 르아흐 = 호흡, 영(겔37:5, 14)
  (주2) "육으로 난 것은 육이요 성령으로 난 것은 영(프뉴마)이니(요3:6)"에서 **영**(프뉴마)는 "πνέω 프네오 = 숨쉬다, 바람이 불다"에서 유래되었음 ⇨ 영(프뉴마)는 **바람** 혹은 "**호흡**"의 뜻이 있음.
  (주3) "숨을 내쉬며. 성령을 받아라(요20:22, 성령의 숨)", 급한 바람 ≈ 성령(행2:1-2) 주(主)의 **영**≈**주**(主) 숨결(사59:19 AMP), 하나님의 영 ≈ 하나님의 바람/강한 바람(창1:2)
  (주4) "다 한 **성령을 마시다**"(고전12:13). "**성령**(πνεῦμα)으로 난사람은 **바람**(πνεῦμα) 같다."(요3:8)
  (주5) 생명의 성령(롬8:2), 성령으로 이른 말(요3:34) = 영, 생명(요6:63)
  (주6) 생기: (헬) "프뉴마 죠에" = 생명의 영(계11:11)
  (주7) **네샤마**(여성명사, 단수) ⇨ spirit(영)(잠20:27 KJV)
4) **네페쉬**(נֶפֶשׁ)(여성명사, 단수: 혼) 하야(חַיָּה)(여성형용사, 단수)", 헬라어로는 "퓨슈켄 죠산(ψυχὴν ζῶσαν)"
5) 영이 죽은 자의 혼을 **생혼**이라 부르지 않음.
  • 성경에 (原語적 측면에서) **생혼**을 **생령**으로 오역(誤譯)함(고전15:45, 창2:7)[KJV]
  • **하나님의 형상**을 담은 곳이 바로 **영임**
  • 영 ⇦ "**바람불다, 호흡하다**"에서 유래함.
  • 성령이 사람 속에 거하는 것은 이미 사람의 영이 있음을 의미함.
  • 사람의 영이 죽은 상태에서는 성령이 임할 수가 없음.
  • 생기는 성령을 의미하기도 하지만, 생기를 불어넣는 그 자체가 영의 존재와 동시성임

이는 "**성령 충만하여 성령께서 일하시는데 전혀 방해를 주지 않는 혼의 상태**엡5:18, 갈5:16-18"을 나타냅니다. 아멘!

그러므로 첫 사람 아담은 성령하나님의 영의 정보로 충만하여 하나님께서 역사하시는 대로 순종했던 사람이었음을 쉽게 이해할 수가 있습니다. 이것은 그의 영성으로도 충분히 짐작이 가는 대목입니다.

이처럼 사람은 지음 받을 때부터 속사람인 영을 통하여 하나님과 깊은 교제가 이루어지도록 되어 있습니다. 아담의 혼은 생혼이 되어 영과 거의 "하나"가 되어 하나님의 일을 수행한 것곧 신정정치가 이루어짐을 확인할 수가 있습니다.

그러나 사람Adam이 "하나님이 먹지 말라"한 선악과를 따 먹고 하나님의 말씀을 불순종했을 때 하나님의 형상을 잃어버리고 사망이 오고 말았습니다. 롬5:12 이를 **영적 사망**이라고 합니다. 엡2:1

그런데 하나님은 아들 예수님을 이 땅에 보내시어 십자가에 피를 흘리게 하심으로 잃어버린 하나님의 형상을 다시금 회복시키셨습니다. 이를 새로운 피조물로 **중생**시키셨다고 합니다. 엡4:23-24, 고후5:17, 요3:5-6

성경에서는 "기록된 바 첫 사람 아담은 생령생혼 이 되었다 함과 같이 마지막 아담은 살려 주는 영이 되었나니고전15:45"이라 하심으로 죽었던 영을 다시 살리셨다고 했습니다. 마지막 아담 되신 예수님께서 흘리신 십자가의 피는 첫 사람 아담의 불순종으로 죽었던 모든 인류에게 새 생명을 주는 피였습니다.

여기서 우리가 주목해야 할 부분은 이미 앞 절에서도 언급된 바와 같이, 하나님이 아들 예수님을 통하여 죽었던 인류를 살리는데 그 첫 번째 부분이 바로 사람의 영이라는 점입니다. 이런 의미에서 마지막 아담인 예수님을

"**살려주는 영**고전15:45"이라고 했습니다.

그러므로 어린 양의 생명책에 기록된 사람은 모두가 영이 살아 난 사람들, 곧 하나님 앞에서 살았다고 하는 자들입니다.롬6:11 이것은 전적인 하나님의 은혜입니다.엡2:8 아멘!

하나님은 영이시기에 하나님은 같은 차원인 사람의 영과 교통하십니다. 사람의 영이 하나님의 등불이기에 사람의 영에서 하나님의 빛이 드러납니다.

(잠20:27) **사람의 영혼**(נְשָׁמָה 네샤마, spirit 영)은 여호와의 등불이라 사람의 깊은 속을 살피느니라

그러나 세상 사람들은 하나님을 알지 못합니다. 그것은 그들의 영이 죽어있으며, 동시에 하나님의 영적 속성인 하나님의 형상을 잃은 상태임으로 비록 그들에게도 의식과 인격, 정신세계가 있어도 이것으로는 하나님을 만날 수도 알 수도 없는 이유가 여기에 있습니다.고전1:21, 2:8

그러므로 하나님 보시기에 "영이 죽은 자"를 "죽었다"라고 표현하며엡2:1, 영이 산 자를 하나님 앞에서 "살았다, 생명이 있다"라고 합니다.롬6:11 이런 이유로 어린 양의 생명책은 생기로 부음 받은 하나님의 생명을 가진 자들의 명부가 되는 것입니다.요5:24, 계20:15, 21:27 할렐루야 아멘!

(롬6:11) 이와 같이 너희도 너희 자신을 죄에 대하여는 죽은 자요 그리스도 예수 안에서 **하나님께 대하여는 살아 있는 자로 여길지어다**

이처럼 사람에게는 영이것이 사람의 본질임이 있습니다. 그리고 혼도 육도 있

습니다. 혼의 세계는 소위 정신세계라는 것입니다. 여기에는 생각이 있고, 상상력이 있고, 또한 의식과 무의식이 있습니다. 감정도, 지식도, 의지도 있습니다.

그러나 사람이 하나님의 생명으로 거듭나는 기관은 혼도, 육도 아닌 영입니다. 혼과 육의 세계는 일평생 살아가면서 하나님의 말씀과 성령으로 다듬어지고 새롭게 되어 하나님의 영광을 위해 온전히 쓰임 받도록 훈련받는 기관입니다. 이를 "성화되어간다"하고 함; 빌2:12 이들 기관을 영이 **속사람**이라고 일컫는 것엡3:16과 비교하여 **겉사람**이라 합니다. 고후4:16

거듭난 사람에게는 일생동안 하나님의 성품과 인격을 닮아가야 하는 부분이 바로 겉사람입니다. 롬12:2, 8:30 하나님의 뜻에 순종하는 행위는 바로 혼의 세계에서 일어나는데, 만일 하나님의 뜻대로, 성령의 감동대로 온전한 순종이 이루어지는 상태를 앞에서 언급된바와 같이 "생혼living soul; 창2:7, 고전15:45"이라고 표현한 사실을 주목해야 합니다.

이러한 영적 원리로 인하여 영이 거듭났다고 해서 사람이 자동적으로 하나님의 말씀에 순종하는 것은 아닙니다. 오히려 구원받기 전의 옛 사람의 습성과 버릇을 그대로 지니고 있기에 행동 양식이 오랜 세월동안 변하지 않는 사람도 있습니다.

그래서 사도바울은 롬12:2에서 "너희는 이 세대를 본받지 말고 오직 마음을 새롭게 함으로 변화를 받아 하나님의 선하시고 기뻐하시고 온전하신 뜻이 무엇인지 분별하도록 하라"라고 권면하였고, 자신 또한 매일 몸을 쳐 복종시키고 그리스도와 함께 십자가에 못 박아갈2:20, 고후4:10-11, 고전9:27, 15:31, 온전히 하나님의 뜻을 따라 푯대를 향하여 부르신 부름의 상을 위해 달려간다고 고백했습니다. 빌3:14 이러한 과정을 **성화**聖化 sanctification라고 합니다.

성화과정은 성령으로 이루어져 나갑니다. 롬8:30, 13-14, 갈5:25 바울도 "그러므로 나의 사랑하는 자들아 너희가 나 있을 때뿐 아니라 더욱 지금 나 없을 때에도 항상 복종하여 두렵고 떨림으로 너희 구원을 온전히이루라빌2;12"이라고 함으로 온전한 구원, 즉 영의 구원에 이어 혼의 구원까지도 이루어 나갈 것을 권고하고 있습니다.

이렇게 할 때 모든 성도는 하나님의 역사하심과 기름 부으심이 훨씬 강하게 임하므로 하나님의 선하시고 기뻐하시고 온전하신 뜻이 무엇인지 분별하여 그 뜻대로 그분의 일을 온전히 감당할 수가 있게 되는 것입니다.

아멘!

> (고전9:27) 내가 내 몸을 쳐 복종하게 함은 …
> (고전15:31) …나는 날마다 죽노라
> (갈2:20) 내가 그리스도와 함께 십자가에 못박혔나니 그런즉 이제는 내가 산 것이 아니요 오직 내 안에 그리스도께서 사신 것이라…
> (고후4:10-11) 우리가 항상 예수 죽인 것을 몸에 짊어짐은 예수의 생명도 우리 몸에 나타나게 하려 함이라 11 우리 산 자가 항상 예수를 위하여 죽음에 넘기움은 예수의 생명이 또한 우리 죽을 육체에 나타나게 하려 함이니라
> (갈5:24) 그리스도 예수의 사람들은 **육체와 함께 그 정과 욕심을 십자가에 못박았느니라**

그러므로 사람의 참 모습은 사람의 **"영"**입니다.그림1참조 그리고 **"혼"**은 사람의 영을 통하여 하나님의 것곧, 권세와 권능, 지혜와 지식, 총명과 재능 등; 사11:2, 약1:18, 엡1:3, 벧후1:3-4과 하늘나라의 모든 것의, 평강, 희락….; 롬14:17을 기름 부으심 가운데 제공받아 이 땅에서 누리는 곳입니다. 고후6:10, 요일1:3, 롬14:17

그리고 사람의 **"육"**은 영과 혼을 담은 그릇으로 이 또한 깨끗한 그릇이

되었을 때 하나님의 영광과 그의 나라를 위해 쓰임 받게 됩니다.

회복된 아담인 성도가 세상을 다스리고 영향력을 끼칠 수 있는 것첫 사람 아담 경우와도 같은 원리임은 속사람 안에 계신 성령으로부터 채움을 받고 강건하여져, 하나님의 지혜와 능력으로 세상을 다스릴 때 비로소 하나님을 세상에 증거 하게 되는 것입니다.벧전2:9

이외에도 다양한 기관이 있습니다. 그 대표적으로 **심령** καρδία 카르디아, heart과 **양심**6) συνείδησις" 쉬네이데시스, consciousness을 들 수 있습니다.

여기서 심령카르디아은 영spirit에 속한 기관으로롬8:10,14-16, 갈4:6, 요일3:20-21, 혼의 세계로 영적 정보를 제공합니다.롬2:28-29, 요일3:21, 벧전3:4, 마5:8, 13:15, 히10:22 하나님은 아들의 영을 심령에 보내어 아바 아버지라 부르게 하며갈4:6, 하나님의 말씀을 성령으로 심령에 새기게도 하십니다.고후3:3,6, 4:13, 히8:10, 10:16 또한 하나님은 성도를 책망하실 때 심령을 통해 알려주십니다.요일3:21 그래서 만일 심령으로 책망이 없으면 하나님께 담대함을 가지게 됩니다.요일3:20-21

양심은 **영의 거울** 곧 **영의 음성** 역할을 합니다.행23:1, 롬9:1, 딤전4:2, 히9:9, 벧전3:21

양심 외에도 영의 음성의 역할을 하는 다양한 기관으로 직감intuition, 혹은 영적 예감, 직관, 인지perception, 막2:8, 마22:18, 행8:22, 27:10, 감동impression, 계1:10 및 안내guidance, 인도, 롬8:14 등이 있습니다.

(요일3:21) 사랑하는 자들아 만일 우리 **마음**(heart 심령)이 우리를 책망할 것이 없으면 하나님 앞에서 담대함을 얻고

(롬9:1) 내가 그리스도 안에서 참말을 하고 거짓말을 아니하노라 나에게 큰

---

6) **양심**:συνείδησις=συν "쉰(함께)" + είδω "에이도(알다)" ⇨ "성령과 함께 알다"의 의미임

근심이 있는 것과 마음에 그치지 않는 고통이 있는 것을 **내 양심이 성령 안에서 나와 더불어 증언하노니**

(롬8:14) 무릇 하나님의 영으로 **인도함**을 받는 사람은 곧 하나님의 아들이라

	영	혼	육
히브리어	רוּחַ : 루아흐	נֶפֶשׁ : 네페쉬	בָּשָׂר : 바사르
헬라어	πνεῦμα : 프뉴마	ψυχη : 프쉬케	σῶμα : 소마
영어	spirit	soul	body, flesh

육: 한시적(限時的) 존재 ⇐ 식물(食物)
혼: 인격적(人格的) 존재 ⇐ 지식, 문화
영: 영원한(永遠한) 존재 ⇐ 하나님의 말씀

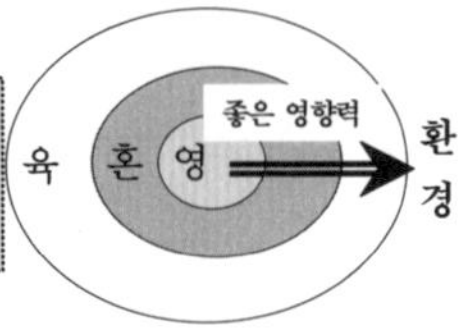

[그림1. 사람의 주요구성]

참고로 "νοῦς"누스 mind, understanding"라는 단어가 있습니다. 이 단어는 Bauer & Gingrich 사전에 의하면, 판단, 인식, 생각, 및 도덕적 정신적 상태의 집합체로서의 마음과 태도, 사고방식을 나타내는 단어로 정의합니다. 이 단어는 성령으로 충만한 사람의 영πνεῦμα 프뉴마을 대신하여 사용되기도 하지만主의 마음: 고전2:16, 롬11:34, 7:25, 본 단어가 혼적인psychic 사람에게는 서로 바꿔 사용될 수가 없다는 사실에 유의해야 합니다. 심령 πνεῦμα ὁ νοῦς ⇐ 엡4:23

1.3 영·혼·육의 상관성

이처럼 사람의 참 모습은 사람의 "영"입니다. 그리고 "혼"은 사람의 영을 통하여 하나님의 것과 하늘나라의 것을 제공받아 이 땅에서 누리며 나눠주는 삶을 살아가게 합니다. 고후6:10, 엡1:3 영의 사람은 낙담하지 않습니다. 영

의 사람은 늘 성령을 통해 강건해집니다.엡3:16, 6:10, 고후4:16 영의 세계는 육의 세계가 나타나기 전에 이미 진행되고 있습니다.고후4:18, 롬4:17

그러므로 영의 사람은 성령의 생각으로롬8:6 성령의 인도함을 받고 살아가야 합니다.갈5:25, 롬8:14 그리고 육은 영과 혼을 담은 그릇으로 이 또한 깨끗한 그릇이 되어야 하나님께 온전히 쓰임 받게 됩니다.

> (딤후2:20-21) 큰 집에는 금과 은의 그릇이 있을 뿐 아니요 나무와 질그릇도 있어 귀히 쓰는 것도 있고 천히 쓰는 것도 있나니 **그러므로 누구든지 이런 것에서 자기를 깨끗하게 하면 귀히 쓰는 그릇이 되어 거룩하고 주인의 쓰심에 합당하며 모든 선한 일에 예비함이 되리라**
> (고후4:7) 우리가 이 보배를 질그릇에 가졌으니 이는 능력의 심히 큰 것이 하나님께 있고 우리에게 있지 아니함을 알게 하려 함이라
> (엡5:29) 누구든지 언제든지 제 육체를 미워하지 않고 **오직 양육하여 보호하기를 그리스도께서 교회를 보양함과 같이** 하나니

사람의 **영·혼·육은 유기적으로 서로 연결되어 있는 기관**입니다. 생기를 불어 넣으심으로 생혼이 된 것 같이 영과 혼은 유기적으로 밀접한 관계에 있습니다.

혼생각, 정신, 의식, 판단, 인식, 지식, 감정, 의지 등은 육과 서로 영향을 주고받습니다. "혼과 육"은 영과 서로 영향을 주고받습니다. 육은 주위 환경과 영향을 서로 주고받습니다.

예를 들면, 아담이 하나님의 말씀을 행동으로 거부하며 불순종했을 때 그의 영은 죽게 되었고엡2:1, 창2:17, 이로서 모든 인류는 사망에 이르게 되었습니다.롬5:12,17, 고전15:22 또한 예수님은 십자가 위에서 하나님 말씀을 순종

함으로 온 인류를 구원혹은 의에 이르게 만들었습니다.롬5:19

그러나 구원받은 자가 믿음을 배반예수님을 버림했을 때는 그 구원을 잃어버리게 됩니다.즉 영은 죽고 하나님의 형상을 잃어버리게 됨 ; 히6:6, 10:26, 요일5:16-17, 딤전5:12 반면, 방언성령이 말하게 하심으로 하는 영의 기도을 말함으로 인하여 영이 강건해 집니다.고전14:4, 엡3:16

이처럼 사람혼, 육의 행위의 결과가 그의 영에 지대한 영향을 주며, 또한 그 영은 사람의 행위에 대해 책임을 지는 것을 볼 수가 있습니다.롬2:6-11, 5:15-21, 6:16 하나님은 분명히 그 행한 대로 갚으신다고 하셨습니다.계22:11-12, 벧전1:17, 고후5:10

하나님은 영·혼·육 모두가 하나님의 지으신 목적사43:7대로 거룩하고 합당하게 쓰임 받기를 원하십니다. 그리고 영·혼·육 모두가 지음 받은 모습, 즉 거룩하고 강건한 모습 그대로 보존되어 지기를 원하십니다.살전5:23, 벧전1:9, 요삼1:2

(사43:7) 무릇 내 이름으로 일컫는 자 곧 **내가 내 영광을 위하여 창조한 자**를 오게 하라 그들을 내가 지었고 만들었느니라

(엡2:10) 우리는 그의 만드신 바라 그리스도 예수 안에서 **선한 일을 위하여 지으심을 받은 자니**…

(살전5:23) …너희 **온 영과 혼과 몸**이 우리 주 예수 그리스도 강림하실 때에 흠 없게 보전되기를 원하노라

(벧전1:9) 이는 너희가 너희 믿음의 결말 곧 너희 **혼의 구원**을 받았기 때문이라[KJV]

(요삼1:2) 사랑하는 자여, 무엇보다도 **네 혼이 형통함**같이 네가 형통하고 건강하기를 바라노라[KJV]

(엡5:29) 누구든지 언제든지 제 육체를 미워하지 않고 오직 양육하여 보호하기를 그리스도께서 교회를 보양함과 같이 하나니
(롬2:6-8) 하나님께서 각 사람에게 그 행한 대로 보응하시되…
(롬5:12)… 한 사람으로 말미암아 죄가 세상에 들어오고 죄로 말미암아 사망이 들어왔나니 이와 같이 모든 사람이 죄를 지었으므로 사망이 모든 사람에게 이르렀느니라
(롬5:18-19) 그런즉 한 범죄로 많은 사람이 정죄에 이른 것 같이 한 의로운 행위로 말미암아 많은 사람이 의롭다 하심을 받아 생명에 이르렀느니라…
(계22:12) 보라 내가 속히 오리니 내가 줄 상이 내게 있어 각 사람에게 그가 행한 대로 갚아 주리라

참고로 영·혼·육의 분류에 따라 삼분설이니 이분설이니 하는 의견이 있습니다. 그러나 참고해야 할 사항은 이렇게 서로 다른 의견을 가지고 있다고 하여 서로를 정죄해서는 안 됩니다.

인간을 구성하는 기관은 여럿 있지만, 분명한 사실은 가장 중요한 기관으로 영·혼·육을 들 수 있으며, 이들 각 기관은 분명한 제 역할이 있으며, 원어적 측면에서도 분명히 구분되고 있습니다.

그러나 이 셋이 서로 유기적으로 연관되어 있다는 사실을 명심해야 합니다.

• **삼분설**영, 혼, 육과 **이분설**영혼, 육

① **삼분설** : 이미 언급한 바와 같이 사람은 주요 3가지 기능으로 이루어져 있으며, 또한 서로 유기적으로 강하게 연계되어 있습니다. 이미 첫 사람 아담이 창조될 때부터 그 기능창2:7이 3가지로 되어 있음을 알 수가 있으며, 하나님은 인간이 이 3가지 기능으로 영광의 삶을 살아가다가히4:12-13, 주님

재림 시에는 성결한 처녀의 모습으로 창조 때와 같은 온전한 모습으로 발견되어 지기를 원하십니다. 살전5:23

> (히4:12) 하나님의 말씀은 살았고 운동력이 있어 좌우에 날선 어떤 검보다도 예리하여 **혼과 영과 및 관절과 골수**를 찔러 쪼개기까지 하며 또 마음의 생각과 뜻을 감찰하나니
> (살전5:23) 평강의 하나님이 친히 너희로 온전히 거룩하게 하시고 또 너희 **온 영과 혼과 몸**이 우리 주 예수 그리스도 강림하실 때에 흠 없게 보전되기를 원하노라

② **이분설** : 이 이론은 영혼을 하나로 보는 관점으로, 일반적으로 롬8:10과 고후7:1의 말씀을 그 근거로 삼습니다. 그러나 이 말씀들은 앞뒤 문맥을 살펴보면, 원래 몸의 기능을 구분하기 위해 주어진 것이 아니라 다른 의도가 있음을 쉽게 알 수가 있습니다.

다시 말하면 롬8:10은 로마서 8장의 전체의 문맥을 이어받는 말씀으로 육신적 삶(혼적 생각 포함)과 성령에 이끌림을 받는 삶의 측면에서 생명의 영이신 성령을 좇아 살아가라고 강조한 말씀입니다.

고후7:1 말씀도 이와 동일한 맥락으로, 정욕과 우상숭배와 같은 육신 σάρξ 사르크스 flesh, 혹은 σῶμα 소마 body 적인 것 곧 **사람**(정욕의 肉과 자아의 魂)을 죽이는 삶을 강조하는 말씀입니다. 갈2:20, 고후4:10-11, 마16:24 육의 더러움(곧 정욕과 탐심, 육적음행)과 영의 더러움(곧 영적 음행, 우상숭배)에서 벗어나 거룩함을 좇을 것을 권면하는 말씀입니다.

> (롬8:10) 또 그리스도께서 너희 안에 계시면 몸(소마 body)은 죄로 말미암아 죽은 것이나 영은 의로 말미암아 살아 있는 것이니라

(고후7:1) 그런즉 사랑하는 자들아 이 약속을 가진 우리는 하나님을 두려워하는 가운데서 거룩함을 온전히 이루어 육(사르크스){땅의 것}과 영의 온갖 더러운 것{마귀적인 것}에서 자신을 깨끗하게 하자

(요일2:16) 이는 세상에 있는 모든 것이 육신(사르크스 flesh)의 정욕과 안목의 정욕과 이생의 자랑이니 다 아버지께로부터 온 것이 아니요 세상으로부터 온 것이라

(갈2:20) 내가 그리스도와 함께 십자가에 못 박혔나니 그런즉 이제는 내가 사는 것이 아니요 오직 내 안에 그리스도께서 사시는 것이라 이제 내가 육체(사르크스)가운데 사는 것은 나를 사랑하사 나를 위하여 자기 자신을 버리신 하나님의 아들을 믿는 믿음 안에서 사는 것이라

(고후4:10) 우리가 항상 예수의 죽음을 몸(소마)에 짊어짐은 예수의 생명이 또한 우리 몸에 나타나게 하려 함이라

(갈5:24-25) 그리스도 예수의 사람들은 육체(사르크스)와 함께 그 정욕과 탐심을 십자가에 못 박았느니라 25 만일 우리가 성령으로 살면 또한 성령으로 행할지니

(약3:15) 이러한 지혜는 위로부터 내려온 것이 아니요 땅 위의 것이요 정욕(ψυχικός 프쉬키코스 ⇦ψυχή 프쉬케, 혼)의 것이요 귀신의 것이니

(롬8:4-6) 육신(사르크스)을 따르지 않고 그 영을 따라 행하는 우리에게 율법의 요구가 이루어지게 하려 하심이니라 5 육신을 따르는 자는 육신의 일을, 영을 따르는 자는 영의 일을 생각하나니 6 육신의 생각{겉사람}은 사망이요 영의 생각{생혼}은 생명과 평안이니라

(골3:2,5) 위의 것을 생각하고 땅의 것을 생각하지 말라 … 땅에 있는 지체를 죽이라 곧 음란과 부정과 사욕과 악한 정욕과 탐심이니 탐심은 우상 숭배니라

참고로 롬8:10은 문맥적으로는 롬8:6에서 이미 영·혼생각·육육신의 기능을 언급하고 있는 상태에서 성령의 생각을 강조하는 말씀이며, 아래 테이블 참조 이는 성령으로 인도함 받아 성령으로 살아갈 것을 강조하는 말씀입니다. 할렐루야 아멘!

구약의 백성은 아직 주님의 십자가의 영광 전의 일이기에 "영"이 살지 못합니다. 요7:39, 엡2:1 그러나 그들의 심령heart에 말씀과 하나님의 영이 역사 하시고, 그리고 할례를 행하게 됩니다.

땅(세상)의 것(마귀 적인 것, 겉사람)		위(□文)의 것(영적인 것, 속사람)	
육	혼		영
육신의 ········▶		◀········	영의
	생각은	생각은	
사망 ◀········		········▶	생명과 평안

(겔36:26–27) 또 새 영을 너희 속에 두고 **새 마음**(לֵב 레브, heart)을 너희에게 주되 너희 육신에서 굳은 마음을 제하고 부드러운 마음을 줄 것이며 27 또 내 신을 너희 속에 두어 너희로 내 율례를 행하게 하리니 너희가 내 규례를 지켜 행할지라

(렘4:4) 유다인과 예루살렘 거민들아 너희는 스스로 할례를 행하여 너희 **마음**(לֵבָב 레바브 ⇦ לֵב "레브"와 같이 사용함) 가죽을 베고 나 여호와께 속하라 그렇지 아니하면 너희 행악을 인하여 나의 분노가 불 같이 발하여 사르리니 그것을 끌 자가 없으리라

(겔37:14) 내가 또 내 신을 **너희 속**에 두어 너희로 살게 하고 내가 또 너희를 너희 고토에 거하게 하리니 나 여호와가 이 일을 말하고 이룬 줄을 너희가 알리라 나 여호와의 말이니라 하셨다 하라

(렘31:33) 나 여호와가 말하노라 그러나 그 날 후에 내가 이스라엘 집에 세울 언약은 이러하니 곧 내가 나의 법을 그들의 속에 두며 그 마음(레브)에 기록하여 나는 그들의 하나님이 되고 그들은 내 백성이 될 것이라

(갈4:6) 너희가 아들인 고로 하나님이 그 아들의 영을 우리 **마음**(καρδία 카르디아, heart)가운데 보내사 아바 아버지라 부르게 하셨느니라

(고후3:3) 너희는 우리로 말미암아 나타난 그리스도의 편지니 이는 먹으로 쓴 것이 아니요 오직 살아 계신 하나님의 영으로 한 것이며 또 돌비에 쓴 것이 아니요 오직 육의 **심비**(πλάξ 플락스, καρδία 카르디아)에 한 것이라

(히8:10) 또 주께서 가라사대 그날 후에 내가 이스라엘 집으로 세울 언약이 이것이니 내 법을 저희 생각에 두고 저희 **마음**(카르디아)에 이것을 기록하리라 나는 저희에게 하나님이 되고 저희는 내게 백성이 되리라

(히10:16) 주께서 가라사대 그날 후로는 저희와 세울 언약이 이것이라 하시고 내 법을 저희 **마음**(카르디아)에 두고 저희 생각에 기록하리라 하신 후에

(고후4:6) 어두운데서 빛이 비취리라 하시던 그 하나님께서 예수 그리스도의 얼굴에 있는 하나님의 영광을 아는 빛을 우리 **마음**(카르디아)에 비취셨느니라

(고후4:13) 기록한바 내가 믿는 고로 말하였다 한 것같이 우리가 같은 믿음의 **마음**(πνεῦμα 프뉴마, spirit)을 가졌으니 우리도 믿는 고로 또한 말하노라

또한 속사람과 겉 사람의 기준은 다음과 같이 나눌 수가 있습니다. 즉, 첫째로, 혼은 영에 속할 수도, 육에 속할 수도 있습니다. 즉,

- If 생혼 ⇨ 영에 속함영혼 : 속사람 ⇨ 영은 하나님의 처소고전3:16, 딤후 4:22, 잠20:27

- If not ⇨ 육에 속함육혼 : 겉사람 ⇨ 겉사람은 마귀가 역사하는 곳 롬8:3, 죄 ; 요13:2, 고후4:4, 마12:44

(고후4:16) 그러므로 우리가 낙심하지 아니하노니 **겉사람**은 후패하나 우리의 속은 날로 새롭도다
(엡3:16) 그 영광의 풍성을 따라 그의 성령으로 말미암아 너희 **속사람**을 능력으로 강건하게 하옵시며
(마12:43-44) 더러운 귀신이 사람에게서 나갔을 때에 물 없는 곳으로 다니며 쉬기를 구하되 얻지 못하고 44 이에 가로되 내가 나온 내 집으로 돌아가리라 하고 와 보니 그 집이 비고 소제되고 수리되었거늘

둘째로, 육체의 일과 성령은 양립兩立 못합니다.

(갈4:30) 그러나 성경이 무엇을 말하느뇨 계집 종과 그 아들을 내어 쫓으라 계집 종의 아들이 자유하는 여자의 아들로 더불어 유업을 얻지 못하리라 하였느니라
(갈5:16-17) 내가 이르노니 너희는 성령을 좇아 행하라 그리하면 육체의 욕심을 이루지 아니하리라 17 육체의 소욕은 성령을 거스리고 성령의 소욕은 육체를 거스리나니 이 둘이 서로 대적함으로 너희의 원하는 것을 하지 못하게 하려 함이니라

2장
성령으로 인도 받아라

> 그러하나 진리의 성령이 오시면 그가 너희를
> 모든 진리 가운데로 인도하시리니 그가 자의로 말하지 않고
> 오직 듣는 것을 말하시며 장래 일을 너희에게 알리시리라
> 요16:13

물과 성령으로 거듭난 성도는 새로운 피조물입니다.고후5:17 옛 사람은 지나가고 새 사람을 입은 자들입니다.엡4:22-24, 5:1 거듭난 모든 성도는 하나님의 형상을 회복한 자들로 하나님의 생명요5:24, 10:10과 하나님의 본성사랑, 선, 의 등을 지닌 자들입니다.요일3:9, 골2:10, 몬1:6, 고후5:21, 고전5:5, 벧후1:3-4

이로서 새 생명을 지닌 모든 성도는 이전의 삶과 다른 형태의 삶을 살아가게 됩니다.

이전에는 세상에 속하여 땅의 삶을 사는 자로서 우상이 끄는 데로 끌려 다녔지만고전12:2, 엡2:2-3, 성령으로 거듭난 성도는 하늘에 속한 자로서 천국의 시민권을 가지고 이를 누리며 전하는빌3:20, 엡1:3,8,23, 벧후1:3-4, 골2:10, 롬8:11,14, 요일1:3-4, 요삼1:2 성령의 인도함을 받는 자들이 되었습니다.롬8:14, 갈5:25

(엡4:22-24)…옛 사람을 벗어 버리고 오직 심령으로 새롭게 되어 하나님을 따라 의와 진리의 거룩함으로 지으심을 받은 새 사람을 입으라 That ye put off concerning the former conversation the old man, which is corrupt according to the deceitful lusts; 23 And be renewed in the spirit of your mind; 24 And that ye put on the new man, which after God is created in righteousness and true holiness[KJV].

(엡5:1) 그러므로 사랑을 받은 자녀같이 너희는 하나님을 본받는 자가 되고
Be ye therefore followers(imitators) of God, as dear children

(고후5:17) 그런즉 누구든지 그리스도 안에 있으면 **새로운 피조물이라**…

(벧후1:3-4) 그의 신기한 능력으로 생명과 경건에 속한 모든 것을 우리에게 주셨으니 이는 자기의 영광과 덕으로써 우리를 부르신 이를 앎으로 말미암음이라 4 이로써 그 보배롭고 지극히 큰 약속을 우리에게 주사 이 약속으로 말미암아 너희가 정욕 때문에 세상에서 썩어질 것을 피하여 신성한 성품에 참여하는 자가 되게 하려 하셨느니라

(요일1:3-4) 우리가 보고 들은 바를 너희에게도 전함은 너희로 우리와 사귐이 있게 하려 함이니 우리의 사귐은 아버지와 그의 아들 예수 그리스도와 더불어 누림이라 4 우리가 이것을 씀은 우리의 기쁨이 충만하게 하려 함이라

(갈5:25) 만일 우리가 **성령으로 살면 또한 성령으로 행할지니**

구약 이스라엘 백성들은 광야 40년을 지날 때 불기둥과 구름기둥으로 인도함 받는 법을 배웠습니다. 출40:34-38

이들 기둥들은 법궤 위 속죄소의 두 그룹 사이에서 솟아올라 성막 지성소 위에 머물렀습니다. 레16:2, 삼하6:2, 계4:5, 5:6 이 기둥들은 바로 하나님의 임재요 성령의 역사를 의미합니다.

그들은 구름이 성막 위에서 떠오르기 전에는 결코 앞으로 나아가지 않았습니다. 구름혹은 불기둥은 광야를 지나는 동안 하나님의 약속의 땅 가나안까지 안전하게 인도하는 안내자였습니다. 신8:2-3, 출13:21, 느9:19, 민14:14

(출40:34-38) 구름이 회막에 덮이고 여호와의 영광이 성막에 충만하매 35

모세가 회막에 들어갈 수 없었으니 이는 구름이 회막 위에 덮이고 여호와의 영광이 성막에 충만함이었으며 36 구름이 성막 위에서 떠오를 때에는 이스라엘 자손이 그 모든 행진하는 길에 앞으로 나아갔고 37 구름이 떠오르지 않을 때에는 떠오르는 날까지 나아가지 아니하였으며 38 낮에는 여호와의 구름이 성막 위에 있고 밤에는 불이 그 구름 가운데에 있음을 이스라엘의 온 족속이 그 모든 행진하는 길에서 그들의 눈으로 보았더라

(민14:14)…주 여호와께서 이 백성 중에 계심을 그들도 들었으니 곧 주 여호와께서 대면하여 보이시며 주의 구름이 그들 위에 섰으며 주께서 낮에는 구름기둥 가운데서, 밤에는 불기둥 가운데서 그들 앞에서 행하시는 것이니이다

이것은 하나님이 이스라엘 백성들을 인도하시는 현재의모형이었습니다. 민11:29 이스라엘 백성과 구름기둥 사이에는 선택받은 특별한 이들이 있었습니다.

구약 율법 하에서는 이들에게 기름부음을 주시어 이들을 통하여 실질적으로 백성들을 광야 가운데 안전하게 인도하게 하셨습니다. 왕, 제사장, 그리고 선지자가 바로 그들입니다.

이스라엘 백성들은 이들에 의해서 통치를 받았고, 이들의 가르침을 받아 제사를 드렸으며 또한 그들이 행해야 할 바를 받았습니다. 율법 아래에 있는 일반 이스라엘 백성들에게는 이러한 기름 부으심이 없었습니다. 요7:38-39

그래서 성경은 율법으로 인도받는 이들에게는 성령도, 믿음도 그리고 의義도 없는 고로 갈5:18, 눅16:16, 갈3:12, 23-25, 2:21, 3:21-22, 율법의 조문인 의문 γράμμα 그람마, written letter은 죽이는 것이라 했습니다. 고후3:6, 골2:14,20, 엡2:15, 롬2:29, 7:6, 8:2

(갈5:18) 너희가 만일 **성령의 인도하시는 바가 되면 율법 아래에 있지 아니하리라**

(갈3:12) **율법은 믿음에서 난 것이 아니니** 율법을 행하는 자는 그 가운데서 살리라 하였느니라

(갈2:21) 내가 하나님의 은혜를 폐하지 아니하노니 만일 의롭게 되는 것이 율법으로 말미암으면 그리스도께서 헛되이 죽으셨느니라

(고후3:6) 저가 또 우리로 새 언약의 일군 되기에 만족케 하셨으니 의문으로 하지 아니하고 오직 영으로 함이니 **의문은 죽이는 것이요 영은 살리는 것임이니라**

율법조문곧 의문아래서는 철저한 죄인임을 깨닫게 되고롬3:20, 죄의 삯은 사망이므로 살려고 하는 이들에게는 율법이 진정한 믿음과 의義이신 예수님께로 인도하는 초등교사의 역할을 했으며갈3:23-25, 4:1-3, 주님은 이들을 율법의 저주에서 구속하시어 자유케 하는 아들의 명분을 얻게 하셨습니다. 갈4:4-5, 골2:14

(갈3:23-24) 믿음이 오기 전에 우리는 율법 아래에 매인 바 되고 계시될 믿음의 때까지 갇혔느니라 24 이같이 율법이 우리를 그리스도께로 인도하는 초등교사가 되어 우리로 하여금 믿음으로 말미암아 의롭다 함을 얻게 하려 함이라

(갈4:4-5) 때가 차매 하나님이 그 아들을 보내사 여자에게서 나게 하시고 율법 아래 나게 하신 것은 5 율법 아래 있는 자들을 속량하시고 우리로 아들의 명분을 얻게 하려 하심이라

(골2:14) 우리를 거스리고 우리를 대적하는 의문에 쓴 증서를 도말하시고 제하여 버리사 십자가에 못박으시고

여하튼 구약의 백성들은 이러한 방식으로 하나님의 인도함을 받았습니다. 백성을 인도하는 자의 모델이었던 모세는 하나님의 말씀을 받아 대언하는 자로서 이러한 모습이 백성들에게는 하나님처럼 보였습니다. 출4:15-16, 시82:6, 요10:35

> (출4:15-16) 너는 그에게 말하고 그 입에 말을 주라 내가 네 입과 그의 입에 함께 있어서 너의 행할 일을 가르치리라 16 그가 너를 대신하여 백성에게 말할 것이니 그는 네 입을 대신할 것이요 너는 그에게 하나님 같이 되리라
>
> (시82:6) 내가 말하기를 너희는 신들(אֱלֹהִים 엘로힘 God, angels)이며 다 지존자의 아들들이라 하였으나
>
> (요10:35) 성경은 폐하지 못하나니 하나님의 말씀을 받은 사람들을 신(θεός 데오스, 하나님)이라 하셨거든

그 단적인 예로, 모세가 율법을 받으러 호렙산에 올라가 40일을 머무는 동안 산 아래서 일어난 일입니다. 그것은 하나님께는 해괴망측한 우상숭배의 일이었습니다. 이스라엘 백성들이 금송아지를 만들어 그것에 번제와 화목제를 드리며 경배하며 앉아서 먹고 마시며 일어나 뛰놀며 음란한 짓을 하고 있었습니다. 출32:1-6

이러한 행동은 이스라엘 백성들에게는 나름 그들의 하나님께 경배하는 방법이었습니다. 그들은 이러한 행위가 우상숭배인지도 몰랐습니다. 행17:30, 눅23:34 그들의 눈에는 모세가 하나님이었는데, 모세가 보이지 않으니 그들 나름대로 만든 하나님이 금송아지였습니다. 이들은 오랜 애굽 생활 가운데 가장 힘 있고 고귀하고 권세 있는 것 즉 황금 황소모형을 하나님으로 형상화하였고, 이 우상이 자기들을 애굽에서 인도해 준 하나님으로 믿고 전심으로 이를 섬긴 것입니다.

이처럼 구약 백성들은 모세와 같이 특별히 하나님의 기름부음 받은 자로부터 인도 받아야 했습니다. 그리고 그들은 하나님의 뜻을 분별하는 외적 증거를 찾아야만 했습니다. 마치 기드온이 양털위에 이슬이 있고 없는 신기한 외적 표적으로 하나님의 인도함을 확인받은 사실이나삿6:36-40, 또는 제비를 뽑는 외적 행위를 통해 하나님의 인도함을 눈으로 확인해야 했습니다. 레16:8, 민26:55, 수14:2, 느10:34.

그러나 신약에서는 하나님께서 모든 백성들의 육체 위에 성령을 부어 주셨고행2:16-17 각자의 심령 속에 그 성령을 모셔 들이게 했습니다. 요14:17, 1:12, 행2:38 다시 말하면 하나님주님이 모든 성도 속에 친히 들어오신 것입니다.

이제는 그분이 친히 모든 성도 곧 하나님의 백성을 광야와 같은 인생길을 안전하게 인도해 나가십니다.요16:13, 14:26, 롬8:14 인생은 한 치의 앞도 볼 수도 알 수도 없습니다.잠27:1, 전3:11 어디로 가야 할지 또 어떻게 행해야 할지도 모릅니다.

그러기에 인생의 길에 등이요 빛이신 말씀이 성령으로 모든 성도 안에 계셔시119:105, 43:3, 잠20:27, 사59:21-60:1, 마5:13-14, 마땅히 말하고 행할 바를 생각나게 하시고 감동으로 주시어 인도하시는 것입니다.요14:26, 16:13-15, 고전2:10-15 아멘!

구약의 대 제사장이 입은 에봇에는 12지파를 뜻하는 12가지 보석이 있고, 그 뒤편에는 우림אורים 빛과 둠밈תמים 완전함이란 돌을 넣은 판결흉패가 있었습니다. 출28:30, 39:8-21, 민27:21 우림과 둠밈은 각각 빛과 완전함을 의미합니다. 이는 완전한 빛 가운데서 판결한다는 의미가 있습니다.

이는 바로 성령과 말씀으로 인한 분별을 말합니다. 고전2:13-15, 12:10, 히

4:12-13 대 제사장이시고 말씀이신 주님이히3:1, 요1:1-2 이 땅에서 계실 때는 이렇게 온전히 성령으로 인도받는 지상사역을 행하셨습니다. 행10:38, 요3:34-35, 마22:21

모든 성도는 주님께서 보여주신 본을 받아 그 자취를 따라가야 합니다. 벧전2:21 주님과 같이 성령의 온전한 인도함을 받아야 합니다. 롬8:14, 요일2:6 주님과 같이 자신 속에 계신 하나님의 음성을 듣고 행해야 합니다. 요14:10-12, 16:13-15, 요일2:6

이는 성령께서는 하나님의 깊은 것까지도 통달하시는 분이시기에 그렇습니다. 고전2:10, 벧후1:21 성령님은 성도들을 안전한 곳, 축복의 곳 그리고 영광의 길진리의 길로 인도하십니다. 사55:11-12, 요16:13, 시23편

그런고로 성령의 인도함을 받는 모든 사람은 반드시 축복과 형통, 번성의 장소로, 영광된 곳으로 도달하게 되어 있습니다. 시1:3,6, 시26:7, 48:18-19, 사55:11

그러므로 성도는 무슨 일을 하든지 성령님의 온전한 인도함을 받아야 형통합니다. 사55:11-13

(고전2:10-14) 오직 하나님이 성령으로 이것을 우리에게 보이셨으니 성령은 모든 것 곧 하나님의 깊은 것까지도 통달하시느니라 11 사람의 일을 사람의 속에 있는 영 외에 누가 알리요 이와 같이 하나님의 일도 하나님의 영 외에는 아무도 알지 못하느니라 12 우리가 세상의 영을 받지 아니하고 오직 하나님으로부터 온 영을 받았으니 이는 우리로 하여금 하나님께서 우리에게 은혜로 주신 것들을 알게 하려 하심이라 13 우리가 이것을 말하거니와 사람의 지혜가 가르친 말로 아니하고 오직 성령께서 가르치신 것으로 하니 영적인 일은 영적인 것으로 분별하느니라 14 육에 속한 사람은 하나님의 성령의 일들을 받지 아니하나니 이는 그것들이 그에게는 어리석게 보임이요, 또 그

는 그것들을 알 수도 없나니 그러한 일은 영적으로 분별되기 때문이라

(요16:13) 그러하나 진리의 성령이 오시면 그가 너희를 모든 진리 가운데로 인도하시리니 그가 자의로 말하지 않고 오직 듣는 것을 말하시며 장래 일을 너희에게 알리시리라

(사55:11-13) 내 입에서 나가는 말도 이와 같이 헛되이 내게로 돌아오지 아니하고 나의 기뻐하는 뜻을 이루며 내가 보낸 일에 형통하리라 너희는 기쁨으로 나아가며 평안히 인도함을 받을 것이요 산들과 언덕들이 너희 앞에서 노래를 발하고 들의 모든 나무가 손뼉을 칠 것이며 잣나무는 가시나무를 대신하여 나며 화석류는 질려를 대신하여 날 것이라 이것이 여호와의 기념이 되며 영영한 표징이 되어 끊어지지 아니하리라

(시23:1-3) 여호와는 나의 목자시니 내게 부족함이 없으리로다 2 그가 나를 푸른 풀밭에 누이시며 쉴 만한 물가로 인도하시는도다 3 내 영혼을 소생시키시고 자기 이름을 위하여 의의 길로 인도하시는도다

(벧전2:21) 이를 위하여 너희가 부르심을 받았으니 그리스도도 너희를 위하여 고난을 받으사 너희에게 본을 끼쳐 그 자취를 따라오게 하려 하셨느니라

갈3:7-9 및 29절을 참조하면, 예수그리스도를 믿는 믿음으로 말미암아 누구든지 예수그리스도 안에서 예수 그리스도의 것이면 아브라함의 자손이요, 동시에 믿음이 있는 아브라함과 함께 하나님의 유업을 이을 자가 됩니다.갈4:6-7 그리고 성령께서는 이를 친히 보증하여 주십니다.엡1:13-14

(갈3:7-9, 29) 그런즉 믿음으로 말미암은 자들은 아브라함의 자손인 줄 알지어다…9 그러므로 믿음으로 말미암은 자는 믿음이 있는 아브라함과 함께 복을 받느니라 29 너희가 그리스도의 것이면 곧 아브라함의 자손이요 약속대로 유업을 이을 자니라

(갈4:6-7) 너희가 아들이므로 하나님이 그 아들의 영을 우리 마음 가운데 보내사 아빠 아버지라 부르게 하셨느니라 7 그러므로 네가 이후로는 종이 아니요 아들이니 아들이면 하나님으로 말미암아 유업을 받을 자니라

(엡1:13-14) 그 안에서 너희도 진리의 말씀 곧 너희의 구원의 복음을 듣고 그 안에서 또한 믿어 약속의 성령으로 인치심을 받았으니 14 이는 우리의 기업의 보증이 되사 그 얻으신 것을 속량하시고 그의 영광을 찬송하게 하려 하심이라

2.1 성령의 인도함을 받는 방법[7]

고로 성도의 삶은 온전히 성령으로 인도함 받는 삶입니다. 갈5:25에는 "만일 우리가 성령으로 살면 또한 성령으로 행할지니[걸어갈지니]"라고 했고, 롬8:14에도 "무릇 하나님의 영으로 인도함을 받는 사람은 곧 하나님의 아들이라" 했습니다.

성령으로 인도함 받는 영역은 성도의 삶의 전(全)분야에 해당됩니다. 성령으로 하나님을 섬기며[예배하며 ; 요4:23-24, 롬1:9,7:6], 성령으로 기도하고[엡6:18, 유1:20, 롬8:27], 성령으로 봉사하고[빌3:3, 롬12:11], 성령으로 말씀을 듣고 깨닫고 가르치고, 또한 전해야 합니다.[행1:2, 요일2:27, 요14:26, 16:13, 고전2:13

---

[7] 어떻게 성령의 인도함을 받는가? - 조용기 목사
 ① 특별 계시로(행2:17-18)
  - 꿈(가장 중요하게 다루심: 마1:19-21, 마2:13, 19-23) by 주님이나 주의 천사
  - 환상(행10:2-6,9-16)
  - 예언(성령의 음성을 사람을 통하여 : 행13:2-3)
  - 마음의 묵시 혹은 지시(생각이 떠오르게 하심): 눅2:25-26 ⇐ 치유 사역 시 병 나은 자가 누군지 알려주심
 ② 마음의 소원(빌2:13, 빌4:6) : 마음에 뜨거운 소원이 평강과 확신, 기쁨으로 일어남(롬12:2). (분별: 하나님의 말씀과 성령의 속성을 통하여)
 ③ 주위 환경을 통하여(인도: 요14:26)⇐ 하나님의 예비하신 손길(고전2:9) - 여의도 교회 이전, 국민일보를 창립
 ④ 하나님의 말씀(사8:19-20) ⇐ 감동으로 주시는 레마(롬10:17, 마4:4, 요6:63, 마14:28-29) So, 믿음대로 행하라(막11:23)!

또 성령으로 예수님을 증거하며행1:8, 성령으로 성결하며벧전1:2, 롬8:30, 8:13, 성령으로 순종하며롬8:7, 겔36:27, 그리고 성령으로 모든 주님의 일에 열심을 내는 것입니다.롬12:11 KJV

(롬12:11) 일에는 게으르지 말고, (성)령 안에서 열심을 내며, 주를 섬기라 [KJV]
(빌3:3) 이는 영안에서 하나님을 경배하며, 그리스도 예수 안에서 기뻐하고, 육신을 신뢰하지 않는 우리가 할례파임이니라[KJV]

구약에 하나님과 동행한 전형적인 사람이 나옵니다. 바로 에녹과 노아입니다.창5:4, 히11:5

(창5:4) 에녹이 하나님과 동행하더니 하나님이 그를 데려가시므로 세상에 있지 아니하였더라
(창6:9) 이것이 노아의 족보니라 노아는 의인이요 당대에 완전한 자라 그는 하나님과 동행하였으며

에녹 시대에도, 노아 시대에도 사회상은 참으로 악하며 패역했습니다. 하나님께서 진노의 심판을 할 수밖에 없는 상황이었습니다.

(창6:1-5) 사람이 땅 위에 번성하기 시작할 때에 그들에게서 딸들이 나니 하나님의 아들들이 **사람의 딸들의 아름다움**을 보고 자기들이 좋아하는 모든 여자를 아내로 삼는지라 여호와께서 이르시되 나의 영이 영원히 사람과 함께 하지 아니하리니 이는 그들이 육신이 됨이라 그러나 그들의 날은 백이십 년이 되리라 하시니라 당시에 땅에는 네피림이 있었고 그 후에도 하나님의

아들들이 사람의 딸들에게로 들어와 자식을 낳았으니 그들은 용사라 고대에 명성이 있는 사람들이었더라 여호와께서 사람의 **죄악이 세상에 가득함**과 그의 마음으로 생각하는 모든 계획이 **항상 악할 뿐**임을 보시고

이러한 불법과 악행, 타락 가운데서도 이들이 승리할 수 있었던 것은 하나님과 동행했기 때문입니다. 에녹은 300년을 하나님을 경외하며 기쁘시게 하는 삶을 살았습니다. 사11:2, 66:2 히11:5-6에서는 에녹이 믿음의 사람이었다고 했습니다. 믿음은 하나님의 말씀으로부터 옵니다. 롬10:17

그러므로 에녹은 순간순간 성령을 통하여 주시는 하나님의 말씀에 순종하며 살아간 것이 분명합니다. 요16:13-15, 14:10-12, 3:31-34 그가 죽음을 보지 않고 승천한 사실 하나만 두고 보더라도 얼마나 성령의 권능아래 살아간 삶이었는지 짐작이 갑니다.

노아는 600여년을 성령으로 동행하며 하나님을 기쁘시게 했습니다. 그는 하나님의 은혜를 입었고, 하나님 말씀을 받아 순종함으로 방주를 지어 그 집을 구원하였고, 이로서 믿음을 따르는 의의 상속자가 되었습니다. 히11:7

성경에 기록된 믿음의 사람들은 모두가 성령의 인도함을 받아 말씀에 순종하여 하나님께 인정을 받은 사람들이었습니다. 히11장 그러므로 성령으로 인도함을 받는 자의 삶은 우선적으로 하나님의 음성을 듣고 그 말씀에 순종하는 삶이 되어야합니다. 마치 등말씀과 기름성령을 준비한 지혜로운 다섯 처녀처럼 말입니다. 마25:1-13

지금은 노아 홍수 때보다, 소돔 고모라 시대보다 더 악하고 패역하며 음란한 말세입니다. 주님은 이를 일곱 귀신 들어간 자의 형편과 같은 세대요, 짐승을 타고 있는 음녀 바벨론처럼 각종 더러운 영이 모이는 귀신의 처소와

같은 큰 성이라고 하셨습니다. 마12:45, 계18:2

그러므로 이러한 시대에 살아가고 있는 교회가 왜 성령에 예민하여 그 인도함을 받아야 하는지에 대한 근본적인 이유를 제공하여 줍니다. 그러므로 우리는 반드시 성령으로 인도함 받는 법을 알아야만 합니다.

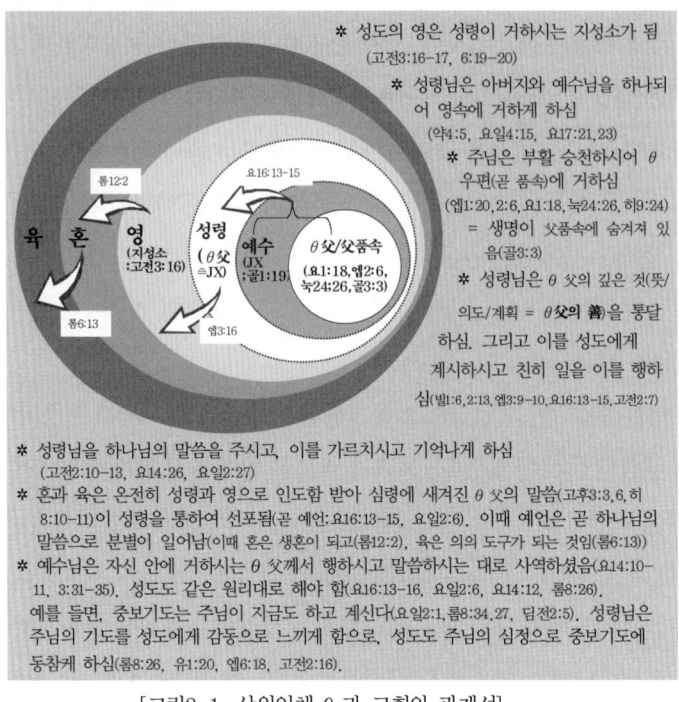

[그림2-1. 삼위일체 θ 과 교회와 관계성]

(엡5:16-18) 세월을 아끼라 때가 악하니라 17 그러므로 어리석은 자가 되지 말고 오직 주의 뜻이 무엇인가 이해하라 18 술 취하지 말라 이는 방탕한 것이니 오직 성령으로 충만을 받으라

성령으로 인도함 받는 것은 삼위일체 하나님과의 깊은 관계를 이루는 삶을 말합니다. 그림2-1 성령님을 성도에게 아버지의 뜻과 계획을 성도들에게

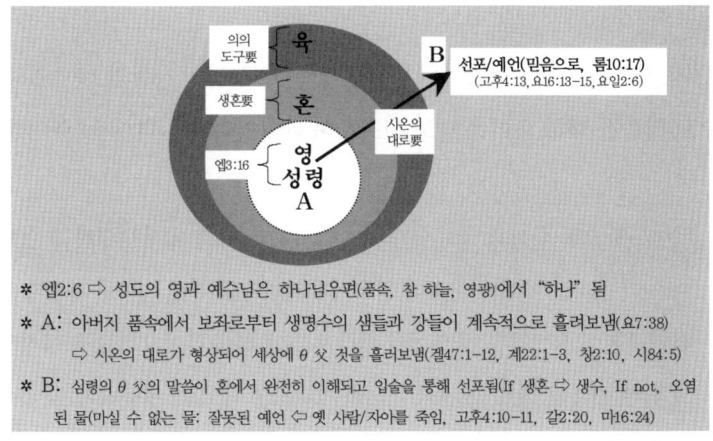

[그림2-2. 성령의 인도와 예언]

가르치시고 알게 하시며, 이를 행하게 하십니다. 동시에 세상에 대해 삼위일체 하나님을 계시하며 증거하게 합니다.증인의 삶, 후사의 삶, 영광의 삶, 예언적 삶이 가능함, 그림2-2

(1) 말씀으로

하나님은 성령의 감동으로 말씀을 기록하셨습니다.딤후3:16, 벧후1:21 성령님은 진리의 영이시므로 모든 진리 가운데로 인도하십니다.요16:13 성령님은 하나님의 깊은 것을 통달하시며 그분의 뜻과 의도를 계시하는 하나님이십니다. 성경에 말씀이 진리라고 하셨습니다.요17:17 진리인 말씀과 이를 증거하는 진리의 영이신 성령님은 나뉠 수 없는 분으로 하나되어 일하십니다.

이러므로 성령님은 말씀을 통하여 성도들을 인도하십니다. 성령님은 하나님의 말씀을 가르치시고 깨닫게 하시고 생각나게 하십니다.고전2:13, 요14:26, 16:13-15, 요일2:27

그러므로 성령을 의지하여 말씀을 읽고 듣고 묵상해야 합니다.수1:7-8, 시1:2, 고후3:3 그러면 말씀이 믿어지게 되고 순종할 때 반드시 역사는 일어납니다.

그러므로 환경이나 생각이나 감정이 말씀과 성령의 감동과 다르면 우선적으로 말씀을 택하고 이를 믿고 선포하며 나아가야 합니다. 고후4:13 아멘!

(수1:7-8) 오직 강하고 극히 담대하여 나의 종 모세가 네게 명령한 그 율법을 다 지켜 행하고 우로나 좌로나 치우치지 말라 그리하면 어디로 가든지 형통하리니 8 이 율법책을 네 입에서 떠나지 말게 하며 주야로 그것을 묵상하여 그 안에 기록된 대로 다 지켜 행하라 그리하면 네 길이 평탄하게 될 것이며 네가 형통하리라

(요16:13-15) 그러나 그분 곧 진리의 영께서 오시면 너희를 모든 진리 가운데로 인도하시리니 이는 그분께서 스스로 말씀하지 아니하시고 무엇이든지 듣는 것만을 말씀하시며 앞으로 일어날 일들을 너희에게 보이실 것임이라. 그분께서 나를 영화롭게 하시리니 이는 그분께서 내 것을 받아 너희에게 보이실 것임이라. 아버지께 있는 것은 다 내 것이라. 그러므로 내가 말하기를 그분께서 내 것을 가져다가 너희에게 보이시리라 하였노라.

(시1:2) 오직 여호와의 율법을 즐거워하여 그의 율법을 주야로 묵상하는도다

(고후3:3) 너희는 우리로 말미암아 나타난 그리스도의 편지니 이는 먹으로 쓴 것이 아니요 오직 살아 계신 하나님의 영으로 쓴 것이며 또 돌 판에 쓴 것이 아니요 오직 육의 마음 판에 쓴 것이라

(고후4:13) 기록한 바 내가 믿었으므로 말하였다 한 것 같이 우리가 같은 믿음의 마음을 가졌으니 우리도 믿었으므로 또한 말하노라

빌헤몬 박사는[8] 성도가 무엇인가를 결정할 때에 우선적으로 주시는 하나님의 말씀에 거하기를 권면합니다. 성령과 말씀은 항상 함께 하시기에 성

---

8) 빌 해몬, 『선지자와 개인적 예언』, 도서출판 나단, pp139-147, 1999

령께서 기름 부으시어 감동으로 주신 말씀은 무엇을 선택할 때 시간, 장소, 그리고 상황의 근본 기준이 됩니다.

빌헤몬 박사는 "하나님의 말씀은 성경의 말씀을 검토함으로서 결정될 수 있고, 그 뜻은 개인적인 마음속에 일어나는 원칙과 또 다른 사람으로부터 확인예: 개인적 예언을 받아서 결정될 수 있습니다. 그러나 그 길은 매일 한 걸음 한 걸음step by step 걸어가야 하는 어떤 시간적 과정입니다"라고 말합니다.

이는 인생의 길은 모든 구체적인 사항을 미리 앞서 계시를 받아 인도함 받는 경우가 극히 드물기 때문입니다. 시27:11, 전3:11 그는 무엇을 선택할 때에 다음과 같은 지침을 참고하기를 권고합니다.

① **하나님의 승인**(God's word): 무엇을 결정함에 있어서 한 사람 이상이 개입되었을 때는 하나님의 뜻을 확인하기 위해 "동의와 일치"가 필수적입니다. 각자가 하나님의 구체적인 뜻 곧 말씀 안에서 확인되는 것안에 있으면 반드시 일치하게 됩니다. 예: 남편과 아내가 어떠한 문제에 있어서 하나님의 뜻 안에서 완전한 합의와 평강에 서 있게 된다면 그것은 하나님의 뜻으로 간주할 수 있음

성도가 구체적인 서원혹은 소원을 갖고 있다고 가정하고 또 성도가 믿고 있는 것은 하나님께로부터 나온 지식적인 말씀이고 또 그것이 하나님의 전체적인 말씀과 성령의 감동에 비추어 설명되어 진다면 이는 하나님의 승인word이라 확신해도 됩니다.

하나님은 외모보다 그 마음 중심을 보시는 분으로 하나님의 뜻을 구하는 자는 그 구하는 자의 동기가 하나님의 영광을 구하는 것과 연관되어야 합니다. 요5:41, 44, 8:50

② **하나님의 뜻(God's will)** : 그런 뒤에 성도들 2~3명의 증인들의 입고후 13:1, 잠11:14, 24:6, 사9:6으로 확신을 가져온 몇 가지의 개인적인 예언과 적절한 권고를 받은 것이 있고, 또 이 문제에 관해 성령의 열매가 있고, 성령으로 인한 점검표나 제지예: 행16:7는 없고 평강의 느낌과 자신의 영으로 허용이 있으면 하나님의 뜻이라 확신해도 됩니다.

③ **하나님의 길(God's way)** : 하나님의 길은 하나님의 시간과 방법, 그리고 그것을 행할 수 있는 필요한 도구들 즉, 누가, 무엇을, 언제, 어디서 등과 환경적 요소를 포함하며, 동시에 하나님의 계획이 성취될 때까지 밀고 나갈 만한 인내력을 포함합니다.

이처럼 무슨 일을 계획하고 결정할 때, 모든 일은 하나님의 원하심하나님의 뜻; 빌2:13, 1:6이 있어야 하며, 이것이 확인되면 하나님의 방법창31:11대로 인도함 받아 준비와 훈련의 기간이 필요합니다.

이 모든 과정에서 하나님은 최종적으로 하나님의 시간창31:13에 하나님의 뜻을 시작할 수가 있게 행하십니다.

(2) 성령의 성품[9]으로 내적 증거

예수님을 믿고 영접한 자는 성령님을 모시게 됩니다. 행2:38 성령님은 하나님의 영이시기에 성령님의 인도함을 받는 자는 하나님을 닮아가게 됩니다. 엡5:1, 4:23-24, 고전11:1.

---

[9] 분별의 기준 중 성령의 속성과 그 열매는 귀중한 자료가 된다. 즉 자유(고후3:17, 요8:32 ⇔조정하거나 강요하거나 속박하지 않음. 인격과 선택을 존중함. 그러나 잘못된 선택 시에는 성령님께서는 근심하심), 성령의 열매(즉, 사랑, 희락, 화평, 평강, 기쁨, 인내(조급하지 않음), 자비와 양선, 충성, 온유, 절제), 영광, 거룩, 겸손, 온유····등
■ 그러나 협박, 거짓, 불안, 두려움, 저주, 공포, 번뇌, 고통, 눌림, 더러움, 교만, 무지, 조정, 분노, 화, ···비방, 들추어냄, 무시, 무안케 함, 살인, 미움, 분리, 이간, 자기유익, 초조, 산만, 조석변화, 불안정, 침울, 답답, 강퍅, 오싹, 소름, 음란, 자랑···등은 세상 영(마귀)의 역사이다.

성령님은 우선적으로 하늘 평강과 기쁨으로 인도하십니다. 롬14:17, 8:6 근심, 걱정, 두려움은 하나님이 주신 것이 아닙니다. 딤후1:7, 살전5:22 성령님은 성결하고 순결하며 거룩하십니다. 빌4:8, 벧전1:2 성령님은 하나님의 성품 즉 사랑과 선으로 행하게 하시며, 옳고 바른 진리로 인도하십니다. 빌4:8, 요16:13

성령은 생명의 영으로 살리는 역사가 있습니다. 롬8:2,6 회복시키십니다. 사10:27, 출33:14 자유롭게 하시고 해방을 얻게 하십니다. 눅4:18, 롬8:7, 고후3:17 하나님을 기쁘시게 하십니다. 롬8:8, 요8:29, 엡5:10
성령님은 육체의 욕심을 거스르게 하며 육체의 일갈5:19-21에 근심하십니다. 성령님은 하나님 말씀을 두려워하게 하고 순종하게 하는 능력을 주시고 겔36:27, 롬8:4,7, 딤후1:13-14, 각종 표적으로 그 말씀을 확증해 주십니다. 막16:20

(빌4:8) 끝으로 형제들아 무엇에든지 **참되며 무엇에든지 경건하며 무엇에든지 옳으며 무엇에든지 정결하며 무엇에든지 사랑 받을 만하며 무엇에든지 칭찬 받을 만하며 무슨 덕이 있든지 무슨 기림이 있든지** 이것들을 생각하라
(살전5:22) 악은 어떤 모양이라도 버리라
(엡5:1) 그러므로 사랑을 입은 자녀 같이 너희는 **하나님을 본받는 자**가 되고
(롬8:6) 육신의 생각은 사망이요 **영의 생각은 생명과 평안이니라**
(사10:27) 그 날에 그의 무거운 짐이 네 어깨에서 떠나고 그의 멍에가 네 목에서 벗어지되 **기름진 까닭에 멍에가 부러지리라**
(눅4:18) 주의 성령이 내게 임하셨으니 이는 가난한 자에게 복음을 전하게 하시려고 내게 기름을 부으시고 나를 보내사 포로 된 자에게 자유를, 눈먼 자에게 다시 보게 함을 전파하며 눌린 자를 자유케 하고
(겔36:27) 또 내 신(영)을 너희 속에 두어 너희로 **내 율례를 행하게 하리니 너희가 내 규례를 지켜 행할지라**

(롬14:17) 하나님의 나라는 먹는 것과 마시는 것이 아니요 오직 **성령 안에 있는 의와 평강과 희락이라**
(딤후1:14) 우리 안에 거하시는 **성령으로 말미암아 네게 부탁한 아름다운 것을 지키라**
(고후3:17) 주는 영이시니 **주의 영이 계신 곳에는 자유함이 있느니라**

이처럼 성령의 성품이 내적으로 충만하면 하나님의 뜻으로 보아도 무리가 없습니다.

(3) 성령의 감동으로

성령님은 하나님을 경외하게 하며, 동시에 하나님의 마음을 품게 합니다. 사11:2, 빌1:6, 2:2-5,13, 고전2:10,16 그리하여 하나님의 기뻐하시는 뜻대로 행하게 하십니다.

(삼상16:13) 사무엘이 기름 뿔을 취하여 그 형제 중에서 그에게 부었더니 이 날 이후로 다윗이 여호와의 신에게 크게 감동되니라 사무엘이 떠나서 라마로 가니라
(대하30:12) 하나님이 또한 유다 사람들을 감동시키사 저희로 왕과 방백들이 여호와의 말씀대로 전한 명령을 일심으로 준행하게 하셨더라
(겔3:14) 주의 신이 나를 들어올려 데리고 가시는데 내가 근심하고 분한 마음으로 행하니 여호와의 권능이 힘있게 나를 감동하시더라
(마22:43) 가라사대 그러면 다윗이 성령에 감동하여 어찌 그리스도를 주라 칭하여 말하되
(벧후1:21) 예언은 언제든지 사람의 뜻으로 낸 것이 아니요 오직 성령의 감동하심을 입은 사람들이 하나님께 받아 말한 것임이니라

(계1:10) 주의 날에 내가 성령에 감동하여 내 뒤에서 나는 나팔 소리 같은 큰 음성을 들으니

(빌2:2-5) 마음을 같이하여 같은 사랑을 가지고 뜻을 합하며 한마음을 품어 3 아무 일에든지 다툼이나 허영으로 하지 말고 오직 겸손한 마음으로 각각 자기보다 남을 낫게 여기고 4 각각 자기 일을 돌볼뿐더러 또한 각각 다른 사람들의 일을 돌보아 나의 기쁨을 충만하게 하라 5 너희 안에 이 마음을 품으라 곧 그리스도 예수의 마음이니

(빌2:13) 너희 안에서 행하시는 이는 하나님이시니 자기의 기쁘신 뜻을 위하여 너희에게 소원을 두고 행하게 하시나니

(빌1:6) 너희 안에서 착한 일을 시작하신 이가 그리스도 예수의 날까지 이루실 줄을 우리는 확신하노라

이를 "성령의 감동으로 인도받는다."라고 합니다. 여기서 점검해 보아야 할 사항이 있습니다. 성경에서 "성령에 감동하여"라고 되어 있는 말씀은 킹제임스 번역본에는 "성령 안에서 ἐν πνεύμα 엔 퓨뉴마 in Spirit ; 계4:2, 17:3, 21:10, 행20:22, 18:5[KJV]"라고 되어 있습니다.

이는 온전히 성령임재 안에 있어, 인간의 육신적이고도 정욕적이거나 세속적인 땅에 속한 방법이나 지혜라는 결국 마귀에게서 나온 것임 ; 약3:15, 요일2:16, 갈5:16-21가 아닌 오직 위로부터 내려온 하나님의 뜻과 마음을 지닌 상태를 말합니다.

(벧후1:20-21) 먼저 알 것은 성경의 모든 예언은 사사로이 풀 것이 아니니 21 예언은 언제든지 사람의 뜻으로 낸 것이 아니요 오직 성령의 감동하심을 **받은 사람들**(by the Holy Spirit borne on holy men of God[YLT])이 하나님께 받아 말한 것임이라

(딤후3:16) 모든 성경은 **하나님의 감동으로**(God-breathed) 된 것으로 교훈과 책망과 바르게 함과 의로 교육하기에 유익하니
(계1:10) 주의 날에 내가 **성령에 감동되어**(in Spirit) 내 뒤에서 나는 나팔 소리와 같은 큰 음성을 들으니

다윗은 사무엘 선지자로부터 기름 뿔병으로 기름 부으심을 받은 이후에 성령에게 크게 감동되었고삼상16:13, 하늘 지혜와 담대함으로 온 이스라엘을 두려움에 떨게 한 블레셋 장수 골리앗을 무너뜨리고 가는 곳마다 형통과 승리가 함께 했으며삼상17:45-49, 18:5-7, 14-15, 또한 악령 들려 고통 중에 있는 사울 왕으로부터 악령의 사슬을 풀게 하여 자유와 평강을 전해주는 통로가 되기도 했습니다.삼상16:23, 눅4:18, 사10:27

사도 요한도 하나님의 말씀과 예수를 증언함으로 인하여 밧모 섬에 갇혀 언제 순교를 당할지 모르는 상황 가운데서도 **성령 안**에서 주님을 뵙고 그분의 말씀을 받았습니다.계1:9-20 이것이 바로 성경의 최종 말씀인 요한계시록입니다.

(계1:19) 그러므로 네가 본 것과 지금 있는 일과 장차 될 일을 **기록하라**

모세도 주의 임재 가운데 주의 음성을 들었습니다. 출16:10-12, 29:42-46, 33:8-11, 민14:10-11

(출16:10-11) 아론이 이스라엘 자손의 온 회중에게 말하매 그들이 광야를 바라보니 여호와의 영광이 구름 속에 나타나더라 11 여호와께서 모세에게 말씀하여 이르시되
(출29:42-46) 이는 너희가 대대로 여호와 앞 회막 문에서 늘 드릴 번제라 내

가 거기서 너희와 만나고 네게 말하리라 43 내가 거기서 이스라엘 자손을 만나리니 내 영광으로 말미암아 화막이 거룩하게 될지라…46 그들은 내가 그들의 하나님 여호와로서 그들 중에 거하려고 그들을 애굽 땅에서 인도하여 낸 줄을 알리라 나는 그들의 하나님 여호와니라

(출33:9-10) 모세가 회막에 들어갈 때에 구름 기둥이 내려 회막 문에 서며 여호와께서 모세와 말씀하시니 10 모든 백성이 회막 문에 구름 기둥이 서 있는 것을 보고 다 일어나 각기 장막 문에 서서 예배하며

(민14:10-11) 온 회중이 그들을 돌로 치려 하는데 그 때에 여호와의 영광이 회막에서 이스라엘 모든 자손에게 나타나시니라 11 여호와께서 모세에게 이르시되 이 백성이 어느 때까지 나를 멸시하겠느냐 내가 그들 중에 많은 이적을 행하였으나 어느 때까지 나를 믿지 않겠느냐

모든 성도는 목자 되신 어린 양 예수님의 양 무리입니다. 양은 목자의 음성을 듣고 따라가야 합니다.요10:3-4

이러한 자를 복된 자라하셨고마13:16, 요한계시록2,3장의 아시아 일곱 교회에게 주신 공통적인 말씀이 "성령이 교회들에게 하시는 말씀을 들을지어다.계2:7,11,17,29, 3:6,13,22"였음을 기억해 볼 필요가 있습니다.

(4) 영의 음성으로

성령으로 거듭나고 성령을 모셔 들인 모든 성도는 성령의 내적 증거를 통해 인도함을 받을 수가 있습니다. 이 중에 영의 내적음성이 중요합니다. 내적음성은 성도의 영을 통하여, 양심을 통하여, 그리고 심령heart을 통하여 듣게 됩니다. 그러므로 양심이나 심령으로 책망이 오면 이내 돌이키고 하나님 말씀과 성령의 감동대로 행해야 합니다.

(롬9:1) 내가 그리스도 안에서 참말을 하고 거짓말을 아니하노라 내게 큰 근심이 있는 것과 마음에 그치지 않는 고통이 있는 것을 내 양심이 성령 안에서 나로 더불어 증거하노니
(행23:1) 바울이 공회를 주목하여 가로되 여러분 형제들아 오늘날까지 내가 범사에 양심을 따라 하나님을 섬겼노라 하거늘
(딤전4:2) 자기 양심이 화인 맞아서 외식함으로 거짓말하는 자들이라
(벧전3:21) 물은 예수 그리스도의 부활하심으로 말미암아 이제 너희를 구원하는 표니 곧 세례라…오직 선한 양심이 하나님을 향하여 찾아가는 것이라
(요일3:20-21)…사랑하는 자들아 만일 우리 마음이 우리를 책망할 것이 없으면 하나님 앞에서 담대함을 얻고

성경에는 "사람의 영혼spirit 영은 여호와의 등불이라 사람의 깊은 속을 살피느니라잠20:27"라고 하셨습니다. 하나님은 사람의 영을 통하여 깨닫게 하시고 인도하시고 음성을 들려주십니다.
성경도 성령의 감동으로 기록된 것처럼, 성령은 말씀의 원리에 따라 우리의 영에 말씀하십니다. 요16:13-15

(요16:15)…그(성령)가 스스로 말하지 않고 오직 들은 것을 말하며 장래 일을 너희(너희 영)에게 알리시리라

(5) 성령의 음성으로

성도의 영 안에 계신 성령님이 직접적으로 거부할 수 없는 강한 권세 있는 음성으로 말씀하십니다.

(행13:2) 주를 섬겨 금식할 때에 성령이 가라사대 내가 불러 시키는 일을 위

하여 바나바와 사울을 따로 세워라 하시니

(행20:22-23) …예루살렘으로 가는데 저기서 무슨 일을 만날는지 알지 못하노라 오직 성령이 각 성에서 내게 증거하여 결박과 환난이 나를 기다린다 하시나

참고로 성도의 영은 어린 생명을 잉태시키는 곳인 사람의 배 있는 곳에 위치합니다.요7:38 주님도 "나를 믿는 자는 성경에 이름과 같이 그 배에서 생수의 강이 흘러나리라 하시니 이는 그를 믿는 자들이 받을 성령을 가리켜 말씀하신 것이라…요7:38-39"라 하셨고, 계22:1-2 및 겔47:1-2에서도 생수의 강이 성전의 보좌로부터 흘러나온다고 기록하고 있습니다.

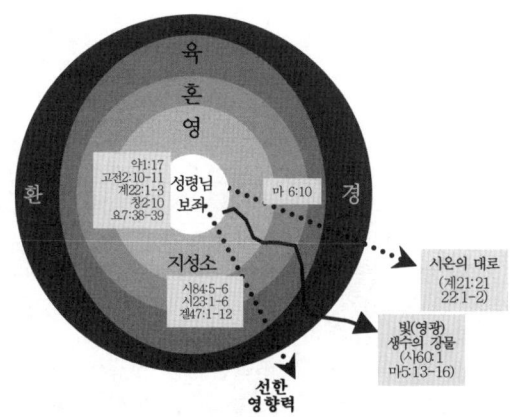

(사55:1) 너희 목마른 자들아 물로 나아오라 돈 없는 자도 오라 너희는 와서 사 먹되 돈 없이, 값 없이 와서 포도주와 젖을 사라
(요7:37) 명절 끝날 곧 큰 날에 예수께서 서서 외쳐 가라사대 누구든지 목마르거든 내게로 와서 마시라
(벧전2:21) 이를 위하여 너희가 부르심을 입었으니 그리스도도 너희를 위하여 고난을 받으사 너희에게 본을 끼쳐 그 자취를 따라 오게 하려 하셨느니라
(마24:45) 충성되고 지혜 있는 종이 되어 주인에게 그 집 사람들을 맡아 때를 따라 양식을 나눠 줄 자가 누구뇨
(신28:12) 여호와께서 너를 위하여 하늘의 아름다운 보고를 열으사 네 땅에 때를 따라 비를 내리시고 네 손으로 하는 모든 일에 복을 주시리니 네가 많은 민족에게 꾸어줄지라도 너는 꾸지 아니할 것이요
(말3:10) 만군의 여호와가 이르노라 너희의 온전한 십일조를 창고에 들여 나의 집에 양식이 있게 하고 그것으로 나를 시험하여 내가 하늘 문을 열고 너희에게 복을 쌓을 곳이 없도록 붓지 아니하나 보라

[그림3-1. 교회와 영계(1)]

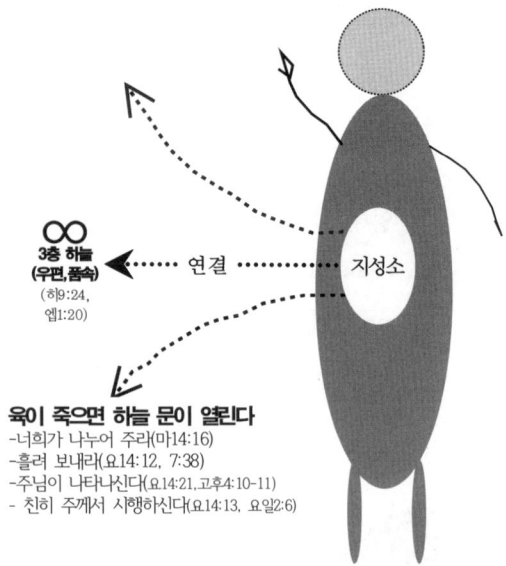

성도는 성령을 모신 성전이다 (고전3:16-17). 성령은 거룩과 영광의 영이시기에(벧전4:14, 1:2) 성전은 거룩하고 영광을 바랄 때 성령님의 더욱 강하게 기름부으시고 역사하신다. 주님을 사랑하면 주님께서 나타나신다(요14:21). 육신과 정, 욕심을 십자가에 못 박을 때 주님은 더욱 자신을 드러내신다 (갈5:24, 고후4:10-11). 동시에 육신을 죽이면 3천층에 위치한 아버지 품속에서 영광을 맛을 보게 된다(히9:24, 엡1:20, 눅24:26). 성도의 심령은 주의 보좌가 있다. 이 곳에서 생수의 강이 흘러나온다. 시온의 대로가 열린 것이다. 마치 창2:10, 계22:1-2, 겔47:1-12에서처럼 영혼육을 적시고 환경을 변화시킨다. 신선한 기름부으심이 주위로 흘러나가게 된다. 이것이 몸된 교회의 세상에 대한 영향력이다(행19:11-12, 막5:30).

∞
3층 하늘
(우편,품속)
(히9:24,
엡1:20)

연결

지성소

육이 죽으면 하늘 문이 열린다
-너희가 나누어 주라(마14:16)
-흘려 보내라(요14:12, 7:38)
-주님이 나타나신다(요14:21,고후4:10-11)
- 친히 주께서 시행하신다(요14:13, 요일2:6)

(요7:37-39) 명절 끝날 곧 큰 날에 예수께서 서서 외쳐 가라사대 누구든지 목마르거든 내게로 와서 마시라 38 나를 믿는 자는 성경에 이름과 같이 그 배에서 생수의 강이 흘러나리라 하시니 39 이는 그를 믿는 자의 받을 성령을 가리켜 말씀하신 것이라 (예수께서 아직 영광을 받지 못하신 고로 성령이 아직 저희에게 계시지 아니하시더라)
(히9:11-12) 그리스도께서 장래 좋은 일의 대제사장으로 오사 손으로 짓지 아니한 곧 이 창조에 속하지 아니한 더 크고 온전한 장막으로 말미암아 12 염소와 송아지의 피로 아니하고 오직 자기 피로 영원한 속죄를 이루사 단번에 성소에 들어 가셨느니라
(히9:24) 그리스도께서는 참 것의 그림자인 손으로 만든 성소에 들어가지 아니하시고 오직 참 하늘에 들어가사 이제 우리를 위하여 하나님 앞에 나타나시고
(히10:12-13) 오직 그리스도는 죄를 위하여 한 영원한 제사를 드리시고 하나님 우편에 앉으사 13 그 후에 자기 원수들로 자기 발등상이 되게 하실 때까지 기다리시나니
(히10:19-20) 그러므로 형제들아 우리가 예수의 피를 힘입어 성소에 들어갈 담력을 얻었나니 20 그 길은 우리를 위하여 휘장 가운데로 열어 놓으신 새롭고 산 길이요 휘장은 곧 저의 육체니라
(엡2:6) 또 함께 일으키사 그리스도 예수 안에서 함께 하늘에 앉히시니

[그림3-2. 교회와 영계(2)]

그러므로 성령님도 성도를 지성소 삼아 좌정하여 계신고로고전3:16, 이 배가 바로 주의 보좌가 있는 곳을 말합니다. 그러므로 영의 음성과 성령의 음성은 이곳에서 들려옵니다.그림3-1/2 참조

그러나 일반적으로 마귀의 음성은 외부에서 들려옵니다. 사람의 귀에 속삭이듯 들려옵니다. 생각과 감정, 마음mind을 통하여 역사하기도 합니다.요13:2, 고후4:4, 사8:19

(요7:38-39) 나를 믿는 자는 성경에 이름과 같이 그 배에서 생수의 강이 흘러나오리라 하시니 39 이는 그를 믿는 자들이 받을 성령을 가리켜 말씀하신 것이라…
(고전3:16) 너희는 너희가 하나님의 성전인 것과 하나님의 성령이 너희 안에 계시는 것을 알지 못하느냐
(요13:2) 마귀가 벌써 시몬의 아들 가룟 유다의 마음에 예수를 팔려는 생각을 넣었더니
(고후4:4) 그 중에 이 세상의 신이 믿지 아니하는 자들의 마음을 혼미하게 하여 그리스도의 영광의 복음의 광채가 비치지 못하게 함이니 그리스도는 하나님의 형상이니라
(사8:19) 어떤 사람이 너희에게 말하기를 주절거리며 속살거리는 신접한 자와 마술사에게 물으라 하거든 백성이 자기 하나님께 구할 것이 아니냐 산 자를 위하여 죽은 자에게 구하겠느냐 하라

저자도 성령 안에서뱃속에서부터 거부할 수없는 강한 감동으로 음성을 듣고, 그 자리에서 무릎을 꿇고 주님의 길곧 목회을 걸어가겠노라고 말씀드렸고, 이를 함께 기도하시는 같은 교단교회 박oo사모님개인적 기도 가운데 주께로

부터 소명에 관한 음성을 들음과 ㅇㅇ기도원 원장으로부터 확인을 받은 적이 있습니다.

(6) 꿈과 환상으로

성령님은 꿈과 환상^{이상}을 통하여 하나님의 뜻과 계획을 계시하시기도 합니다.

(행2:17) 하나님이 가라사대 말세에 내가 내 영으로 모든 육체에게 부어 주리니 너희의 자녀들은 예언할 것이요 너희의 젊은이들은 환상을 보고 너희의 늙은이들은 꿈을 꾸리라

(민12:6) 이르시되 내 말을 들으라 너희 중에 선지자가 있으면 나 여호와가 이상으로 나를 그에게 알리기도 하고 꿈으로 그와 말하기도 하거니와

(창15:1) 이 후에 여호와의 말씀이 **이상** 중에 아브람에게 임하여 가라사대 아브람아 두려워 말라 나는 너의 방패요 너의 지극히 큰 상급이니라

(겔1:1) 제 삼십년 사월 오일에 내가 그발강 가 사로잡힌 자 중에 있더니 하늘이 열리며 하나님의 **이상**을 내게 보이시니

(단1:17) 하나님이 이 네 소년에게 지식을 얻게 하시며 모든 학문과 재주에 명철하게 하신 외에 다니엘은 또 모든 **이상**과 몽조를 깨달아 알더라

하늘로부터 온 꿈은 하나님께서 해석해 주시는 바^{창40:8, 41:16}, 그 해몽의 능력을 하나님의 사람에게 주시어 해석해 주십니다.^{단1:17}

꿈꾸는 자란 별명을 가진 요셉은 바로왕의 꿈을 해석해 하나님의 능력을 증명해 보였으며, 다니엘은 바벨론의 왕 느부갓네살이 꾼 꿈을 해석하여 "너희 하나님은 참으로 모든 신의 신이시요 모든 왕의 주재시로다.^{단2:47}"라는 고백을 하게 하여 하나님의 존재를 높였으며, 이로 인하여 바벨론의 박

사장博士長과 총독에 올랐고, 그의 세 친구들도 바벨론 도를 다스리게 되었습니다. 단2:1-49

(창40:8) 그들이 그에게 이르되 우리가 꿈을 꾸었으나 이를 해석할 자가 없도다 요셉이 그들에게 이르되 **해석은 하나님께 있지 아니하니이까 청컨대 내게 고하소서**

(창41:16) 요셉이 바로에게 대답하여 가로되 이는 내게 있는 것이 아니라 **하나님이 바로에게 평안한 대답을 하시리이다**

(단1:17) 하나님이 이 네 소년에게 지식을 얻게 하시며 모든 학문과 재주에 명철하게 하신 외에 **다니엘은 또 모든 이상과 몽조를 깨달아 알더라**

(7) 모사 counsellor를 통하여

성령 하나님은 성령의 인도함을 받는 많은 이들로부터 응답을 주게 하십니다. 교회 내에 5중 직분 엡4:11 중 선지자로부터 오는 예언의 말씀도 포함됩니다. 그러므로 성령으로 충만한 이들의 의견도 매우 중요합니다.

성경에도 2-3명의 증거로 확증하게 합니다. 신19:15, 고후13:1 이들은 무엇보다도 이들 안에 계신 모략가이시요 상담자이시며 모사가 되시는 주님 사9:6, 11:2, 시119:24을 사랑하는 이들입니다.

(잠15:22) 의논이 없으면 경영이 파하고 **모사가 많으면 경영이 성립하느니라**

(잠11:14) 도략이 없으면 백성이 망하여도 **모사가 많으면 평안을 누리느니라**

(잠24:6) 너는 모략으로 싸우라 승리는 **모사가 많음에 있느니라**

(신19:15) 사람이 아무 악이든지 무릇 범한 죄는 한 증인으로만 정할 것이 아니요 **두 증인의 입으로나 세 증인의 입으로 그 사건을 확정할 것이며**

(고후13:1) 내가 이제 세 번째 너희에게 갈 터이니 **두세 증인의 입으로 말마다**

확정하리라

(시119:24) 주의 증거는 나의 즐거움이요 **나의 모사니이다**

(사9:6) 이는 한 아기가 우리에게 났고 한 아들을 우리에게 주신 바 되었는데 그 어깨에는 정사를 메었고 **그 이름은 기묘자라, 모사라,** 전능하신 하나님이라, 영존하시는 아버지라, 평강의 왕이라 할 것임이라

(8) 환경으로

영적으로 무지하여 성령의 음성도, 감동도, 하나님의 말씀을 모르고 있을 때 하나님이 원하시는 방향과 다르게 살아가는 경우가 있습니다. 그러면 주님의 원하시는 길이 아니기에 고난과 고통이 따르기도 합니다.

이러한 상황이 빈번해지면 반드시 주님의 뜻을 묻고 다시금 확인해야 합니다. 이러한 방법으로 주님은 하나님의 길을 깨닫게 하십니다.

이와 반대로 비록 자신이 깨닫지 못했어도 자연스럽게 하나님 뜻 가운데 행하게 될 때는 그 모든 행사가 형통하게 되기도 합니다. 사55:11-12, 시1:3

(시1:3) 그는 시냇가에 심은 나무가 철을 따라 열매를 맺으며 그 잎사귀가 마르지 아니함 같으니 그가 하는 모든 일이 다 형통하리로다

(사55:11-12) 내 입에서 나가는 말도 이와 같이 헛되이 내게로 돌아오지 아니하고 나의 기뻐하는 뜻을 이루며 내가 보낸 일에 형통하리라 12 너희는 기쁨으로 나아가며 평안히 인도함을 받을 것이요 산들과 언덕들이 너희 앞에서 노래를 발하고 들의 모든 나무가 손뼉을 칠 것이며

(시106:5) **나로 주의 택하신 자의 형통함을 보고** 주의 나라의 기업으로 즐거워하게 하시며 주의 기업과 함께 **자랑하게 하소서**

특히 Meyer[10]는 이를 다음과 같이 표현합니다.

"성령의 내적 충동(promptings)과 하나님의 말씀이 동시에 일치하는 일상의 환경은 하나님의 확실한 암시이다. 그러한 환경(circumstances)의 변화가 없을 시엔 기다리다가, 반드시 행동할 때는 환경(circumstances)이 열리고 또한 길이 어떠한 여건아래(through oceans and rivers, wastes and rocks)서도 만들어지게 된다"

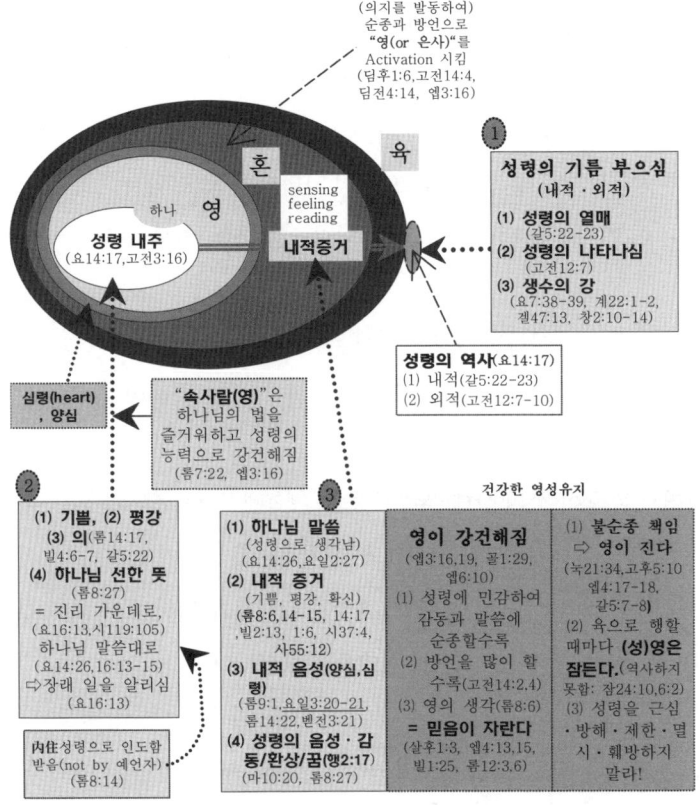

[그림4. 내주(內住)하시는 성령님의 영향력을 키우는 방법]

---

10) Dallas Wilard, *Hearing God-Developing a Conversational Relationship with God*, IVP, pp179.

그림4는 지금까지의 설명을 그림으로 정리한 것입니다. 이 그림은 내주하시는 성령께서 일하시는 영적 원리를 간략하게 종합적으로 나타낸 것입니다.

성령 충만한 상태란 내주하시는 성령께서 아무런 거리낌 없이 사람으로 인해 제한이나 방해 없이 성도의 혼과 육신을 통하여 일하시도록 하는 상태를 말한다고 했습니다. 이를 앞에서 "생혼"의 상태라고 했음 성도의 생각과 의식, 지식, 이론 등이 하나님의 말씀과 일치하여 행동할 때 성령님은 더욱 강하게 자신을 나타내십니다. 성령의 기름 부으심은 더 증가하게 됩니다.

그러나 불순종으로 나아갈 때 성령의 역사는 점차적으로 줄어들게 됩니다. 안식과 평강과 기쁨, 하나님의 생명력이 줄어들기 시작합니다. 출33:3, 엡4:18 성령의 기름 부으심은 내적, 외적으로 오게 되는데①, 성령님을 근심시키거나 제한시키면 내적 기름 부으심이 나타나지 않고 외적 기름 부으심은 떠나 더 이상 사역을 할 수가 없게 됩니다. 이를 "혼과 육이 영에게 영향을 준다."라고 말함

이미 성령으로 거듭난 성도의 영에는 하나님 나라의, 평강, 희락이 내주함 ; 롬14:17, 눅17:20-21와 신성선과 사랑 ; 요일3:9, 골2:10, 그리고 말씀이 내주하게 됩니다. 고후3:3, 렘31:33②

그러므로 혼이 잘된 상태이도 역시 앞에서 "생혼"의 상태라고 했음가 되면 성령을 통하여 하나님 나라를 경험하며 그의 나라의 내적 증거가 나타나며, 동시에 성령의 역사 말씀의 감동과 생각남, 내적음성 등가 왕성하게 됩니다. ③ 그러므로 **성령님께서 친히 일하시게 하는 것은 매우 중요합니다.** 11)

이로서 모든 성도는 하늘의 부요함으로 넘치게 됩니다. 사11:2, 엡1:3, 23 그러나 그 반대가 되는 경우에는 마귀에게 틈을 주게 되어엡4:27 마귀가 더욱

---

11) 성령과 영에 예민하려면 ① 깊은 영의 기도(즉 방언)을 지속적이고 집중적으로 함으로 영을 세우고 강화하고 충전시켜야 한다.(엡3:16, 고전14:4) ② 자아를 부인한다. 즉 혼을 새롭게 한다. (마16:24, 롬12:2) ③ 육신을 죽이고 말씀에 순종하라(고후4:10-11, 갈2:20, 고전9:27, 15:31, 사1:19)

역사하게 하게 되는 바이를 세상땅에서부터 오는 것이라 함, 이미 받은 하늘 부요함조차 점차 잃어버려 더 어렵고 힘든 삶으로 인해 빛과 소금 된 삶을 살아가기는커녕 오히려 하나님의 영광을 가리는 결과가 됩니다.

(렘2:14-18) 이스라엘이 종이냐 씨종이냐 어찌하여 포로가 되었느냐 15 어린 사자들이 그를 향하여 부르짖으며 소리를 질러 그의 땅을 황폐하게 하였으며 그의 성읍들은 불타서 주민이 없게 되었으며 16 놉과 다바네스의 자손도 네 정수리를 상하였으니 17 네 하나님 여호와가 너를 길로 인도할 때에 네가 그를 떠남으로 이를 자취함이 아니냐 18 네가 시홀의 물을 마시려고 애굽으로 가는 길에 있음은 어찌 됨이며 또 네가 그 강물을 마시려고 앗수르로 가는 길에 있음은 어찌 됨이냐

(렘5:23-25) 그러나 너희 백성은 배반하며 패역하는 마음이 있어서 이미 배반하고 갔으며 24 또 너희 마음으로 우리에게 이른 비와 늦은 비를 때를 따라 주시며 우리를 위하여 추수 기한을 정하시는 우리 하나님 여호와를 경외하자 말하지도 아니하니 25 너희 허물이 이러한 일들을 물리쳤고 너희 죄가 너희에게 오는 좋은 것을 막았느니라

2.2 어떻게 분별할 것인가?

성령으로 거듭난 성도들에겐 성령으로 인해 주님과 하나oneness가 되어 있고 내재하신 주님을 경험하게 됩니다. 요14:20, 17:21,23, 그림5 . "너희가 믿음 안에 있는가 너희 자신을 시험하고 너희 자신을 확증하라 예수 그리스도께서 너희 안에 계신 줄을 너희가 스스로 알지 못하느냐 그렇지 않으면 너희는 버림받은 자니라고후13:5"의 말씀과 "그의 계명을 지키는 자는 주 안에 거하고 주는 그의 안에 거하시나니 우리에게 주신 성령으로 말미암아 그가 우

리 안에 거하시는 줄을 우리가 아느니라요일3:24"말씀입니다.

주님과 "하나oneness"라는 개념은 주님의 증인과 직접적으로 연계되어 있습니다. 주님께서도 "내 아버지께서 모든 것을 내게 주셨으니 아버지 외에는 아들을 아는 자가 없고 아들과 또 아들의 소원대로 계시를 받는 자곧 성도 외에는 아버지를 아는 자가 없느니라마11:27"말씀하신 것처럼, 성령으로 거듭나고 성령으로 주님을 경험하는 이가 주님을 증거하는 증인이 되는 것입니다.행1:8

사도 요한은 "그의 안에 산다고 하는 자는 그가 행하시는 대로 자기도 행할지니라요일2:6"라 말하면서 주님께서 지상 사역을 하실 때와 같은 영적월리로 살아가기를 원했습니다. 주님은 이 땅에서 사역하실 때 자기를 보내신 아버지께서 성령으로 보여주신 것대로, 말씀하신 것 그대로 말씀하셨고 행하셨습니다.요14:10-11, 3:32 이는 주님과 아버지가 성령으로 하나되시어 아버지의 뜻을 행하신 것과 동일한 원리로 성도들도 그렇게 행하기를 원하시는 것입니다. 하여 주님이 자기를 보내신 아버지의 증인이 되심같이계3:14, 성도들도 자기를 세상으로 보내신 주님의 증인되기를 원하는 것입니다.요17:21-23 아멘!

아래 그림5는 성령이 몸된 교회에 오시어 주님과 하나되게 하시고 증인되게 하시는 영적원리를 설명하고 있습니다. 기본적으로 성도들이 거듭날 때 하나님의 씨를 소유하게 됩니다.요일3:9 하나님의 본성사랑, 선, 의, 거룩 등등; 롬5:5, 고후5:21, 몬1:6, 벧전1:2과 신성벧후1:3-4을 소유하게 되는 것을 말합니다. 하나님을 닮은 자가 되는 것입니다.엡4:23-24, 5:1, associates of God-kind, followers/imitators of God 주님이 하나님의 형상이심같이 성도는 주님의 형상이 되는 것입니다.골1:15, 고후3:18, 골3:10 주님을 보면 아버지를 보는 것 같이, 성도를 보면 주님을 보는 것 같은 영적상태가 된다는 것입니다. 이를 "witness, manifestation, expression, mirror"등으로 묘사될 수 있음 ; 요14:9, 고후3:18

히브리기자는 "또 주께서 이르시기를 이 언약은 내가 그들의 열조의 손을 잡고 애굽 땅에서 인도하여 내던 날에 그들과 맺은 언약과 같지 아니하도다 그들은 내 언약 안에 머물러 있지 아니하므로 내가 그들을 돌보지 아니하였노라 또 주께서 이르시되 그 날 후에 내가 이스라엘 집과 맺을 언약은 이것이니 내 법을 그들의 생각에 두고 그들의 마음에 이것을 기록하리라 나는 그들에게 하나님이 되고 그들은 내게 백성이 되리라 또 각각 자기 나라 사람과 각각 자기 형제를 가르쳐 이르기를 주를 알라 하지 아니할 것은 그들이 작은 자로부터 큰 자까지 다 나를 앎이라히8:9-11"라고 했습니다. 구약의 백성들처럼 말씀을 돌판에 새기는 것이 아닌, 성령으로 마음판에 새기게 되는 것입니다.고후3:3,6 고로 성령을 통해 이미 말씀과도 하나가 되어 있는 것입니다. 해서 엄밀히 말하면 말씀을 구하는 것이 아니라 성령을 통해 이미 내재한 말씀과 동행하는 것입니다.이를 "의인은 믿음으로 말미암아 산다"라고 함; 갈3:11, 요6:53-57, 롬10:17, 고전10:16-17 하여 성령으로 말씀은 항상 빛이 되어 세상을 밝히며 누림의 삶을 제공하는 것입니다.사59:21-60:2, 요1:4, 마25:4

율법은 명령형입니다. 하라! 하지 말라! 입니다. 의로워라! 거룩하라! 선해라! 사랑하라!입니다.롬7:12 그러나 율법 하에 있는 이들은 그렇게 할 능력이 없습니다.갈3:10, 약2:10 그러나 성령으로 거듭난 이들에겐 의로움과 선함, 거룩함이 이루어져 있습니다.롬4:25 사랑이 이미 와 있습니다.롬5:5 할렐루야!

사도 요한도 "하나님께로부터 난 자마다 죄를 짓지 아니하나니 이는 하나님의 씨가 그의 속에 거함이요 그도 범죄하지 못하는 것은 하나님께로부터 났음이라요일3:9"라 했습니다. 살인하지 하지 말라! 간음하지 말라! 도덕질하지 말라! 등 십계명이 요구한 것을 이룰 수가 있게 되었습니다.롬8:3-4, 겔36:26-27 다시 말하면 의를 행하도록, 선을 행하도록, 사랑을 할 수 있도록 새로운 피조물로 거듭난 것입니다. 아멘! 할렐루야!

(롬5:5) 소망이 우리를 부끄럽게 하지 아니함은 우리에게 주신 성령으로 말미암아 하나님의 사랑이 우리 마음에 부은 바 됨이니

(벧후1:3-4) 그의 신기한 능력으로 생명과 경건에 속한 모든 것을 우리에게 주셨으니 이는 자기의 영광과 덕으로써 우리를 부르신 이를 앎으로 말미암음이라 이로써 그 보배롭고 지극히 큰 약속을 우리에게 주사 이 약속으로 말미암아 너희가 정욕 때문에 세상에서 썩어질 것을 피하여 신성한 성품에 참여하는 자가 되게 하려 하셨느니라

(몬1:6) 이로써 네 믿음의 교제가 우리 가운데 있는 선을 알게 하고 그리스도께 이르도록 역사하느니라

(롬4:25) 예수는 우리 범죄함을 위하여 내어줌이 되고 또한 우리를 의롭다 하심을 위하여 살아나셨느니라

(고후5:21) 하나님이 죄를 알지도 못하신 자로 우리를 대신하여 죄를 삼으신 것은 우리로 하여금 저의 안에서 하나님의 의가 되게 하려 하심이니라

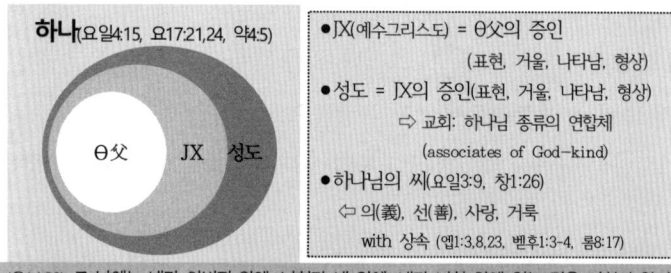

[그림5. 삼위일체 하나님과 하나됨(oneness)]

창1:3-4에서는 하나님께서 빛을 창조하심으로 빛과 어두움을 분리시키시는 장면을 볼 수가 있습니다. 우리가 보는 현재의 우주 이전 모습은 창1:2에서처럼 "그 땅이 혼돈하고 공허하며 흑암이 깊음 위에 있고 하나님의 영은 수면 위에 운행하시니라"와 같았습니다.

혼돈하고 공허하며 흑암으로 가득한 세계에서는 스스로 구분과 분별이 일어날 수가 없습니다. 어두움만 있는 곳에서는 어두움이 어두움임을 알지도 분별하지도 못합니다. 그 어두움은 빛이라는 존재가 있을 때에만 어두움으로 분별되며 그 정도를 가늠할 수가 있습니다.

그래서 하나님이 창1:2의 상태에서 빛을 먼저 창조하시어 비추심으로 창조 첫날에 "빛과 어두움을 나누사"하신 의도를 알 수가 있습니다.

요1:4에는 "그 말씀 안에 생명이 있었으니 이 생명은 사람들의 빛이라"라 했습니다. 그리고 요8:12에서는 "예수께서 또 말씀하여 이르시되 나는 세상의 빛이니…"라고 했습니다. 이 두 말씀을 서로 연합하면, 생명이 있는 말씀 곧 **생명의 말씀이 세상의 빛**임을 알 수가 있습니다. 요일1:1-2, 5:20

주님은 "내가 세상에 화평을 주러 온 줄로 생각하지 말라 화평이 아니요 검을 주러 왔노라마10:34"라고 하셨습니다. 이 검이 바로 성령의 검이요, 이 검이 생명력 있는 하나님의 말씀ῥῆμα 레마을 의미합니다. 할렐루야! 아멘!

(엡6:17)… 성령의 검 곧 하나님의 **말씀**(레마)을 가지라

검을 주러 오신 주님은 자신이 생명의 말씀으로 세상의 빛이 되셨습니다. 이 빛은 어두움을 비추고 분별하며 구분시킵니다. 그러므로 생명력 있는 말씀 곧 레마가 최우선적으로 빛과 어두움, 진리와 비 진리, 참과 거짓을 구분하며 분별하기 시작합니다.

이 빛이 우리 마음속에 비춰지면 회개가 일어나고^{히4:12-13, 행2:37} 믿음을 발동시키며^{롬10:17}, 믿는 자에게는 구원의 역사가 일어나게 합니다.^{행2:41, 고후4:6, 요6:63} 이러한 모습이 바로 등燈 ^{시119:105, 계21:23}과 기름을 준비한 슬기로운 처녀의 모습이요 교회의 모습입니다.^{마25:4,10, 5:13-16, 엡5:8} 할렐루야!

또 성경에는 분별과 판단의 원어原語적 단어로 "κρίνω 크리노"를 사용합니다. 이 단어는 "판단하다, 정죄하다 judge, condemn, determine, go to law"뜻의 법정용어로, 심판과 정죄를 말할 때도 원어적으로 크리노^{κρίνω}에서 파생된 단어 "κρίσις 크리시스"를 사용합니다.^{요3:18-19}

(요3:18-19) 그를 믿는 자는 **심판**(κρίνη ⇐ κρίνω)을 받지 아니하는 것이요 믿지 아니하는 자는 하나님의 독생자의 이름을 믿지 아니하므로 벌써 심판을 받은 것이니라 19 그 정죄(κρίσις ⇐ κρίνω)는 이것이니 곧 빛이 세상에 왔으되 사람들이 자기 행위가 악하므로 빛보다 어둠을 더 사랑한 것이니라
(마7:1) 비판을 받지 아니하려거든 **비판하지말라**

심판곧 정죄은 하나님이 하십니다. 백보좌에서 심판하시는 이는 주님이십니다. ^{계20:11} 그러므로 심판과 분별은 주主로부터 임해야 정확합니다.

그래서 "크리노 κρίνω"의 합성으로서 "συγκρίνω^{συν 함께 + κρίνω} 쉉크리노^{고전2:13}", "ἀνακρίνω^{ἀνα 위로 + κρίνω} 아나크리노 ^{고전2:14-15}, 그리고 "διακρίνω ^{δια 관통하여 + κρίνω} 디아크리노^{마16:3}"가 있는데, 이들 단어는 각각 "주님과 함께", "주님으로부터" 그리고 "주님을 통하여"의 의미가 있습니다.

이 세 단어를 아우르며 만족시키는 방법은 오직 성령으로 역사할 때만 가능합니다. 그러므로 성령의 역사하심으로 판단과 분별이 오는 하나님 말

롬8:4-7에 귀를 기울여야 합니다. 아멘!

(고전2:13-15)…사람의 지혜가 가르친 말로 아니하고 오직 성령께서 가르치신 것으로 하니 영적인 일은 영적인 것으로 분별하느니라(συγκρίνω) 14 육에 속한 사람은 하나님의 성령의 일들을 받지 아니하나니 이는 그것들이 그에게는 어리석게 보임이요, 또 그는 그것들을 알 수도 없나니 그러한 일은 영적으로 분별되기(ἀνακρίνω)때문이라 15 신령한 자는 모든 것을 **판단하나**(ἀνακρίνω) 자기는 아무에게도 판단을 받지 아니하느니라

(마16:3) 아침에 하늘이 붉고 흐리면 오늘은 날이 궂겠다 하나니 너희가 날씨는 **분별할**(διακρίνω)줄 알면서 시대의 표적은 분별할 수 없느냐

(히5:14) 단단한 음식은 장성한 자의 것이니 그들은 **그 말씀을 사용하므로** 감각들을 단련하여 **선악을 분별**(διάκρισις 디아크리시스)하는 자들이니라 [KJV]

(히4:12) 하나님의 말씀은 살았고 운동력이 있어 좌우에 날선 어떤 검보다도 예리하여…또 마음의 생각과 뜻을 **감찰**(κριτικός 크리티코스 ⇦ κρίνω)하나니

고로 이 세 단어가 문장에 사용되어 성령으로 이해되어야 하는 곳에 사람의 지혜나 육으로 해석되고 이해되어, 이를 근거로 함부로 판단하거나 비평해서는 안 됩니다. 예를 들어 마7:1-2의 말씀은 교계에 일어나는 각종 불의한 것을 보고도 무조건 침묵하라는 뜻이 아닙니다.

단지 성령으로 분별하고 판단하고 심판하라는 의미입니다. 동시에 하나님의 역사를 함부로 육으로 판단하거나 비판하지 말라는 경고이기도 합니다. 이런 이유로 주님은 육으로 알고 판단하는 것을 경계하셨습니다. 욘8:15, 마7:1, 롬8:4-8, 고후5:16

유대인들도 자신에게 주신 하나님의 법인 율법을 이런 식으로 보고 판단함으로 오해함으로, 마22:29, 눅23:34 결국은 예수님을 십자가 못 박았습니다.

사도바울도 처음에는 육으로 판단하여 주님을 힘에 지나치도록 핍박했습니다. 고후5:16

(마7:1-2) 비판을 받지 아니하려거든 **비판하지** 말라 너희의 비판하는 그 비판으로 너희가 비판을 받을 것이요 너희의 헤아리는 그 헤아림으로 너희가 헤아림을 받을 것이니라

(요8:15) 너희는 육체를 따라 **판단하나** 나는 아무도 판단하지 아니하노라

(고후5:16) 그러므로 우리가 이제부터는 어떤 사람도 육신을 따라 알지 아니하노라 비록 우리가 그리스도도 육신을 따라 알았으나 이제부터는 그같이 알지 아니하노라

(롬8:4-8) 육신을 따르지 않고 그 영을 따라 행하는 우리에게 율법의 요구가 이루어지게 하려 하심이니라 5 육신을 따르는 자는 육신의 일을, 영을 따르는 자는 영의 일을 생각하나니 6 육신의 생각은 사망이요 영의 생각은 생명과 평안이니라 7 육신의 생각은 하나님과 원수가 되나니 이는 하나님의 법에 굴복하지 아니할 뿐 아니라 할 수도 없음이라 8 육신에 있는 자들은 하나님을 기쁘시게 할 수 없느니라

마귀는 사람의 육적인 것생각, 상상, 이론, 경험 등, 이를 "견고한 진"이라 부름을 통하여 일한다는 사실을 우리는 알아야 합니다. 고후4:4, 10:4-5, 요13:2 이런 관점에서 주님은 자칭 유대인들이라 주장하나 하나님의 말씀과 그의 능력을 오해하고 있는 무리를 보고 사단의 회라고 했고계2:9, 마귀의 자녀요 독사의 새끼라고 하셨습니다. 마23:33, 요8:44, 요일3:10

주님은 잇사갈 자손을 다윗의 군대로 사용하셨습니다.대상12:32 이는 잇사갈 자손이 시세를 분별하고 있는 지파였기에 그러했습니다. 구약의 대제사장이 입은 에봇 뒤편에는 우림אוּרִים 빛과 둠밈תֻּמִּים 완전함이란 돌을 넣은 판결흉패를 가슴에 달고 있었습니다. 출28:30, 39:8-21, 민27:21 우림과 둠밈은 각각 빛과 완전함을 의미하는 바, 이는 완전한 빛 가운데서 분별하라는 의미가 있습니다.

그리고 우리들에게도 동일하게 "아침에 하늘이 붉고 흐리면 오늘은 날이 궂겠다 하나니 너희가 날씨는 **분별할**12)διακρίνω 디아크리노줄 알면서 시대의 표적은 분별할 수 없느냐마16:3"라시며 이 세대를 영적 분별력을 가지고 살

---

12) **분별**(κρίσις 크리시스 discernment, judgement)은 다음과 같은 조건일 때에 정확해진다 즉, ① "빛"에 거할수록, "완전함" 안에 거할수록(즉, 성령의 기름부으심 아래 깊은 말씀의 세계에 거할수록, 히4:12-13) ② 빛이 강할수록, 성령의 임재가 강할수록(고후3:18, 히2:10, 창1:2-3, 고후4:6-7) ③ 분별의 은사가 강할 때(고전12:10)
⇨〈경건한 자에게 분별력이 더 임하게 됨〉; 성경에 보면 하나님의 진노가 불로서 진리를 막는 사람들의 모든 경건하지 않음과 불의에 대하여 하늘로부터 나타난다고 했다.(롬1:18) 벧후3:7에서는 "이제 하늘과 땅은 그 동일한 말씀으로 불사르기 위하여 보호하신 바 되어 경건하지 아니한 사람들의 심판과 멸망의 날까지 보존하여 두신 것이니라." 함으로 하나님의 심판은 경건하지 않은 자에 임하는 것임을 분명히 하고 있다. 그래서 홍수와 소돔 고모라의 심판도 경건하지 않는 자에게 임하는 하나님의 심판의 본으로 삼고 있다.(벧후2:5-7) 그리고 성경에서는 경건하지 않는 자를 죄인과 불의한 자(벧후2:9), 그리고 하나님의 원수와 같은 개념으로 다루고 있다.(롬5:6,8,10) 왜 그런 것인가? 이는 경건이라는 단어의 뜻을 조금만 살펴보아도 충분히 이해가 된다. 즉 경건이라는 단어의 원어는 "εὐσέβεια 유세베이아"이다. 이 단어는 "εὐ 유 ; 좋은(good)"의 단어와 "σέβομαι 세보마이 ; 경배·예배하다"의 합성된 의미를 가진다. 다시 말하면 하나님께 기쁘게 경배하는 의미이다. 그래서 이를 영어로는 Godliness로 번역되어 하나님을 향하는 경외와 헌신의 자세와 태도를 말하고 있다. 믿는 자들이 받는 침례의식도 죄에 대해선 죽고 주님과 함께 연합하여(롬6:3-5, 엡2:5-6, 고전10:2) 양심이 항상 하나님을 향하는 믿음의 고백이다.(벧전3:21) 그래서 경건하지 않는 자는 바로 하나님을 향하지 않고 경배하지 않는 모든 형태가 됨으로 이것이 죄요 하나님과 원수요 심판의 원인이 되는 것이다. 이러한 의미로 사람들이 거듭났을 때 그 첫 반응으로 사람의 영이 성령으로 "아바 아버지"라 부름으로 하나님을 향하기 시작하는 것이다.(롬8:15-16) 어쩌면 경건의 자리는 모든 피조물이 서야 할 기본적인 자리와 위치요 또한 태도이다.(롬8:15, 갈4:5-6, 빌4:8) 이러한 자는 하나님의 영광을 노래할 것이요 이런 자에게는 하나님의 보호하심과 축복하심이 임하는 것은 당연하다. 그리하여 경건의 훈련이 현세와 내세에서 범사에 유익이 있는 충분한 이유가 되는 것이다.(딤전4:7-8) 할렐루야! 아멘! 그래서 경건의 자리와 자세를 거부하여 스스로 타락한 천사(곧 사단)가 찍혀 하늘에서 떨어져 내어 쫓긴 곳(**땅** : 사14:12, 계12:9, **창**1:2)이 바로 지구를 포함한 1,2층 하늘이 있는 곳이다. 대신 경건한 자에게는 우림(빛)과 둠밈(완전함)이 주어지며(신33:8), 하나님께서 그의 구하는 바를 들으신다.(시4:3) 경건한 자에게는 실로 이생과 내생에 많은 유익이 있다.(딤전4:7-8,6:6) 모든 성도들에겐 경건에 속한 모든 것이 구비되어 있음도 기억해야 한다.(벧후1:3).

아가기를 원하십니다.

모든 성도는 광야 같은 세상, 음란하고 패역하며 악이 가득한 세상마12:39,45, 17:17에서 살아가야 합니다. 이 세상은 음부의 권세가 있는 곳이기에마16:18, 요일5:19, 신8:15 음부혹은 흑암의 권세자 사단뱀과 전갈이 삼킬 자를 찾아 두루 다니는 곳이요 온갖 환난과 고통, 저주가 있는 곳이기도 합니다.

이는 이스라엘 백성들이 가나안새 예루살렘 성을 향해 살아가는 곳이 광야의 삶이었던 것처럼히11:13-16, 주님께서 육신의 아버지의 일을 마치시고 하늘 아버지의 일을 시작하실 때 위로부터 권능을 입으시고마3:16-17, 눅4:1,14 성령으로 이끌리신 곳이 바로 시험하는 자가 있는 광야가 그 첫 사역 지였음을 기억해야 합니다. 주님은 이곳에서 영적분별력을 보이시고 오직 살아 역사하는 하나님의 말씀으로 승리하셨음 : 마4:4,7,10, 15-17

광야에는 뱀과 전갈곧 시험하는 자 마귀, 신8:15-16이 있습니다. 이곳에서는 오직 하늘 아버지를 바라보지 않으면 살아남지 못합니다. 하늘로부터 오는 말씀과 분별력을 소유하지 않으면 삼킬 자를 찾아다니는 굶주린 사자곧 마귀의 먹잇감이 된다는 사실벧전5:8-9, 요10:10上을 잊어서는 안 됩니다.

(벧전5:8-9) 근신하라 깨어라 너희 대적 마귀가 우는 사자 같이 두루 다니며 삼킬 자를 찾나니 9 너희는 믿음을 굳건하게 하여 그를 대적하라 이는 세상에 있는 너희 형제들도 동일한 고난을 당하는 줄을 앎이라

(요10:10) 도적이 오는 것은 도적질하고 죽이고 멸망시키려는 것 뿐이요…

(살전5:5-8) 너희는 다 빛의 아들이요 낮의 아들이라 우리가 밤이나 어둠에 속하지 아니하나니 6 그러므로 우리는 다른 이들과 같이 자지 말고 오직 깨어 정신을 차릴지라 7 자는 자들은 밤에 자고 취하는 자들은 밤에 취하되 8 우리는 낮에 속하였으니 정신을 차리고 믿음과 사랑의 호심경을 붙이고 구

원의 소망의 투구를 쓰자

모든 성도는 육신을 입고 이 땅을 살아가야하나 동시에 하늘에 소속되어 있습니다. 천국 시민권을 가지고 성령 안에서 하늘나라를 경험하며 살아가게 되어 있습니다.롬14:17, 빌3:20 이 땅에는 세상 영이 있고 하늘나라에는 하나님의 영이 계십니다.고전2:12

그러므로 모든 성도는 세상의 영인 마귀의 일과 하나님께로 온 영인 성령의 일 사이를 잘 분별하며 살아가야 하늘에 속한 자로서 하나님을 증거하며 그 영광을 온전히 드러낼 수가 있습니다.

(고전2:12-14) 우리가 세상의 영을 받지 아니하고 오직 하나님께로 온 영을 받았으니 …13 우리가 이것을 말하거니와 사람의 지혜의 가르친 말로 아니하고 오직 성령의 가르치신 것으로 하니 신령한 일은 신령한 것으로 분별하느니라 14 육에 속한 사람은 하나님의 성령의 일을 받지 아니하나니 저희에게는 미련하게 보임이요 또 깨닫지도 못하나니 이런 일은 영적으로라야 분변함이니라

(왕상18:21) 엘리야가 모든 백성에게 가까이 나아가 이르되 너희가 어느 때까지 둘 사이에서 머뭇머뭇 하려느냐 여호와가 만일 하나님이면 그를 따르고 바알이 만일 하나님이면 그를 따를지니라 하니…

(신30:19) 내가 오늘 하늘과 땅을 불러 너희에게 증거를 삼노라 내가 생명과 사망과 복과 저주를 네 앞에 두었은즉 너와 네 자손이 살기 위하여 생명을 택하고

(딤전4:1) 그러나 성령이 밝히 말씀하시기를 후일에 어떤 사람들이 믿음에서 떠나 미혹하는 영과 귀신의 가르침을 따르리라 하셨으니

(요일4:1) 사랑하는 자들아 영을 다 믿지 말고 **오직 영들이 하나님께 속하였**

나 분별하라 많은 거짓 선지자가 세상에 나왔음이라

이처럼 성도가 세상을 살아가면서 영적으로 근신하며 깨어있음마25:13, 살전5:6,10으로, 분별력 있는 삶을 살아가야 하는 바, 그 구체적인 방법은 아래와 같습니다.

(1) 성령으로 감동받은 말씀을 통하여

예수님께서 하늘 아버지의 일을 시작하실 때가 되었을 때는 먼저 요단강에서 침례를 받으시고 위로부터 성령과 능력으로 기름 부으심을 받으시고 시작하셨습니다.마3:13-17, 눅4:14, 행10:38 예수님은 성령으로 이끌리시며 40일간 밤낮으로 금식하신 후 시험하는 자 마귀에게 시험을 받으셨는데, 주님은 모든 시험을 하나님 말씀 ῥῆμα 레마, 기록되었으되…, 마4:4,7,10으로 승리하셨습니다.

주님이 성령에 이끌리시어 광야로 나가신 것은 다분히 의도성이 있습니다. 다시 말하면 성령님은 아무런 뜻도 없이 그냥 주님을 광야로 이끌지 않으십니다. 이것은 지극히 예언적인 말씀입니다. 주님이 시험받으셨던 광야의 삶은 실질적으로 주님의 일을 하며 살아가야 할 성도의 삶임을 나타내는 영적인 의미를 담고 있습니다.

그러므로 광야의 삶을 살아가는 모든 성도는 우선적으로 주님과 같이벧전2:21 마귀의 모든 시험으로부터 자신을 보호하려면 우선 말씀 안에 서서 대적해야 합니다. 벧전5:9, 약4:7 사도바울은 에베소 장로들에게 부탁하기를 "내가 떠난 후에 사나운 이리가 여러분에게 들어와서 그 양 떼를 아끼지 아니하며 …지금 내가 여러분을 주와 및 그 **은혜의 말씀**에 부탁하노니 **그 말씀이 여러분을 능히 든든히 세우사 거룩하게 하심**을 입은 모든 자 가운데 기업이 있게 하시리라행20:29-32"라고 했습니다.

사도요한도 성령 안에서 말씀을 받되계1:10, 마지막 대환난 기간에 있을 마귀와의 싸움에서 "내가 또 들으니…우리 형제들을 참소하던 자 곧 우리 하나님 앞에서 밤낮 참소하던 자가 쫓겨났고 또 우리 형제들이 어린 양의 피와 **자기들의 증언하는 말씀으로써 그를 이겼으니**… 계12:10-11"라고 했습니다.

앞에서 언급한 바와 같이 성령으로 기름 부음 받아 현재 역사하는 말씀레마을 성령의 검이라고 합니다.엡6:17 레마의 말씀은 살아 생명력 있고요6:63 운동력이 있어 좌우에 날선 어떤 검보다도 예리하여 혼과 영과 및 관절과 골수를 찔러 쪼개기까지 하며 또 마음의 생각과 뜻을 판단하며, 지음 받은 어느 하나도 지으신 주님 앞에 나타나지 않음이 없고 우리의 결산을 받으실 주의 눈앞에 만물이 벌거벗은 것 같이 드러나게 합니다.히4:12-13 문제는 사단의 역사를 어떻게 분별하느냐에 있습니다.

성경은 마귀를 어두움이라고 표현합니다.요일2:11, 요12:35, 행26:18 동시에 마귀가 살고 있는 세계를 어두움이라고 말합니다.이를 음부의 세계, 흑암의 세계라 함 마귀는 어두움을 다스리는 자로 묘사되고 있습니다.

그래서 마귀를 어두움혹은 흑암, 음부의 권세자골1:13, 눅22:53, 마16:18요 세상 임금이라 설명합니다.요12:31, 16:11

이로서 세상은 사단에 속하여 그의 다스림 속에 있음을 분명히 하고 있습니다.요일5:19, 롬6:16, 벧후2:19 그래서 이 어두움에 속한 사람들도 "어두움"이라 표현하고 있습니다.엡5:8, 벧2:9, 행26:18, 요일5:19

어두움 가운데서는 아무것도 분별할 수가 없습니다. 오직 빛만이 가능합니다. 아무리 어두움이 빛으로 가장해도고후11:13-15 어두움은 어두움에 지나지 않습니다. 아무리 빛으로 가장한 회색을 띠고 있어도 완전한 빛 앞에서 모든 것이 드러나게 되어 있습니다.엡5:8-14 아멘!

하나님은 완전한 빛이라고 했습니다.요일1:5, 딤전6:16 그리고 예수님을 빛이라고 했습니다.요8:12, 9:5, 12:35-36,46 그리고 동시에 생명력 있는 말씀이 빛이라 했습니다.

그러므로 살아 있는 말씀, 순전하고도 완전한 말씀시19:7-8이 들어가기만 하면 어두움과 사망은 스스로 구별되어 그 모습이 만 천하에 드러날 것이며 히4:13, 고후4:6 물러가게 될 것입니다.

사단이 제아무리 빛의 천사로 가장하여고후11:15 속이고 미혹하여 혼란스럽게 만들지라도고후4:4, 빛이신 말씀은 이를 철저히 구별하여 내게 되고 치유하며 생명력을 주게 될 것입니다.시119:130, 말4:2 할렐루야 아멘!

이러한 이유로 모든 성도는 이 레마의 말씀을 가슴 깊이 새겨야 합니다.고후3:3 자기의 생각과 감정, 상상과 지식, 경험과 이론이 어떠하다 할지라도, 그리고 주위 환경이 어떠할지라도 자기 속에 성령으로 감동되고 생각나는 말씀요14:26, 16:13과 다르거나 배치된다면이를 성경에서는 하나님을 대적하여 높아진 이론이라 함 ; 고후10:4-5 즉시로 주신 말씀을 붙들고히3:14, 4:14 말씀 아래로 굴복시키며고후10:4-5 말씀대로 선포하며 행해야 합니다.고후4:13

(고후10:4-5) 우리의 싸우는 무기는 육신에 속한 것이 아니요 오직 어떠한 진도 무너뜨리는 하나님의 능력이라 모든 이론을 무너뜨리며 5 하나님 아는 것을 대적하여 높아진 것을 다 무너뜨리고 모든 생각을 사로잡아 그리스도(곧 말씀)에게 복종하게 하니

(히4:13-14) 지으신 것이 하나라도 그 앞에 나타나지 않음이 없고 오직 만물이 우리를 상관하시는 자의 눈앞에 벌거벗은 것같이 드러나느니라 14 그러므로 우리에게 큰 대제사장이 있으니 승천하신 자 곧 하나님 아들 예수시라 우리가 믿는 도리(고백)를 굳게 잡을지어다

(고후4:13) 기록한 바 내가 믿었으므로 말하였다 한 것 같이 우리가 같은 믿음의 마음을 가졌으니 우리도 믿었으므로 또한 말하노라

히브리서 기자도, 사도 바울도 하나님의 말씀을 사용함으로 감각들을 단련하여 선악을 분별하라고 권면하고 있음을 명심해야 합니다.

(히5:14) 단단한 음식은 장성한 자의 것이니 그들은 **그 말씀을 사용하므로** 감각들을 단련하여 **선악을 분별**(διάκρισις 디아크리시스)하는 자들이니라 [KJV]

(딤후2:25~26) 거역하는 자를 온유함으로 (하나님의 말씀으로)바로잡아주어야 할지니 그리하면 하나님께서 그들에게 회개하는 마음을 주서서 진리를 깨닫도록 하실까 함이요 26 마귀의 뜻대로 그에게 사로잡혔던 그들이 마귀의 올무에서 깨어 나올까 함이라[KJV]

아래에는 레마의 말씀으로 분별하는 몇 가지 실례를 소개하고자 합니다.

① "성경은 남녀 성별을 어떻게 보느냐?" 입니다.

남녀동권(同權)주의자feminist들은 하나님께서 남녀를 불공평하게 창조하셨고 또 차별한다고 이야기하곤 합니다. 이런 이유로 목회자도 주로 남성만의 성역으로 주장하게 하는 빌미를 준다고 봄

그 이유로 삼위일체 하나님을 남성을 나타내는 인칭대명사하나님 아버지, 예수님, 성령님도 모두 남성인칭 사용를 사용한다는 것이고, 또 예수님을 믿고 구원받은 하나님의 자녀를 하나님의 딸이라 부르지 않고아들이라고 부른다는 것입니다.

(요16:13) 그러나 진리의 성령이 오시면 그가 너희를 모든 진리 가운데로 인도하시리니 그가 스스로 말하지 않고 오직 들은 것을 말하며 장래 일을 너

희에게 알리시리라

(롬8:14-16) 무릇 하나님의 영으로 인도함을 받는 사람은 곧 하나님의 아들이라 15 너희는 다시 무서워하는 종의 영을 받지 아니하고 양자(아들)의 영을 받았으므로 우리가 아빠 아버지라고 부르짖느니라 16 성령이 친히 우리의 영과 더불어 우리가 하나님의 자녀인 것을 증언하시나니 자녀이면 또한 상속자 곧 하나님의 상속자요 그리스도와 함께 한 상속자니 우리가 그와 함께 영광을 받기 위하여 고난도 함께 받아야 할 것이니라

(갈4:5-7) 율법 아래에 있는 자들을 속량하시고 우리로 아들의 명분을 얻게 하려 하심이라 6 너희가 아들이므로 하나님이 그 아들의 영을 우리 마음 가운데 보내사 아빠 아버지라 부르게 하셨느니라 7 그러므로 네가 이후로는 종이 아니요 아들이니 아들이면 하나님으로 말미암아 유업을 받을 자니라

(요1:12) 영접하는 자 곧 그 이름을 믿는 자들에게는 하나님의 자녀가 되는 권세를 주셨으니

이들의 주장대로 성경이 과연 그렇게 말씀하는지에 대해 분명하게 분별되어져야 합니다. 정말로 하나님은 남녀를 차별하시는 분이신가에 대한 분명한 성경적 입장을 알아야 합니다.

이 문제는 창조기사로 거슬러 올라가야 해결됩니다. 하나님은 창1:26-27에서 "하나님이 이르시되 우리의 형상을 따라 우리의 모양대로 **우리가 사람을 만들고 그들로** 바다의 물고기와 하늘의 새와 가축과 온 땅과 땅에 기는 모든 것을 다스리게 하자 하시고 하나님이 자기 형상 곧 하나님의 형상대로 사람을 창조하시되 남자와 여자를 창조하시고"라고 기록합니다. 우리는 하나님의 형상대로 창조된 첫 사람의 이름이 아담Adam이요, 둘째 사람은 마지막 아담 되신 예수님임을 잘 알고 있습니다.

(고전15:45,47) 기록된 바 첫 사람 아담은 생령(생혼, KJV)이 되었다 함과 같이 마지막 아담은 살려 주는 영이 되었나니 47 첫 사람은 땅에서 났으니 흙에 속한 자이거니와 둘째 사람은 하늘에서 나셨느니라

그러므로 하나님의 형상대로 지음 받은 첫 사람은 분명 아담Adam이 맞습니다. 그런데 창1:26에는 "…우리의 형상을 따라 우리의 모양대로 **우리가 사람을 만들고 그들로**…"라고 기록함으로, 사람Adam을 창조하시되 "그들곧 남자와 여자"로 표기되어 있습니다.

그리고 창1:26과 동일한 기사인 창5:1-2에는 "…하나님이 사람을 창조하실 때에 하나님의 모양대로 지으시되 남자와 여자를 창조하셨고 그들이 창조되던 날에 하나님이 그들에게 복을 주시고 **그들의 이름을 사람**Adam이라 일컬으셨더라."라 기록하고 있어 창1:26의 뜻을 더욱 분명히 밝히고 있습니다.

다시 말하면, 하나님은 자신의 형상대로 사람을 창조하시되 남자와 여자로 창조하시고 그들의 이름을 "사람Adam"이라고 했습니다. 창2장에서도 하나님이 창조하신 사람을 에덴에 두시고 경작하며 지키게 하셨는데창2:7-8,15, 그 사람의 이름을 창2장 서두에는 "아담Adam"이라고 부르고 있습니다.창2:19-20

그러나 후반부 창2:18-23에서는 하나님은 남자만 독처하는 것을 기뻐하지 않으시고 남자를 깊이 잠들게 하신 후 갈비뼈를 취하여 여자를 만드셨습니다. 이때 잠에서 깨어난 남자는 곁에 서 있는 여자를 보고 "내 뼈 중에 뼈요 살 중에 살이라"고백한 것을 볼 수가 있습니다.

이것은 바로 남자와 여자가 "하나"라는 사실을 고백한 것입니다! 남자가 흙에서 만들어질 때 그 속에 이미 여자가 포함되어 있음을 알려줍니다. 할렐루야!

이처럼 성경에서는 첫 사람 아담Adam을 결코 남자만을 지칭하지 않고, 남자와 여자를 동시에 부를 때 사용하는 단어임을 분명히 하고 있습니다.

이러므로 창2:24에서도 "이러므로 남자가 부모를 떠나 그의 아내와 합하여 둘이 한 몸을 이룰지로다."했고, 또 그리스도와 교회가 "하나 됨"의 비밀을 말할 때도 부부가 "하나 됨"의 비유를 사용하셨습니다.

(엡5:30-32) 우리는 그 몸의 지체임이라 31 그러므로 사람이 부모를 떠나 그 아내와 합하여 그 둘이 한 육체가 될지니 32 이 비밀이 크도다 나는 그리스도와 교회에 대하여 말하노라

그러므로 "아담Adam"은 남녀를 동시에 표현하는 단어이지만, **그 대표성을 말할 때 남자를 지칭하여 불리는 것**을 볼 수가 있습니다.13)

이러한 이유로 사람이 거듭났을 때 하나님의 자녀는 실제로는 남자와 여자를 통칭하여 부르는 단어이나, 그 대표성으로 "하나님의 아들"이라고 불리게 됩니다. 롬8:14-17, 갈4:5-7

(고전11:7-10) 남자는 하나님의 형상과 영광이니 그 머리를 마땅히 가리지 않거니와 여자는 남자의 영광이니라 8 남자가 여자에게서 난 것이 아니요 여자가 남자에게서 났으며 9 또 남자가 여자를 위하여 지음을 받지 아니하고 여자가 남자를 위하여 지음을 받은 것이니 10 그러므로 여자는 천사들로 말미암아 권세 아래에 있는 표를 그 머리 위에 둘지니라

---

13) θ父 ⇨ 예수 그리스도 ⇨ 교회 ⇨ 천사(하나님의 종)(엡1:22 3:9-10, 히1:14)
　　* 구약 : 천사의 사역(히1:1, 행7:30-38), 종(갈4:1-3)
　　* 권세의 위치 : 여자 ⇨ 남자 ⇨ 예수 그리스도 ⇨ θ父 (고전11:3,5-9, 3:23)
　　* 남녀는 존재론적으로는 동등하나 사역과 역할론 적으로는 구분을 한다.(고전14:34-35, 40)

교회 안에서는 남자의 영적 머리는 주님이고, 동시에 여자의 영적 머리도 주님이십니다. 고전11:11-12, 이것이 우주적 교회 개념의 기초가 됨. "주와 합하는 자는 한 영이니라고전6:17" 아멘! 하나님은 영적인 면에서는 남녀를 차별하지 않으십니다. 남녀 모두의 영적 주인이것은 성별의 개념이 아님이 주님이십니다. 하나님은 성별도 인종도 차별하지 않으십니다.

(고전 11:11-12) 그러나 주 안에는 남자 없이 여자만 있지 않고 여자 없이 남자만 있지 아니하니라 12 이는 여자가 남자에게서 난 것 같이 남자도 여자로 말미암아 났음이라 그리고 모든 것은 하나님에게서 났느니라

"우리가 유대인이나 헬라인이나 종이나 자유자나 다 한 성령으로 세례를 받아 한 몸이 되었고 또 다 한 성령을 마시게 하셨느니라(고전12:13)" 아멘!

이러한 관점에서 저자는 이 부분은 분별의 주제는 아니지만 하나님께서 원하실 때는 얼마든지 여성도 5중직임엡4:11, 사도, 선지자, 복음전도자, 목사, 교사으로도 쓰임 받을 수 있다고 생각합니다.

하와는 모든 산자의 어미가 되었고창3:20 주님 또한 그 여자의 후손으로 오셨습니다. 창3:15, 이것보다 더 큰 하나님의 일이 또 어디 있을까? 구약에서는 드보라와 같은 여선지자가 활동하였고삿4:4, 시68:11에서도 "주께서 말씀을 주시니 소식을 공포하는 여자들은 큰 무리라"라고 했습니다.

신약에서도 바누엘의 딸 안나라는 여선지자가 예수님께 대한 예언을 말했습니다. 눅2:36-38 브리스길라는 아볼로를 가르치기도 했습니다. 행18:26 이러한 맥락에서 케네스 해긴Kenneth Hagin목사는 그의 저서 『여성에 관한 질문들』에서 다음과 같이 이야기 합니다.

"남편은 주님의 계명 가운데 어떤 것도 철회할 수 없습니다. 그는 아내의 양심을 지배하는 주인이 아닙니다. 주 예수그리스도가 주인이십니다. 만일 남편이 아내의 그리스도에 대한 참된 헌신을 참지 못할 것이라면, 그녀는 심지어 남편을 잃어버리는 값을 치른다 할지라도 자기의 신념에 충실해야 합니다."

(고전7:15) 혹 믿지 아니하는 자가 갈리거든 갈리게 하라 형제나 자매나 이런 일에 구애될 것이 없느니라 그러나 하나님은 화평 중에서 너희를 부르셨느니라

그러나 분명한 사실은 가정에서 자연적인 인간관계에서는 남편이 아내의 머리가 됩니다. 교회 내에서는 남녀가 영적인 면에서는 차이가 없으나, 가정에서는 성별의 차이가 있음을 알아야 합니다.

참고로 사도 바울을 그의 서신서 여러 곳에서 여자의 처신에 대해 언급을 했습니다. 고전14:34-36, 11:3, 딤전2:11-12

(고전14:34-36) 모든 성도의 교회에서 함과 같이 여자는 교회에서 잠잠하라 저희의 말하는 것을 허락함이 없나니 율법에 이른 것같이 오직 복종할 것이요 35 만일 무엇을 배우려거든 집에서 자기 남편에게 물을지니 여자가 교회에서 말하는 것은 부끄러운 것임이라 36 하나님의 말씀이 너희에게로부터 난 것이냐 또는 너희에게만 임한 것이냐
(고전11:3) 그러나 나는 너희가 알기를 원하노니 각 남자의 머리는 그리스도요 여자의 머리는 남자요 그리스도의 머리는 하나님이시라
(딤전2:11-12) 여자는 일절 순종함으로 종용히 배우라 12 여자의 가르치는 것

과 남자를 주관하는 것을 허락지 아니하노니 오직 종용할지니라

사도 바울은 감독곧 목사을 말할 때도 "한 아내의 남편딤전3:2"이라며, 감독의 자격을 말할 때 여성이 자격이 없다는 뜻은 아닐지라도남성을 그 대상으로 언급했음을 기억해야 합니다. 고로 여성이 5중 직분 중 어느 것으로 부르심을 받았든 주±앞에서와 교회에서 겸손과 절제를 늘 생각해야 한다고 생각합니다.

다음의 글은 케네스 해긴 목사에게 많은 가르침을 준 P.C.넬슨 박사침례교 사역자이자 신학자. 히브리어 및 헬라어 권위자임의 글은 많은 것을 생각하게 합니다.

"나는 보통의 경우 은사를 받은 남자들을 교회나 기관의 수장으로 삼는 것이 최선이라고 믿습니다. 그러나 만일 그런 사람들이 충분히 발견되지 않는다면, 우리는 자매들을 불러서 맡깁니다….침례를 베풀 형제를 가능한 구하십시오. 그리고 주님께서 당신에게 어떤 자리를 열어 주시든지 만족하십시오. 그리고 그분께서 당신을 그만 두게 하실 때까지, 그곳에서 겸손하고 아름답고 신실하게 그분을 섬기십시오."

② **유대 민족에 대한 영적 이해입니다**14)(이 부분은 요한계시록 이해에 매우 중요함)

하나님은 갈대아 우르에 머물고 있던 아브라함을 부르시고 "**내가 너로 큰 민족을 이루고 네게 복을 주어 네 이름을 창대하게 하리니 너는 복이 될지라창12:2**"의 말씀을 주셨습니다.

여기서 "너로 큰 민족을 이루고…"말씀은 땅에서 일반적인 많은 민족 중

---

14) 정학영, 『영적원리로 열리는 종말론 요한계시록』, 푸른미디어, pp47-50. 2013.

에 또 하나의 민족을 더한다는 의미가 아닙니다. 이는 마1:1에 "아브라함과 다윗의 자손 예수 그리스도의 계보라"라고 하신 말씀처럼, 주님은 아브라함과 다윗의 족보를 따라 오셨음을 말합니다.

우리가 알다시피 아브라함은 "열국 및 열왕의 아비"의 뜻을 가지고 있고, 다윗 또한 하나님 마음에 합한 유대의 왕을 의미합니다.

성경 여러 곳에 예수님을 다윗의 왕권位, 열쇠, 뿌리을 가지고 오신 분이시며눅1:32, 계3:7, 5:5, 22:16 그 나라가 무궁함을 예언했습니다.눅1:33

이처럼 유대의 왕으로 오신 그 나라는 아브라함이 받은 소명의 완성인 유대민족나라을 말하는 것이지만, 질문은 과연 "이 유대민족이 어디에 속한 나라냐?"는 것입니다.

이 비밀은 예수님과 빌라도 총독과의 대화에서 풀리게 됩니다. 빌라도는 예수님께 "네가 유대의 왕이냐?"라고 물었을 때 주님은 분명하게 "내가 왕이니라."라 하셨습니다. 그런데 예수님은 "내 나라는 이 세상에 속한 것이 아니니라…내가 이를 위하여 세상에 왔나니…요18:36-37"라고 하셨습니다.

보십시오, 예수님은 분명 아브라함과 다윗의 왕통을 이어오신 분이십니다. 그러나 유대인들이 생각한 것처럼 예수님은 이 땅에 속한 유대민족의 왕이 아닌 영적인 유대 땅, 곧 하나님 나라의 왕으로 오신 것을 의미합니다! 할렐루야!

그러므로 아브라함에게 주신 큰 민족은 하나님 나라를 이루는 백성 곧 하나님의 나라가 임한 교회를 의미합니다.벧전2:9, 계1:6, 5:10, 눅17:20-21, 마12:28 아멘!

하나님은 이를 위하여 아브라함에게 "네게 복을 주어 네 이름을 창대하게 하리니 너는 복이 될지라"라는 엄청난 축복과 명예, 그리고 하나님의 절대적인 보호를 약속하셨습니다.창12:3

(눅17:21) 또 여기 있다 저기 있다고도 못하리니 **하나님의 나라는 너희 안에 있느니라**

(벧전2:9) 그러나 **너희는 …거룩한 나라요**

(계1:6) 그의 아버지 하나님을 위하여 **우리를 나라**와 제사장으로 **삼으신** 그에게…

(계5:10) 그들로 우리 하나님 앞에서 **나라**와 제사장들을 **삼으셨으니**

(창12:3) 너를 축복하는 자에게는 내가 복을 내리고 너를 저주하는 자에게는 내가 저주하리니 땅의 모든 족속이 너로 말미암아 복을 얻을 것이라 하신지라

그러므로 아브라함에게 주신 명령은 큰 민족을 이루는 것 곧 하나님의 나라를 이루는 것을 의미합니다. 그리고 이 나라를 많은 이방민족에게로 확장 전파되게 하신다는 것입니다. 이 복이 하나님이 열방에 주시려는 가장 중요한 복입니다. 마28:16-20

"땅의 모든 족속이 너로 말미암아 복을 얻을 것이라!"

아멘!

(갈3:8) 또 하나님이 **이방을 믿음으로 말미암아 의로 정하실 것을 성경이 미리 알고 먼저 아브라함에게 복음을 전하되 모든 이방이 너로 말미암아 복을 받으리라 하였느니라**

(롬15:16) 이 은혜는 곧 나로 이방인을 위하여 그리스도 예수의 일꾼이 되어 **하나님의 복음의 제사장 직분을 하게 하사 이방인을 제물로 드리는 것이** 성령 안에서 거룩하게 되어 받으실 만하게 하려 하심이라

하나님은 아브라함에게 약속하신 하나님 나라가 다윗의 왕통과 그 뿌리

되신 예수님을 통하여 이루어질 것을 이사야 선지자를 통하여 예언하셨고 ^사9:6-7^, 다니엘을 통해서도 영원한 메시아의 나라가 세워질 것을 예언하셨습니다. ^단2:44^

> (사9:6-7) 이는 한 아기가 우리에게 났고 한 아들을 우리에게 주신 바 되었는데 그의 어깨에는 정사를 메었고 그의 이름은 기묘자라, 모사라, 전능하신 하나님이라, 영존하시는 아버지라, 평강의 왕이라 할 것임이라 **그 정사와 평강의 더함이 무궁하며 또 다윗의 왕좌와 그의 나라를 굳게 세우고 지금 이후로 영원히 정의와 공의로 그것을 보존하실 것이라** 만군의 여호와의 열심이 이를 이루시리라
>
> (단2:44) 이 여러 왕들의 시대에 하늘의 하나님이 **한 나라를 세우시리니 이것은 영원히 망하지도 아니할 것이요 그 국권이 다른 백성에게로 돌아가지도 아니할 것이요** 도리어 이 모든 나라를 쳐서 멸망시키고 영원히 설 것이라

이 일을 위한 모든 행하심이 하나님의 열심이셨고, 예수님의 열심이셨고, 또한 모든 성도의 열심이 되는 것입니다. 이 모든 일은 오직 성령의 능력으로 가능한 일입니다. 아멘!

> (슥4:6) …이는 힘으로 되지 아니하며 능력으로 되지 아니하고 **오직 나의 영으로 되느니라**

한편 예수님은 이 땅 곧 음부의 세계에 ^성령으로^교회를 세우실 것을 예언하셨습니다. ^마16:16-18^ 교회는 하나님 나라가 임한 이 땅의 유일한 곳입니다.

하나님 아버지께서는 하나님의 나라를 예수님께 맡기셨고^요20:21^, 예수님은 그 나라를 성도들에게 맡기셨습니다. ^눅22:29-30,\ 마28:19-20^

그리고 성도들을 통해 이루어진 하나님 나라는 최후로 다시 아버지께로 돌아가게 됩니다. 고전15:24, 계5:9, 1:5, 행20:28

(고전15:24) 그 후에는 나중이니 저가 모든 정사와 모든 권세와 능력을 멸하시고 **나라를 아버지 하나님께 바칠 때라**
(계5:9) …일찍 죽임을 당하사 **각 족속과 방언과 백성과 나라 가운데서 사람들을 피로 사서 하나님께 드리시고**
(계1:5) …우리를 사랑하사 **그의 피로 우리 죄에서 우리를 해방하시고**
(행20:28) …하나님이 **자기 피로 사신 교회**를 치게 하셨느니라

그러므로 유대의 지역과 역사는 하나님 나라를 이루어 나가는 영적 모형과 그림자로서의 역할을 담당하는 것입니다.

고로 "…남은 자가 해마다 올라와서 그 왕 만군의 여호와께 경배하며 **초막절을 지킬 것**이라슥14:16"의 의미는 진정한 초막절의 완성인 주님의 품속에서 하나님 나라의 영원히 안식을 누리는 것을 말하며겔48:38, 계21:3, 요7:37-38, 그 곳에서는 가나안 족속이 하나도 없는 거룩한 무리들만 있어 하나님께 경배할 할 것입니다. 슥14:21

(요7:37-38) 명절(초막절기) 끝날 곧 큰 날에 예수께서 서서 외쳐 이르시되 누구든지 목마르거든 내게로 와서 마시라 38 나를 믿는 자는 성경에 이름과 같이 그 배에서 생수의 강이 흘러나오리라 하시니
(계21:3) 내가 들으니 보좌에서 큰 음성이 나서 이르되 보라 하나님의 장막이 사람들과 함께 있으매 하나님이 그들과 함께 계시리니 그들은 하나님의 백성이 되고 하나님은 친히 그들과 함께 계셔서
(겔48:35) 그 사면의 도합이 일만 팔천척이라 그 날 후로는 그 성읍의 이름

을 여호와삼마라 하리라

(슥14:21) 예루살렘과 유다의 모든 솥이 만군의 여호와의 성물이 될 것인즉 제사 드리는 자가 와서 이 솥을 취하여 그 가운데 고기를 삶으리라 **그 날에는 만군의 여호와의 전에 가나안 사람이 다시 있지 아니하리라**

이런 의미에서 무화과 가지가 연해지고 잎사귀를 내면 주님이 오실 터인데마24:32-33, 이 무화과나무는 이스라엘을 의미하므로, 이는 이스라엘이 영국의 식민지에서 독립하는 역사적 사건을 의미하는 것이 아니라, 구원을 받기 시작하여 육적인 유대인이 아닌 영적인 유대인, 즉 하나님 나라의 일원이 되는 것을 의미합니다.

아멘!

③ 베리칩과 666표에 관한 것입니다.

(계13:16-18) 그가 모든 자 곧 작은 자나 큰 자나 부자나 가난한 자나 자유인이나 종들에게 그 오른손에나 이마에 표를 받게 하고 17 누구든지 이 표를 가진 자 외에는 매매를 못하게 하니 이 표는 곧 짐승의 이름이나 그 이름의 수라 18 지혜가 여기 있으니 총명한 자는 그 짐승의 수를 세어 보라 그것은 사람의 수니 그의 수는 육백육십육이니라

666표에 관해서는 많은 의견이 있습니다. 그 중에 베리칩verification chip혹은 코로나 바이러스 백신이 **666**표라고 해서 전 기독교계에 대 혼란을 가중시키고 있습니다. 어떤 이들은 베리칩이 **666**표라 확신하고서 이것을 받지 않기 위하여 따로 격리된 곳에 함께 모여 믿음 생활을 하고자 여러 가지 활동을 추진하고 있는 듯합니다.

이는 마치 로마시대에 박해를 피해 동굴을 파고 들어가 은신하며 믿음을

지켰던 안디옥의 베드로 동굴교회처럼 말입니다.히11:38 그런데 과연 베리칩이 그러한 성격의 것인지는 말씀으로 분별을 해야 미혹을 방지할 수가 있습니다.

666의 수에 대한 정확한 설명은 계13:16-18에서처럼 먼저 "**짐승의 이름**"을 의미합니다. 이 짐승의 이름은 하나님의 이름과 반대되는 이름으로, 하나님의 이름을 모독하는 이름으로 나타납니다.15)계13:1,5-6, 17:3-4

이렇게 하나님을 모독하는 짐승의 이름을 "**짐승의 수**"라고 했습니다. 이 수는 곧 그 이름의 수요 이는 심판을 불러오는 수곧 "999"16)이기도 합니다.계14:11, 22:15 동시에 그 짐승의 수는 곧 "**사람의 수**17)"로서 바로 666이라고 했습니다.

하나님께서 창조를 시작하시고 마치는 날이 7일째이므로창2:2-3, 6일째의 숫자 6은 불완전한 수를 의미합니다. 7일째 안식을 향해가는 날을 완전한 하나님의 의도임을 인식할 때, 6일째 창조된 짐승과 사람은 오직 하나님의 안식 속에 거할 때, 곧 하나님의 안식인 하나님의 장막에 들어갈 때만이 완전해 지는 영적인 의미를 지니고 있습니다.

고로 물질적 창조의 날로서의 여섯째 날은 하나님께서 기뻐하신 날이지만, 영적인 의미로는 불완전한 날을 의미합니다.18)

---

15) 계13:16-18과 계14:1은 서로 대조구절이다. 즉 우상숭배자는 하나님 이름을 모독하는 짐승의 이름이 새겨져 있으나, 하나님을 왕과 주인으로 삼아 경건의 삶을 살아가는 무리들은 그들의 이마에 하나님의 이름이 새겨져 있다.
"또 내가 보니 보라 어린 양이 시온 산에 섰고 그와 함께 십사만 사천이 서 있는데 그들의 이마에는 어린 양의 이름과 그 아버지의 이름을 쓴 것이 있더라(계14:1)"

16) "The Ultimate Assertion : בְּרֵאשִׁית בָּרָא אֱלֹהִים אֵת הַשָּׁמַיִם וְאֵת הָאָרֶץ Evidence of Supernatural Design in the Divine Prologue" VERNON JENKINS

17) 계시록 기록당시에는 로마의 통치아래 있었다. 네오 황제를 비롯한 10명의 황제는 기독교를 무자비하게 핍박했다. 하여 이들의 황제를 짐승으로 비유했다.(다니엘은 이를 "두렵고 무서운 짐승(단7:7)"으로 비유했다. 실제로 "네로"라는 단어의 히브리어 알파벳 숫자를 합하면 666이 나옴)

18) "**어두운 데에 빛이 비치라** 말씀하셨던 그 하나님께서 예수 그리스도의 얼굴에 있는 **하나님의 영광을 아는 빛**을 우리 마음에 비추셨느니라(고후4:6)"처럼 피조세계는 영적세계를 설명하는데 비유적으로도 사용되는 바, 주님도 영적세계를 설명하실 때 이 땅의 것을 비유로 들어 설명하셨다.(마13:31-35) 이처럼 피조세계는 하나님의 실존을 계시하는 수단으로도

하나님은 사람을 창조하실 때부터 하나님의 형상을 가진 자로서 이들의 이마에는 하나님 자신의 이름을 두시고계3:12, 7:3-4, 14:1, 인뙤을 치셨습니다. 고후1:22, 5:5, 엡1:14 이들의 이마와 소매에는 하나님의 말씀이 있어 "너는 또 그것곧 말씀을 네 손목에 매어 기호를 삼으며 네 미간에 붙여 표를 삼고신6:8"처럼 늘 말씀으로 살아가도록 했습니다. 마4:4, 출13:9, 16, 신6:8, 11:18

그러나 하나님 말씀을 거부하고 불순종한 이후로는 마귀의 종이 되어 하나님과 원수가 된 사람롬5:10을 종종 짐승으로 표현하고 있음을 기억해야 합니다.

주님은 자신을 판 유다를 마귀로요6:70, 헤롯을 여우로눅13:32, 바리새인을 독사의 자식으로마23:33, 10:25, 12:27, 요일3:10, 요8:44, 영적으로 무지한 자를 개·돼지마7:6에 비유했습니다. 바울은 그레데인스을 짐승이라고도 불렀습니다. 딛1:12 성경 다른 곳에서는 사악한 자를 짐승전3:16-19, 롬3:13-14, 계22:15, 18:2, 유10, 벧후2:9-12, 19, 22이라고 했습니다. 아삽은 자신이 영적인 비밀을 깨닫지 못할 때 자신을 "짐승 같다. 시73:22"라고 고백했습니다.

동시에 영적으로 무지할 때 "우상에게 끄는 대로 끌려 다닌다"라고 했습니다. 고전12:1-2, 엡4:19-20, 마16:23-24, 고후4:4 그래서 죄성罪性을 가진 사람을 짐승 같은 속성을 가진 자와 동일 시 하는 것을 성경 여러 곳에서 볼 수가 있습니다. 전3:16-19, 벧후2:12,22, 유1:10

이와 같이 영적으로 사람과 짐승이 6일째 창조된 것과 연관되어 영적으로숫자 6은 불완전수요 죄악의 수로 불리는 것을 이해 할 수가 있습니다. 이러한 수가 3곧 충만 수개이니 이는 완전하게 그리고 총체적인 죄악의 상태를 말하는 것입니다. 이러한 인간의 수를 "**666**"이라 하고, 또한 이 수를 **짐승 이름의 수**라고 하는 것입니다.

이 "**666**"수數의 표를 가진 자는 말 그대로 마귀의 자녀요 **마귀에게 인침**

이용된다. (시19:1, 84:11) 이는 모든 피조세계가 하나님의 영광을 위해 창조되었기 때문이다. (골1:16, 롬1:20, 히1:2-3)

을 받은 자를 의미합니다. 이런 자에게서는 하나님의 형상은 볼 수가 없고 짐승의 형상만을 확인하게 될 것입니다.

그런고로 **666표는 영적인 의미의 표이지 물질적인 그 무엇을 상징하는 수가 아닙니다.** 일견에는 베리칩이 666표라 하여 목숨을 걸고 이 칩을 몸에 이식하는 것을 허용하지 않겠다고 반응하는 이들의 생각에는 아마 매매의 수단과 장차 사람을 조정하는 수단으로 사용되지 않을까하는 염려에서 나온 것 같습니다. 저자 개인적으로도 666표라서가 아니라 異물질을 몸에다가 이식하는 것에는 반대하는 입장임

그런데 매매란 단지 물건을 사고파는 개념만 있는 것이 아닙니다. 성경에는 재림 전의 현상으로 사람들의 영혼도 매매의 대상이 되고 있는 것을 봅니다. 계18:13, 겔13:18

지금은 재림의 때가 가까이 온 것은 사실이나 아직도 천국복음이 들어가지 못한 미 종족이 남아 있고마24:14, 땅에서 올라온 짐승으로 그려지는 거짓 선지자가 활개를 치며 활동하여, 짐승의 이름인 666표를 받게 하는 계13:16-18절과도 같은 황급한 재림 직전도 아닙니다. 참고로, 666표가 등장하는 시기는 일곱 째 나팔 재앙 중 첫 번째 대접 재앙임 ; 계16:2 현재는 주님이 언급하신 것과 같이 재난의 시작인 첫째 인과 넷째 인을 떼는 기간인 7년 대 환난에 들어가는 시점으로 깨어 기도해야 할 때로 보아야 합니다. 마24:8, 계6:2-8, 살전5:1-8

(마24:3-8) 예수께서 감람산 위에 앉으셨을 때에 제자들이 종용히 와서 가로되 우리에게 이르소서 어느 때에 이런 일이 있겠사오며 또 주의 임하심과 세상 끝에는 무슨 징조가 있사오리이까 4 예수께서 대답하여 가라사대 너희가 사람의 미혹을 받지 않도록 주의하라 5 많은 사람이 내 이름으로 와서 이르되 나는 그리스도라 하여 많은 사람을 미혹케 하리라 6 난리와 난리 소문을 들겠으나 너희는 삼가 두려워 말라 이런 일이 있어야 하되 끝은 아직

아니니라 7 민족이 민족을, 나라가 나라를 대적하여 일어나겠고 처처에 기근과 지진이 있으리니 8 이 모든 것이 재난의 시작이니라

이런 의미에서 아직까지는 영혼은 물건처럼 매매하지는 않습니다. 영혼을 마트처럼 시장에서 사고파는 물건처럼 취급받지도 않습니다. 고로 영혼을 매매의 수단으로 하는 사회는 매매를 물질적인 측면즉 매매이 아닌 영적인 측면에서 보아야만 전체적으로 쉽게 이해될 수 있습니다.

그러므로 "666표를 받았다"라고하지 말고 "**짐승의 이름**이나 그 **이름의 수**를 받았다"라고 표현해야 옳습니다. 고로 "**짐승과 그의 우상과 그의 이름의 수를 이기고 벗어난 자**"라고 함 ; 계15:2 그리고 "…짐승과 그의 우상에게 경배하고 **그의 이름 표**를 받는 자는 누구든지 밤낮 쉼을 얻지 못하리라 하더라계14:11"라 하심 같이 그의 이름 표는 반드시 짐승을 숭배하는 개념을 포함하고 있음도 알아야 합니다. 성경 그 어디에도 "베리칩이 666표다"라고 말씀하신 곳이 없으며, 베리칩과 관련해서 매매에 대한 경제를 다루는 곳도 없습니다.[19]

(계18:13) 계피와 향료와 향과 향유와 유향과 포도주와 감람유와 고운 밀가루와 밀이요 소와 양과 말과 수레와 종들과 사람의 영혼들이라
(계18:23-24) …너의 상인들은 땅의 왕족들이라 네 복술로 말미암아 만국이 미혹되었도다 24 선지자들과 성도들과 및 땅 위에서 죽임을 당한 모든 자의 피가 그 성 중에서 발견되었느니라 하더라
(겔13:18) 이르기를 주 여호와의 말씀에 사람의 영혼을 사냥하려고 손목마다 부적을 꿰어 매고 키가 큰 자나 작은 자의 머리를 위하여 수건을 만드는 여

---

[19] 666표에서 "**표**"는 원어적으로 "χαραγμα 카라그마"로서 이는 행 17:29에 "새긴 것"으로 번역된 말인데, 각인, 낙인 등에 의해 소유를 표시하는 기호를 가리킨다. 이는 노예를 화인 찍어 소유를 표시하듯이, 마귀의 자녀로 인(印)침을 받는 것을 말한다. 이는 영혼의 인침 사건이지 육의 인침사건이 아니다.

자들에게 화 있을진저 너희가 어찌하여 내 백성의 영혼은 사냥하면서 자기를 위하여는 영혼을 살리려 하느냐

지금은 매매가 돈이나 신용카드로 이루어집니다. 돈이나 신용카드가 없으면 매매를 할 수가 없습니다. 물론 원시적 방법으로 물물교환을 할 수 있지만, 그렇게 하는 나라는 거의 없다 그러나 돈이나 신용카드를 666표라고는 하지 않습니다. 그런데 짐승을 숭배하는 자에게 주는 표로 영적 짐승으로서의 영혼에 인침받는 것임을 알아야 합니다. 이런 시대가 오면 단9:27에서처럼 예배를 제대로 드릴 수 없는 혹독한 영적 암흑기 시대에 들어가게 됩니다. 이 시기에는 짐승의 표로 인친 받은 자들로 형성된 사회나 공동체 안에서는 진정한 기독교인들이 정상적으로 매매하며 공동의 삶을 이어갈 수 있는 사회생활을 영위할 수가 없게 됩니다.

요한계시록이 기록될 당시처럼 기독교가 최고조로 핍박받고 있는 시기에 로마에는 "카타콤 Catacomb"이 있었습니다. 예수를 믿다가 발각이라도 되는 날이면 순교하거나 원형경기장에 던져져 굶주린 사자 밥이 되어야 하는 그런 시기였습니다. 하여 기독교인들은 아무도 찾지 않는 공동묘지 지하에서 세상과 분리된 그들만의 공동체적 삶을 살아야만 했습니다. 터키에도 이와 비슷한 장소가 있었는데 바로 지하 8층 규모의 도시인 "데린쿠유"입니다. 기독교인들은 이슬람의 핍박을 피해 이런 곳에서 생명을 연장하며 살아야만했습니다. 우리나라에서도 일본 황제를 강제로 숭배하지 않으면 정상적인 믿음생활을 유지하기가 어려웠던 시절이 있었습니다.

창1:1은 성경의 시작이요, 피조세계에 있어서 시간과 공간의 시작이요, 또한 피조물의 시작을 알리는 선포입니다. 구약은 히브리어로 기록되어 있는데, 히브리어는 헬라어와 동일하게 매 알파벳이 숫(數)자로 일대일로 대응이 이루어지는 언어입니다. 이를 **수-문자 체계** alpha-numeric system이라 부름

이스라엘 국기에는 다윗의 별이 있는데, 창1:1과의 관계성을 다룬 논문 [20]이 호주에서 발간되는 창조과학 저널지인 CREATION-Technical journal Vol.7 PART 2, 1993에 발표되었습니다. 이 논문에서는 다윗의 별을 의미하는 수 곧 14의 조합 정 육각 별, 정 삼각형, 정 6각형, 정 8각형 등이 창1:1에서 전반적으로 너무나 확연히 묘사되어 있고, 또 땅을 의미하는 수자 곧 703가 숫자 "666"로 둘러싸여져 있어 하늘의 것이 가로막힌 모습으로 묘사됩니다. 성경과학선교회 대표인 김명현 박사는 그의 성경과학아카데미 제11강 "창세기1장1절의 비밀"에서 이 논문을 인용하여 설명하기를 의미적으로 창세 때부터 하나님 나라 다윗의 별가 도래 할 것이며, 그 나라는 음부의 권세자 즉, 수 666 가 땅 곧 우주를 장악하고 있어 하늘의 것을 가로막고 있는 존재임. 그리고 이 수가 심판의 수인 999와도 관계가 있음가 있는 곳에 세워질 것을 예언하고 있음을 강조합니다.

저자는 직감적으로 이 논문이 주님이 교회를 세우시는 말씀인 마16:18의 영적 의미를 설명하는 것임을 알았습니다.

(마16:18) 또 내가 네게 이르노니 너는 베드로라 내가 이 반석 위에 내 교회를 세우리니 음부의 권세가 이기지 못하리라

물론 개인적인 간증이기는 하나 신성종 박사는 그의 저서 『**신성종의 내가 본 지옥과 천국**』에서 지옥에 있는 모든 사람들의 이마와 오른손에 666이라는 글자가 선명하게 새겨져 있는 모습을 간증합니다. 이들은 베리칩과도 상관이 없는 세대의 사람들인데??

참고로 매매와 사람을 조정하는 수단은 현재 돈과 신용카드에서 그리고 방송을 비롯한 수많은 매스미디어, 그리고 인터넷 및 SNS Social Network Service

---

[20] "The Ultimate Assertion : בְּרֵאשִׁית בָּרָא אֱלֹהִים אֵת הַשָּׁמַיִם וְאֵת הָאָרֶץ Evidence of Supernatural Design in the Divine Prologue" VERNON JENKINS

등에서 이미 그 위력을 발휘하고 있습니다. 그렇지만 이러한 물질적인 것들 자체가 666표가 될 수 없습니다. 그러나 이러한 것들이 마귀의 도구로는 사용될 수는 있습니다. 주님 재림 직전의 세상 형편은 상상을 초월하는 환난이 임할 것입니다.마24:21, 계11:1-13 이 환난은 사단이 교회를 핍박하고 하나님의 이름을 모독하는 일로서, 어쩌면 베리칩이나 각종 매매 수단이나 매스미디어를 총 동원하여 사용할지도 모릅니다.

그러나 교회는 온전히 성령으로 이끌림 받아 이러한 것들이 오히려 하나님의 영광의 도구가 되게 하여, 온 세상에 하나님의 영광과 하나님을 아는 지식이 널리 퍼지도록 해야 할 것입니다.합2:14, 3:3, 사11:9 아멘!

주님은 말세에 재림을 기다리며 살아가는 성도들을 향해 영적 각성을 주시고 영적으로 깨어있어살전5:1-11 주님을 기다리는 현명한 처녀마25:4, 9-10, 13가 되기를 원하시지, 결코 두려움에 떨게 하거나 마음이 흔들리거나, 미혹에 빠져 정상적은 일상의 삶을 다 팽개치고 한 곳에 모여 비정상적인 믿음생활 하라고 말씀한 적이 없음을 기억해야 합니다.

오히려 맡은 바 삶에 최선을 다하며, 머무는 자리에서 주를 증거하며 영광의 삶을 살기를 원하십니다.

> (살후2:1-2) 형제들아 우리가 너희에게 구하는 것은 우리 주 예수 그리스도의 강림하심과 우리가 그 앞에 모임에 관하여 2 영으로나 또는 말로나 또는 우리에게서 받았다 하는 편지로나 주의 날이 이르렀다고 해서 쉽게 마음이 흔들리거나 두려워하거나 하지 말아야 한다는 것이라
> (살후2:14-15) 이를 위하여 우리의 복음으로 너희를 부르사 우리 주 예수 그리스도의 영광을 얻게 하려 하심이니라 15 그러므로 형제들아 굳건하게 서서 말로나 우리의 편지로 가르침을 받은 전통을 지키라

우리가 다시 분별해야 할 것은 구원을 잃어버리는 경우에 대한 것입니다. 분명한 사실은 베리칩을 받는 행위 등과 같은 행위적이고도 물질적이며, 또한 현상적인 것으로가 아니라는 것입니다. 어디까지나 예수님을 고의적으로 부인^{곧 배교}하거나 성령을 훼방^{모독하거나 거역 ; 마12:31-32}했을 경우뿐입니다.

> (살후2:3) 누가 어떻게 하여도 너희가 미혹되지 말라 먼저 **배교하는 일**이 있고 저 불법의 사람 곧 멸망의 아들이 나타나기 전에는 그 날이 이르지 아니하리니
> (히6:4-6) 한 번 빛을 받고 하늘의 은사를 맛보고 성령에 참여한 바 되고 하나님의 선한 말씀과 내세의 능력을 맛보고도 **타락한 자들은 다시 새롭게 하여 회개하게 할 수 없나니** 이는 그들이 하나님의 아들을 다시 십자가에 못 박아 드러내 놓고 욕되게 함이라
> (히10:26-29) 우리가 진리를 아는 지식을 받은 후 짐짓(고의적) **죄를 범한 즉 다시 속죄하는 제사가 없고 오직 무서운 마음으로 심판을 기다리는 것과 대적하는 자를 태울 맹렬한 불만 있으리라** 모세의 법을 폐한 자도 두세 증인으로 말미암아 불쌍히 여김을 받지 못하고 죽었거든 하물며 하나님 아들을 짓밟고 자기를 거룩하게 한 언약의 피를 부정한 것으로 여기고 **은혜의 성령을 욕되게 하는 자가 당연히 받을 형벌은 얼마나 더 무겁겠느냐 너희는 생각하라**
> (마12:31-32) 그러므로 내가 너희에게 이르노니 사람에 대한 모든 죄와 모독은 사하심을 얻되 **성령을 모독하는 것은 사하심을 얻지 못하겠고** 32 또 누구든지 말로 인자를 거역하면 사하심을 얻되 누구든지 **말로 성령을 거역하면 이 세상과 오는 세상에서도 사하심을 얻지 못하리라**

이런 행위는 은혜를 저버리는 것이요 믿음을 버리는 짓입니다.

(딤전5:12) 처음 믿음을 저버렸으므로 정죄를 받느니라
(히10:29) …은혜의 성령을 욕되게 하는 자가 당연히 받을 형벌은 얼마나 더 무겁겠느냐 너희는 생각하라

이런 이유로 사도 요한은 사망에 이르는 죄곧 구원을 잃어버리는 죄도 있다고 한 것입니다. 요일5:16-17

(요일5:16-17) 누구든지 **형제가 사망에 이르지 아니하는 죄 범하는 것을 보거든 구하라** 그리하면 사망에 이르지 아니하는 범죄자들을 위하여 그에게 생명을 주시리라 사망에 이르는 죄가 있으니 이에 관하여 나는 구하라 하지 않노라 모든 불의가 죄로되 사망에 이르지 아니하는 죄도 있도다

고로, 단순히 베리칩을 몸에 이식했다고칩을 몸에 이식하는 것 자체 관점에서는 주께서 육체까지 온전히 거룩하게 보전되고〈살전5:23〉, 또 몸이 주님의 것으로 구별되어 영광을 위해 사용되어지기 원하시는 차원에서〈고전6:17-20〉 함부로 마치 몸에 문신과도 같은 것들로, 또한 음행으로 몸된 성전을 더럽히지 말라는 경고로 간주될 수 있음 혹은 돈, 컴퓨터를 소유했다고 하여 얻은 구원을 잃어버리는 것이 아닙니다. 다만 이런 것을 주님보다 더 사랑함으로, 물질과 세상을 더 사랑하므로 주님을 근심하게 하거나 슬프게 할 수 있습니다. 그러나 그렇게 해서는 안 됩니다.

베리칩 자체는 악한 것도, 선한 것도 아닙니다. 하나님이 육일 째 짐승과 사람을 만드시고 좋아하신 것처럼 물질 자체는 어떻게 사용하는가에 따라 악하게도 선하게도 사용되는 것입니다. 이미 언급했듯이 만일 물질베리 칩, 돈 등이나 세상을 사랑하여 자신의 영광을 위한 삶을 살아간 사람들은 부끄

러운 구원을 받을 것입니다. 이들은 이 땅에서 하늘 부요함과 땅의 풍요로움을 누리지 못하고, 증인의 삶을 살아가지도 못하는 이들입니다.고전5:5, 갈5:16-21,26 그리고 하나님을 경배하지 않고 구원받은 그 믿음마저 저버리며 짐승을 따라가 숭배하고 경배하는 자에게는 준엄한 심판이 주어짐을 우리는 명심해야 합니다.

(계14:9-11) 또 다른 천사 곧 셋째가 그 뒤를 따라 큰 음성으로 이르되 만일 누구든지 짐승과 그의 우상에게 경배하고 이마에나 손에 표를 받으면 그도 하나님의 진노의 포도주를 마시리니 그 진노의 잔에 섞인 것이 없이 부은 포도주라 거룩한 천사들 앞과 어린 양 앞에서 불과 유황으로 고난을 받으리니 그 고난의 연기가 세세토록 올라가리로다 짐승과 그의 우상에게 경배하고 그의 이름 표를 받는 자는 누구든지 밤낮 쉼을 얻지 못하리라 하더라
(계20:4) 또 내가 보좌들을 보니 거기에 앉은 자들이 있어 심판하는 권세를 받았더라 또 내가 보니 예수를 증언함과 하나님의 말씀 때문에 목 베임을 당한 자들의 영혼들 즉 짐승과 그의 우상에게 경배하지 아니하고 그들의 이마와 손에 그의 (이름의)표를 받지 아니한 자들이 살아서 그리스도와 더불어 천 년 동안 왕 노릇 하니

우리가 명심할 또 한 가지 사실은 물질을 주님보다 더 의지하고 세상을 주님보다 더 사랑하는 것은 곧 마귀에게 틈엡4:27을 주게 되어 결국은 주님을 배반할 지도 모르는 일임을 알아야 합니다. 우리는 그 어떤 상황이 온다 하더라도 주님을 바라보며 주님께서 주신 말씀을 부여잡고 믿음의 선한 싸움을 싸워 나가는 믿음의 용사가 되어야 합니다. 아멘!

(히10:35-39) 그러므로 너희 담대함을 버리지 말라 이것이 큰 상을 얻게 하

느니라 36 너희에게 인내가 필요함은 너희가 하나님의 뜻을 행한 후에 약속하신 것을 받기 위함이라 37 잠시 잠깐 후면 오실 이가 오시리니 지체하지 아니하시리라 38 나의 의인은 믿음으로 말미암아 살리라 또한 뒤로 물러가면 내 마음이 그를 기뻐하지 아니하리라 하셨느니라 39 우리는 뒤로 물러가 멸망할 자가 아니요 오직 영혼을 구원함에 이르는 믿음을 가진 자니라

(계14:4-5,12) 이 사람들은 여자와 더불어 더럽히지 아니하고 순결한 자라 어린 양이 어디로 인도하든지 따라가는 자며 사람 가운데에서 속량함을 받아 처음 익은 열매로 하나님과 어린 양에게 속한 자들이니 5 그 입에 거짓말이 없고 흠이 없는 자들이더이다…12 성도들의 인내가 여기 있나니 그들은 하나님의 계명과 예수에 대한 믿음을 지키는 자니라

④ 교회의 사명(mission)에 관한 것입니다.

(마28:19-20) 그러므로 너희는 가서 모든 족속으로 제자를 삼아 아버지와 아들과 성령의 이름으로 세례를 주고 20 내가 너희에게 분부한 모든 것을 가르쳐 지키게 하라 볼지어다 내가 세상 끝날까지 너희와 항상 함께 있으리라 하시니라

많은 이들이 교회의 본질적인 사명을 "구제와 봉사"라고 생각합니다. 그 이유가 성경에서는 사랑을 말하고 있기 때문인가도 싶습니다. 요한 사도도 요일3:17-18에 이를 강조함으로 그 신빙성이 더해지는 것 같습니다. 우리는 과연 그러한가에 대해서는 통전通典적 말씀의 흐름을 보고 판단해야 합니다.

마25장에서는 주님이 재림하시고 양과 염소의 두 무리를 심판하실 때 창세로부터 예비 된 나라를 상속받는 양의 무리를 칭찬하실 때 다음과 같은 말씀을 하십니다.

(마25:40) 임금이 대답하여 이르시되 내가 진실로 너희에게 이르노니 너희가 여기 **내 형제 중에 지극히 작은 자 하나에게 한 것**이 곧 내게 한 것이니라 하시고

이 말씀에서 칭찬받은 양의 무리는 분명히 "…내 형제 중에 지극히 작은 자 하나에게 한 것…"이라고 하셨습니다. 여기서 예수의 형제가 누가 되는 것입니까? 이 문제는 다음 두 구절의 말씀에서 확실히 알 수가 있습니다.

(마12:50) 누구든지 **하늘에 계신 내 아버지의 뜻대로 하는 자가 내 형제**요 자매요 어머니이니라 하시더라
(마10:40) **너희를 영접하는 자는 나를 영접하는 것이요** 나를 영접하는 자는 나 보내신 이를 영접하는 것이니라
(마25:40) 임금이 대답하여 이르시되 내가 진실로 너희에게 이르노니 너희가 **여기 내 형제 중에 지극히 작은 자 하나에게 한 것**이 곧 내게 한 것이니라 하시고

형제란 하나님의 백성을 의미합니다. 이방인이 아닙니다. 율법의 핵심이 사랑인데, 이 율법은 이방인이 아닌 유대인들에게 주신 것임, 그리고 영적 이방인은 마귀의 자녀임. 이방인은 예수님과 함께 하지 않으므로 "**너희를 영접하는 자는 나를 영접하는 것이요**"란 영적의미는 **해당되지 않음** ; 마22:37-40, 요일3:10 신명기에서도 이를 분명히 구분하고 있습니다.

(신15:2-3) 면제의 규례는 이러하니라 그의 이웃에게 꾸어준 모든 채주는 그것을 면제하고 그의 이웃에게나 그 형제에게 독촉하지 말지니 이는 여호와를 위하여 면제를 선포하였음이라 3 이방인에게는 네가 독촉하려니와 네

형제에게 꾸어준 것은 네 손에서 면제하라

(신23:20) 타국인에게 네가 꾸어주면 이자를 받아도 되거니와 네 형제에게 꾸어주거든 이자를 받지 말라 그리하면 네 하나님 여호와께서 네가 들어가서 차지할 땅에서 네 손으로 하는 범사에 복을 내리시리라

어떤 이들은 주님께서 예증을 드신 선한 사마리아의 행동눅10:33을 보고 진정한 이웃이 이방인도 포함하는 것으로 이해하는지는 모르지만, 선한 사마리아인 역시혈통과 신앙의 순수성을 상실한 이들로서 제사장이나 레위인 들에게서 개라는 취급을 받았음 ; 요4:4~ 하나님 백성임을 알아야 합니다.

하나님께서 온 인류를 사랑하사 독생자 예수님을 보내 주시어 온 인류의 죄와 저주를 담당하신 것은 사실이나요3:16, 요일2:2, 갈3:13, 고후5:21, 먼저는 영적인 문제를 해결하기 위함이요하나님의 영광 회복, 마귀 심판, 그리고 인간 구원 ; 요12:27-28, 31-32, 행28:16, 그 다음으로 물질세계육과 환경 등의 구원을 포함하는 것입니다.하늘 부요함과 땅의 풍요함 ; 고후8:9, 요10:10하

(행26:18) 그 눈을 뜨게 하여 어두움에서 빛으로, 사단의 권세에서 하나님께로 돌아가게 하고 죄 사함과 나를 믿어 거룩케 된 무리 가운데서 기업을 얻게 하리라 하더이다

(요12:28,31-32) 아버지여 아버지의 이름을 영광스럽게 하옵소서 하시니 이에 하늘에서 소리가 나서 가로되 내가 이미 영광스럽게 하였고 또 다시 영광스럽게 하리라 하신대…31 이제 이 세상의 심판이 이르렀으니 이 세상 임금이 쫓겨나리라 32 내가 땅에서 들리면 모든 사람을 내게로 이끌겠노라 하시니

(고후8:9) 우리 주 예수 그리스도의 은혜를 너희가 알거니와 부요하신 자로서 너희를 위하여 가난하게 되심은 그의 가난함을 인하여 너희로 부요케 하

려 하심이니라
(요10:10)…내(예수)가 온 것은 양(성도)으로 생명을 얻게 하고 더 풍성히 얻게 하려는 것이라

그래서 주님이 이 땅에서 하늘 아버지의 사역을 하실 때에도 광야로 나가시어 시험받는 일로 시작하여, 광야 세상에는 시험하는 자 마귀가 있다는 사실과 오직 말씀으로 이기는 법을 알려주심 ; 마4:1-11, "회개하라 천국이 가까이 왔느니라마4:17"하시며 천국복음을 전파하시며 백성 중의 모든 병과 모든 약한 것을 고치셨습니다. 마4:23

유명한 산상 수훈에서 팔복을 선포하셨지만, 구제와 윤리 도덕적인사랑의 의미가 아닌 거의 대부분이 영적인 메시지에 집중되어 있음을 알 수가 있습니다. 가난과 질병은 인간의 타락의 결과임, 고로 영적구원이 우선임

(마5:2-12) 입을 열어 가르쳐 가라사대 3 심령이 가난한 자는 복이 있나니 천국이 저희 것임이요 4 애통하는 자는 복이 있나니 저희가 위로를 받을 것임이요 5 온유한 자는 복이 있나니 저희가 땅을 기업으로 받을 것임이요 6 의에 주리고 목마른 자는 복이 있나니 저희가 배부를 것임이요 7 긍휼히 여기는 자는 복이 있나니 저희가 긍휼히 여김을 받을 것임이요 8 마음이 청결한 자는 복이 있나니 저희가 하나님을 볼 것임이요 9 화평케 하는 자는 복이 있나니 저희가 하나님의 아들이라 일컬음을 받을 것임이요 10 의를 위하여 핍박을 받은 자는 복이 있나니 천국이 저희 것임이라 11 나를 인하여 너희를 욕하고 핍박하고 거짓으로 너희를 거스려 모든 악한 말을 할 때에는 너희에게 복이 있나니 12 기뻐하고 즐거워하라 하늘에서 너희의 상이 큼이라 너희 전에 있던 선지자들을 이같이 핍박하였느니라

그리고 사도 바울이 강조한 사랑 장에도 육신의 것을 만족시키는 복음이 아니라 보다 차원 높은 영적인 아가페 사랑을 말하는 것을 볼 수가 있습니다. 내가 내게 있는 모든 것으로 구제하고 또 내 몸을 불사르게 내어 줄지라도 사랑이 없으면 내게 아무 유익이 없느니라고전13:3 아멘!

(고전13:4-8) 사랑은 오래 참고 사랑은 온유하며 투기하는 자가 되지 아니하며 사랑은 자랑하지 아니하며 교만하지 아니하며 5 무례히 행치 아니하며 자기의 유익을 구치 아니하며 성내지 아니하며 악한 것을 생각지 아니하며 6 불의를 기뻐하지 아니하며 진리와 함께 기뻐하고 7 모든 것을 참으며 모든 것을 믿으며 모든 것을 바라며 모든 것을 견디느니라 8 사랑은 언제까지든지 떨어지지 아니하나 예언도 폐하고 방언도 그치고 지식도 폐하리라

그러나 교회에서 감당해야 할 구제는 있습니다. 딤전5:16에 보면 "만일 믿는 여자에게 과부 친척이 있거든 자기가 도와주고 교회가 짐 지지 않게 하라 이는 참 과부를 도와주게 하려 함이라"라 함같이, 참 과부딤전5:9-10는 교회가 돕되, 요일3:17-18에서 말하는 일반 구제는 성도 각자가 형제자매에게 감당해야 하는 사랑의 실천사항입니다.

고로 교회의 본질적인 사명은 "구제와 봉사"가 아닌 더 근본적인 것에 있습니다. 주님께서 승천하시기전 이 땅에 남아있는 제자들에게 주신 대 사명이 교회가 감당해야 할 의무입니다.

곧 모든 족속을 제자삼아 침례를 주고 주님이 명령하신 것을 가르쳐 지키게 하는 것입니다. 마28:19-20 동시에 주님의 증인된 삶을 살아가게 하는 것입니다. 행1:8 이것은 바로 영혼구원과 양육을 말하는 것입니다. 이는 하나님 나라를 이루고 든든히 세워나가는 일입니다. 눅17:20-21, 22:29 아멘!

성령을 주신 이유도, 이로서 하나님 나라를 이루어 나가며 주님의 증인

된 삶을 사는 모든 것 그 출발이 하나님의 영광을 드러내는 것과 영혼을 구원하는 일로부터 시작되는 것입니다!

믿음의 조상인 아브라함갈3:8,14,29이 받은 소명의 근본도 이 땅에 속한 나라가 아닌 하늘에 속한 "큰 나라민족를 이룸창12:2"와 같이요18:36-37, 눅22:29-30, 성도의 모임인 교회는 하나님 나라를 온 세상 끝까지 전하는데 있는 것입니다. 합2:14, 3:3, 사11:9, 마24:14, 28:18-20, 엡4:11-15

영혼구원과 양육을 위해 구제와 봉사가 있을 수는 있으나이것이 사랑의 열매임 ; 마5:13-16 그 우선순위가 바꾸어서는 안 됩니다.

> (마5:16) …저희로 너희 착한 행실을 보고 하늘에 계신 너희아버지께 영광을 돌리게 하라

⑤ (이상으로 마무리 하겠지만)**성령의 역사에 관한 것입니다.**

한 동안 한국 교계에서는 일명 은사혹은 기적 종료설cessation theory이 유행한 적이 있었습니다. 이는 성령의 나타나심이 현재에는 영혼 구원 때 말고는더 이상 일어나지 않는다는 주장입니다. 그래서 한 때는 교회 안에서 방언은 물론이고 예언을 터부tabu시 하는 기괴한 일도 일어났습니다.

그러나 하나님의 말씀은 그렇지 않습니다. **영적으로 무지하지 않을 것과 사랑 안에서 예언을 지나칠 정도로 사모하며**ζηλόω 젤로오, covet **품위 있고 질서에 따라 행하**라고 했습니다. 고전12:1, 14:1,39

사도바울 자신은 고린도 교인들보다 더 많은 방언을 함으로 감사했습니다. 고전14:18 성령님은 지금도 아버지께로부터 나오시며요15:26 교회를 영적으로 수적으로 계속 성장시킬 것입니다. 고전3:6, 골2:19, 살후1:3, 합2:14, 3:3

특히 영적으로는 그리스도의 장성한 분량의 충만한 데까지 이르며, 예수님의 수준까지 자라게 할 것입니다. 엡4:13,15

그리고 주님이 재림하실 때에는 그리스도 안에서 모든 일 곧 모든 구변과 모든 지식에 풍족하고, 그리스도의 증거가 견고케 되며, 모든 은사에 부족함이 없는 온전한 상태로 발견되기를 바라고 있습니다.고전1:5-9

은사는 성령의 나타나심을 말합니다.고전12:7 그러니 모든 은사에 부족함이 없다는 의미는 성령의 풍성한 역사하심을 말하는 것입니다.

또한 다른 성경에는 말세에 있을 성령의 역사를 다음과 같이 예언하면서 행2:17-20, 엡6:10-11 재림 전 다가올 7년 환난을 온전히 견디어 내기를 바라고 있습니다. 행2:19-21, 엡6:12-13

(행2:17-21) 하나님이 가라사대 말세에 내가 내 영으로 모든 육체에게 부어 주리니 너희의 자녀들은 예언할 것이요 너희의 젊은이들은 환상을 보고 너희의 늙은이들은 꿈을 꾸리라 18 그 때에 내가 내 영으로 내 남종과 여종들에게 부어 주리니 저희가 예언할 것이요 19 또 내가 위로 하늘에서는 기사와 아래로 땅에서는 징조를 베풀리니 곧 피와 불과 연기로다 20 주의 크고 영화로운 날이 이르기 전에 해가 변하여 어두워지고 달이 변하여 피가 되리라 21 누구든지 주의 이름을 부르는 자는 구원을 얻으리라 하였느니라

(엡6:10-13) 끝으로 너희가 주 안에서와 그 힘의 능력으로 강건하여지고 11 마귀의 간계를 능히 대적하기 위하여 하나님의 전신 갑주를 입으라 …13 그러므로 하나님의 전신 갑주를 취하라 이는 악한 날에 너희가 능히 대적하고 모든 일을 행한 후에 서기 위함이라

계시록에 나오는 혹독한 7년 대환난은 모든 교회가 통과해야 하는 과제입니다.마10:21, 24:21, 행14:22, 계1:9, 7:14, 단12:1-13, 9:27 21) 그러나 히11:33-38과도 같은 계11:7-10에서처럼 오히려 더 심각한 핍박과 고난은 인간 육신의 힘으로

---

21) 정학영, 『영적원리로 열리는 종말로 요한 계시록』, 푸른미디어, pp18. 2013.

는 감당하기가 어렵습니다. 오직 성령의 능력마10:20, 슥10:1과 예수의 피, 그리고 하나님의 말씀계1:9, 12:11으로만 가능합니다.

그래서 계시록을 시작하는 계2-3장에서는 아시아 일곱 교회에게 공통적인 말씀을 주셨는데… 그것이 "귀 있는 자들은 성령이 교회들에게 하시는 말씀을 들을지어다"와 "끝까지이기는 자" 입니다.

그래서 교회는 오직 성령으로 이 땅에서 행하신 주님의 사역을 온전히 이루어 예수님의 증인의 역할을 온전히 감당하기를 바라고 있습니다.행1:8, 막16:17-18 아멘! 할렐루야!

(요14:12) 내가 진실로 진실로 너희에게 이르노니 나를 믿는 자는 내가 하는 일을 그도 할 것이요 또한 그보다 큰 일도 하리니 이는 내가 아버지께로 감이라

(요일2:6) 그의 안에 산다고 하는 자는 그가 행하시는 대로 자기도 행할지니라

(엡4:11-12) 그가 어떤 사람은 사도로, 어떤 사람은 선지자로, 어떤 사람은 복음 전하는 자로, 어떤 사람은 목사와 교사로 삼으셨으니 12 이는 성도를 온전하게 하며 봉사의 일을 하게 하며 그리스도의 몸을 세우려 하심이라

(행1:8) 오직 성령이 너희에게 임하시면 너희가 권능을 받고 예루살렘과 온 유대와 사마리아와 땅 끝까지 이르러 내 증인이 되리라 하시니라

(막16:17-18) 믿는 자들에게는 이런 표적이 따르리니 곧 그들이 내 이름으로 귀신을 쫓아내며 새 방언을 말하며 18 뱀을 집어올리며 무슨 독을 마실지라도 해를 받지 아니하며 병든 사람에게 손을 얹은즉 나으리라 하시더라

그리고 주님은 자신의 몸 된 교회가 사랑으로 충만해져 교회가 만물을 충만케 하시는 이의 충만으로 가득하기를 바라고 있습니다. 엡1:22-23, 3:18-

20, 4:10

주님은 십자가에 달리시어 모든 피를 쏟으심으로 이 땅에 발생하는 모든 저주를 담당하셨습니다.갈3:13, 사53:5, 고후8:9 그리고 하나님 나라에서 제공하는 모든 풍성함을 누리는 길을 여셨습니다.엡1:10, 골1:20, 마6:10

그러므로 교회는 하늘 부요함과 더불어신28:12, 엡1:23, 3:19 질병과 가난, 그 어떤 저주와는 상관없는 삶을 누릴 수가 있습니다. "성도는 모름지기 가난하고 청빈한 삶을 살아야 한다."이러한 태도가 믿는 자의 겸손이요 미덕이라고 하는 것은 바른 믿음이 아님. 주님은 탐욕〈골3:5〉을 경계하셨지 부요를 막는 것이 아님. 오히려 주님은 우리의 부요하늘과 땅를 위해 가난해 지셨고〈고후8:9, 요삼1:2〉, 영원한 생명과 함께 더 풍성함을 주시길 원하심〈요10:10 하〉 강요된 청빈과 가난은 자칫 가난의 영에 끌려 다닐 위험이 있음

교회는 하나님의 모든 상속이 이루어지는 곳이요, 이를 경험하는 곳이요 또한 누리는 곳입니다. 그리고 이를 세상에 나누어 주는 곳이기도 합니다.엡1:13-14, 3:6,9-10, 롬8:17, 갈4:7, 약1:17

이 모든 삶은 성령으로 인도함 받고 성령 안에서 살아갈 때만 가능합니다.갈5:25, 롬8:13, 5-6 아멘!

(엡1:23) 교회는 그의 몸이니 만물 안에서 만물을 충만케 하시는 이의 충만함이니라

(엡3:6,9-10) 이는 이방인들이 복음으로 말미암아 그리스도 예수 안에서 함께 상속자가 되고 함께 지체가 되고 함께 약속에 참여하는 자가 됨이라…9 영원부터 만물을 창조하신 하나님 속에 감추어졌던 비밀의 경륜이 어떠한 것을 드러내게 하려 하심이라 10 이는 이제 교회로 말미암아 하늘에서 있는 통치자들과 권세들에게 하나님의 각종 지혜를 알게 하려 하심이니

(엡3:19-20) 그 너비와 길이와 높이와 깊이가 어떠함을 깨달아 하나님의 모든 충만하신 것으로 너희에게 충만하게 하시기를 구하노라 20 우리 가운데

서 역사하시는 능력대로 우리가 구하거나 생각하는 모든 것에 더 넘치도록 능히 하실 이에게

(벧전3:9) 악을 악으로, 욕을 욕으로 갚지 말고 도리어 복을 빌라 이를 위하여 너희가 부르심을 입었으니 이는 복을 유업으로 받게 하려 하심이라

말씀으로 분별하는 사례를 마치기 전에 한 가지 더 고민해야 할 사항이 있습니다. 그것은 천국·지옥 간증에 관한 것입니다. 조성태 목사[22]는 이에 대해 하나님 말씀에 근거하여 속 시원히 영적으로 분별을 잘 했다고 봅니다.

다만 한 가지의 묵상의 여유를 보태자면 이렇습니다. 많은 이들이 간증하는 천국·지옥의 경험들은 저마다 주관적인 경험이기에 분명 말씀을 근거하여 객관적으로 분별되어져야 합니다. 그러나 하나님의 은혜로 이루어진 진실한 간증은 또한 존중되어져야 합니다.

조성태 목사의 책에서도 언급했듯이, 하나님은 얼마든지 미래적 체험으로써 열릴 천국과 지옥을 미리 보여주시거나, 경험하게 하실 수는 있다고 봅니다.

그러나 그런 경우의 지옥은 분명 성경에 말씀하신 바, 그곳에서 가장 고통 받는 존재는 사단과 그 따르는 무리임이 분명합니다.마25:41, 계20:10 지옥은 많은 이들이 간증하듯이 사단과 그의 따르는 무리들이 불신자들을 괴롭히며 자기네들끼리 낄낄대며 웃고 즐거워할 장소는 분명 아닙니다.

그러나 만일 이들의 경험이 백보좌 심판 전 눅15:23-31의 부자의 사후 경험 곧, 음부에서 일어난 경험이라면 영적으로 다르게 분별되어야 합니다.

다시 말하면 계20:14에 의하면 사망도 음부도 지옥 불 못으로 던져지니

---

22) 조성태,『영분별』, 베다니 출판사, pp19-49. 2013.

다. 이 사망과 음부는 한 마디로 말하면 사망과 음부의 권세자 마귀의 세계를 의미합니다. 교회는 음부의 권세가 있는 곳에 위치하고 있으므로마16:18, 음부는 불신자가 죽어 잠시 머무는 구체적인 장소눅16:23인 동시에 포괄적으로는 세상 임금인 마귀가 활동하는 이 세상을 의미합니다.요일5:19, 요16:11, 벧전5:8 불신자들은 요일5:19에서처럼 악한 자 마귀의 다스림을 받고 있으며벧후2:19, 롬6:16, 행26:18 마귀에게 끌려 다니고 있습니다.엡2:2-3, 고전12:2

이들은 영적으로 무지하여 깨닫지 못할 뿐이지 실질적으로 이미 저주의 뿌리인 마귀에 의해 엄청난 고통각종 육체와 마음의 질병, 가난 등을 받고 있습니다.

이들은 십자가 복음을 거부하고 있는 상태이기에 영적으로는 이미 심판을 받은 상태이며요3:18-19, 롬3:19, 사단과 그 따르는 무리와 함께 지옥 불로 떨어질 자들입니다.마25:41

이런 이유에서 불신자의 사후의 영은이 땅에 살아 있을 때와 같이 여전히 음부의 세계의 영향권 속에 있음으로 인해마귀와 그의 따르는 영적 존재에게 괴롭힘을 받을 수도 있습니다.

(마16:18) 또 내가 네게 이르노니 너는 베드로라 내가 이 반석 위에 내 교회를 세우리니 음부의 권세가 이기지 못하리라

(요일5:19) 또 아는 것은 우리는 하나님께 속하고 온 세상은 악한 자 안에 처한 것이며

(엡2:1-3) 그는 허물과 죄로 죽었던 너희를 살리셨도다 2 그 때에 너희는 그 가운데서 행하여 이 세상 풍조를 따르고 공중의 권세 잡은 자를 따랐으니 곧 지금 불순종의 아들들 가운데서 역사하는 영이라 3 전에는 우리도 다 그 가운데서 우리 육체의 욕심을 따라 지내며 육체와 마음이 원하는 것을 하여 다른 이들과 같이 본질상 진노의 자녀이었더니

(롬6:16) 너희 자신을 종으로 내주어 누구에게 순종하든지 그 순종함을 받는 자의 종이 되는 줄을 너희가 알지 못하느냐 혹은 **죄의 종으로 사망에 이르고** 혹은 순종의 종으로 의에 이르느니라

이처럼 성령의 검인 말씀은 분명한 구분과 분별을 가져다줍니다. 성령으로 풀어지고 열린 말씀은 요일2:27, 눅24:44-45 그 어떤 종교적이며 사회 윤리적 기준으로부터 해방 받게 합니다. 하나님의 뜻을 오해하지 않게 됩니다.

한편, 혼합되고 혼잡하게 된 많은 말씀이 순수한 진리를 가릴 수가 있습니다. 이를 성경은 누룩이라고 말합니다.

(마22:29) 예수께서 대답하여 이르시되 너희가 **성경도, 하나님의 능력도 알지 못하는고로 오해하였도다**

(고후2:17) 우리는 수많은 사람과 같이 **하나님의 말씀을 혼잡하게 하지 아니하고** 곧 순전함으로 하나님께 받은 것같이 하나님 앞에서와 그리스도 안에서 말하노라

우리는 누룩을 조심해야 합니다. 누룩은 바리새인과 사두개인들의 교훈입니다. 마16:6,11-12 육적이고 갈5:19-20, 약3:15, 요6:26-27 죄악과 관련된 것을 말합니다. 고전5:6-8 종교적이고 관념적인 것을 말합니다. 마16:6,11-12 혼탁한 교리 고후2:17, 4:2, 사1:25, 조상들의 유전 막7:6-8, 마15:6, 그리고 사단으로부터 변개되고 혼합된 말씀을 말합니다. 창3:1,4-5, 마4:6

이러한 것들로는 정확한 분별을 기대할 수가 없습니다. 오직 순전하고 진실한 말씀 고전5:8, 시18:30, 19:7, 순전하고 영적인 말씀 벧전2:2, 성령으로 인한 생명력 있고 운동력이 있는 레마의 말씀 히4:12, 곧 성령의 검만이 온전한 분별을 가능하게 합니다. 엡6:17, 고전2:13-15

주님은 출애굽 시에 누룩 없는 떡[말씀을 의미]을 먹고 이를 영원한 규례로 삼아 대대로 지킬 것을 명령하셨습니다.출12:15-18 광야로 나가는 자가 반드시 가져야 할 것이 무교병, 곧 누룩이 혼합되지 않는 순수한 말씀이 아니겠습니까? 유교병을 먹는 자는 이스라엘 회중[곧 모임]에서 끊어질 것이라 경고하셨습니다.출12:19

이러한 자는 온 회중[무리, 교회]을 불신과 의심, 두려움과 근심을 불어넣어 하나님과 순수한 하나님의 말씀으로부터 이간시키는 전염병과 같은 역할을 하기 때문입니다.민13:32-14:4

> (출12:18-20) 첫째 달 그 달 열나흗날 저녁부터 이십 일일 저녁까지 너희는 무교병을 먹을 것이요 19 이레 동안은 누룩이 너희 집에서 발견되지 아니하도록 하라 무릇 유교물을 먹는 자는 타국인이든지 본국에서 난 자든지를 막론하고 이스라엘 회중에서 끊어지리니 20 너희는 아무 유교물이든지 먹지 말고 너희 모든 유하는 곳에서 무교병을 먹을지니라
>
> (민14:1-4) 온 회중이 소리를 높여 부르짖으며 백성이 밤새도록 통곡하였더라 2 이스라엘 자손이 다 모세와 아론을 원망하며 온 회중이 그들에게 이르되 우리가 애굽 땅에서 죽었거나 이 광야에서 죽었으면 좋았을 것을 3 어찌하여 여호와가 우리를 그 땅으로 인도하여 칼에 쓰러지게 하려 하는가 우리 처자가 사로잡히리니 애굽으로 돌아가는 것이 낫지 아니하랴 4 이에 서로 말하되 우리가 한 지휘관을 세우고 애굽으로 돌아가자

(2) 성령의 나타나심으로

이처럼 영적인 분별의 원칙과 기준은 말씀에서 시작해야 합니다. 그러나 많은 경우 일상적 삶을 살아가다보면 전체적이고 원칙적인 영적인 법칙과 원리 안에서 보다 더 세밀한 분별이 요구 될 때가 있습니다. 예를 들면, 성

경적 영적인 원칙에는 문제가 없어 보이지만 하나님의 더 큰 영광과 성도의 유익을 위해서도 보다 더 세밀한 인도하심이 필요할 때가 있습니다.

한 가지 예를 들어 보겠습니다. 어떤 자매가 있었습니다. 이 자매는 모 지방 국립대 간호학과에 다녔습니다. 성격적으로나 보나 사회성으로나 보나 매사에 긍정적이며 성실하며 또 믿음도 좋은 자매였습니다. 그러나 졸업시즌이 되어 취직 시험을 보아야 했습니다. 당시에 들어가기 힘든 서울의 모 유명 병원 두 곳을 두고 고민하고 있었습니다. 이 자매의 경우에는 어느 병원을 지원해도 주님의 영광을 가리는 일은 아니었습니다. 이는 말씀으로 분별해도 두 병원 어느 곳도 영적으로 위배되지 않았습니다. 그러나 성경은 자매가 잘되기를 원하심을 말씀하고 있었습니다. 요10:10하, 빌4:19 그러나 주님이 어느 곳을 더 기뻐하는 지에 대한 분별이 필요했습니다. 우리는 기도 가운데 주님은 성령으로 말씀하셨고, 자매는 결국 기도 응답받은 곳으로 가게 되었습니다.

이러한 경우처럼 성경은 지극히 일상적이고도 구체적인 사항까지는 말씀하지 않습니다. 이처럼 일상의 삶을 살아가는데 일어나는 많은 부분에 대한 보다 더 구체적으로 세미한 성령의 인도하심이 필요합니다.

고전12:7-11은 이러한 부분을 다루고 있습니다. 이것은 성령의 나타나심측 은사를 말합니다. A.L.Gill 박사[23]는 이를 크게 4가지로 분류하였습니

---

23) Dr. A.L. Gill, 『국제사역자 학교(ISOM): 초자연적 삶』. 마하나임 세계선교회 :
① **발성의 은사들**(gifts of vocal inspiration : speaking 말함) : 각종 방언 말함(tongues), 방언 통역(interpretation of tongues), 예언(prophecy)
② **계시의 은사들**(revelation gifts : hearing 들음) : 영들 분별(the discerning of spirits), 지식의 말씀(the word of knowledge), 지혜의 말씀(the word of wisdom)
③ **능력의 은사들**(power gifts : doing 행함) : 믿음의 은사(the gift of faith), 치유의 은사(들)(the gifts of healing), 능력(기적)행함(the working of miracles)

완전한 영성을 주님을 닮는 것이지만(엡4:13,15), **"발성과 계시"**의 은사로 온전한 성도를 **"영성**(spiritual sense)이 깊다"고 하며, 능력의 은사들로 충만한 성도를 **"영력**(spiritual power)이 뛰어나다"라고 한다.

다. 이 중에 특히 계시의 은사들을 주목해 볼 필요가 있습니다.

계시의 은사들revelation gifts : hearing 들음은 성령께서 성도의 영을 통하여 마음속에 생각, 인상, 느낌, 꿈 또는 이상 등의 형태로 전달되어 나타납니다. 이는 성령의 내적 증거주님의 선택과 응답의 표로 기쁨, 평강, 및 확신으로 오게 됨; 롬8:6,14-15, 14:17, 빌2:13, 1:6, 시37:4, 사55:12와도 직·간접으로 연계되어 있습니다.

이 계시의 은사는 다음의 3가지로 분류되기도 합니다.

- **영들 분별** (the discerning of spirits, διάκρισις 디아크리시스)

  (고전12:10) 어떤 사람에게는 능력 행함을, 어떤 사람에게는 예언함을, 어떤 사람에게는 **영들 분별함**(διάκρισις)을, 다른 사람에게는 각종 방언 말함을, 어떤 사람에게는 방언들 통역함을 주시나니

  (딤전4:1) 그러나 **성령이 밝히 말씀하시기를** 후일에 어떤 사람들이 믿음에서 떠나 **미혹하는 영과 귀신의 가르침을 따르리라** 하셨으니

  (요일4:1) 사랑하는 자들아 영을 다 믿지 말고 **오직 영들이 하나님께 속하였나 분별하라** 많은 거짓 선지자가 세상에 나왔음이라

영 분별력은 성령의 역사인지 아니면 세상 영마귀의 역사인지를 분별하는 능력입니다. 고로 말세지말末世之末에 살아가는 교회는 이 영 분별력이 무엇보다도 중요합니다.

물론 "그 열매를 보고 그 나무를 알라마7:16, 12:33, 갈5:19-24, 고후9:10, 엡5:9, 요15:2,4,8", "예언하는 자는 사람에게 말하여 덕을 세우며 권면하며 위로하는 것이요…예언하는 자는 교회의 덕을 세우나니고전14:3-4" 및 "…무엇을 하든지 다 하나님의 영광을 위하여 하라고전10:31"라는 주님의 말씀이 있기는 하나, 그래도 성령의 은사를 사용함으로 더욱 확실하고 세미하게 분별하는

것이 중요합니다.

이렇게 하여 성령의 역사를 악령의 역사로 오해하여 성령 거역 죄혹은 훼방죄를 범할 우려마12:31, 엡4:30를 방지하고, 동시에 악한 영의 역사를 방치함으로 교회에 큰 혼란과 걸림돌이 되는 것을 미리 사전에 방지할 수가 있기 때문입니다.

특히 본 은사는 질병의 치유에 큰 유익을 주게 됩니다. 질병의 원인은 실로 다양합니다. 귀신의 직접적인 영향으로 인한 것도 있지만, 간접적인 요인즉 환경문제, 정신문제, 자신의 관리 소홀 등으로 인한 경우가 있기 때문입니다. 이때 이 은사를 사용함으로 귀신의 직접적인 역사이면 그 자리에서 축사함으로 치유가 임하게 해야 합니다.

주님은 이 은사로 사탄에 끌리고 있는 베드로를 꾸짖으셨고마16:22-23, 사람들 속에 역사하는 귀신들을 축사하셨습니다.막1:23-25, 9:25, 마9:35

• **지식의 말씀** the word of knowledge : 성령 안에서 초자연적으로 알아지는 능력으로 주님뿐만 아니라 성경의 많은 주인공들이 이 은사이 은사를 심령감찰 혹은 심령투시라고도 하며, 성경적으로는 "**감찰하다**"란 단어가 사용됨 ; 잠16:2, 21:2, 대상29:17, 욥34:21, 살전2:4, 롬8:27를 다양하게 사용한 사례들을 볼 수가 있습니다.요1:48-51, 4:17-18,29, 막2:8, 눅6:8, 5:22, 행5:3-4, 왕상3:16~, 14:2-5, 왕하5:10-15, 7:1, 6:8~12, 창2:19

(요1:48-51) 나다나엘이 가로되 어떻게 나를 아시나이까 예수께서 대답하여 가라사대 빌립이 너를 부르기전에 네가 무화과나무 아래 있을 때에 보았노라 49 나다나엘이 대답하되 랍비여 당신은 하나님의 아들이시요 당신은 이스라엘의 임금이로소이다 50 예수께서 대답하여 가라사대 내가 너를 무화과나무 아래서 보았다 하므로 믿느냐 이보다 더 큰 일을 보리라 51 또 가라

사대 진실로 진실로 너희에게 이르노니 하늘이 열리고 하나님의 사자들이 인자 위에 오르락내리락하는 것을 보리라 하시니라
(왕하7:1) 엘리사가 가로되 여호와의 말씀을 들을지어다 여호와께서 가라사대 내일 이맘때에 사마리아 성문에서 고운 가루 한 스아에 한 세겔을 하고 보리 두 스아에 한 세겔을 하리라 하셨느니라

성령님은 말씀을 깨닫게 하시고 또 생각나게도 하십니다. 그리고 눈을 뜬 상태로나 감은 상태에서 환상과 이상을 보게도 하시며 꿈도 꾸게 하십니다. 어떤 때는 직감적으로 알게 하시고 감동을 받게 하십니다. 각종 문제의 종류와 그 문제의 근본 원인을 알게 합니다. 이러한 것들이 지식의 말씀이 임하는 순간입니다. 이를 지혜롭게 잘 표현하고 치유와 능력이 나가게 하는 것은 지혜의 말씀에 속하는 부분이기도 합니다.

• **지혜의 말씀** the word of wisdom : 하나님의 지식을 깨닫고 활용하며 고전2:13, 행6:1-6, 마21:23-27, 22:17-22, 문제의 해결방법과 대비책을 아는 능력입니다. 창2:19, 왕상3:16-28, 눅21:12-15, 마22:21 주님은 이러한 지혜의 은사로 다양한 치유를 행하셨습니다.

(눅21:12-15) 이 모든 일 전에 내 이름을 인하여 너희에게 손을 대어 핍박하며 회당과 옥에 넘겨주며 임금들과 관장들 앞에 끌어 가려니와 13 이 일이 도리어 너희에게 증거가 되리라 14 그러므로 너희는 변명할 것을 미리 연구치 않기로 결심하라 15 내가 너희의 모든 대적이 능히 대항하거나 변박할 수 없는 구재와 지혜를 너희에게 주리라

하나님은 흙으로 각종 들짐승과 새를 지으시고 이들을 아담에게로 이끌

어가셨습니다. 아담은 각 생물들을 보는 즉시로 각 생물들을 부르니 그들의 이름이 되었습니다. 아담은 지식의 말씀은사로 각 짐승과 새의 특성을 알게 되었고, 지혜의 말씀 은사로 각 특성대로 이름을 지어 부르게 된 것입니다.창2:19-20 할렐루야!

참고로, 영분별은 영안24)이 열림으로 또한 가능하게 합니다.영안은 성령의 기름부으심 아래서 주의 터치로 열림 ; 눅4:18, 24:31 영안이 열렸다는 의미는 영의 세계를 보는 눈을 소유한 것을 말합니다.말씀의 세계가 열리는 것도 포함됨 영안이 열려야 성령으로 하나님의 깊은 것을 알게 되며고전2:10, 주님과 그의 천사들을 물론 악한 영들도 보게 되며행22:14, 하나님께서 부르심의 소망과 성도 각자 안에 역사하는 기업의 영광의 풍성함을 알게엡1:18 됩니다. 하나님께서 하시고자 뜻한 바를 바로 보게 하십니다. 동시에 하나님께서 막으시는 것도 또한 보게 됩니다.마치 미혹 받은 발람을 막으시는 경우처럼, 민22:21-35, 벧후2:15, 유1:11, 계2:14

그러나 조심해야 할 것은 영안은 마귀의 영향으로도 열린다는 사실입니다. 그래서 괴이한 영물을 자신이 원하지도 않는데 지속적으로 보기도 하고, 이를 자기 자랑 삼아 혹은 자신을 드러내려는 의도로 무분별하게 떠들고 다님으로 교회를 혼란스럽게 하기도 하고, 성도 간과 목사와 성도 간을 이간시키기도 하고 상처를 주기도 합니다.이것의 치유는 기름부음 받은 말씀으로 믿음을 심어주며 안수해 줌으로 가능함

마귀는 "광명한 천사"로, 심지어는 "자신을 보여 하나님"이라고도 합니다.고후11:14, 살후2:4 이러한 영에 이끌림 받는 자는 자신을 의의 일꾼으로 그

---

24) 영안은 영의 눈이 열리는 것을 말한다. 영의 세계가 열림으로 귀신을 보기도, 천사들도 보기도 한다. 그러나 진정한 영안은 말씀이 열리는 것을 의미한다. 말씀의 저자이신 성령의 기름부음이 없음으로 인해 말씀이 열리지 않고, 말씀의 의도를 모르므로 결국 오해하게 된다. 하나님과 그분의 뜻과 의도를 알 수 있고 동시에 분별이 기준이 되어야(히4:12-13) 하는 성경이 영의 눈이 닫히므로 소경이 되어 사람들을 의와 진리의 길로 인도할 수가 없는 것이다. (마23:13-15) 성경은 어두움이 소경되게 한다고 했다. (요일2:11, 요1:5, 10-11) 우리가 거듭나기 전에는 모두가 어두움이었다고 한다. (엡5:8) 주님은 우리들의 유일한 스승이다. (마23:8). 영으로 오신 주님께서 스승이 되시어 친히 가르치시어 영안을 열어주신다. (고전2:13, 요14:26, 요일2:20,27, 요9:39) 종종 영안을 심안(ὀφθαλμός 오프달모스 o 호 καρδία 카르디아)으로 표현되기도 한다. (눅24:31-32, 엡1:17-18, 요일3:21, 롬2:28-29).

리스도의 사도로 가장하게 됩니다.고후11:13,15 능력과 표적, 모든 거짓 기적을 일으키기도 합니다. 이는 모두가 불의와 속임수와 미혹의 역사임을 알아야 합니다.살후2:7-12 모세의 능력을 흉내 낸 바로 왕의 마술사들을 기억해 보는 것도 유익합니다.출7:8-13

뱀이 하와를 미혹하여 아담으로 죄를 범하게 한 것 같이, 거룩하고 신실한 택하여진 백성들조차도 미혹하여 그리스도를 향한 진실함과 깨끗함에서 떠나 부패하게 만듭니다.고후11:3

이와 같이 성령의 나타나심은 또 다른 차원의 분별이 가능하도록 합니다.고전2:13-15, 12:10, 요16:13-15, 14:26

(고전2:13-16) 우리가 이것을 말하거니와 사람의 지혜가 가르친 말로 아니하고 오직 성령께서 가르치신 것으로 하니 영적인 일은 영적인 것으로 분별하느니라 육에 속한 사람은 하나님의 성령의 일들을 받지 아니하나니 이는 그것들이 그에게는 어리석게 보임이요, 또 그는 그것들을 알 수도 없나니 그러한 일은 영적으로 분별되기 때문이라 신령한 자는 모든 것을 판단하나 자기는 아무에게도 판단을 받지 아니하느니라 누가 주의 마음을 알아서 주를 가르치겠느냐 그러나 우리가 그리스도의 마음을 가졌느니라

(고전12:10) … 어떤 사람에게는 영들 분별함을 …

(요16:13-15) 그러나 진리의 성령이 오시면 그가 너희를 모든 진리 가운데로 인도하시리니 그가 스스로 말하지 않고 오직 들은 것을 말하며 장래 일을 너희에게 알리시리라 그가 내 영광을 나타내리니 내 것을 가지고 너희에게 알리시겠음이라 무릇 아버지께 있는 것은 다 내 것이라 그러므로 내가 말하기를 그가 내 것을 가지고 너희에게 알리시리라 하였노라

(요14:26) 보혜사 곧 아버지께서 내 이름으로 보내실 성령 그가 너희에게 모든 것을 가르치고 내가 너희에게 말한 모든 것을 생각나게 하리라

(요일2:27) 너희는 주께 받은바 기름 부음이 너희 안에 거하나니 아무도 너희를 가르칠 필요가 없고 오직 그의 기름 부음이 모든 것을 너희에게 가르치며 또 참되고 거짓이 없으니 너희를 가르치신 그대로 주 안에 거하라

성령의 나타나심곧, 은사, 고전12:7은 성령께서 일하시는 것을 의미하는 바, 성령께서는 하나님의 영광을 나타내시며 교회의 유익을 위해 필요한 때즉, 항상 나타나시는 것이 아니라 기도, 찬양, 예배, 각종 사역 시에 나타나 일하심, 참고로, 사무엘 선지자도, 나단 선지자도 기도 시가 아닐 때에는 육으로 판단할 때도 있었음 ; 삼상16:6-7, 삼하7:3,12-13에 하나님의 뜻엡1:11에 의하여 나타나게 됩니다. 고로 이와 반하는 현상들은 모두가 마귀와 그의 따르는 영들에 의한 것이므로 각별한 분별이 요구됩니다.

(3) 동기로부터(양심이 증거함, 사랑을 쫓아… ; 고전14:1, 요일4:8)

하나님은 사람을 외모를 취하지 않으시고 그 마음 중심을 보십니다. 다윗을 택하여 왕으로 기름 부으실 때도 그러하셨고삼상16:7, 성도의 일상의 삶 속에서도 먼저 그리스도를 섬기는 마음이 있는지, 주께 하듯 하는 중심이 있는지를 보십니다.이것이 모든 성도가 예배의 삶을 살아야 하는 이유임. 엡6:5-6,9, 롬12:1, 계2:23

그러므로 주님을 섬길 때에도 혹은 무슨 일을 행하거나 말을 할 때에도 그 사람의 마음 중심 곧 동기를 보아야 합니다. 모든 성도는 거듭나 성령을 모실 때부터 이미 그 마음heart 혹은spirit 속에는 하나님의 씨가 거하게 됩니다.요일3:9 하나님의 씨는 하나님의 본성사랑, 선, 의, 진리 등과 신성神性을 말하는 것으로, 성령을 통하여 하나님의 본성으로 행할 때 하나님은 반응하시고 역사하시는 것을 우리는 알아야 합니다.롬8:14, 고전12:6, 마12:50 분별은 이러한 흐름으로 오는 바, 이미 자기 양심으로행23:1, 롬9:1, 혹은 동시에 마음

heart으로 증거요일3:20-21가 오게 됩니다.

주님은 우리의 본이 되십니다.벧전2:21 성경의 많은 인물들이 주님의 본대로 살아갔습니다.고전4:16, 11:1, 빌3:17, 살후3:9 고로 삶의 자세가 주님을 닮지 않거나 성경의 경건한 인물들을 닮지 않은 마음과 동기, 언행은 삼가야 합니다. 그렇지 않으면 마귀에게 틈을 주게 되고 사단의 도구가 되어 성령을 심히 근심하게 만듭니다. 특별히 주님은 아버지를 기쁘시게 하는 삶을 살아가셨는데요8:29, 이는 온전히 성령으로 이끄시는 삶을 살아가셨기 때문입니다.행10:38, 눅10:21

주님은 사람들로부터 영광을 구하지도요5:41, 7:18, 자신의 유익을 구하지 않으셨고요8:50, 자기 스스로 행하지도 않으셨습니다.요14:10-11 주님의 관심은 오직 이 땅으로 보내신 분요20:21, 눅22:39 곧 아버지의 뜻을 좇아, 그 분의

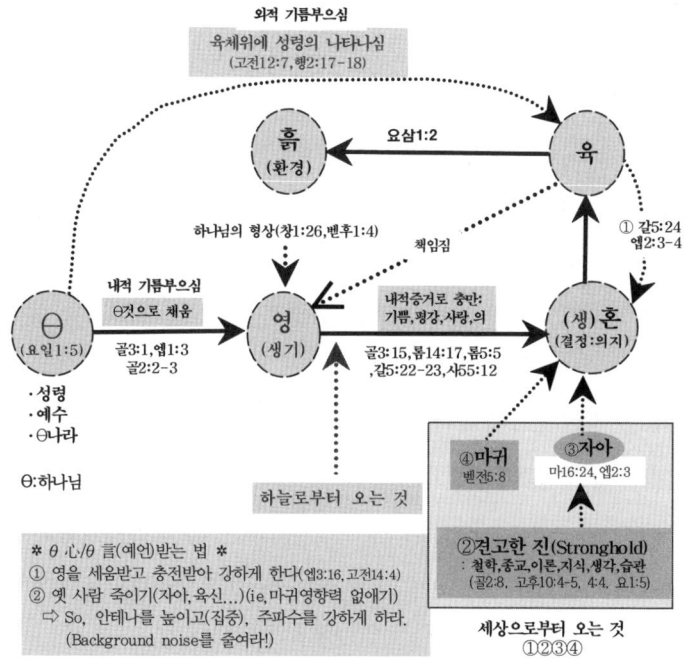

[그림6. 어떻게 분별할 것인가?-고전2:13-15, 5:3-4]

말씀을 따라 행하시는 것이었습니다. 주님은 아버지를 영화롭게 하셨고 그 영광을 세상에 드러내셨습니다.요17:5, 13:31 그 절정이 십자가의 죽으심입니다.요12:27, 19:30, 7:38 그러므로 모든 성도의 일상의 삶은 주님의 삶을 따라, 성령으로 하나님의 영광 곧 십자가 부활과 하나님의 본성과 신성벧후1:4, 롬1:20을 드러내야 합니다.

> (빌4:8) 종말로 형제들아 무엇에든지 참되며 무엇에든지 경건하며 무엇에든지 옳으며 무엇에든지 정결하며 무엇에든지 사랑할만하며 무엇에든지 칭찬할만하며 무슨 덕이 있든지 무슨 기림이 있든지 이것들을 생각하라
> (살전5:21-22) 범사에 헤아려 좋은 것을 취하고 22 악은 어떤 모양이라도 버리라
> (롬12:17-21) 아무에게도 악을 악으로 갚지 말고 모든 사람 앞에서 선한 일을 도모하라 … 21 악에게 지지 말고 선으로 악을 이기라
> (고전13:4-7) 사랑은 오래 참고 사랑은 온유하며 시기하지 아니하며 사랑은 자랑하지 아니하며 교만하지 아니하며 5 무례히 행하지 아니하며 자기의 유익을 구하지 아니하며 성내지 아니하며 악한 것을 생각하지 아니하며 6 불의를 기뻐하지 아니하며 진리와 함께 기뻐하고 7 모든 것을 참으며 모든 것을 믿으며 모든 것을 바라며 모든 것을 견디느니라

그림6은 지금까지 말씀과 성령으로 어떻게 분별하는 지에 대한 내용을 그림으로 요약한 것입니다.

전체적으로 "하늘로부터 오는 것"과 "세상으로부터 오는 것"으로 크게 분류했습니다. 하늘로부터 오는 것과 세상으로부터 오는 것 중에서 하나님 말씀에 대한 것은 부록1,2에 각각 언급해 두었습니다.

분명한 사실은 하나님의 것과 세상의 것이 영적으로 공존할 수가 없다는

사실입니다. 이것은 분명히 구분되고 분별되어져야 합니다. 고후6:14-16, 갈4:30, 5:16-17, 고전2:12, 요일4:6

(고후6:14-16) 너희는 믿지 않는 자와 멍에를 함께 메지 말라 의와 불법이 어찌 함께 하며 빛과 어둠이 어찌 사귀며 15 그리스도와 벨리알이 어찌 조화되며 믿는 자와 믿지 않는 자가 어찌 상관하며 16 하나님의 성전과 우상이 어찌 일치가 되리요 우리는 살아 계신 하나님의 성전이라…

(고전2:12) 우리가 세상의 영을 받지 아니하고 오직 하나님으로부터 온 영을 받았으니…

(갈4:30) 그러나 성경이 무엇을 말하느냐 여종과 그 아들을 내쫓으라 여종의 아들이 자유 있는 여자의 아들과 더불어 유업을 얻지 못하리라 하였느니라

(요일4:6) 우리는 하나님께 속하였으니 하나님을 아는 자는 우리의 말을 듣고 하나님께 속하지 아니한 자는 우리의 말을 듣지 아니하나니 진리의 영과 미혹의 영을 이로써 아느니라

내주하시는 성령님과 외적으로 역사하시는 성령님은 한 분이십니다. 세상으로부터 오는 것들마귀, 자아, 육적 욕심 등에 노출되어 행동할수록 내적, 외적 성령의 역사는 줄어들게 됩니다.

그러나 말씀과 성령의 감동에 순종할수록, 또 영과 마음으로 깊은 기도와 찬양을 올려드릴수록 속사람영은 성령의 권능으로 충만하여져 하늘 부요함이 마음과 생각을 채우고 육을 채우고이때 마음과 육의 치유가 일어남 ; 롬8:11, 고후4:10-11 환경에까지 영향력을 발휘하게 됩니다.요삼1:2, 고전14:2, 엡3:16실은 모든 피조물은 하나님의 아들들이 나타나 이들로부터 다스림을 받기를 원하고 있음 ; 롬8:19-22, 창1:26,28

2장 성령으로 인도 받아라 • 151

그러므로 성령이나 영의 음성을 들으려면, 우선적으로 나의 육적인 것곧, 땅의 것, 세상적인 것, 마귀적인 것을 내려놓아야 합니다.요일2:16, 약3:15-16, 빌3:19, 갈 2:20, 고후4:10-11 나의 생각과 의도, 나의 작정, 심지어는 나의 원함까지도 내려놓고 순수함과 거룩함 가운데 자신을 주께 드려야 합니다.

그리고 성령의 기름부음을 갈망하며 사모해야 합니다. 하나님의 언약을 깊이 묵상하며 잠잠히 기다려야 합니다. 성령의 운행하심에 민감해야 합니다.

성령의 감동에 유의해야 합니다. 하늘나라의 것 즉, 의와 평강과 기쁨 등의 내적 증거에 예민해야 합니다. 동시에 성도의 양심과 심령heart에도 예민해야 합니다. 그러면 분명히 성령의 인도함선악과 방향성을 받을 수 있습니다. 하나님의 뜻으로 확인이 되면 즉시로 순종해야 합니다.사1:19

영의 생각마13:9,16, 롬8:5-6은 성령의 음성으로 인도함을 받지만롬8:5-6, 요18:37, 8:47, 10:41, 육의 생각마13:13-15, 58, 16:23, 요8:15, 13:2은 마귀의 음성을 듣고 따라가게 됩니다.요8:23, 38, 41, 44, 47, 요일4:5

> (롬8:5-6) 육신을 따르는 자는 육신의 일을, 영을 따르는 자는 영의 일을 생각하나니 육신의 생각은 사망이요 영의 생각은 생명과 평안이니라
> (요일4:-6) 그들은 세상에 속한 고로 세상에 속한 말을 하매 세상이 그들의 말을 듣느니라 우리는 하나님께 속하였으니 하나님을 아는 자는 우리의 말을 듣고 하나님께 속하지 아니한 자는 우리의 말을 듣지 아니하나니…

• **성령께서 영**(혹은 심령(heart))**에 주시는 메시지**
성령님은 우리의 심령에 반드시 무슨 메시지를 주십니다. 예로, 예수님

은 가룟 유다가 이미 자기를 팔려는 생각에 이끌리고 있는 모습을 보고 괴로워했으며요13:21, 사도 바울이 아덴에서 우상 신전을 보고 또 귀신에 사로잡혀 내는 소리에 영이 괴로워했습니다.행17:16, 16:18

누가 성령의 감동에 불순종할 때 성령의 근심이 영으로 전달되기도 합니다.고후2:13, 7:10-11, 행21:13 어떤 때는 성령께서 강하게 강권하여 행동하게도 합니다.행18:5, push, 혹은 prompting 25) 하나님의 마음의도, 뜻을 이해하지 못하고 행동할 시에 탄식하는 마음을 주시기도 합니다.요11:33, 롬8:27, 막8:12 주님의 뜻을 좇아 살아가는 것을 볼 때 영의 기쁨이 마음에 전달되기도 합니다.마16:17, 눅10:21

성령님은 마음속에 옳지 못한 일에 대해서는 불편한 마음을 주시고, 순간 되어질 일에 대해 영감을 주시기도 합니다.행27:10 어떨 때 누구를 위해 기도해야 한다는 강한 중압감과 부담을 느낄 때가 있어 깊이 탄식하며 기도할 때가 있습니다.롬8:26-27

> (행21:13)···여러분이 어찌하여 울어 **내 마음(heart)**을 **상하게 하였느냐** ···
>
> (행27:10) 말하되 여러분이여 **내**(내 영이)**가 보니** 이번 항해가 하물과 배만 아니라 우리 생명에도 타격과 많은 손해를 끼치리라 하되
>
> (행18:5) 실라와 디모데가 마게도냐로부터 내려오매 바울이 **하나님의 말씀** (성령 안)에 붙잡혀 유대인들에게 예수는 그리스도라 밝히 증언하니
>
> (행16:18) 이같이 여러 날을 하는지라 바울이 **심히 괴로워하여**···
>
> (행17:16) ···그 성에 우상이 가득한 것을 보고 **마음에 격분하여**
>
> (요11:33) 예수께서 그가 우는 것과 또 함께 온 유대인들이 우는 것을 보시고 **심령에 비통히 여기시고 불쌍히 여기사**

---

25) Kenneth E. Hagin, 『방언-오순절 다락방 경험을 넘어서』, 김진호 목사 역, 믿음의 말씀사, pp118. 2010 : "···성령님은 인도하십니다. 성령님은 지도하십니다. 성령님은 **우리를 부드럽게 밀어주십니다. 성령님은 자극하십니다. 성령님은 고무하십니다.** 그러나 마귀와 귀신들은 사람들이 뭔가를 하도록 조종하고 강요하고 강제합니다."

(고후7:10-11) …보라 하나님의 뜻대로 하게 된 이 근심이 너희로 얼마나 간절하게 하며 얼마나 변증하게 하며 얼마나 분하게 하며 얼마나 두렵게 하며 얼마나 사모하게 하며 얼마나 열심 있게 하며 얼마나 벌하게 하였는가 …

(고후2:13) 내가 내 형제 디도를 만나지 못하므로 **내 심령이 편하지 못하여**…

(막8:12) 예수께서 **마음 속으로 깊이 탄식하시며** 이르시되 어찌하여 이 세대가 표적을 구하느냐 내가 진실로 너희에게 이르노니 이 세대에 표적을 주지 아니하리라 하시고

(롬8:26-27) 이와 같이 성령도 우리의 연약함을 도우시나니 우리는 마땅히 기도할 바를 알지 못하나 오직 **성령이 말할 수 없는 탄식으로** 우리를 위하여 친히 간구하시느니라 …

(요13:21) 예수께서 이 말씀을 하시고 **심령에 괴로워 증언하여** 이르시되 내가 진실로 진실로 너희에게 이르노니 너희 중 하나가 나를 팔리라 하시니

(렘20:9) …나의 마음이 불붙는 것 같아서 골수에 사무치며 답답하여 견딜 수 없나이다

(마16:17) 예수께서 대답하여 이르시되 바요나 시몬아 **네가 복이 있도다** 이를 네게 알게 한 이는 혈육이 아니요 하늘에 계신 내 아버지시니라

(눅10:21) 그 때에 예수께서 성령으로 기뻐하시며…

그러므로 모든 성도는 하나님의 뜻을 세상 끝까지 이루어 나갈 때까지 온전히 성령으로 인도함 받아야 합니다. 이것이 바로 하나님의 아들 된 자의 기본입니다.

(롬8:14) 무릇 하나님의 영으로 인도함을 받는 사람은 곧 하나님의 아들이라

(갈5:25) 만일 우리가 성령으로 살면 또한 성령으로 행할지니

(롬8:5-6) 육신을 따르는 자는 육신의 일을, 영을 따르는 자는 영의 일을 생

각하나니 6 육신의 생각은 사망이요 영의 생각은 생명과 평안이니라

이로서 모든 성도는 하나님의 뜻과 방법, 그 시간까지도 성령님과 연합하여 성령의 인도받아 인내하며 나아가야 합니다.

이렇게 성령으로 인도함을 받는 성도는 그 열매의의 열매, 빛의 열매 ; 엡5:9, 약3:18, 빌1:11, 고후9:10로서 세상 사람들과 분별되어져야 합니다.마5:16, 7:16-20, 약3:11 성령께서 일하시는 열매로 풍성해져야 합니다.갈5:22-23

(갈5:22-23) 오직 성령의 열매는 사랑과 희락과 화평과 오래 참음과 자비와 양선과 충성과 23 온유와 절제니 이같은 것을 금지할 법이 없느니라

모든 성도는 풍성한 성령의 처음 익은 열매를 받은 자들로 주의 영광이 되어야 합니다.롬8:23 이것이 증인된 자의 모습이기도 합니다. 사41:16, 43:10,12

(마7:20) 이러므로 그들의 열매로 그들을 알리라
(롬8:23)…성령의 처음 익은 열매(들)를 받은 우리까지도 …
(사41:16)…너는 여호와로 말미암아 즐거워하겠고 이스라엘의 거룩한 자로 말미암아 자랑하리라

본 장을 마치기 전에 다시 한 번 정리하는 마음으로 아래 그림7를 참조했으면 합니다. 이로서 다시 한 번 기록된 말씀들을 묵상하며 현재 자신의 영적상태를 점검해 보았으면 합니다.

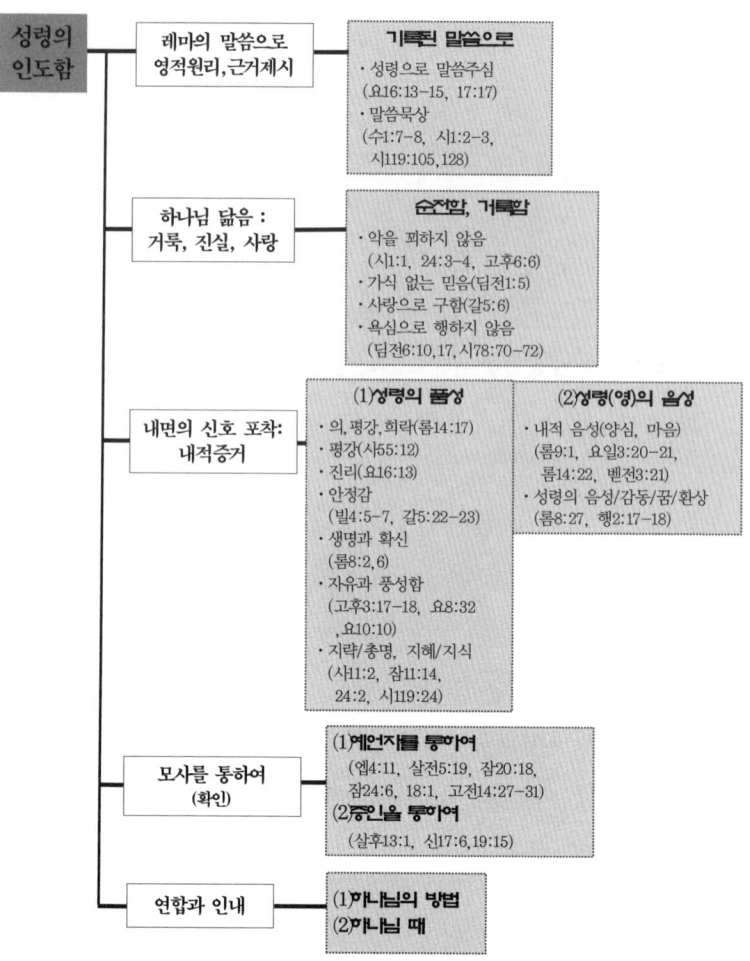

[그림7. 성령님의 인도방법]

3장
영으로 기도하라

> 그러나 예언하는 자는 사람에게 말하여 덕을 세우며
> 권면하며 위로하는 것이요 방언을 말하는 자는 자기의
> 덕을 세우고 예언하는 자는 교회의 덕을 세우나니
> 고전14:2-3

구약에 희년the feast of Jubilee이 나옵니다. 희년은 매 50년 마다 돌아옵니다. 희년이 되면 팔렸던 땅하나님의 기업이 그 원래의 원주인에게 돌아가 상환 회복이 이루어지고레25:10, 13, 23-28, 27:24, 종이 해방됩니다.레25:40-41, 54 그리고 땅은 모든 경작을 중지하고 휴식을 취하는 해입니다.레25:11

희년은 나팔을 불어 알리고, 그 때부터 자유와 구속과 은혜가 선포되게 됩니다.레25:9, 시89:15 희년은 특별히 거룩하게 구별되고 또한 하늘에 속한 안식이 땅에 임하게 됩니다.

이것은 영적으로 성령 강림과 성령의 나타나심의 사건과 깊은 관련이 있습니다. 성령은 모든 것을 자유하게 하고 생명을 부여합니다.

(사61:1-3) 주 여호와의 영이 내게 내리셨으니 이는 여호와께서 내게 기름을 부으사 가난한 자에게 아름다운 소식을 전하게 하려 하심이라 나를 보내사 마음이 상한 자를 고치며 포로된 자에게 자유를, 갇힌 자에게 놓임을 선포하며 2 여호와의 은혜의 해와 우리 하나님의 보복의 날을 선포하여 모든 슬픈 자를 위로하되 3 무릇 시온에서 슬퍼하는 자에게 화관을 주어 그 재를 대신하며 희락의 기름으로 그 슬픔을 대신하며 찬송의 옷으로 그 근심을 대신하시고 그들이 의의 나무 곧 여호와께서 심으신 그 영광을 나타낼 자라 일컬음을 받게 하려 하심이라

(고후6:2) 이르시되 내가 은혜 베풀 때에 너에게 듣고 구원의 날에 너를 도왔다 하셨으니 **보라 지금은 은혜 받을 만한 때요 보라 지금은 구원의 날이로다**
(행10:38) 하나님이 나사렛 예수에게 성령과 능력을 기름 붓듯 하셨으매 그가 두루 다니시며 **선한 일을 행하시고 마귀에 눌린 모든 사람을 고치셨으니** 이는 하나님이 함께 하셨음이라

이는 주님이 이 땅에 오신 이유와 동일합니다. "진리를 알지니γινώσκω 지노스코, 경험과 체험으로 알다진리가 너희를 자유롭게 하리라요8:32"라 하셨습니다.요18:38 주님은 말씀 자체이시자 진리이십니다.요1:14, 14:6 주님을 깊이 만나고 교제를 시작하면 진정한 하늘 자유와 해방을 누리게 됩니다. "주는 영이시니 주의 영이 계신 곳에는 자유가 있느니라고후3:17"와 같이 이는 오직 주의 영으로 가능한 일입니다.

희년은 회개와 속죄일로부터 시작됩니다.레25:9 고로 성령의 선물은 회개로터 시작하여 죄사함을 통하여 받게 됩니다.행2:38 이때로부터 하나님 나라가 도래하고 하나님 나라의 자유와 안식요8:32, 고후3:17, 롬8:2, 마11:28, 행10:38, 그리고 풍요함을 누리게 됩니다.엡1:23, 3:19-20

(마12:28) 그러나 내가 하나님의 성령을 힘입어 귀신을 쫓아내는 것이면 하나님의 나라가 이미 너희에게 임하였느니라
(롬14:17) 하나님의 나라는 먹는 것과 마시는 것이 아니요 오직 성령 안에 있는 의와 평강과 희락이라
(고후3:17) 주는 영이시니 주의 영이 계신 곳에는 자유가 있느니라
(엡1:23) 교회는 그의 몸이니 만물 안에서 만물을 충만케 하시는 이의 충만함이니라

(엡3:19-20) 그 너비와 길이와 높이와 깊이가 어떠함을 깨달아 하나님의 모든 충만하신 것으로 너희에게 충만하게 하시기를 구하노라 우리 가운데서 역사하시는 능력대로 우리가 구하거나 생각하는 모든 것에 더 넘치도록 능히 하실 이에게

하나님 나라에는 더 이상 저주가 없습니다. 더 이상 눈물도, 애통함도, 곡함도, 아픈 것도 없습니다. 영광 안에 거하면서 영광의 하나님을 뵙게 될 것이며계22:4 하나님의 말씀이 온전히 이행됨을 보게 될 것입니다. 겔36:27 땅에서도 회복이 이루어져 더 이상 엉겅퀴와 가시덤불을 내지 않을 것입니다.

(사61:10-11) 내가 여호와로 말미암아 크게 기뻐하며 내 영혼이 나의 하나님으로 말미암아 즐거워하리니 이는 그가 구원의 옷을 내게 입히시며 공의의 겉옷을 내게 더하심이 신랑이 사모를 쓰며 신부가 자기 보석으로 단장함 같게 하셨음이라 11 **땅이 싹을 내며 동산이 거기 뿌린 것을 움돋게 함 같이 주 여호와께서 공의와 찬송을 모든 나라 앞에 솟아나게 하시리라**

(사62:3-5) 너는 또 여호와의 손의 아름다운 관, 네 하나님의 손의 왕관이 될 것이라 4 다시는 너를 버림 받은 자라 부르지 아니하며 다시는 네 땅을 황무지라 부르지 아니하고 **오직 너를 헵시바라 하며 네 땅을 쁄라라 하리니** 이는 여호와께서 너를 기뻐하실 것이며 네 땅이 결혼한 것처럼 될 것임이라 5 마치 청년이 처녀와 결혼함 같이 네 아들들이 너를 취하겠고 신랑이 신부를 기뻐함 같이 네 하나님이 너를 기뻐하시리라

이러한 것들은 오직 하나님 나라에서 경험할 수 있는 일들계21:3-4, 22:3-5로, 하나님 나라는 성령께서 강림하심으로 믿어 죄사함 받은 모든 자에게 임하게 되었습니다. 마12:28, 요14:17, 눅17:20-21, 롬14:17 이것은 어두움에서 빛

으로 변화되는 것과 동일하게 어두움의 고통과 억압에서 해방과 회복을 이루는 것을 말합니다. 행26:18, 눅4:17-19, 고후4:6

이 모든 회복을 통하여 하나님의 덕탁월하심, 아름다움, 위대하심과 그의 통치하심이 온 열방에 드러나게 될 것이며벧전2:9, 사61:11, 슥8:21-23, 동시에 하나님은 그의 자녀들을 영화롭게 할 것입니다. 사61:3,6,9, 62:12, 행11:26, 요17:23, 13:32, 살후1:12 이로서 많은 열방이 주께로 돌아오는 역사가 있게 됩니다. 슥8:21-23, 사60:3

(벧전2:9) 그러나 너희는 택하신 족속이요 왕 같은 제사장들이요 거룩한 나라요 그의 소유가 된 백성이니 이는 너희를 어두운 데서 불러내어 **그의 기이한 빛에 들어가게 하신 이의 아름다운 덕을 선포하게 하려 하심이라**

(사61:6) 오직 너희는 여호와의 제사장이라 일컬음을 받을 것이라 사람들이 너희를 우리 하나님의 봉사자라 할 것이며 너희가 이방 나라들의 재물을 먹으며 그들의 영광을 얻어 자랑할 것이니라

(행11:26) 만나매 안디옥에 데리고 와서 둘이 교회에 일 년간 모여 있어 큰 무리를 가르쳤고 제자들이 안디옥에서 비로소 그리스도인이라 일컬음을 받게 되었더라

(슥8:21-23) 이 성읍 주민이 저 성읍에 가서 이르기를 우리가 속히 가서 만군의 여호와를 찾고 여호와께 은혜를 구하자 하면 나도 가겠노라 하겠으며 22 많은 백성과 강대한 나라들이 예루살렘으로 와서 만군의 여호와를 찾고 여호와께 은혜를 구하리라 23 만군의 여호와가 이와 같이 말하노라 그 날에는 말이 다른 이방 백성 열 명이 유다 사람 하나의 옷자락을 잡을 것이라 곧 잡고 말하기를 **하나님이 너희와 함께 하심을 들었나니 우리가 너희와 함께 가려 하노라 하리라** 하시니라

3.1 성령 임재의 표적

이처럼 자유하게 하시는 성령이 임하심 사건을 성경에서 좀 더 확인해 보기를 원합니다. 성경은 성령이 임하신 표적으로 방언 말함을 기록하고 있습니다. 그리고 동시에 예언과 통변이 임한 모습을 보여줍니다.

우선 마가 다락방에서 전심으로 기도하던 120여명의 제자들에게 홀연히 하늘로부터 급하고 강한 바람같고 불의 혀같은 성령이 임하셨습니다. 그때 이들은 성령의 충만함을 받고 성령이 말하게 하심에 따라 다른 언어 곧 방언들로 말하기 시작했습니다.

이들의 방언은 당시 천하 각국에서 모여든 경건한 유대인들이 각기 난 곳의 언어로 들렸습니다. 이 소리를 들은 유대인들은 하나님의 큰일을 말함을 듣는다고 고백했습니다.

> (행2:11) 그레데인과 아라비아인들이라 **우리가 다 우리의 각 방언으로 하나님의 큰 일을 말함을 듣는도다** 하고

다시 말하면 오순절 마가 다락방에서 임하신 성령님은 강한 능력강한 바람과 불과 함께 **방언과 통변으로 임하신 것**입니다.

또한 가이샤라에 고넬료라 하는 이탈리아 군대 백부장 집에서 일어난 사건입니다. 천사의 방문과 인도로 베드로는 고넬료 집으로 가게 되었고 예수님의 행하심과 죽으심, 그리고 부활하심과 죄사하심의 말씀이 선포되는 중에 모인 무리 가운데로 성령께서 임하셨습니다.

그 표징으로 베드로의 말씀을 들은 이들은 방언을 말하며 하나님 높임을 들었습니다. 이 일로 베드로는 성령이 이방인에게도 임하신다는 사실을 알고 이들에게 예수이름으로 물 침례를 행하게 됩니다.

(행10:44-48) 베드로가 이 말 할 때에 성령이 말씀 듣는 모든 사람에게 내려 오시니 45 베드로와 함께 온 할례 받은 신자들이 이방인들에게도 성령 부어 주심을 인하여 놀라니 46 이는 방언을 말하며 하나님 높임을 들음이라 47 이에 베드로가 가로되 이 사람들이 우리와 같이 성령을 받았으니 누가 능히 물로 세례 줌을 금하리요 하고 48 명하여 예수 그리스도의 이름으로 세례를 주라 하니라 저희가 베드로에게 수일 더 유하기를 청하니라

여기에서도 나타난 성령의 **표적이 방언과 통변**입니다.

성령이 또 다른 전형적인 사건을 하나 더 소개합니다. 아볼로는 고린도에 머물고 바울은 위 지방을 다녀 에베소에 와서 어떤 제자와 대화를 하는데, 바울이 묻기를 "너희가 믿을 때에 성령을 받았느냐?"라고 하니 그들이 대답하기를 "아니라 우리는 성령이 있음도 듣지 못하였노라"라고 했습니다. 그래서 다시 바울은 묻기를 "그러면 너희가 무슨 침례를 받았느냐?"라고 하니 이들은 "요한의 침례로라"라고 했습니다.

그래서 바울은 이들에게 "요한이 회개의 침례를 베풀며 백성에게 말하되 내 뒤에 오시는 이를 믿으라 하였으니 이는 곧 예수라"고 권면하니 이들이 듣고 예수이름으로 침례를 받는 순간 이들에게 **성령이 방언과 예언으로 임하셨습니다.**

(행19:5-7) 저희가 듣고 주 예수의 이름으로 세례를 받으니 6 바울이 그들에게 안수하매 성령이 그들에게 임하시므로 방언도 하고 예언도 하니 7 모두 열 두 사람쯤 되니라

이처럼 성령을 받은 이들에게 일반적으로 임한 표적은 방언과 통변, 그

리고 예언이었습니다. 순서적으로는 "방언도 하고 예언도 하니…"처럼 언제나 방언이 먼저임 이것은 요엘 선지자가 예언한 것의 성취이기도 했습니다. 행2:16-18
할렐루야!

(행2:16-18) 이는 곧 선지자 요엘을 통하여 말씀하신 것이니 일렀으되 17 하나님이 말씀하시기를 말세에 내가 내 영을 모든 육체에 부어 주리니 너희의 자녀들은 예언할 것이요 너희의 젊은이들은 환상을 보고 너희의 늙은이들은 꿈을 꾸리라 18 그 때에 내가 내 영을 내 남종과 여종들에게 부어 주리니 그들이 예언할 것이요

성령은 분명히 하나님의 영이십니다. 물질예, 불, 바람, 이슬 등도 아니요 더군다나 짐승예, 비둘기은 더더욱 아닙니다. 신4:15-17, 행17:29 고로 임하신 성령을 눈으로 볼 수가 없습니다. 그러나 성령이 임한 사실을 위의 예에서 본 바와 같이 그 표적으로 알게 했습니다.

예수님을 유대 사회에 처음으로 증거 한 이가 바로 침례 요한입니다. 요한은 예수님을 보고 "보라 세상 죄를 지고 가는 하나님의 어린 양요1:29"라고 증거 했습니다. 침례 요한도 자신은 예수를 알지 못했으나 예수님을 물로 침례를 줄 때 성령을 통한 하늘 계시로 알게 되었음을 고백합니다.

(요1:29-31) 이튿날 요한이 예수께서 자기에게 나아오심을 보고 이르되 보라 세상 죄를 지고 가는 하나님의 어린 양이로다 30 내가 전에 말하기를 내 뒤에 오는 사람이 있는데 나보다 앞선 것은 그가 나보다 먼저 계심이라 한 것이 이 사람을 가리킴이라 31 나도 그를 알지 못하였으나 내가 와서 물로 세례를 베푸는 것은 그를 이스라엘에 나타내려 함이라 하니라 32 요한이 또 증언하여 이르되 내가 보매 성령이 비둘기같이 하늘부터 내려와서 그의 위

에 머물렀더라 33 나도 그를 알지 못하였으나 나를 보내어 물로 세례를 주라 하신 그이가 나에게 말씀하시되 성령이 내려서 누구 위에든지 머무는 것을 보거든 그가 곧 성령으로 세례를 베푸는 이인 줄 알라 하셨기에 34 내가 보고 그가 하나님의 아들이심을 증언하였노라 하니라

침례 요한은 예수님께 물로 침례를 줄 때 성령님께서 예수님 위로 비둘기의 형상으로 임하시는 것을 보았습니다. 그리고 하늘 음성을 들었습니다.

(마3:16-17) 예수께서 세례를 받으시고 곧 물에서 올라오실새 하늘이 열리고 하나님의 성령이 비둘기 같이 내려 자기 위에 임하심을 보시더니 17 하늘로부터 소리가 있어 말씀하시되 이는 내 사랑하는 아들이요 내 기뻐하는 자라 하시니라

이처럼 성령의 임하심에 따라 분명한 표적이 있음을 우리들에게 알려줍니다. 하나님은 이미 요엘 선지자의 예언처럼 구약의 예언을 통해 성령께서 임하실 때 그 표적도 함께 임함을 말하고 있습니다. 그 표적이 예언과 환상과 꿈입니다.행2:16-18 영이신 성령님은 분명 비형상이시오 비물질이시지만, 실존하시는 분으로 다양한 표적으로 그분의 임하심을 알게 하십니다. 바울은 예배로 모일 때에도 "그런즉 형제들아 어찌할까 너희가 모일 때에 각각 찬송시도 있으며 가르치는 말씀도 있으며 계시도 있으며 방언도 있으며 통역함도 있나니 모든 것을 덕을 세우기 위하여 하라고전14:26"며, 성령의 운행하심으로 나타나는 표적을 말했습니다.

앞에서 언급한 바와 같이 성령의 임재의 표시로 방언과 예언이 나타남을 보았습니다. 이 부분을 A.L.Gill 박사는 **발성의 은사**vocal inspiration로 분류했

습니다. 우리는 본서를 통하여 특별히 방언과 예언을 고찰해 보기를 원합니다. 나중에 다시 언급되겠지만 방언이 모든 은사의 영적 세계로 들어가는 관문 역할을 하게 되며, 또한 우리를 더 깊은 하나님의 영광과 진정한 하늘 자유 안으로 인도하게 됩니다.고후3:17-18

성령을 받은 사람은 주님과 하나 된 상태입니다.요14:20 이것은 주님의 간절한 바람이었고요17:21-23, 아버지의 약속이기도 했습니다.행1:4

(요14:20) 그 날에는 내가 아버지 안에, 너희가 내 안에, 내가 너희 안에 있는 것을 너희가 알리라

(요17:21-23) 아버지여, 아버지께서 내 안에, 내가 아버지 안에 있는 것 같이 그들도 다 하나가 되어 우리 안에 있게 하사 세상으로 아버지께서 나를 보내신 것을 믿게 하옵소서 22 내게 주신 영광을 내가 그들에게 주었사오니 이는 우리가 하나가 된 것 같이 그들도 하나가 되게 하려 함이니이다 23 곧 내가 그들 안에 있고 아버지께서 내 안에 계시어 그들로 온전함을 이루어 하나가 되게 하려 함은 아버지께서 나를 보내신 것과 또 나를 사랑하심 같이 그들도 사랑하신 것을 세상으로 알게 하려 함이로소이다

(행1:4) 사도와 함께 모이사 그들에게 분부하여 이르시되 예루살렘을 떠나지 말고 내게서 들은 바 아버지께서 약속하신 것을 기다리라

그러나 성도의영은 아직은 성장해야 하고 강해져야 합니다.엡3:16, 19, 6:10, 골1:29 영적원칙으로는 성령과 성도의 영속사람, 숨은 사람이 하나 되어 있는 상태이지만엡2:6, 그 능력의 정도에 있어서는 지속적으로 성령으로부터 공급을 받아 자라야 합니다.엡4:13,15, 3:16, 히6:2, 살후1:3

(엡3:16) 그의 영광의 풍성함을 따라 그의 성령으로 말미암아 너희 속사람을

능력으로 강건하게 하시오며

(고후4:16) 그러므로 우리가 낙심하지 아니하노니 우리의 겉사람은 낡아지나 우리의 속사람은 날로 새로워지도다

(엡6:10) 종말로 너희가 주 안에서와 그 힘의 능력으로 강건하여지고

(엡2:22) 너희도 성령 안에서 하나님이 거하실 처소가 되기 위하여 예수 안에서 함께 지어져 가느니라

(살후1:3) 형제들아 우리가 너희를 위하여 항상 하나님께 감사할지니 이것이 당연함은 너희의 믿음이 더욱 자라고 너희가 다 각기 서로 사랑함이 풍성함이니

이처럼 성도의 영이 성장하기 위해서는 우선적으로 성령의 감동으로 깨달아지고 생각난 말씀에 즉각적으로 순종해야 합니다. 사1:19 영의 생각으로 일관되게 나아갈 때 믿음이 자라고 강해집니다. 롬8:6, 살후1:3, 엡4:13,15, 빌1:25, 롬12:3,6 그리고 동시에 지속적으로 성령이 말하게 하심에 따라 방언을 해야만 합니다. 고전14:2, 이를 "성령을 마신다. 고전12:13" 라고 함

그렇지 않으면 육으로 행한 모든 행위가 영에 영향을 주게 됩니다. 이것이 육의 결과가 영이 책임진다는 의미임 ; 눅21:34, 고후5:10, 엡4:17-18, 갈5:7-8 육으로 행할 때마다 영은 잠들게 되어 역사하지 못합니다. 잠24:10, 6:2

이러한 이유로 성령을 근심하게 하거나, 방해하거나, 제한시키거나, 멸시하거나, 모욕하거나 혹은, 훼방하지 말아야 하며, 악은 그 모양이라도 버려야 합니다. 엡4:30, 살전5:19,22, 마12:31-32, 롬12:17,21

3.2 성령의 나타나심

이처럼 성령께서 임하실 때에도, 운행하실 때에도, 그리고 일하실 때에도 친히 다양한 형태로 자신을 드러내십니다. 이를 성령의 나타나심이라는 단어를 사용합니다. 그리고 앞 장에서 어느 정도는 언급하였지만, 성령의 나타나심을 분별하는 방법에 대해서도 보다 더 깊은 영적 이해가 필요합니다.

성경에서는 **"성령의 나타나심"** 이란 단어가 두 가지 형태로 나옵니다. 그 첫째가 고전12:7절에 나오는 "φανέρωσις 파네로시스"이고, 다른 하나는 고전2:4절에 나오는 "ἀπόδειξις 아포데이크시스"입니다.

> (고전12:7) 각 사람에게 성령의 나타남(⇦ φανέρωσις 파네로시스, manifestation)[성령의 증거와 조명, AMP]을 **주심은 유익하게 하려 하심이라**
>
> (고전2:4) 내 말과 내 전도함이 설득력 있는 지혜의 말로 하지 아니하고 다만 성령의 **나타남**(⇦ ἀπόδειξις 아포데이크시스, demonstration, proof)과 (하나님의)능력으로 하여

"파네로시스"는 "φανερόω 파네로"에서 유래한 단어로, "명백하게 하다_to manifest, to make plain_" 의미에서 "나타남, 전시展示, 표현"의 뜻을 가지고 있어, 성령의 일하심에 대한 전시展示 manifestation를 말합니다.요일4:9

반면 "아포데이크시스 ἀπο 앞으로 + δείκνυμι 보이다"는 "명시, 나타남, 증거"로, 논증을 통해 증명하는 proof, demonstration 의미를 지니고 있습니다. 이 단어는 특히 십자가 부활의 증거를 나타내기도 합니다.행2:22

이 모든 것은 성령과 능력의 기름 부으심 가운데 나타나게 됩니다.행10:38 하나님은 예수님을 하나님의 영광의 능력으로 다시 살리셨고곧 부활을 의미롬6:4, 엡1:20 이 부활의 능력을 믿는 모든 성도들에게 동일한 성령의 능력으로

하나님께서 친히 행하심을 나타내십니다.

성령의 나타나심은 고전12:7절여기에서는 다양한 은사를 의미함에서 말씀하셨듯이 유익하게 하시려는 의도가 분명합니다. 이는 성도 자신과 교회만이 아니라 하나님 자신의 영광과도 관련이 있습니다. 이런 이유로 고전1:7절에서는 모든 은사에 부족함이 없는 상태로 재림을 기다리라 말씀하셨습니다.

예수님은 음부ᾅδης 하데스, 죽은 자들이 모여 있는 세계의 권세가 있는 곳에 교회를 세우셨습니다.마16:18 하나님이 만드신 피조세계에서 유일하게 주님이 직접 세우신 기관이 바로 교회이며, 교회는 음부의 권세를 이기는 유일한 기관이 되었습니다. 주님은 가이샤라 빌립보에서 베드로에게 주님 자신이 누구인지를 질문했을 때 베드로가 성령으로 답변하는 것을 보고 기뻐하셨습니다.

그리고 시몬을 베드로Πέτρος 페트로스, stone 바위라 칭하시고 반석πέτρα 페트라, rock 반석, 바위위에 교회를 세우신다고 하셨습니다.마16:17-18 이 반석은 주님 자신을 의미합니다.고전10:4

(마16:17-18) 예수께서 대답하여 이르시되 바요나 시몬아 네가 복이 있도다 이를 네게 알게 한 이는 혈육이 아니요 하늘에 계신 내 아버지시니라 18 또 내가 네게 이르노니 너는 베드로라 내가 이 반석 위에 내 교회를 세우리니 음부의 권세가 이기지 못하리라
(고전10:4) 모두가 같은 신령한 음료를 뒤따르는 신령한 반석으로부터 마셨으니 그 반석은 곧 그리스도시라

원래 페트로스와 페트라는 근원적으로 같은 특성을 지니고 있습니다. 다시 말하면 베드로라 하는 이름과 반석페트라이라는 주님은 한 근원고전1:30,

히2:11 즉 둘 다 바위로서 이는 영적으로 베드로와 반석이신 주님고전10:4, 마 21:44과 "하나"가 됨을 의미합니다. 요17:21-23, 고전6:17, 엡4:3-6

이것은 오직 성령으로만 가능합니다. 요14:20, 엡4:3 고로 베드로는 특정 사람 시몬의 이름이자, 동시에 성령으로 이끌림을 받는 모든 성도의 대표적 이름입니다. 벧전2:4-5

"그 날에는 내가 예루살렘에게 모든 민족에게 무거운 돌이 되게 하리니 그것을 드는 모든 자는 크게 상할 것이라 천하만국이 그것을 치려고 모이리라…그 날에 내가 모든 말을 쳐서 놀라게 하며 그 탄자를 쳐서 미치게 하되 유다 족속은 내가 돌보고 모든 민족의 말을 쳐서 눈이 멀게 하리니… 예루살렘 주민이 그들의 하나님 만군의 여호와로 말미암아 힘을 얻었다 할지라 (슥12:3-5)"

"사람에게는 버린 바가 되었으나 하나님께는 택하심을 입은 보배로운 산 돌이신 예수께 나아가 너희도 산 돌 같이 신령한 집으로 세워지고 예수 그리스도로 말미암아 하나님이 기쁘게 받으실 신령한 제사를 드릴 거룩한 제사장이 될지니라(벧전2:4-5)"아멘!

그러므로 교회는 성령의 인도하심에 따라 다양한 형태로 성령의 나타나심이 있어야 합니다. 골2:19, 엡5:29 이런 의미로 "교회는 성령으로 세워지고 또 성령으로 성장된다."라고 합니다. 골2:19, 엡4:16, 5:29, 고전3:7

이것은 교회의 머리이신 주님과 그의 몸 된 교회와의 관계성을 나타낸 또 다른 표현입니다. 골1:18, 엡1:21-23

(골2:19) 머리를 붙들지 아니하는지라 온 몸이 머리로 말미암아 마디와 힘줄

로 공급함을 받고 연합하여 하나님이 자라게 하시므로 자라느니라

(엡5:29) 누구든지 언제나 자기 육체를 미워하지 않고 오직 양육하여 보호하기를 **그리스도께서 교회에게 함과 같이 하나니**

(고전3:7) 그런즉 심는 이나 물 주는 이는 아무 것도 아니로되 오직 자라게 하시는 이는 하나님뿐이니라

성령님은 영광의 영이십니다.벧4:14 그러므로 성령의 나타나심은 바로 아버지의 영광엡1:17을 나타냄을 의미합니다. 이 영광은 원래 하나님의 것입니다. 그러나 이 영광이 성령을 통하여 예수그리스도께로 오셨으며요17:22, 또한 동일한 성령으로 예수를 믿는 자들에게 온 것입니다.요17:22, 16:14

세상은 성령을 모르고 하나님의 영광도 알지 못합니다.요14:17 이는 세상이 어두움 가운데 있기에 그렇습니다.요1:5,11, 요일2:11 고로 성도곧 교회를 통하여 하나님의 영광이 나타남으로 세상은 하나님의 영광을 인지하기 시작합니다.마5:13-16, 사60:1-3 원래 하나님은 자신의 영광을 피조세계에 비추었지만, 사람들의 영적 무지함으로 인해 이를 알지 못했습니다.요1:5,11, 9:39-41, 요일2:11

이는 영적으로 보면 세상 영인 마귀는 하나님을 대적하는 각종 이론, 경험, 지식…이를 "견고한 진stronghold"이라 함등을 사람들에게 심고, 이를 이용하여 천국복음의 빛이 비추지 못하게 방해합니다.고후4:4, 10:4-5

(요14:17) 그는 진리의 영이라 세상은 능히 그를 받지 못하나니 이는 그를 보지도 못하고 알지도 못함이라…

(요1:5) 빛이 어둠에 비치되 어둠이 깨닫지 못하더라

(요1:9-11) 참 빛 곧 세상에 와서 각 사람에게 비추는 빛이 있었나니… **세상이 그를 알지 못하였고 자기 땅에 오매 자기 백성이 영접하지 아니하였으나**

(고후4:4) 그 중에 이 세상의 신이 믿지 아니하는 자들의 마음을 혼미하게 하여 그리스도의 영광의 복음의 광채가 비치지 못하게 함이니…

(고후10:4-5) 우리의 싸우는 무기는 육신에 속한 것이 아니요 오직 어떠한 진도 무너뜨리는 하나님의 능력이라 모든 이론을 무너뜨리며 5 하나님 아는 것을 대적하여 높아진 것을 다 무너뜨리고 모든 생각을 사로잡아 그리스도에게 복종하게 하니

(요16:14) 그가 내 영광을 나타내리니 내 것을 가지고 너희에게 알리시겠음이라

(요17:22) 내게 주신 영광을 내가 그들에게 주었사오니…

그러나 하나님은 성도를 통하여 하나님의 영광이 온 세상에 드러나고, 온 세상이 이 하나님의 영광을 인정하기를 원하십니다. 합2:14, 3:3, 사11:9, 고전1:21, 23, 롬10:14-15

(합2:14) 이는 물이 바다를 덮음 같이 **여호와의 영광을 인정하는 것이 세상에 가득함**이니라

(사11:9) 내 거룩한 산 모든 곳에서 해 됨도 없고 상함도 없을 것이니 이는 물이 바다를 덮음 같이 **여호와를 아는 지식이 세상에 충만할 것임**이니라

성경은 성도를 세상의 빛 곧 영광이라 했습니다. 마5:14-16, 엡5:8 이 사실 하나만으로도 하나님께서는 교회에서 성령님이 얼마나 활발히 일하시기를 원하시는지를 짐작할 수가 있습니다. 교회 내에서의 "성령의 나타나심"은 분명 하나님을 기쁘게 하는 일입니다.

그러므로 모든 성도는 이러한 성령의 나타남이 풍성하여 하늘 아버지의 기쁨이 되기를 소망합니다. 고전1:5-7, 엡5:8-10 이는 성령님이 하나님의 것을

성도를 통해 세상에 드러내시기 때문입니다.고전2:10, 엡3:9-11

(고전1:5-7) 이는 너희가 그 안에서 모든 일 곧 모든 언변과 모든 지식에 풍족하므로 6 그리스도의 증거가 너희 중에 견고하게 되어 7 너희가 모든 은사에 부족함이 없이 우리 주 예수 그리스도의 나타나심을 기다림이라
(고전2:10) 오직 하나님이 성령으로 이것을 우리에게 보이셨으니 성령은 모든 것 곧 하나님의 깊은 것까지도 통달하시느니라
(엡3:9-11) 영원부터 만물을 창조하신 하나님 속에 감추어졌던 비밀의 경륜이 어떠한 것을 드러내게 하려 하심이라 10 이는 이제 교회로 말미암아 하늘에서 있는 통치자들과 권세들에게 하나님의 각종 지혜를 알게 하려 하심이니 11 곧 영원부터 우리 주 그리스도 예수 안에서 예정하신 뜻대로 하신 것이라

여기에서 우리는 용어상의 의미를 정리해 둘 필요가 있습니다. "기름 부으심χρίσμα 크리스마"과 "성령의 나타나심"에 대한 것입니다.부록4 참조

먼저 우리가 알아야할 용어는 **기름 부으심**입니다. 그리고 그 용어의 의미입니다. **기름 부으심은 하나님으로부터 오는 것으로**고후1:21, 그 의미는 **하나님 아버지의 것**혹은 하나님 나라의 것**과 사명이 위탁되고 위임**맡김**되는 총체적 과정**을 말합니다. 약1:17, 롬14:17, 요13:3, 3:35, 16:15, 마11:27

(약1:17) 각양 좋은 은사와 온전한 선물이 다 위로부터 빛들의 아버지께로서 내려오나니 그는 변함도 없으시고 회전하는 그림자도 없으시니라
(요13:3) 저녁 먹는 중 예수는 **아버지께서 모든 것을 자기 손에 맡기신 것**과 또 자기가 하나님께로부터 오셨다가 하나님께로 돌아가실 것을 아시고
(요3:35) 아버지께서 아들을 사랑하사 **만물을 다 그 손에 주셨으니**

(요16:15) 무릇 **아버지께 있는 것은 다 내 것이라** 그러므로 내가 말하기를 그가 내 것을 가지고 너희에게 알리리라 하였노라
(마11:27) **내 아버지께서 모든 것을 내게 주셨으니** 아버지 외에는 아들을 아는 자가 없고 아들과 또 아들의 소원대로 계시를 받는 자 외에는 아버지를 아는 자가 없느니라

고로 모든 기름 부으심성령의 기름 부으심, 능력의 기름 부으심, 말씀의 기름 부으심 등은 하나님으로부터 시작하여 이 땅에서 경험하게 됩니다.약1:17, 엡1:3 예수님도 성령과 능력으로 기름 부음 가운데 사역하셨습니다.행10:38, 마9:35

(고후1:21) 우리를 너희와 함께 그리스도 안에서 견고케 하시고 **우리에게 기름을 부으신 이는 하나님이시니**
(행10:38) **하나님이** 나사렛 예수에게 **성령과 능력을 기름 붓듯 하셨으매** 저가 두루 다니시며 착한 일을 행하시고 마귀에게 눌린 모든 자를 고치셨으니 이는 하나님이 함께 하셨음이라

고로 성령의 나타나심여기서는 은사를 의미함은 성령의 기름 부으심의 한 부분임을 말할 수가 있습니다. 사도 바울도 성령과 능력의 나타나심 가운데 사역을 했음을 고백합니다.고전2:4

이러한 이해를 전제로 하여 살펴보면, 사11:2와 고전12:7에서 전하고자 하는 의미는 차이가 있습니다. 즉, 성령의 나타나심은 기름 부으심 가운데 나타납니다. 고로 고전12:7의 은사성령의 나타나심는 기름 부으심의 한 형태라 할 수 있습니다.

기름 부으심은 성령의 일하심 자체이자 하나님께서 일하심의 전체를 포

함하기에, 사11:2는 하나님께서 자신의 영곧 일곱 영 ; 계4:5, 5:6을 통하여 일하시는 기름 부으심을 의미합니다.

(사11:2) **여호와의 신(영) 곧 지혜와 총명의 신이요 모략과 재능의 신이요 지식과 여호와를 경외하는 신**이 그 위에 강림하시리니
(계5:6) 내가 또 보니 보좌와 네 생물과 장로들 사이에 어린 양이 섰는데 일찍 죽임을 당한 것 같더라 일곱 뿔과 일곱 눈이 있으니 **이 눈은 온 땅에 보내심을 입은 하나님의 일곱 영이더라**
(고전12:7) 각 사람에게 **성령의 나타남을 주심은 유익하게 하려 하심이라**

고로 성령의 일하심에 있어 사11:2와 고전12:7은 그 깊이와 넓이와 폭이 다릅니다. 다시 말하면 고전12:7은 다소 개인적이요 소규모적이며, 일시적인 사건이라면, 사11:2는 단체적이요 포괄적이며 지속적인 역사입니다.

이는 주님의 지상 사역을 보면 이해가 빠릅니다. 주님의 지상사역은 철저한 기름 부으심의 사역이셨습니다. 행10:38이 그렇고 요3:31-35가 그러합니다. 이러한 사역은 이미 사11:1-2와 사61:1-3에서 예언된 말씀의 실현이기도 합니다.

(요3:31-35) 위로부터 오시는 이는 만물 위에 계시고 땅에서 난 이는 땅에 속하여 땅에 속한 것을 말하느니라…34 하나님이 보내신 이는 하나님의 말씀을 하나니 이는 하나님이 성령을 한량없이 주심이니라 35 아버지께서 아들을 사랑하사 만물을 다 그의 손에 주셨으니
(사61:1-2) 주 여호와의 영이 내게 내리셨으니 이는 여호와께서 내게 기름을 부으사 가난한 자에게 아름다운 소식을 전하게 하려 하심이라 나를 보내사 마음이 상한 자를 고치며 포로된 자에게 자유를, 갇힌 자에게 놓임을 선포

하며 2 여호와의 은혜의 해와 우리 하나님의 보복의 날을 선포하여 모든 슬
픈 자를 위로하되

주님은 모든 성도가 주님 자신처럼 주의 보좌로부터 나오는 일곱 영에
의해 쓰임받기를 원하고 있습니다.벧전2:21, 계4:5, 5:6 이러한 이유로 주님이
그리스도기름 부음 받은 자인 것처럼, 모든 성도는 그리스도인1)기름부음을 받은 무
리, 행11:26이 되는 것입니다.

고로 **모든 성도는 성령의 기름 부으심 가운데 사11:2의 일곱 영으로 풍
성**하기를 기도해야 합니다.사11:2, 61:1-3, 눅4:18, 사10:27, 요일2:27,20 아멘!

한편, 성령의 역사, 특히 성령의 기름 부으심에는 구약과 신약이 다른 양
상을 띠게 됩니다.

---

1) 주님은 우리가 주님 안에서 모든 일 곧 모든 언변과 모든 지식에 풍족하고 그리스도의 증거
가 우리 중에 견고하게 되어, 모든 은사에 부족함이 없이 주님의 재림을 기다리기를 원하신
다.(고전1:5-7) 하여 주님과 연합하여(롬6:1-5) 주의 보좌로부터 생명수의 샘들과 강들이
흘러나와(요7:36-39, 민11:29) 많은 이들에게 전달되며 전이되기를 원하신다.(행19:10-
13, 롬1:11, 히2:4)

(요7:37-39) 명절 끝날 곧 큰 날에 예수께서 서서 외쳐 이르시되 누구든지 목마르거든 내
게로 와서 마시라 38 나를 믿는 자는 성경에 이름과 같이 그 배에서 생수의 강이 흘러나오
리라 하시니 39 이는 그를 믿는 자들이 받을 성령을 가리켜 말씀하신 것이라(예수께서 아
직 영광을 받지 않으셨으므로 성령이 아직 그들에게 계시지 아니하시더라)
(히2:4) 하나님도 표적들과 기사들과 여러 가지 능력과 및 자기의 뜻을 따라 성령이 나누어
주신 것으로써(μερισμός 메리스모스, 분리, 분배, 조각조각 나눔, 선물 ,division)그들과
함께 증언하셨느니라
(롬1:11) 내가 너희 보기를 간절히 원하는 것은 어떤 신령한 은사를 너희에게 나누어 주어
(μεταδίδωμι 메타디도미, 넘겨주다, 나눠가지다, 주다, give over) 너희를 견고하게 하려
함이니
(행19:10-13) 두 해 동안 이같이 하니 아시아에 사는 자는 유대인이나 헬라인이나 다 주의
말씀을 듣더라 11 하나님이 바울의 손으로 놀라운 능력을 행하게 하시니 12 심지어 사람들
이 바울의 몸에서 손수건이나 앞치마를 가져다가 병든 사람에게 얹으면 그 병이 떠나고 악
귀도 나가더라 13 이에 돌아다니며 마술하는 어떤 유대인들이 시험삼아 악귀 들린 자들에
게 주 예수의 이름을 불러 말하되 내가 바울이 전파하는 예수를 의지하여 너희에게 명하노
라 하더라
(눅8:46) 예수께서 이르시되 내게 손을 댄 자가 있도다 이는 내게서 능력이 나간 줄 앎이로
다 하신대
(민11:29) 모세가 그에게 이르되 네가 나를 두고 시기하느냐 여호와께서 그의 영을 그의 모
든 백성에게 주사 다 선지자가 되게 하시기를 원하노라

(갈5:18) 너희가 만일 **성령의 인도하시는 바가 되면 율법 아래에 있지 아니하리라**

(행2:17-18) 하나님이 말씀하시기를 말세에 **내가 내 영을 모든 육체에 부어 주리니** 너희의 자녀들은 예언할 것이요 너희의 젊은이들은 환상을 보고 너희의 늙은이들은 꿈을 꾸리라 그 때에 내가 내 영을 내 남종과 여종들에게 부어 주리니 그들이 예언할 것이요

(민11:29) 모세가 그에게 이르되 네가 나를 두고 시기하느냐 **여호와께서 그의 영을 그의 모든 백성에게 주사 다 선지자가 되게 하시기를 원하노라**

즉, 구약에서는 하나님의 특별한 자, 즉 왕, 제사장, 선지자에게만 성령이 임하시고 기름 부으심이 있었습니다. 그러나 신약에서는 믿는 모든 자에게 성령을 주시고 기름 부어 주십니다. 고후1:21, 요7:39, 행1:15, 2:38, 2:17-18

(요14:17) 그는 진리의 영이라 세상은 능히 그를 받지 못하나니 이는 그를 보지도 못하고 알지도 못함이라 그러나 너희는 그를 아나니 **그는 너희와 함께 거하심이요 또 너희 속에 계시겠음이라**

(행2:17-18) 하나님이 말씀하시기를 말세에 내가 **내 영을 모든 육체에 부어 주리니** 너희의 자녀들은 예언할 것이요 너희의 젊은이들은 환상을 보고 너희의 늙은이들은 꿈을 꾸리라 그 때에 내가 내 영을 내 남종과 여종들에게 부어 주리니 그들이 예언할 것이요

구약의 특별한 사람들일지라도 그들에게는 외적 성령의 기름 부으심만 임하지 내적으로는 임하지 않았습니다. 요7:37-39 그러나 신약의 백성들은 외적으로만 아니라 내적으로 충만하게 임하게 됩니다. 요14:17 이는 구약의 백성은 종의 신분으로 기름부음 받지만 갈4:1-3, 24-25, 히3:2-3,5, 9:9, 10:3-4, 마

11:11, 신약의 백성은 그들의 영이 거듭나 하나님의 아들로 불리기에 그러합니다. 갈4:4-7, 롬8:14-17

성경에서는 기름 부으심의 충만을 두 가지 양상으로 설명합니다. 즉 내적인 기름 부으심의 충만을 내적 충만2) πληροω플레로우, fullfill 소멸되지 않음 ; 눅4:21, 행2:28, 엡1:23, 3:19, 4:10, 골2:10이라하고, 외적인 충만을 외적 충만πλησω 플레소, fill, accomplish 성령을 근심시키는 행위를 계속하면 소멸될 수 있음 ; 눅4:1, 행2:4, 4:31, 13:9이라 부릅니다.

(눅4:1) 예수께서 성령의 충만함(πλήρης 플레레스 ⇦ πλήθω)을 입어 요단 강에서 돌아오사 광야에서 사십 일 동안 성령에게 이끌리시며
(눅24:49) 볼지어다 내가 내 아버지께서 약속하신 것을 너희에게 보내리니 너희는 **위로부터 능력으로 입혀질 때**까지 이 성에 머물라 하시니라

성령의 내적 충만은 거듭남과 인격의 변화 및 성화로 이끌어 갑니다. 성령의 열매로 풍성하게 만듭니다. 행2:28, 요4:14, 7:38, 갈5:22-23, 롬14:17 반면에 성령의 외적 충만은 위로부터 능력이 입혀지는 것과 같이 실질적인 사역이 이루어지게 합니다. 눅24:49, 행2:4,17, 4:31, 6:3,5,8, 7:55, 9:17, 13:9,52, 10:38 성령의 기름 부으심이 다른 이들에게로 전이되기도 합니다. 행19:11-12, 롬1:11

---

2) 프리미엄 성경 프로그램 『위드바이블』, 바이블넷. 2014.
- 엡1:23("만물 안에서 만물을 충만케 하시는 자") ; 엡4:10에서는 그리스도의 몸인 교회의 지체들(그리스도에 의해 충만케 되는)에 대해서 사용된다. 엡3:19에서는 "내적으로(에이스〈eis, 안으로〉)" 충만한 존재들에 대해서 R.V.는 (하나님의 모든 충만하신 것) "으로(unto)", A.V.는 "함께(with)"로 나온다. 골2:10에서는 그리스도 안에서 충만해진 존재들에 대해서(A.V., "완전한(complete)") 쓰인다.
- 그리스도 자신에 대하여, 눅2:40에서는 그의 육의 날 동안의 지체의 충족에 대해서, 행2:28에서는 그가 아버지께로 돌아가실 때의 기쁨의 충만에 대해 쓰이고 있다.
- 신자들에 대해서, 엡5:18의 성령의 충만, 행13:52; 딤후1:4의 기쁨의 충만, 롬15:13의 기쁨과 평강의 충만에 대해서 쓰인다. 또한 롬15:14에서는 지식의 충만, 고후7:4에서는 위로의 채워짐, 빌1:11에서는 의의 열매로 충만하다, 골1:9에서는 하나님의 뜻에 관한 지식의 충만, 빌4:18에서는 동료 신자들에 의해 제공되는 물질의 풍요로움에 대해 쓰인다.

성도의 영 안에 임하신 성령고전3:16은 예수님을 부인하거나 성령 훼방을 하기 전에는 떠나지 않으시나마28:20, 외적으로 임하시는 성령의 기름 부으심은 불순종으로 성령을 근심케 하거나 성령을 소멸시키면 더 이상 역사하지 않으십니다. 다윗도 이러한 부분을 매우 걱정했습니다.시51:11

(시51:11) 나를 주 앞에서 쫓아내지 마시며 주의 성령을 내게서 거두지 마소서

(고후12:9-10) ···.나의 여러 약한 것들에 대하여 자랑하리니 이는 그리스도의 능력이 내게 머물게 하려 함이라 그러므로 내가 그리스도를 위하여 약한 것들과 능욕과 궁핍과 박해와 곤고를 기뻐하노니 이는 내가 약한 그 때에 강함이라

(빌3:9) 내가 그를 위하여 모든 것을 잃어버리고 배설물로 여김은 그리스도를 얻고 그 안에서 발견되려 함이니

(고후4:10-11) 우리가 항상 예수의 죽음을 몸에 짊어짐은 예수의 생명이 또한 우리 몸에 나타나게 하려 함이라 우리 살아 있는 자가 항상 예수를 위하여 죽음에 넘겨짐은 예수의 생명이 또한 우리 죽을 육체에 나타나게 하려 함이니라

(갈2:20) ···그런즉 이제는 내가 사는 것이 아니요 오직 내 안에 그리스도께서 사시는 것이라 ···

(고전9:27) 내가 내 몸을 쳐 복종하게 함은···.

(고전15:31) 형제들아 내가 그리스도 예수 우리 주 안에서 가진바 너희에게 대한 나의 자랑을 두고 단언하노니 나는 날마다 죽노라

말씀이신 주님도요1:1-2 이 땅에 육신으로 오실 때는 성령으로 잉태되시어마1:18, 요1:14오심으로 이미 주님 안에서는 내적 기름 부으심으로 충만하

셨지만눅2:49, 52, 하나님의 때가 되매, 하늘 아버지의 일을 시작하실 때에는 위로부터 성령의 권능을 다시 충만히 입으신 사실즉 외적 기름 부으심을 묵상 해 보면 우리에게 의미하는 바가 큽니다.마3:15-17, 눅4:1, 14

3.3 방언이 왜 중요한가?

"방언"은 아버지께서 약속하신 성령행1:4, 눅24:48-49, 갈3:14의 첫 표적이자, 구약에서 예언된 오순절 절기의 성취의 표적이기도 합니다.행2:1-4 방언은 영으로 하는 기도 즉 "영의 기도" 입니다.고전14:2, 14 방언은 사람에게 하지 않고 자기 영이 하나님께 하며, 그 영으로 비밀신비을 말하는 기도입니다.고전14:2, 13:2마귀가 속여 하는 말은 방언이 아님, 이 경우 인간의 의지와 상관없이 지절대고 속살거림 ; 사8:19

> (고전14:2-4,14) 방언을 말하는 자는 사람에게 하지 아니하고 하나님께 하나니 이는 알아 듣는 자가 없고 그 영으로 비밀을 말함이니라 3 그러나 예언하는 자는 사람에게 말하여 덕을 세우며 권면하며 안위하는 것이요 4 방언을 말하는 자는 자기의 덕을 세우고 예언하는 자는 교회의 덕을 세우나니…14 내가 만일 방언으로 기도하면 나의 영이 기도하거니와 나의 마음은 열매를 맺히지 못하리라

영의 기도는 사람들이 알아들을 수가 없기에 교회에서가르치거나 설교를 하고자 할 시에는 반드시 깨달은 말씀으로 하거나고전14:19, 만일 방언일 경우에는 통변을 해야만 됩니다.고전14:2, 5-11, 23, 27 이렇게 해야 교회에 덕을 끼치게 됩니다.고전14:12

(고전14:19,2,5-11,23,27) 그러나 교회에서 네가 남을 가르치기 위하여 깨달은 마음으로 다섯 마디 말을 하는 것이 일만 마디 방언으로 말하는 것보다 나으니라…2 방언을 말하는 자는 사람에게 하지 아니하고 하나님께 하나니 이는 알아듣는 자가 없고 그 영으로 비밀을 말함이니라…5 나는 너희가 다 방언 말하기를 원하나 특별히 예언하기를 원하노라 방언을 말하는 자가 만일 교회의 덕을 세우기 위하여 통역하지 아니하면 예언하는 자만 못하니라 6 그런즉 형제들아 내가 너희에게 나아가서 방언을 말하고 계시나 지식이나 예언이나 가르치는 것이나 말하지 아니하면 너희에게 무엇이 유익하리요 …11 그러므로 내가 그 소리의 뜻을 알지 못하면 내가 말하는 자에게 야만이 되고 말하는 자도 내게 야만이 되리니…23 그러므로 온 교회가 함께 모여 다 방언으로 말하면 무식한 자들이나 믿지 아니하는 자들이 들어와서 너희를 미쳤다 하지 아니하겠느냐…27 만일 누가 방언으로 말하거든 두 사람이나 다물과 세 사람이 차서를 따라 하고 한 사람이 통역할 것이요

이때 방언 통변은 바로 예언과 같은 역할을 하기에고전14:5, 27 모든 성도가 알아들을 수가 있어 하나님으로부터 오는 분명한 메시지를 받을 수가 있습니다. 고전14:6-11

방언은 예수님을 믿고 영접함으로 "죽었던 영엡2:1"이 살아나고전15:45 성령을 모셔 들임으로 나타나는 외적 열매입니다. 행2:4 이는 구약에서는 없던 성령의 역사인데왜냐하면 구약에서는 예수님의 피가 성취되기 전의 모형으로 만 주어지기에 ; 요7:37-39신약에서만 나타나는 귀한 성령의 선물입니다.

이런 이유로 오순절 마가 다락방에 강한 성령의 강림이 있었을 때, 처음으로 나타난 영적 현상이 바로 **방언**이었습니다. 행2:4 이 방언은 하나님을 높이며 찬양의 형태로도 나타나기에행2:11, 10:46 영으로 찬양도 하게 됩니다. 고전14:15

(행2:11) 그레데인과 아라비아인들이라 우리가 다 우리의 **각 방언으로 하나님의 큰 일을 말함을 듣는도다** 하고
(행10:46) 이는 **방언을 말하며 하나님 높임을 들음이러라**
(고전14:15) 그러면 어떻게 할꼬 **내가 영으로 기도하고 또 마음으로 기도하며 내가 영으로 찬미하고 또 마음으로 찬미하리라**

방언은 다른 은사교회에 덕이 됨와 달리 바로 "나곧 속사람에게 덕을 세우는 것고전14:4"으로 자기의 영성에 매우 중요한 역할을 하게 됩니다.

여기서 "덕을 세우다, οἰκοδομέω오이코도메오 = οἶκος 오이코스, 집, 처소 + δομέω 도마, 지붕, 꼭대기 a building roof"라는 것은 "to edify"로서, 이는 "to build up세우다, to charge up충전하다, to strengthen강하게 하다" 등의 뜻을 지니고 있습니다.

고로 **"자기에게 덕을 세운다"**라는 뜻은 육신의 덕을 끼친다는 의미가 아닙니다. 결국은 육에도 유익을 끼치게 됨 오히려 육신적인 것옛 사람의 것들 즉, 욕심, 자아, 지식, 경험, 성격, 버릇 등 ; 갈5:24을 죽이게 만들고 속사람영에게 덕을 세우게 합니다.

육체의 소욕과 성령은 서로 상극입니다.갈5:16-18 그러므로 나에게 덕을 세운다는 의미는 바로 각 성도의 속사람곧 영을 강하게 하고엡3:16, 고후4:16, 골1:29, 성령의 각종 기름 부으심으로 충전하며, 자신을 믿음으로 굳건히 세워 간다는엡6:18, 2:22, 유1:20, 살후1:3 뜻입니다.

(엡3:16) 그 영광의 풍성을 따라 그의 성령으로 말미암아 너희 속 사람을 능력으로 강건하게 하옵시며
(고후4:16) 그러므로 우리가 낙심하지 아니하노니 우리의 겉사람은 낡아지나 우리의 속사람은 날로 새로워지도다
(골1:29) 이를 위하여 나도 내 속에서 능력으로 역사하시는 이의 역사를 따라

힘을 다하여 수고하노라

(엡6:18) 모든 기도와 간구로 하되 무시로 성령 안에서 기도하고 이를 위하여 깨어 구하기를 항상 힘쓰며 여러 성도를 위하여 구하고

(엡2:22) 너희도 성령 안에서 하나님의 거하실 처소가 되기 위하여 예수 안에서 함께 지어져 가느니라

(유1:20) 사랑하는 자들아 너희는 너희의 지극히 거룩한 믿음 위에 자기를 건축하며 성령으로 기도하며

(살후1:3) 형제들아 우리가 너희를 위하여 항상 하나님께 감사할지니 이것이 당연함은 너희 믿음이 더욱 자라고 너희가 다 각기 서로 사랑함이 풍성함이며

앞에서도 언급했지만 "속사람"은 바로 우리의 영의 사람 곧 "영"을 의미합니다. 그런데 엡3:16과 고후4:16을 보면 속사람은 바로 성령으로 인해 강건해진다 말씀하셨고, 영적전투를 위해서도 성령으로 강력해 지기를 사도 바울은 권면합니다.엡6:10

사도 바울은 "내가 고린도 교회너희 모든 사람보다 방언을 더 말하므로 하나님께 감사하노라고전14:18" 하였고, 또 "…방언 말하기를 금하지 말라고전14:39"라고 했습니다.

(엡3:16) 그 영광의 풍성을 따라 그의 성령으로 말미암아 너희 속 사람을 능력으로 강건하게 하옵시며

(엡6:10) 종말로 너희가 주 안에서와 그 힘의 능력으로 강건하여지고

성령님은 주님이 영광을 받으시고요7:38-39 승천하신 후 아버지의 약속으로 오신눅24:49, 행1:4, 갈3:14 하나님의 영영광의 영, 그리스도의 영, 진리의 영이 되십니다. 벧전4:14, 요16:13, 14:16

성령님은 예수님이 부활하시어 아버지 우편에 앉으시고막16:19 아버지께 기도하여 자신의 이름으로행2:33, 15:26, 14:16,26 아버지로부터 나오시는 진리의 영이십니다.요15:26, 14:26, 행19:2

우리가 기억할 것은 성령님은 분명 아버지의 약속으로 인하여 오신 분이시기에 인간의 노력여하에 결정되는 분은 아니시나행1:4, 눅24:49, 능력과 권능으로 오시는 분이시기에 그 임하시는 정도는 사모하는 자의 열망과 갈망의 정도에 따라 다를 수도 있음을 알아야 합니다.행1:14, 행2:1-3

(행1:14) 여자들과 예수의 모친 마리아와 예수의 아우들로 더불어 마음을 같이하여 전혀 기도에 힘쓰니라

(행2:1-3) 오순절 날이 이미 이르매 저희가 다 같이 한곳에 모였더니 2 홀연히 하늘로부터 급하고 강한 바람 같은 소리가 있어 저희 앉은 온 집에 가득하며 3 불의 혀 같이 갈라지는 것이 저희에게 보여 각 사람 위에 임하여 있더니

살리는 영이신 주님고전15:45을 믿고 영접한 모든 사람의 영은 **생명의 영**이신 성령으로 인해 살아나게 되고요3:5, 엡2:1, 고전12:13, 성령님은 사람의 영 깊은 곳을 성전지성소삼아 거룩하시게 됩니다.고전3:16-17, 엡2:6

이로서 성도의 영은 4차원의 존재로서 같은 차원인 성령과 깊은 교제를 하게 됩니다.요일1:3, 그 첫 번째 반응이 아바 아버지라 부르게 됨<그림6 참조> 비록 성도의 마음mind 혼과 육은 느끼지 못할 지라도 영의 세계에서는 활발하게 교제가 이루어지게 됩니다.혼과 육은 성경에 기록된 말씀을 믿음으로 받아들이는 것임

(고전3:16-17) 너희가 하나님의 성전인 것과 하나님의 성령이 너희 안에 거하시는 것을 알지 못하느뇨 17 누구든지 하나님의 성전을 더럽히면 하나님

이 그 사람을 멸하시리라 하나님의 성전은 거룩하니 너희도 그러하니라 (엡2:6) 또 함께 일으키사 그리스도 예수 **안에서 함께 하늘에 앉히시니**(과거형, 완성된 사실)

구원이 예수님이 주主되심과 부활을 심령καρδία 카르디아, heart으로 믿고 입으로 시인하여야 완성되어 지듯이롬10:9-10, 같은 영적원리로 방언성령과 교제하는 것, 성령의 감동으로 기도하는 것 ; 유1:20, 엡6:18, 2:22 또한 성령께서 말하게 하심을 따라 감동되어 입술의 고백confession, profession ; 히3:14, 4:14을 통하여 활성화activation되어 집니다.

(롬10:9-10)네가 만일 네 입으로 예수를 주로 시인하며 또 하나님께서 그를 죽은 자 가운데서 살리신 것을 네 마음에 믿으면 구원을 얻으리니 10 사람이 마음으로 믿어 의에 이르고 입으로 시인하여 구원에 이르느니라
(요일1:9) 만일 우리가 우리 죄를 자백하면 저는 미쁘시고 의로우사 우리 죄를 사하시며 모든 불의에서 우리를 깨끗케 하실 것이요

다시 말하면 성도의 영을 보좌삼아 좌정하고 계시는 성령님은 이미 거듭난 영과 깊은 교제를 나누고 있으며롬8:15-16, 엡2:6, 고전3:16-17, 요17:24, 방언은 이를 믿음의 입술로 고백할 때 영의 기도 되는 것입니다. 소나무 몇 뿌리를 뽑아내는 듯한 股肉고육의 몸부림 끝에 주어지는 것이 아니라이것은 일종의 율법적인 방법이 될 수도 있음, 이상에서 언급한 사실을 믿는 믿음이미 영속에 성령의 선물로 내재된 은사임과 자신을 성령의 감동에 내어 드리어 입술로 고백하게 될 때, 영의 기도는 성령에 의해 나타나게 됩니다. 행2:4, 막16:17, 갈3:2,5 이는 마치 행3:12절에서의 기적이 "자신의 능력이나 경건의 훈련으로의 결과"아닌 예수이름에 대한 믿음으로 행한 일과 같은 원리임

(막16:17) 믿는 자들에게는 이런 표적이 따르리니 곧 그들이 내 이름으로 귀신을 쫓아내며 **새 방언을 말하며**
(행2:4) 그들이 다 성령의 충만함을 받고 성령이 말하게 하심을 따라 **다른** (other)**언어들**(ἑτέραις γλώσσαις other tongues)로 말하기를 시작하니라

▲ ἑτέραις 복수형 : 헤테라이스 ⇦ ἕτερος 헤테로스 other : 질적으로도 형태로도 전혀 다른, γλώσσαις 복수형 : 글로사이스 ⇦ γλῶσσα 글롯사, tongue, language : 혀, 말.

고로 방언은 믿는 자 모두가 성령의 감동으로 예수이름으로 하는 것입니다. 막16:17 이는 아들의 영을 받은 모든 믿는 자가 영으로 "아바 아버지"라고 고백하는 것과 같은 영적원리입니다. 방언은 성령을 모셔드릴 때 이미 은사로서 임한 하늘 선물임을 아는 것이 중요합니다.

(막16:17) **믿는 자들에게는** 이런 표적이 따르리니 곧 그들이 **내 이름으로** 귀신을 쫓아내며 **새 방언을 말하며**
(행2:4) 그들이 다 성령의 충만함을 받고 성령이 말하게 하심을 따라 다른 언어들로 **말하기를 시작하니라**
(딤후1:6) 그러므로 내가 나의 안수함으로 **네 속에 있는 하나님의 은사를 다시 불일듯하게 하기 위하여** 너로 생각하게 하노니

▲ 믿는 모든 자는 예수이름으로 귀신을 내쫓는 권세가 있고, 또 새 방언을 말하게 됨. 이를 믿는 자의 보편성이라 함 특히 방언은 성령의 침례로 말미암아 성령이 말하게 하심에 따라 내가 말해야 함. 만약 성령의 감동으로 말하게 하는 자극이 와도 **내가 하지 않으면 방언을 할 수가 없다는 것을 의미함**神人

협력

▲ **믿음**도롬12:3 **사랑**도고전5:5, **방언**도막16:17, 성령으로 거듭나거나 성령의 침례를 받고 믿는 자에게 **선물**로 임하는 것임이러한 것들은 이미 부여된 하늘에 속한 모든 신령한 복〈엡1:3〉중에 일부임

"나의 영이 강해진다"고전14:4, 엡3:16는 것은 바로 "믿음을 활성화혹은 자극, 자라게 함, 세움 시킨다"유1:20, 살후1:3와 같은 의미입니다.

참고로 "방언"은 성도의 영속에 계신 성령께서 말하게 하심을 따라 믿음으로 입술로 표현한 것이기도 하지만, 또 다른 방언이 있어 이를 통변하면 단순한 기도 이상의 예언과 같은 효과를 나타내기도 합니다.고전14:5,27, 이를 "각종 방언의 사역"이라고 함〈고전12:30〉

특별히 이러한 예언적방언은 영이 거듭난 자가 받을 또 다른 성령의 나타나심의 한 형태이기에, 이는 믿는 자의 표적이 됩니다.고전14:22

(고전14:22) 그러므로 방언은 믿는 자들을 위하지 않고 믿지 아니하는 자들을 위하는 표적이나 예언은 믿지 아니하는 자들을 위하지 않고 믿는 자들을 위함이니

이처럼 성령 안에서 영으로 기도하며 주의 임재를 기다릴수록 성도의 영 속사람은 점점 더 강해집니다. 성령의 능력으로 점점 더 충만해집니다.고전14:3, 엡3:16

사도 바울도 "그러므로 우리가 낙심하지 아니하노니 우리의 겉사람은 낡아지나 우리의 속사람은 **날로 새로워지도다**.고후4:16"라고 했습니다.

성령 안에서 지속적인 영의 기도는 내 영곧 속사람을 계속적으로 성령으로

말미암아 능력으로 강건하게 세우고 채우게 됩니다. 유1:20

　이러한 자는 사40:29-31의 말씀 곧, "피곤한 자에게는 능력을 주시며 무능한 자에게는 힘을 더하시나니 소년이라도 피곤하며 곤비하며 장정이라도 넘어지며 쓰러지되 오직 여호와를 **앙망하는**wait upon 주 임재를 기다리는 자는 새 힘을 얻으리니 독수리가 날개 치며 올라감 같을 것이요 달음박질하여도 곤비하지 아니하겠고 걸어가도 피곤하지 아니하리로다"과 행3:19의 말씀 곧, "…이같이 하면 **새롭게 되는 날**times of refreshing이 주 앞으로부터 이를 것이요"를 실질적으로 체험하게 됩니다.

　성도는 더 이상 얽매이게 하여 죽이는 율법의 조문으로서가 아니라 영의 새로운 것으로 섬기게 될 것입니다. 롬7:6, 고후3:3,6 아멘!

　이로서 성도의 영은 성령의 움직임에 더욱 예민하게 되며, 성도 속에 계신 성령님은 더욱 자신을 나타내게 됩니다. 간절하면서도 열정적으로 방언을 지속하는 이들에게서 거의가 또 다른 성령의 나타나심예: 통변, 예언, 영분별, 환상, 지식의 은사, 지혜의 은사 등…을 확인할 수 있는 것은 이러한 영적 원리에 따른 자연스런 결과입니다.

　(유1:20) 사랑하는 자들아 너희는 너희의 지극히 거룩한 믿음 위에 **자신을 세우며 성령으로 기도하며**

　(롬8:26-27) 이와 같이 성령도 우리의 연약함을 도우시나니 우리는 마땅히 기도할 바를 알지 못하나 **오직 성령이 말할 수 없는 탄식으로 우리를 위하여 친히 간구하시느니라** 마음을 살피시는 이가 성령의 생각을 아시나니 이는 성령이 하나님의 뜻대로 성도를 위하여 간구하심이니라

　이러한 영적 이유에서 케네스 해긴 목사는 다음과 같이 강조합니다.[3]

---

3) Kenneth E. Hagin, 『방언-오순절 다락방 경험을 넘어서』, 김진호 역, 믿음의 말씀사, pp234.

"…성령충만과 방언은 성령의 은사로 들어가는 문입니다.(고전12:1-11) 나는 종종 이렇게 이야기합니다. 방언은 하나님의 초자연적인 영역으로 들어가는 입구입니다. 다시 말해, 성령충만과 정기적인 방언 기도 습관은 우리에게 주어진 모든 다른 유익들과 영적 장비(裝備)로 들어가는 입구입니다…"

(고후3:18) 우리가 다 수건을 벗은 얼굴로 거울을 보는 것 같이 주의 영광을 보매 그와 같은 형상으로 변화하여 **영광에서 영광에 이르니 곧 주의 영으로 말미암음이니라**

(엡5:19) 시와 찬송과 신령한 노래들로 서로 **화답하며**(speaking) 너희의 마음으로 주께 노래하며 **찬송하며**(singing)

이러한 사실을 다시금 강조하여 정리하면 다음과 같습니다. 즉, 회개하여 예수그리스도 이름으로 침례를 받고 구원 받은 사람은 성령으로 침례를 받게 됩니다.고전12:13, 행2:38 이를 "믿음으로 성령을 받는다."라고 합니다.갈3:2 성령님은 믿는 자의 영속에 지성소 삼아 계십니다.고전3:16 이때 성령님은 성도의 영과 더불어 하나님의 자녀임을 증거 하시고롬8:16, 성도의 영은 하나님을 즉각적으로 인지하게 되고 아버지임을 알게 되고히12:9, **"아바, 아버지"**라고 고백하기 시작합니다.롬8:15, 갈4:6 에노스 때에 비로써 여호와 하나님의 이름을 부르며 예배드린 것처럼창4:26, 성도의 영은 하나님을 섬기기 시작합니다. 롬1:9, 7:6, 골3:3, 요4:24, 롬12:11

(빌3:3) 이는 **영 안에서 하나님을 경배하며**, 그리스도 예수 안에서 기뻐하고, 육신을 신뢰하지 않는 우리가 할례파임이니라[KJV]

(롬12:11) 일에는 게으르지 말고, **영 안에서 열심을 내며, 주를 섬겨라**[KJV]

(롬1:9) 내가 그의 아들의 복음 안에서 **내 심령(영)으로 섬기는 하나님**이 나의 증인이 되시거니와 항상 내 기도에 쉬지 않고 너희를 말하며

이처럼 성도의 영은 성령과 활발한 교제를 하게 되고 또한 기도를 하게 됩니다. 이를 믿음으로 성령의 말하게 하심에 자신을 맡겨 육의 목청을 통해 나온 것이 바로 **영의 기도**인 **방언**입니다. 고전14:2,4, private tongue 개인방언, 이를 성령의 선물이라고도 함⟨행2:38, 2:4⟩

다시 말하면 성령님이 말할 바를 주시고 방언은 내가 해야 한다는 사실을 명심해야 합니다. 행2:4 이는 성도의 영이 성령과의 교제로 인하여 영으로 비밀한 것을 하나님께 고하는 것을 육의 목소리를 통하여 하는 영의 기도이기에, 성령을 모신 성도는 누구나 방언을 하게 됩니다. 막16:17, 행2:4, 10:44-46, 19:6

그리고 영의 기도를 통하여 속사람영을 충전하고 강하게 하고 세울 뿐만 아니라고전14:4, 하나님의 뜻대로 성도의 수많은 사정사람의 육은 하나님의 뜻에 합당한 자신의 사정을 다 알 수 없음 ; 고전2:11, 롬8:27을 하나님께 올려 드리고 영으로 비밀을 말해야 하기 때문에 반드시 방언을 해야만 합니다. 고전2:11, 14:2 이로서 방언은 성령의 감동으로 하는 기도이기에 믿음을 더욱 굳건히 해주며유1:20, 엡6:18, 하나님의 뜻대로 기도하게 합니다. 롬8:26-27 이런 이유로 방언은 자기에게 **덕**을 끼치게to edify, to charge-up, to strengthen 됩니다. 그러나 방언은 마음으로 이해가 되지 않음으로 마음의 열매는 없습니다. 고전14:14

특히 공중적public으로 방언을 할 때는 교회의 덕을 위해 통변을 구해야 하고, 고전14:5, 12, 19, 22, 27-29, public tongue 공중방언 이 때 방언은 예언적 성격을 띠게 됩니다. 이처럼 하나님과 개인적으로 드리는 영의 기도는 믿는 자 모두가 할 수가 있으나, 통변이 따르는 공중 방언은 모두가 할 수 있는 것이 아닙니다. 이는 또 다른 성령의 나타나심곧 은사이 있어야 합니다. 고전12:30 오

순절 마가 다락방에 강한 성령의 임재와 함께 행해진 방언은 각 나라 말로 통변되어 들림행2:11으로 성령을믿지 않은 자들의 표적이 되었습니다.고전14:22

참고로, 고전12:28,30에 "여러 가지 방언"이 나옵니다. 방언의 종류를 말합니다. 여기에 대해 Kenneth E. Hagin 목사4)는 다음과 같은 말하고 있는 것에 우리는 관심을 가질 필요가 있습니다.

"…그러므로 이 구절(고전12:27-30)들의 전체 문맥을 읽고 바울이 정말 말하고 있는 것이 무엇인지 봅시다…누군가가 이렇게 말할지 모릅니다. '보세요, 바울은 모든 사람이 방언하는 것이 아니라고 말하고 있잖아요!' 그러나 바울은 여기에서 영적 은사에 대해 말하고 있는 것이 아닙니다. 그것에 대해서는 이미 고전12:1-11에서 말했습니다. 그는 성령의 은사가 아니라, 사역의 은사에 대하여 말하고 있습니다. 사역의 은사는 오중 사역으로 부름받고, 성령의 은사로 구비된 사람들입니다.(엡4:11-12)… 고전12:27-30의 이 단락에서, 바울은 성령 충만하여 성령의 말하게 하심을 따라 방언하는 것을 말하고 있지 않습니다. 또는 그는 방언으로 주를 높이거나, 그분께 신성한 비밀을 말하는 것을 이야기하지 않습니다. 그리고 그는 가끔 공중 모임에서 방언으로 메시지를 전하여 교회를 세우는 평신도들을 말하는 것이 아닙니다…'각종 방언'이 사역의 직분들과 함께 열거된 것에 주목하십시오. 이것 또한 사역의 은사입니다! 바울은 하나님께서 누군가, 즉 각종방언의 사역을 하는 특정한 사람을 교회에 세우신다고 말하고 있습니다. 각종 방언의 사역 은사는 선지자 직분에 가깝습니다…이 단락은 방언처럼 각 개인에게 주어지는 영적 은사에 대해 말하고 있지 않습니다. 그렇습니다, 이는 교회에 주어지는 사역의 은사에 대해 말하고 있습니다. 그

---

4) 앞의책, pp251-268

리고 고전12:30에서는, 각종 방언과 통역을 통한 선지자 직분의 사역 은사에 대해 말하고 있습니다…평신도가 공중 모임에서 방언으로 메시지를 전할 경우에는, 그 수가 최소 두 세 사람으로 제한됩니다.(고전14:27) 그러나 고전12:30에서 언급된 각종 방언의 사역에서는, 성령님이 사역자에게 기름 붓고 인도하시기 때문에 제한이 없습니다…그러므로 모든 방언이 다 기도가 아닙니다. 어떤 것은 기도지만, 어떤 것은 기도가 아닙니다. 기억하십시오, 본질적으로 모든 방언은 같은 것이지만, 그 목적과 사용에 따라 다를 수 있습니다. 그것이 하나님께서 "각종 방언"이라고 부른 이유입니다.…"

(고전12:28,30) 하나님이 교회 중에 몇을 세우셨으니 첫째는 사도요 둘째는 선지자요 셋째는 교사요 그 다음은 능력을 행하는 자요 그 다음은 병 고치는 은사와 서로 돕는 것과 다스리는 것과 **각종 방언**($\gamma\lambda\hat{\omega}\sigma\sigma\alpha$ 방언들)을 말하는 것이라….다 **방언**($\gamma\lambda\hat{\omega}\sigma\sigma\alpha$ 방언들)을 말하는 자이겠느냐 다 통역하는 자이겠느냐

(행2:4) 그들이 다 성령의 충만함을 받고 성령이 말하게 하심을 따라 다른 언어들($\acute{\epsilon}\tau\epsilon\rho o\varsigma\ \gamma\lambda\hat{\omega}\sigma\sigma\alpha$ 다른 방언들)로 말하기를 시작하니라

본 장에서 다룬 내용같이 방언은 "자기에게 덕"을 끼치는 것과 "교회에 덕"이 되는 두 가지가 있음을 알 수 있습니다. 자기에게 덕을 끼치는 방언은 성령이 말하게 하심에 따라 자기가 믿음으로 해야 하지만고전14:4, 롬8:26, 교회에 덕이 되는 방언은 예언적 기능을 포함하므로 반드시 통변이 따라야 하며 이는 성령의 또 다른 나타나심즉 은사로 받음이 있어야만 됩니다.고전14:5,22 이런 이유로 모두가 방언들을 하는 것이 아니라고 했습니다.고전12:28,30

아래 그림8는 성령과 성도의 영이 서로 교제함으로 나타나는 여러 가지

역사를 표현했습니다. 방언과 예언은 이러한 교제에서 나타나는 자연스러운 모습입니다.

(요일1:3) 우리가 보고 들은 바를 너희에게도 전함은 너희로 우리와 **사귐**(κοινωνία 코이노니아)이 있게 하려 함이니…
(막16:17) 믿는 자들에게는 이런 표적이 따르리니 곧 그들이 내 이름으로 귀신을 쫓아내며 새 방언을 말하며
(고전14:2-5) 방언을 말하는 자는 사람에게 하지 아니하고 하나님께 하나니 이는 알아 듣는 자가 없고 영으로 비밀을 말함이라 3 그러나 예언하는 자는 사람에게 말하여 덕을 세우며 권면하며 위로하는 것이요 4 방언을 말하는 자는 자기의 덕을 세우고 예언하는 자는 교회의 덕을 세우나니 5 나는 너희가 다 방언 말하기를 원하나 특별히 예언하기를 원하노라…

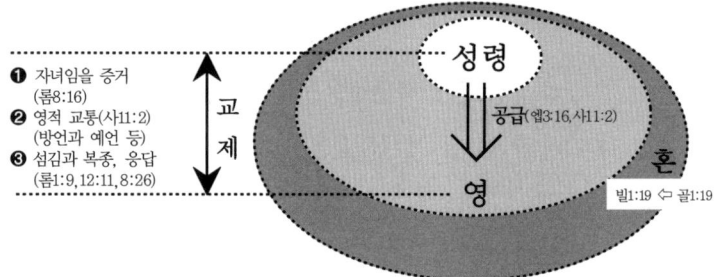

[그림8-1. 성령의 교제와 방언]

성도가 나누는 주님과 아버지와의 깊은 교제사귐는 성령을 통하여 이루어지게 됩니다. 요17:3, 요일1:3, 고후13:13

(고후13:13) 주 예수 그리스도의 은혜와 하나님의 사랑과 **성령의 교통하심**이 너희 무리와 함께 있을지어다

(요일1:3) …너희로 우리와 사귐(코이노니아)이 있게 하려 함이니 **우리의 사귐은 아버지와 그의 아들 예수 그리스도와 더불어 누림이라**

(요17:3) 영생(αἰώνιος ζωή eternal life)은 곧 유일하신 참 하나님과 그가 보내신 자 예수 그리스도를 아는(γινώσκωσιν ⇦γινώσκω)것이니이다

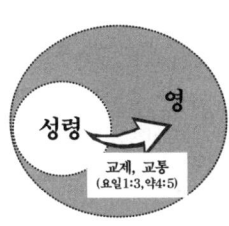

① 영 vs 성령 (깊은 교제 시작 :롬8:16, 요3:5-6)
② θ사정 ⇨ θ영, 人사정 ⇨ 人영(고전2:10-11, 빌2:13, 1:6)
   So,
③ in(thru) 성령 ⇨ 人의 영이 θ父께 기도
   (행2:4, 고전14:2)
④ θ父께서는 성령을 통하여 우리 영에 말씀을 주심
   (이것이 소원이 됨: 요2:13, 요16:13-15, 출29:42)
⑤ Rhema(레마)적 예언 요망(시인, 선포)
   (고후4:13, 히3:14, 4:14, 막11:23-24)

[그림8-2. 성령의 교제와 방언]

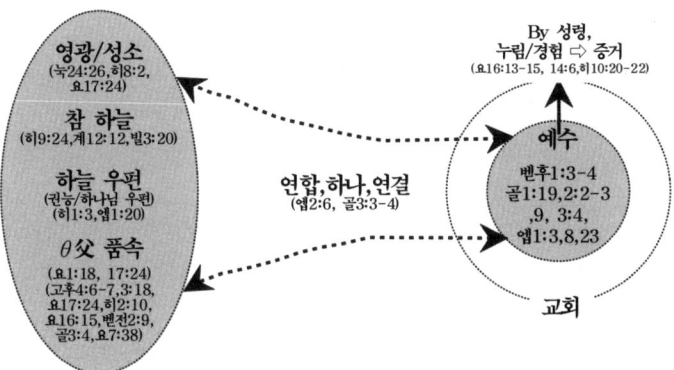

* So, 따로 구하는 것이 아니다. 이미 주신 것, 이루어진 것 누리는 것이다(잠11:9)
  (부요, 지혜, 복, 건강, 권세, 권능...엡1:3,8,21-23, 롬14:17, 고후4:10-11, 벧후1:3-4)·연합/하나(요6:54-57)
* 모세가 그렇게 보고 싶어 했고 가보고 싶었던 곳(출33장):영광/생명
  (고후4:4-7, 요17:24, 16:15, 히2:10, 벧전2:9, 고후3:8, 골3:4)
  ⬇
  영광/후사/영생/증인의 삶(벧전4:14, 롬8:2, 요17:3, 요일1:3-4)

[그림8-3. 성령의 교제와 누림/증거]

3장 영으로 기도하라 • 193

"…우리에게 주신 성령으로 말미암아 그가 우리 안에 거하시는 줄을 우리가 **아느니라**γινώσκω요일3:24"의 말씀처럼, γινώσκω기노스코는 단순한 이성적 지식으로 아는 것을 의미하는 것이 아닌, 깊은 교제로 인한 경험적, 체험적으로 아는 것을 의미합니다. 눅1:34에서 마리아가 천사에게 한말 "나는 남자를 알지 못한다"에서 "알다"가 γινώσκω임 이는 성령의 교제로 주님이 성도 안에서 경험되어지고고후13:5, 동시에 주님 안에 계신 아버지를 경험하는 것을 말하고 있습니다. 엡1:17, 마11:27下, 요일4:15, 요14:20, 〈그림9 참조〉

(엡1:17) 우리 주 예수 그리스도의 하나님, 영광의 아버지께서 **지혜와 계시의 영을 너희에게 주사 하나님을 알게 하시고**

(마11:27) …아들과 또 **아들의 소원대로 계시를 받는 자 외에는 아버지를 아는 자가 없느니라**

(요일4:15) 누구든지 예수를 하나님의 아들이라 시인하면 **하나님이 그의 안에 거하시고 그도 하나님 안에 거하느니라**

(요14:20) 그 날에는 내가 아버지 안에, **너희가 내 안에, 내가 너희 안에 있는 것을 너희가 알리라**

주님은 말씀으로 아버지 품에 계셨다가요1:18, 성령으로 잉태되어 이 땅에 오셨고, 십자가 부활을 통하여 다시 아버지께로 돌아가셨습니다.요16:28, 6:62 이를 하늘 성소에 들어가셨다.히9:12,24 혹은 하나님 우편에 앉으셨다.엡1:20, 히10:12라고 합니다. 동시에 구원받은 성도의 영은 주님과 함께 하늘에 앉아 있습니다.엡2:6

주님은 이 땅에서 아버지께 기도하실 때 "아버지께서 내 안에, 내가 아버지 안에 있는 것같이 저희도 다 하나가 되어 우리 안에 있게 하사…요17:21" 하심과 같이, 주님은 다시 아버지 품에 말씀등불, 계21:23, 시119:105으로 계시고, 성도의 영 또한 주님과 함께 아버지 품에 거하게 되었습니다.

그러나 이 땅에서는 주님께서 성령으로 오시어 성도의 영을 지성소 삼아 거하십니다.고전3:16 성령님은 진리의 영요16:13으로서 진리이신 주님요14:6과 하나님의 말씀요17:17, 7:28, 시31:5을 증거 하십니다.요16:13-15 이로서 삼위의 하나님은 성도 안에, 성도는 하나님 안에 거하게 되는 것입니다.요일4:15 아멘!

(요16:13-15) 그러하나 진리의 성령이 오시면 그가 너희를 모든 진리 가운데로 인도하시리니 그가 자의로 말하지 않고 오직 듣는 것을 말하시며 장래 일을 너희에게 알리시리라 14 그가 내 영광을 나타내리니 내 것을 가지고 너희에게 알리겠음이니라 15 무릇 아버지께 있는 것은 다 내 것이라 그러므로 내가 말하기를 그가 내 것을 가지고 너희에게 알리리라 하였노라
(요17:17) 저희를 진리로 거룩하게 하옵소서 아버지의 말씀은 진리니이다
(요7:28)…내가 스스로 온 것이 아니로라 나를 보내신 이는 참(진리)이시니 너희는 그를 알지 못하나
(요14:6) 예수께서 가라사대 내가 곧 길이요 진리요 생명이니…
(요1:14-17) 말씀이 육신이 되어 우리 가운데 거하시매 우리가 그 영광을 보니 아버지의 독생자의 영광이요 은혜와 진리가 충만하더라 …17… 은혜와 진리는 예수 그리스도로 말미암아 온 것이라
(요일4:15) 누구든지 예수를 하나님의 아들이라 시인하면 하나님이 그의 안에 거하시고 그도 하나님 안에 거하느니라

그러므로 사도 바울이 "만일 우리가 성령으로 살면 또한 성령으로 행할지니"갈5:25라고 권면한 삶이 성도의 삶롬8:14인 동시에 영생의 삶요17:3이 되어야 함은요12:50, 성령으로 말미암아 주님요일3:24과 아버지를 깊이 경험하

며 체험함으로 알고, 이를 증거 하는 삶을 살아야 함을 뜻하기도 합니다.벧전2:9下 이를 **누림**과 **증거**라 불리며, 이것이 교제코이노니아와 영생의 삶의 핵심입니다. 아멘!

■ 나는 아버지 안에 거하고 아버지는 내 안에 계신 것을 네가 믿지 아니하느냐 내가 너희에게 이르는 말은 스스로 하는 것이 아니라 **아버지께서 내 안에 계셔서 그의 일을 하시는 것이라**(요14:10)
■ 그 날에는 내가 아버지 안에, 너희가 내 안에, **내가 너희 안에 있는 것을 너희가 알리라**(요14:20)

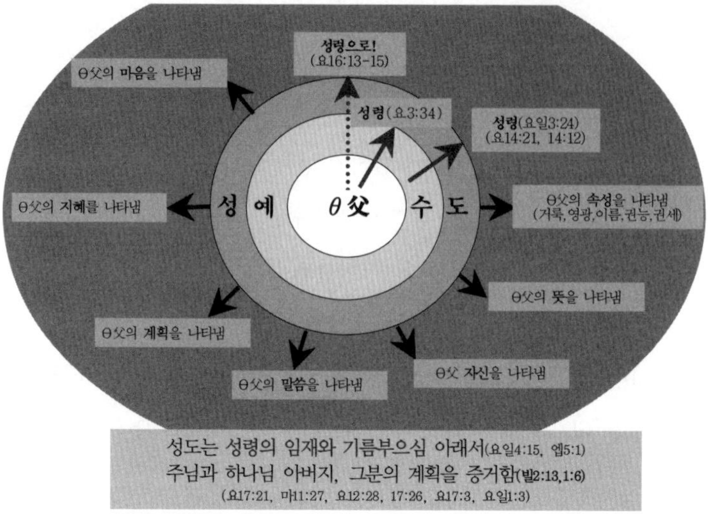

성도는 성령의 임재와 기름부으심 아래서(요일4:15, 엡5:1)
주님과 하나님 아버지, 그분의 계획을 증거함(벧2:13,1:6)
(요17:21, 마1:27, 요12:28, 17:26, 요17:3, 요일1:3)

[그림9. 성령의 교제로 주님과 하나님 아버지 증거의 원리]

(벧전2:9) …그의 기이한 빛에 들어가게 하신 이의 아름다운 덕을 선포하게 하려 하심이라

(사43:10,12) 나 여호와가 말하노라 **너희는 나의 증인**…너희는 나의 증인이요..

(왕상18:39) 모든 백성이 보고 엎드려 말하되 여호와 그는 **하나님이시로다 여호와 그는 하나님이시로다** 하니

성령의 깊은 교제로 인하여 진정한 안식과 평강으로 들어가게 됩니다.사

10:27, 눅4:18 각종 하늘의 신령한 기름 부으심이 임하게 됩니다.사11:2 성령의 권능으로 점점 강하게 됩니다.엡3:16, 6:10 주님의 생명이 점차 강하게 나타나게 되며 치유가 임하게 됩니다.고후4:11, 롬8:11 이로서 진정한 의미로 신령과 진리로 드리는 예배가 삶 가운데 이루어집니다.고전14:26, 롬1:9

(롬8:2) 이는 그리스도 예수 안에 있는 **생명의 성령**(πνεύματος τῆς ζωῆς)의 법이 죄와 사망의 법에서 너를 해방하였음이라

(사10:27) 그 날에 그의 무거운 짐이 네 어깨에서 떠나고 그의 멍에가 네 목에서 벗어지되 **기름진 까닭에 멍에가 부러지리라**

(고후4:11) 우리 살아 있는 자가 항상 예수를 위하여 죽음에 넘겨짐은 **예수의 생명**(ἡ ζωὴ τοῦ Ἰησοῦ)이 또한 우리 죽을 육체에 나타나게 하려 함이니라

(고전14:26) 그런즉 형제들아 어찌할까 너희가 (예배로)모일 때에 각각 찬송시도 있으며 **가르치는 말씀**도 있으며 **계시**도 있으며 **방언**도 있으며 **통역함**도 있나니 모든 것을 덕을 세우기 위하여 하라

이로서 방언은 실제 믿음의 삶을 살아가는데 많은 유익을 주게 되는 바, 다음과 같이 요약될 수 있습니다.

- 성도의 영을 성령의 권능으로 채워져 강건하게 세움 받게 합니다.고전14:4, 엡3:16
- 하나님의 위대한 일을 말하며 높이게 됩니다.행2:11, 10:46
- 새로운 영의 세계로 들어가게 만듭니다.엡3:16, 5:18-19, 사40:29-31, 행3:19, 롬7:6
- 방언은 구약 예언의 성취입니다.사28:11

- 영으로 그 비밀을 하나님께 아룁니다. 고전14:2
- 영으로 하나님의 온전하신 뜻대로 기도하게 합니다. 롬8:26-27, 12:2, 이기적인 기도를 없앰
- 하나님의 임재를 의식하게 만듭니다. 요14:16-17
- 하나님께 감사하게 합니다. 고전14:17
- 믿음을 세우고 활성화시킵니다. 유1:20
- 영으로 경배와 찬양하게 합니다. 고전14:15
- 영으로 축복하게 합니다. 고전14:16
- 이 세상의 말이 아닌 하늘 언어의 말을 함으로 입술을 제어하며, 세상과 구별시키게 만듭니다. 고전13:1, 약3:8
- 방언은 성령침례 혹은 성령선물 받은 표적이 됩니다. 행2:4, 2:38, 10:45-46, 19:9
- 방언은 예수이름으로 하게 됩니다. 막16:17
- 방언은 믿지 않은 자들에게 표적이 됩니다. 고전14:22
- 방언은 믿는 자들에게도 표적이 됩니다. 요7:38-39, 막16:17
- 영적 안식과 상쾌함을 줍니다. 사28:11-12 그렇기에 복잡한 생각, 세상 염려와 걱정에서 벗어나 하나님께 집중하게 하는데 많은 도움을 주게 됩니다. 빌4:7 할렐루야! 아멘!
- 방언을 말할 때 천사들이 알아듣고 일을 하게 됩니다.

(고전13:1) 내가 사람과 천사의 **말(방언)**(γλῶσσα 글로사 tongues)을 할지라도 사랑이 없으면 소리나는 구리와 울리는 꽹과리가 되고 If I speak in the tongues of men and of angels, but have not love, I am only a resounding gong or a clanging cymbal

고전13:1에는 사람의 방언과 천사의 방언이 있음을 말합니다. 방언을 자연인은 알아듣지 못합니다. 그러므로 통변이 없으면 마음이 이해할 수가 없습니다.

그러나 하나님과 천사는 영의 말을 알아듣습니다.^{이런 의미로 천사의 방언이라 함 5)} 엡3:10에는 교회를 통하여 하늘 통치자들과 권세들^{곧 천사들}에게 하나님의 각종 지혜를 알게 한다고 했습니다. 방언을 할 때 하나님 뜻대로 기도하게 되고 동시에 이러한 일이 일어나게 됩니다. 히1:14에는 모든 천사는 성도들을 도우라고 보낸 영들이라 말씀합니다.

고로 성도는 방언을 말할 시에 천사^{하늘 통치자과 권세, 엡3:10}에게 수행해야 하는 일을 지시하며 하나님의 지혜를 전하기도 합니다.

크리스 오야킬로메 목사는 그의 저서 『방언기도학교 31일』에서 오랄 로버츠 목사에게 일어난 일을 다음과 같이 간증하고 있습니다.

"저는 한 천사가 오랄 로버츠를 방문하여 그에게 '나를 빨리 파견하십시오' 다시 말하며, '나로 하여금 당신이 필요한 기적을 행하러 가게 하십시오!' 라고 말했다는 이야기를 자주 생각합니다"

또한 성도는 역시 영 안에서 천사를 판단하기도 합니다.^{고전6:3} 왜냐하면 모든 천사는 성도를 도우라고 보내심을 받는 영이기에 그렇습니다.^{히1:14}

(엡3:10) 이는 이제 교회로 말미암아 하늘에서 있는 통치자들과 권세들에게 **하나님의 각종 지혜를 알게 하려 하심이니**

(고전6:3) 우리가 **천사를 판단할**(κρίνω 크리노)것을 너희가 알지 못하느냐…

---

5) 크리스·애니타 오야킬로메, 『방언기도학교 31일』, 믿음의말씀사, pp34, 2014

(히1:14) **모든 천사들은 섬기는 영으로서 구원 받을 상속자들을 위하여 섬기라고 보내심**이 아니냐

방언은 사람의 마음으로 이해를 할 수가 없을뿐더러, 마귀 또한 알아듣지 못합니다.6) 앞에서 언급한 바와 같이 천사는 교회를 통하여 하나님의 지혜를 받게 되지만엡3:10, 마귀는 하나님의 지혜를 소유하지 못하는 이유가 여기에 있습니다. 하나님의 지혜를 소유하지 못하기에 하나님의 지혜 되신 예수님을 핍박하고 십자가에 못 박게 함 ; 계2:9, 11:8, 창3:15, 요19:6 이는 영으로 하나님께 비밀을 말하기에 그러합니다.

그렇기 때문에 다니엘의 21일 기도가브리엘 천사가 다니엘의 기도를 하나님께 올렸고, 하나님께서 주신 응답을 가지고 오는 과정에 바사군주 곧, 바사國을 점령하고 있는 사단의 세력가 방해하였으나, 천군 미가엘의 도움으로, 21일 만에 다니엘에게 전달됨 ; 단10:10-14에서처럼 사단의 방해도 염려할 필요가 없게 됩니다.

방언은 앞에서 언급 한 바와 같이, 성령의 감동으로 하는 기도이기에 하나님 뜻대로 기도하게 됩니다.롬8:26-27 사람의 사정과 형편을 그의 영이 가장 잘 알므로, 영의 기도는 성도의 사정을 그대로 하나님께 아뢰게 되어 육으로 알지 못하고 깨닫지 못하여 기도하지 못했던 사실에 대해서도 응답받게 됩니다.고전2:10-11 그리고 통변이 오게 되면 마음으로 이해가 되므로, 이해한 내용으로 하나님께 기도할 수 있는 풍성함도 있습니다. 아멘!

(고전2:10-11) …**성령은 모든 것 곧 하나님의 깊은 것까지도 통달하시느니라** 11 사람의 일을 사람의 속에 있는 영 외에 누가 알리요 이와 같이 하나님

---

6) 송재근유순자, 『방언, 통역으로 공개한다』, 예찬사, pp327, 2013.

일도 하나님의 영 외에는 아무도 알지 못하느니라

그리고 또 하나 무시할 수 없는 방언의 유익은 방언을 할 때 **영적 방어막**이 형성된다는 사실입니다.

한번은 저자가 영으로 깊은 기도를 하려고 애를 쓰고 있었습니다. 그 때 가족들을 한 명씩 떠 올리며 기도를 하고 있었는데, 특별히 가족 한 사람에 대해 더 간절한 기도할 마음이 생겨 강하게 방언으로 선포하듯 기도했습니다. 기도가 끝나고 마침 함께 기도하던 이와 서로 이야기를 나누었는데, 그는 영안에서 저자가 기도하는 모습을 보고 있었는데, 저자의 입에서는 불화살이 어느 특정한 곳으로 마구 날아갔고 불이 떨어진 곳에서는 불이 주위로 붙었다고 말했습니다.

사59:19에도 "서쪽에서 여호와의 이름을 두려워하겠고 해 돋는 쪽에서 그의 영광을 두려워할 것은 여호와께서 그 기운에 몰려 급히 흐르는 강물 같이 오실 것임이로다"하심같이, 성령의 강한 기름 부으심요7:38 안에서 하는 방언 기도는 강력한 영적 장벽을 형성하고, 악한 영을 파쇄 하는 힘이 있음을 알아야 합니다.

송재근 목사는 그의 저서 『**방언, 통역으로 공개한다**』에서 "방언을 할 때 귀신들은 제압을 당하고 힘을 못 쓴다는 것을 체험으로 알게 되었다[7]"라고 간증하고 있습니다.

그리고 반드시 기억할 것은 방언을 하기 전에 마음으로 생각나는 죄를 철저히 마음의 기도로 회개하고 난 후에 방언기도를 해야 합니다.[8] 그래야 영으로 더 깊은 기도를 하게 된다는 사실입니다.

---

7) 앞의 책, pp 51
8) 앞의 책, pp 328,342

4장
예언적 삶을 살라

> 나는 너희가 다 방언 말하기를 원하나
> 특별히 예언하기를 원하노라 만일 방언을
> 말하는 자가 통역하여 교회의 덕을 세우지
> 아니하면 예언하는 자만 못하니라
> 고전14:5

4.1 예언의 필요성과 유의할 점

(고전14:1,4,39) 사랑을 따라 구하라 신령한 것을 사모하되 특별히 예언을 하려고 하라 4 … 하는 자는 교회의 덕을 세우나니 39 그런즉 내 형제들아 예언하기를 사모하며 방언 말하기를 금하지 말라

사도바울은 성도들이 영적인 면에 무지하기를 원하지 않았습니다.고전 12:1 오히려 바울은 자신을 통하여 많은 이들에게 신령한 은사가 나누어지기를 원했습니다.롬1:11 이는 신령한 은사가 신앙생활을 견고하게 하는 것을 바울은 알았기 때문입니다.롬1:11

(고전12:1) 형제들아 **신령한 것**(spiritual [gifts])에 대하여는 내가 너희의 알지 못하기를 원치 아니하노니

(롬1:11) 내가 너희 보기를 심히 원하는 것은 **무슨 신령한 은사를 너희에게 나눠 주어 너희를 견고케 하려함이니** For I long to see you, that I may impart unto you some spiritual gift, to the end ye may be established;

성경은 성도들에게 성령의 나타나심φανέρωσις 파네로시스 곧 은사을 사모하

라고 합니다.

특히 예언부분에 있어서는 더욱 갈망할 것을 강조합니다.고전12~14장은 성령의 은사를 소개하는 말씀이나 이중에 특히 예언부분은 상대적으로 무게 있게 다룸. 이는 예언이 교회에 덕을 끼치기 때문임

기본적으로 예언은 진리의 말씀을 의미하며곧 성경 ; 요17:17, 벧후1:19-21, 하나님은 성령을 통하여 그 말씀을 기록하셨습니다.벧후1:21, 딤후3:16 그리고 성경 말씀 속에는 하나님의 뜻과 의도, 그리고 하나님의 심정을 담고 있습니다.

> (요17:17) 저희를 진리로 거룩하게 하옵소서 아버지의 말씀은 진리니이다
> (벧후1:19-21) 또 우리에게 더 확실한 예언이 있어 어두운데 비취는 등불과 같으니…20 먼저 알 것은 경의 모든 예언은 사사로이 풀 것이 아니니 21 예언은 언제든지 사람의 뜻으로 낸 것이 아니요 오직 성령의 감동하심을 입은 사람들이 하나님께 받아 말한 것임이니라

그러므로 성령으로 인도함 받는 삶은 곧 말씀으로 인도함 받는 삶인 바요16:13-15, 성령으로 감동된 말씀을 가진 자는 하나님의 마음과 그 분의 뜻을 가진 자로서, 하나님의 뜻을 위하여 살아가는 자가 되는 것입니다.모든 성도는 예수님을 닮아 살아가는 자로서〈벧전2:21〉, 예수님께서 이 땅에서 하나님 아버지의 뜻을 위해 오셨고, 그 뜻을 이루는 삶이셨던 것같이 그러한 삶〈요12:27, 17:4, 히10:7〉을 살아야 함 ; 엡2:10, 딛2:14, 고후5:14-15

아멘!

고로 예언προφήτης 프로페테스, prophet의 주체는 진리의 영이신 성령님이십니다, 성령에 이끌림을 받는 삶갈5:25, 롬8:14은 진리를 증거하며 진리 안에서

행하는 삶이됨으로요삼1:3 당연히 예언적 삶을 살아가게 됩니다.

(요16:13-15) 그러하나 진리의 성령이 오시면 그가 너희를 모든 진리 가운데로 인도하시리니 그가 자의로 말하지 않고 오직 듣는 것을 말하시며 장래 일을 너희에게 알리시리라 14 그가 내 영광을 나타내리니 내 것을 가지고 너희에게 알리겠음이니라 15 무릇 아버지께 있는 것은 다 내 것이라 그러므로 내가 말하기를 그가 내 것을 가지고 너희에게 알리리라 하였노라
(고전14:5) 나는 너희가 다 방언 말하기를 원하나 특별히 예언하기를 원하노라… I would like every one of you to speak in tongues, but I would rather have you prophesy

예언프로페테스은 원어적으로 "προ프로, before"와 "φημι 페미, say"의 합성의 의미를 지니므로, "예언하다"란 원어적 의미 그대로 "미리앞서 말하다. προφητεύω 프로페토오 prophesy"로 해석할 수가 있습니다.

그런고로 모든 성도가 예언적 삶을 살아야하는 근본이유가 "또 우리에게는 더 확실한 **예언**이 있어 **어두운 데를 비추는 등불과 같으니**…벧후1:19" 말씀대로, 세상의 빛과 소금으로서 세상으로 하나님의 빛등불, 영광을 발하는 영광과 증인의 삶과도 직결되어 있기에 그러합니다.

(시119:105) 당신의 말씀은 **내 발에 등불이요, 나의 길에 빛이옵니다**[공동번역]

(사59:21-60:1) 여호와께서 또 이르시되 내가 그들과 세운 나의 언약이 이러하니 곧 네 위에 있는 **나의 영과 네 입에 둔 나의 말이 이제부터 영원하도록 네 입에서와 네 후손의 입에서와 네 후손의 후손의 입에서 떠나지 아니하리라** 하시니라 여호와의 말씀이니라 일어나라 **빛을 발하라 이는 네 빛이 이르**

렸고 여호와의 영광이 네 위에 임하였음이니라

(잠23:26) 내 아들아 네 마음을 내게 주며 네 눈으로 내 길을 즐거워할지어다

저자가 쓴 『주님이 기뻐하시는 종말론 요한 요한계시록』 239-244쪽에서 다음과 같이 고백한 사실을 기억합니다.

"계시록 11장은 일곱째 천사의 나팔을 불기 전의 두 증인의 모습(계11:3-12)과 후에 나타나는 하늘 성전의 모습(계11:15-19)을 잠시 보여주고 있습니다. …이 두 증인은 계11:1-2절에서 소개된 것처럼 성전(ναός 나오스, 지성소, 성도(고전3:16)의 모임인 교회를 의미하기도 함)안에서 경배하며 예배하는 자를 대표합니다. 두 증인을 주님은 나의 두 증인이라 칭하시며 권세와 회개의 메시지를 예언할 일을 맡은 자들로 핍박 가운데 어린 양의 증거와 하나님의 말씀으로 인해 순교의 자리까지 가는 알곡 성도를 상징하기도 합니다.(계1:9) 이방인들은 7년 대환난 중에 성전 밖 마당을 42달 동안 짓밟게 됩니다. 이 기간은 두 증인이 예언하는 기간과 동일한 기간입니다.(계11:2-3)."

(계11:1-4) 또 내게 지팡이 같은 갈대를 주며 말하기를 일어나서 하나님의 성전과 제단과 그 안에서 경배하는 자들을 측량하되 **성전 바깥 마당은 측량하지 말고 그냥 두라 이것은 이방인에게 주었은즉 그들이 거룩한 성을 마흔 두 달 동안 짓밟으리라** 또 내게 지팡이 같은 갈대를 주며 말하기를 일어나서 하나님의 성전과 제단과 그 안에서 경배하는 자들을 측량하되 내가 나의 두 증인(마르튀스, witnesses)에게 권세를 주리니 **그들이 굵은 베옷을 입고 천 이백육십 일을 예언하리라** 그들은 이 땅의 주 앞에 서 있는 **감람나무와 두 촛대니**

…베옷을 입고 예언하는 자들은 두 증인으로, 무저갱에서 올라오는 짐승(바다에서 올라오는 적그리스도 영;계13:1)의 핍박으로 순교의 자리까지 가게 되는데(계11:7-8), 이 기간 동안 단9:27절에서 예언된 바와 같이 예배가 중지되고 사단의 추종세력들이 교회를 핍박하고 하나님의 이름을 모독하게 됩니다. 그리고 영적으로는 소돔과 애굽과도 같은 극도의 타락과 하나님께 대한 반역의 모습을 보여주게 됩니다.(계11:7-10)

이 두 증인은 베옷을 입고 있는 바, 이것은 회개를 뜻하는 말로, 두 증인이 하는 예언의 말을 듣고 회개하고 돌아오라는 아버지의 심정을 표현한 단어입니다. 그래서 주님은 사도 요한에게 두루마리(말씀)를 먹고 당당하게 이 모든 속히 될 일을 예언하게 하셨습니다.(계10:11) 그리고 또 성도를 바른대로 인도하는 지팡이와 같은 갈대(곧 순수한 말씀)로 진실한 알곡 성도와 성전 밖의 쭉정이 성도(이방인) 사이를 구분 짓게 하셨고(계11:1), 알곡 성도는 막대기로 하나님의 보호를 받게 하셨습니다. 이 두 증인은 기본적으로 예언을 하는 선지자라고 밝히고 있습니다.(계11:3,6,10) 이들은 사도 요한이 하나님이 주시는 말씀을 먹고 예언한 것처럼(계10:9-10), 자신의 생각이 아닌 주님이 주신 말씀으로 예언하는 입술의 권세를 지닌 자들입니다.(계10:11, 1:16) 이들은 하나님의 권능으로 충만한 자들입니다.(마치 모세와 엘리야처럼, 출7:20~, 약5:17)

(계11:3,6,10) 내가 나의 두 증인에게 권세를 주리니 그들이 굵은 베옷을 입고 천이백육십 일을 예언하리라 6 그들이 권능을 가지고 하늘을 닫아 그 예언을 하는 날 동안 비가 오지 못하게 하고 또 권능을 가지고 물을 피로 변하게 하고 아무 때든지 원하는 대로 여러 가지 재앙으로 땅을 치리로다 10 이 두 선지자가 땅에 사는 자들을 괴롭게 한 고로 땅에 사는 자들이 그들의 죽음을 즐거워하고 기뻐하여 서로 예물을 보내리라 하더라

이러한 이유로 이 두 증인을 주 앞에 서 있는 두 감람나무요, 두 촛대라고 했습니다.(계11:11:4) 감람나무는 기름을 생산하는 근원이요, 촛대는 교회입니다.(슥4:1-6,10-14, 계1:20)

이는 하나님으로부터 받은 기름 부으심이 충만한 교회를 의미하는 것으로, 이미 왕 같은 제사장(벧전2:9)의 직분과 함께 선지자(민11:29)로서의 기름 부으심을 받은 성도의 대표성을 의미합니다. 동시에 주님이 재림하시기 전에 대환난이 임하지만, 늦은 비와 같이 더 강한 성령의 기름 부으심으로 예언의 능력을 받은 교회(행2:16-18)를 대표하기도 합니다…이들 증인은 계22:17절의 "성령과 신부가 말씀하시기를 오라 하시는도다 듣는 자도 오라 할 것이요 목마른 자도 올 것이요 또 원하는 자는 값없이 생명수를 받으라 하시더라"의 말씀과 같이 성령(감람나무)과 신부(촛대, 교회)가 부탁하는 심정으로 베옷을 입고 예언하는 자들입니다.

이 두 증인은 세상을 책망하게 될 것입니다.(요16:8, 엡5:10-13) 주님처럼 세상의 죄와 악을 지적하게 될 것입니다.(요7:7, 15:22, 16:8) 이로 인하여 세상 사람들은 양심의 괴로움을 받게 될 것이며, 이로 인해 예수님의 경우와 같이 세상 사람들로부터 미움을 받게 될 것이며 핍박을 받게 될 것입니다.(계11:10, 딤후3:12)

또한 사단은 무저갱에서 올라오는 짐승을 앞세워(계11:7, 13:5) 갖은 핍박을 행하게 되고, 두 증인으로 대표되는 교회는 강한 기름 부으심 가운데 예언하는 교회로 극심한 환란으로 인해 순교의 자리에까지 이르는 상황에 도달하게 될 것입니다.

그러나 실망하지 말고 끝까지 신실할 것은 극심한 3.5년(삼일 반)의 대환난이 끝난 후 주님께서 재림하실 때 주의 성령의 권능이 이들을 살려 부활과 휴거에 참여하게 하실 것입니다.(롬8:11)"

요한계시록 11장은 말세에 있을 두 증인의 사역을 나타내는 장으로, 주님 재림 전 교회가 어떠한 영적 상태에 머물러서 있어야 하는 가에 대한 통찰력을 제공합니다.

두 증인으로 대표되는 교회는 강한 기름 부으심 가운데 예언하는 교회로 극심한 환란으로 인해 순교의 자리에까지 이르는 상황에 도달해도 끝까지 믿음을 지키는 교회를 말합니다.

> (마10:18-22) 또 너희가 나를 인하여 총독들과 임금들 앞에 끌려 가리니 이는 저희와 이방인들에게 증거가 되게 하려 하심이라 19 너희를 넘겨줄 때에 어떻게 또는 무엇을 말할까 염려치 말라 그 때에 무슨 말할 것을 주시리니 20 말하는 이는 너희가 아니라 너희 속에서 말씀하시는 자 곧 너희 아버지의 성령이시니라 …또 너희가 내 이름을 인하여 모든 사람에게 미움을 받을 것이나 나중까지 견디는 자는 구원을 얻으리라

요엘 선지자가 "하나님이 가라사대 말세에 내가 내 영으로 모든 육체에게 부어 주리니 너희의 자녀들은 예언할 것이요 너희의 젊은이들은 환상을 보고 너희의 늙은이들은 꿈을 꾸리라행2:17"과 같이, 말세에는 자녀들이 예언하는 정도로 강한 기름 부으심이 임할 것이란 말씀입니다. 행2:17정도의 성령의 기름 부으심으로 무장해야 행2:19-20과 같은 재림 전의 극심한 환난을 이기고 행2:21처럼 끝까지 주의 이름을 부르며 구원에 이르게 됨

이런 이유로 다른 여타 은사와 달리 예언에 대해서는 특별히 **갈망하라** ζηλόω 젤로오, covet하셨습니다. 고전14:1,39 여기 "covet"라는 단어는 "턱없이 탐내다", "분수에 넘게 바라다" 뜻을 지닌 단어로, 이 단어를 사용한 점을 미루어 볼 때 우리가 예언하기를 얼마나 갈망하며 사모해야 하는 지를 성경은

말씀해 주고 있습니다.

고로 모든 성도는 예언하기를 적극적이고도 간절한 마음으로 열망해야 합니다.

> (고전14:1) 사랑을 따라 구하라 신령한 것(spiritual [gifts])을 사모하되 특별히 예언을 하려고 하라
>
> (고전14:39-40) 그런즉 내 형제들아 예언하기를 사모하며(covet to prophesy) 방언 말하기를 금하지 말라
>
> (행2:16-18) 이는 곧 선지자 요엘을 통하여 말씀하신 것이니 일렀으되 17 하나님이 말씀하시기를 말세에 내가 내 영을 모든 육체에 부어 주리니 너희의 자녀들은 예언할 것이요…18 그 때에 내가 내 영을 내 남종과 여종들에게 부어 주리니 그들이 예언할 것이요

예수님이 침례요한에게 물 침례를 받으실 때 하늘 권능으로 충만해지셨습니다.눅3:22, 4:1,14 그리고는 성령으로 이끌리시어 광야로 시험하는 자에게 시험을 받으셨습니다.

그러나 주님은 하나님의 입에서 나오시는 말씀레마으로 승리하셨습니다.마4:4 예수님이 받으신 말씀은 곧 주님 자신 안에 계신 성령을 통하여 주시는 하나님 아버지의 말씀입니다.요14:10-11

광야는 이스라엘 백성들이 가나안 땅까지 가는 과정과 영적으로 동일한 장소로, 이는 모든 성도가 지상에서 살아가야하는 삶의 터전을 말하기도 합니다. 여기에는 뱀과 전갈과 같아 미혹하고 핍박하고 시험하는 자 마귀가 삼킬 자를 찾아다니는벧전5:8-9, 약4:7 영적으로음부와 같은 장소이기도 합니다.마16:18

이러한 상황에서 승리하게 하는 것은 현재 성령으로 주시는 하나님의 말

쓰임을 명심해야 합니다.

(마10:18-20) 또 너희가 나를 인하여 총독들과 임금들 앞에 끌려 가리니 이는 저희와 이방인들에게 증거가 되게 하려 하심이라 19 너희를 넘겨줄 때에 어떻게 또는 무엇을 말할까 염려치 말라 그 때에 무슨 말 할 것을 주시리니 20 말하는 이는 너희가 아니라 너희 속에서 말씀하시는 자 곧 너희 아버지의 성령이시니라

(요16:13) 그러하나 진리의 성령이 오시면 그가 너희를 모든 진리 가운데로 인도하시리니 그가 자의로 말하지 않고 오직 듣는 것을 말하시며 장래 일을 너희에게 알리시리라

(요14:26) 보혜사 곧 아버지께서 내 이름으로 보내실 성령 그가 너희에게 모든 것을 가르치시고 내가 너희에게 말한 모든 것을 생각나게 하시리라

그런고로, 성경에 기록된 말씀을 통해서나, 깊은 성령의 임재 가운데서 성령께서 그 시와 상황에 따라 다양한 방법으로 주시는 말씀〈계1:10, 출29:42, 사59:21-60:1〉이 바로 예언의 핵심이 되는 것입니다. 할렐루야!

한편, 예언으로 쓰임 받는 자는 성령께서 쓰시는 통로일 뿐입니다. 고로 중요한 것은 그분이 친히 일하시고 나타나셔야 하며, 쓰임 받는 자는 단지 그분께서 일하시는 도구로 사용된 사실에 감사와 영광을 돌려야 합니다. 아멘!

성령의 나타나심은 그분의 뜻에 따라, 그리고 쓰임 받는 자의 사모함과 믿음의 분량에 따라 다르게 나타납니다. 오순절 마가 다락방같이〈행1:14, 2:1-4〉, 고넬료의 집에서처럼〈행10:33, 10:44〉 이는 성령님은 인격이시기에 그러합니다. It으로

표시되지 않고 He로 표현됨, 요16:8

(고전12:11) 이 모든 일은 같은 한 성령이 행하사 그 뜻대로 각 사람에게 나눠 주시느니라

(엡4:7) 우리 각 사람에게 그리스도의 선물의 분량대로 은혜를 주셨나니

(롬12:3,6) 내게 주신 은혜로 말미암아 너희 중 각 사람에게 말하노니 마땅히 생각할 그 이상의 생각을 품지 말고 오직 하나님께서 각 사람에게 나눠주신 믿음의 분량대로 지혜롭게 생각하라…6 우리에게 주신 은혜대로 받은 은사가 각각 다르니 혹 예언이면 믿음의 분수대로

(엡4:16) … 각 지체의 분량대로 역사하여 그 몸을 자라게 하며 사랑 안에서 스스로 세우느니라

그런데 예언 시 유의해야 할 부분이 있습니다. "예언하기를 사모하라"란 말씀에는 "사랑을 따라 구하라!", "모든 것을 적당하고 품위 있고 질서대로 하라!"라는 권면의 말씀이 함께 등장하는 것을 볼 수가 있습니다. 고전14:1,40

"사랑을 따라 구하라!"라는 것은 예언자가 예언하는 동기에 대한 답을 주고 있으며, "모든 것을 품위 있고 decently 질서대로 in order 하라!"는 예언하는 자의 태도에 대한 권면입니다. 예언하는 자는 하나님을 두려워하는 마음과 함께 예언을 받는 자를 진정으로 사랑하며 긍휼히 여기는 마음이 있어야 함을 의미합니다.

영혼을 사랑하며 긍휼히 여기는 하나님의 마음이 예언하는 이로부터 품어져 나와야 합니다. 다시 말하면 순수한 사랑의 동기에서 출발해야 하며, 또한 동시에 하나님의 말씀을 대변하는 자로서 교회의 덕과 하나님은 영광을 바라보아야 합니다. 아멘!

(고전14:3-4) 그러나 예언하는 자는 사람에게 말하여 덕을 세우며 권면하며 안위하는 것이요 4 방언을 말하는 자는 자기의 덕을 세우고 예언하는 자는 교회의 덕을 세우나니

하나님 사역자로서의 품위를 유지하면서 겸손하고 질서 있게 예언 사역에 임하는 모습이 기본인 바, 이는 바로 영적 질서를 따르며, 또한 이를 존중하는 것을 의미합니다.고전14:26-32 이러한 태도는 온전히 성령의 인도함을 받고자하는 인격과도 연결되어 있습니다.

성령님은 거룩의 영이시요 영광의 영벧전1:2, 4:14이시기에, 거룩하지 않거나 불순한 동기 아래서는, 하나님의 영광과 배치되는 고로 성령님은 이에 반응하지 않으십니다. 벧전1:2, 살전5:23, 롬8:14, 사59:1-2

성령의 은사는 분명 우리의 믿음을 더욱 견고하게 합니다.롬1:11 견고한 믿음이 아니고는 말씀을 따라 행하기는커녕 오히려 세상풍조에 넘어가 하나님의 영광을 가리기 때문입니다.

더욱 중요한 사실은 하나님 말씀과 예수를 증거함으로 인해 핍박과 환난이 몰려 올 때도 이를 잘 이기고 끝까지 증거함에 있어 은사는 큰 역할을 하게 된다는 것입니다. 엡6:13, 행2:17-21, 계1:9

(계1:9-10) 나 요한은 너희 형제요 예수의 환난과 나라와 참음에 동참하는 자라 하나님의 말씀과 예수를 증언하였음으로 말미암아 밧모라 하는 섬에 있었더니 10 주의 날에 내가 성령에 감동되어 내 뒤에서 나는 나팔 소리와 같은 큰 음성을 들으니

(계2:11) 귀 있는 자는 성령이 교회들에게 하시는 말씀을 들을지어다 이기는 자는 둘째 사망의 해를 받지 아니하리라

이와 같이 주님을 증거 하게 하며 영화롭게 하시는 이가 성령이시기에 모든 사역에 성령의 나타나심예를 들어 예언이 풍성해야 함은 당연합니다.^{행1:8, 고전1:5-7}

그러나 온전하지 못한 동기에서 예언을 바라고 행해질 수도 있음을 알고 있어야 합니다. 그러한 곳에서는 요란과 다툼만 있음을 봅니다.

(약4:1-3) 너희 중에 싸움이 어디로, 다툼이 어디로 좇아 나느뇨 너희 지체 중에서 싸우는 정욕으로 좇아 난 것이 아니냐 2 너희가 욕심을 내어도 얻지 못하고 살인하며 시기하여도 능히 취하지 못하나니 너희가 다투고 싸우는 도다 너희가 얻지 못함은 구하지 아니함이요 3 구하여도 받지 못함은 정욕으로 쓰려고 잘못 구함이니라
(갈5:26) 헛된 영광을 구하여 서로 격동하고 서로 투기하지 말지니라

말씀드린 바와 같이, 인간의 "욕심"이 깊이 배어 있는 곳에서는 성령께서 일하실 수가 없을 뿐더러 오히려 악한 영이 틈타기 쉽습니다.
성령님은 하나님의 영광을 드러내시고 하나님께 그 영광을 돌리게 하지만, 사단은 하나님의 영광을 자기 것으로 취하여 자신에게로 향하게 합니다. 이는 예언사역자가 자신의 "의"를 드러낸다든가 자기의 욕심을 채운다든가 하는 것 뒤에는 사단의 역사가 있음을 의미함

(살후2:4) 저는 대적하는 자라 범사에 일컫는 하나님이나 숭배함을 받는 자 위에 뛰어나 자존하여 하나님 성전에 앉아 자기를 보여 하나님이라 하느니라

다시 말하면 예언을 사모하여 모였지만 성령보다 앞서거나 성령과 상관

없는 육신적인 욕심으로 모여 예언을 하려 할 때예를 들면, 예언을 바라는 이들이 자기 마음속에 우상을 두고 자기 유익을 위해 묻는 자가 있고 또한 예언하는 이가 이에 자신을 드러내려는 유혹을 받아 예언을 선포할 시에는 **유혹하는 영**패는 영이 역사하여 거짓의 말을 선포하게 된다고 성경은 경고합니다.

> (겔14:7-10) 이스라엘 족속과 이스라엘 가운데 우거하는 외인 중에 무릇 나를 떠나고 자기 우상을 마음에 들이며 죄악의 거치는 것을 자기 앞에 두고 자기를 위하여 내게 묻고자 하여 선지자에게 나아오는 자에게는 나 여호와가 친히 응답하여 8 그 사람을 대적하여 그들로 놀라움과 감계와 속담거리가 되게 하여 내 백성 가운데서 끊으리니 너희가 나를 여호와인 줄 알리라 9 만일 선지자가 유혹을 받고 말을 하면 나 여호와가 그 선지자로 유혹을 받게 하였음이어니와 내가 손을 펴서 내 백성 이스라엘 가운데서 그를 멸할 것이라 10 선지자의 죄악과 그에게 묻는 자의 죄악이 같은즉 각각 자기의 죄악을 담당하리니
>
> (계16:13-14) 또 내가 보매 개구리 같은 세 더러운 영이 용의 입과 짐승의 입과 거짓 선지자의 입에서 나오니 14 저희는 귀신의 영이라 이적을 행하여 온 천하 임금들에게 가서 하나님 곧 전능하신 이의 큰 날에 전쟁을 위하여 그들을 모으더라

이를 성경에서는 **사람들의 영혼을 사냥하는 자**라고 경고하고 있습니다. 이러한 일의 결과는 사람들의 마음을 혼미케 하여 하나님의 축복에서 멀어지게 합니다.

> (겔13:17-19) 너 인자야 너의 백성 중 자기 마음에서 나는 대로 예언하는 부녀들을 대면하여 쳐서 예언하여 18 이르기를 주 여호와의 말씀에 사람의 영

혼을 사냥하고자 하여 방석을 모든 팔뚝에 꿰어 매고 수건을 키가 큰 자나 작은 자의 머리를 위하여 만드는 부녀들에게 화 있을진저 너희가 어찌하여 내 백성의 영혼을 사냥하면서 자기를 위하여 영혼을 살리려하느냐

성경에 시드기야 선지자 이야기가 나옵니다.왕상22:6-24, 대하18:10 그는 그나아나의 아들로 다른 거짓 선지자들과 결탁하여 길르앗 라못을 공격하도록 이스라엘 왕 아합을 충동하여 아람의 패배를 예언했습니다.

즉, 그는 철로 뿔을 만들어 아합 왕에게 이것으로 아람 사람을 진멸하라고 하나님께서 말씀하셨다 하고, 또 모든 선지자도 그와 같이 예언하여 그의 주전론主戰論에 영합하였습니다. 그는 참으로 하나님의 말씀을 예언하는 미가야 선지자 뺨을 때리고 능욕하고 감옥에 투옥시키는 악한 일을 하였습니다. 그러한 거짓 선지자의 말로는 비참한 죽음만이 그를 기다리고 있었습니다.

(왕상22:20-23) 여호와께서 말씀하시기를 누가 아합을 꾀어 저로 길르앗 라못에 올라가서 죽게 할꼬 하시니 하나는 이렇게 하겠다 하고 하나는 저렇게 하겠다 하였는데 21 한 영이 나아와 여호와 앞에 서서 말하되 내가 저를 꾀이겠나이다 22 여호와께서 저에게 이르시되 어떻게 하겠느냐 가로되 내가 나가서 거짓말 하는 영이 되어 그 모든 선지자의 입에 있겠나이다 여호와께서 가라사대 너는 꾀이겠고 또 이루리라 나가서 그리하라 하셨은즉 23 이제 여호와께서 거짓말하는 영을 왕의 이 모든 선지자의 입에 넣으셨고 또 여호와께서 왕에게 대하여 화를 말씀하셨나이다

(대하18:21-23) 가로되 내가 나가서 거짓말 하는 영이 되어 그 모든 선지자의 입에 있겠나이다 여호와께서 가라사대 너는 꾀이겠고 또 이루리라 나가서 그리하라 하셨은즉 22 이제 여호와께서 거짓말 하는 영을 왕의 이 모든 선

지자의 입에 넣으셨고 또 여호와께서 왕에게 대하여 화를 말씀하셨나이다 23 그나아나의 아들 시드기야가 가까이 와서 미가야의 뺨을 치며 이르되 여호와의 영이 나를 떠나 어디로 말미암아 가서 네게 말씀하더냐

이렇듯 거짓 예언하는 자는 온전하지 못한 자기 마음에서 나오는 대로 허탄한 묵시와 거짓된 점괘를 말하게 됩니다. **거짓말하는 영**이 사람의 마음을 꿰는 역할을 하게 됩니다. 이러한 일이 일어날 경우에는 묻는 자와 예언하는 자 모두가 그 죄악의 책임을 담당해야 합니다.

> (겔14:10) 선지자의 죄악과 그에게 묻는 자의 죄악이 같은즉 각각 자기의 죄악을 담당하리니
> (렘23:36) 다시는 여호와의 엄중한 말씀이라 말하지 말라 각 사람의 말이 자기에게 중벌이 되리니 이는 너희가 사시는 하나님, 만군의 여호와 우리 하나님의 말씀을 망령되이 씀이니라 하고
> (신18:20) 내가 고하라고 명하지 아니한 말을 어떤 선지자가 만일 방자히 내 이름으로 고하든지 다른 신들의 이름으로 말하면 그 선지자는 죽임을 당하리라 하셨느니라
> (롬14:11-12)…모든 무릎이 내게 꿇을 것이요 모든 혀가 하나님께 자백하리라 하였느니라 12 이러므로 우리 각 사람이 자기 일을 하나님께 직고하리라

예언을 하는 이들은 어느 정도 교회에서 믿음의 진보곧 선생의 위치위에 있다고 보아도 괜찮을 듯합니다. 물론 우리의 진정한 스승은 주님 한 분밖에 없지만마23:8, 주님의 일을 하며 주님의 말을 대언하는 측면에서 그렇다는 것입니다. 히5:12, 눅6:40 성경은 남을 가르치는 선생의 위치에 대한 책임을 분명하게 말해주고 있습니다.

(약3:1) 내 형제들아 너희는 선생 된 우리가 더 큰 심판 받을 줄을 알고 선생이 많이 되지 말라

우리는 신령한 은사를 사모하되 특별히 예언을 갈망해야 합니다. 그러나 분명한 것은 예언을 행하시는 주체는 성령이시고 예언하는 자는 이를 받아 전하는 통로로 쓰일 뿐입니다.

쓰임 받는 통로가 쓰시는 이를 초월해서야 되겠습니까? 성령의 말씀이 아닌 자신의 혼육적인 생각의 소리를 내면 어떻게 되겠습니까? 예언하는 자는 주님의 보좌로부터 나오는 깊은 성령의 감동과 음성을 들어야 합니다.

그리고 이를 자기 혼으로 해석해서도 안 되며 자기 생각을 더하거나 빼서도 안 됩니다. 이를 성령이 주시는 물은 생수인데 반하여 마시지 못할 물〈Corrupted Water〉이라 표현함 주신 말씀 그대로, 주신 환상 그대로를 선포해야 합니다. 요7:38-39, 요일2:6 아니면 성령께서 알게 해 주시고 해석해 주시기를 구해야합니다. 이런 이유로 예언이 부분적이요.〈고전13:9-12〉분별이 요구되는〈고전14:29-32〉이유임. 성령이 주시는 감동과 말씀은 완전하며 오류가 없어 분별의 이유가 되지 못하지만, 예언하는 사람은 불완전하여, 인격에, 성령의 예민함에, 그리고 예언 동기에 문제가 있을 수도 있기에 그러함

예수님은 일생동안 자기 안에 계신 아버지의 말씀과 행하심을 성령으로 감당하셨습니다. 예수님은 자기 안에 계신 아버지의 말씀과 행하심을 100% 그대로 성령으로 전하시고 행하셨습니다. 계3:14, 19:10, 요14:10-11

(요3:11) 진실로 진실로 네게 이르노니 우리 아는 것을 말하고 본 것을 증거하노라 그러나 너희가 우리 증거를 받지 아니하는도다
(요5:17,19) 예수께서 저희에게 이르시되 내 아버지께서 이제까지 일하시니 나도 일한다 하시매…19 그러므로 예수께서 저희에게 이르시되 내가 진실

로 진실로 너희에게 이르노니 아들이 아버지의 하시는 일을 보지 않고는 아무 것도 스스로 할 수 없나니 아버지께서 행하시는 그것을 아들도 그와 같이 행하느니라

(요14:10) 나는 아버지 안에 있고 아버지는 내 안에 계신 것을 네가 믿지 아니하느냐 내가 너희에게 이르는 말이 스스로 하는 것이 아니라 아버지께서 내 안에 계셔 그의 일을 하시는 것이라

(요3:34) 하나님의 보내신 이는 하나님의 말씀을 하나니 이는 하나님이 성령을 한량 없이 주심이니라

(행10:38) 하나님이 나사렛 예수에게 성령과 능력을 기름 붓듯 하셨으매 저가 두루 다니시며 착한 일을 행하시고 마귀에게 눌린 모든 자를 고치셨으니 이는 하나님이 함께 하셨음이라

성도들은 오직 성령으로 인도함을 받는 하나님의 자녀들이요 아들들입니다. 자기의 감정과 생각을 따르는 이들이 아니요 오직 성령의 인도하심에 자신을 맡기는 자들입니다.

(롬8:14) 무릇 하나님의 영으로 인도함을 받는 그들은 곧 하나님의 아들이라

성도의 순종이란 엄밀하게 말하면, 성령의 감동과 음성에 대한 자발적이고도 긍정적인 의지발동을 말합니다. 롬6:16, 신30:19 하나님은 모든 성도가 성령에 인도함을 받아 하나님의 말씀에 기쁨으로 온전히 순종하기를 원하십니다.

성령에 인도함 받지 않는 믿음은 존재할 수가 없습니다. 다시 말하면 성령의 감동과 음성에 자발적 행동으로 나타나는 것이 진정한 믿음의 순종이라 할 수가 있습니다.

(고후3:3) 너희는 우리로 말미암아 나타난 그리스도의 편지니 이는 먹으로 쓴 것이 아니요 오직 살아 계신 **하나님의 영으로 한 것**이며 또 돌비에 쓴 것이 아니요 오직 육의 심비에 한 것이라

(겔36:27) 또 내 신(영)을 너희 속에 두어 너희로 내 율례를 행하게 하리니 너희가 내 규례를 지켜 행할지라

(롬8:4) 육신을 좇지 않고 그 영을 좇아 행하는 우리에게 율법의 요구를 이루어지게 하려 하심이니라

그런고로 예언을 사모하되 반드시 성령의 역사하심에 예민하게 반응해야 합니다. 성령님은 자신의 예언이 선포되는 곳에 모인 이들의 필요를 너무나 잘 아십니다. 또한 성령께서 성도를 통해 자신이 이루실 것이 무엇인지 잘 아십니다.

고로 예언하는 이는 성령께서 무슨 말씀과 감동을 주시는지에 반응할 수 있는 영적 준비가 되어야 하고, 예언을 받는 이는 말씀을 받고 즉각적으로 순종할 준비가 되어 있어야 합니다. 벧전4:11, 살전2:13, 5:19~20, 대하20:20, 대상16:22, 요일2:6

(벧전4:11) 만일 누가 말하려면 **하나님의 말씀을 하는 것 같이 하고**…

(살전2:13) 이러므로 우리가 하나님께 끊임없이 감사함은 **너희가 우리에게 들은 바 하나님의 말씀을 받을 때에 사람의 말로 받지 아니하고 하나님의 말씀으로 받음이니** 진실로 그러하도다 이 말씀이 또한 너희 믿는 자 가운데에서 역사하느니라

(요일2:6) 저 안에 거한다 하는 자는 **그의 행하시는 대로 자기도 행할지니라**

그러므로 모든 성도는 예언을 진정으로 사모해야 합니다. 그래서 교회

에 덕을 끼치게 해야 됩니다.고전14:4 그러나 사랑으로 행해야 하고 규모와 질서가 있어야 합니다.

이처럼 온전히 성령님에 이끌리어 주님의 마음으로 행하는 예언이 진정한 예언입니다!성령은 하나님의 깊은 것까지도 통달하시는 분이심 ; 고전2:10 무엇보다도 성령의 기름 부으심 아래서 세미한 성령님의 인도함을 받아야 합니다!

> (고전14:4) 방언을 말하는 자는 자기의 덕을 세우고 **예언하는 자는 교회의 덕을 세우나니**
>
> (갈5:6) 그리스도 예수 안에서는 할례나 무할례나 효력이 없으되 사랑으로써 역사하는 믿음뿐이니라
>
> (요일2:27) 너희는 **주께 받은 바 기름 부음이 너희 안에 거하나니** 아무도 너희를 가르칠 필요가 없고 오직 그의 기름 부음이 모든 것을 너희에게 가르치며 또 참되고 거짓이 없으니 너희를 가르치신 그대로 주 안에 거하라

4.2 참 예언자를 존중하라!

말세에 있을 특징 중의 하나는 바로 성령의 역사가 강하게 임한다는 것입니다.슥10:1 하나님은 요엘 선지자를 통하여서는 하나님의 영곧 성령을 모든 이에게 부어주신다고 하셨습니다.

> (욜2:28-29) 그 후에 내가 내 신을 만민에게 부어 주리니 너희 자녀들이 장래 일을 말할 것이며 너희 늙은이는 꿈을 꾸며 너희 젊은이는 이상을 볼 것이며 29 그 때에 내가 또 내 신으로 남종과 여종에게 부어 줄 것이며

야고보 기자는 이를 농부가 열매를 바라고 기다리는 이른 비와 늦은 비

라고 비유하고 있습니다.

(약5:7) 그러므로 형제들아 주의 강림하시기까지 길이 참으라 보라 농부가 땅에서 나는 귀한 열매를 바라고 길이 참아 이른 비와 늦은 비를 기다리나니

그리고 에스겔 선지자는 환상 중에 성전에서 물이 흘러나오는 모습을 예언하고 있습니다. 이 물은 척량할 때마다 점점 불어나 나중에는 창일하여 헤엄칠 물이 되어 사람들이 건너지 못할 큰 강의 모습을 보여 줍니다. 여기서 물은 바로 성령의 역사를 의미합니다. 이는 성령의 역사하심이 점점 강해진다는 예언입니다. ∵ 겔47:12=계22:2

우리는 지금 주님의 재림을 기다리는 말세에 서 있습니다. 성령은 재림의 시점이 가까워 올수록 점점 더 강하게 역사하실 것입니다. 베드로 사도는 요엘 선지자의 글을 인용하여 다음과 같이 선포하고 있습니다.

(행2:16-18) 이는 곧 선지자 요엘로 말씀하신 것이니 일렀으되 17 하나님이 가라사대 말세에 내가 내 영으로 모든 육체에게 부어 주리니 너희의 자녀들은 예언할 것이요 너희의 젊은이들은 환상을 보고 너희의 늙은이들은 꿈을 꾸리라 18 그 때에 내가 내 영으로 내 남종과 여종들에게 부어 주리니 저희가 예언할 것이요

이처럼 말세에는 성령으로 인해 예언과 환상과 신령한꿈이 일반적으로 나타나게 됩니다. 이는 성령의 역사로 인해 각 교회들 마다 예언의 바람이 더욱 불게 될 것을 말합니다. 은혜의 성령의 강물에 들어가지 않는 교회는 아마 바로 서 있지 못할 것입니다.

환난의 폭풍이 몰려오며행2:19-21이 행2:16-18뒤에 있는 이유임, 악하고 패역한 세대가 가나안 일곱 족속처럼 세상에 가득할 때창6:5, 15:16, 마12:45, 이를 능히 대적하고 바로 끝까지 서기 위해서는엡6:10-13 강한 성령의 기름 부으심과 능력이 반드시 있어야 합니다.

(행2:19-21) 또 내가 위로 하늘에서는 기사와 아래로 땅에서는 징조를 베풀리니 곧 피와 불과 연기로다 20 주의 크고 영화로운 날이 이르기 전에 해가 변하여 어두워지고 달이 변하여 피가 되리라 21 누구든지 주의 이름을 부르는 자는 구원을 얻으리라 하였느니라

(엡6:10-13) 종말로 너희가 주 안에서와 그 힘의 능력으로 강건하여지고 11 마귀의 궤계를 능히 대적하기 위하여 하나님의 전신갑주를 입으라 12 우리의 씨름은 혈과 육에 대한 것이 아니요 정사와 권세와 이 어두움의 세상 주관자들과 하늘에 있는 악의 영들에게 대함이라 13 그러므로 하나님의 전신갑주를 취하라 이는 악한 날에 너희가 능히 대적하고 모든 일을 행한 후에 서기 위함이라

(마24:29-30) 그 날 환난 후에 즉시 해가 어두워지며 달이 빛을 내지 아니하며 별들이 하늘에서 떨어지며 하늘의 권능들이 흔들리리라 30 그 때에 인자의 징조가 하늘에서 보이겠고 그 때에 땅의 모든 족속들이 통곡하며 그들이 인자가 구름을 타고 능력과 큰 영광으로 오는 것을 보리라

주님 재림 직전의 세상의 모습이 계17-18장에 자세히 묘사되어 있습니다.[1] 이를 짐승을 타고 있는 음녀淫女 "바벨론"이라는 이름으로 표현하고 있습니다.

---

1) 정학영, 『주님이 기뻐하시는 종말론 요한 계시록』, 대장간, pp277-306, 2017.

(계18:2-3) 힘찬 음성으로 외쳐 이르되 무너졌도다 무너졌도다 **큰 성 바벨론 이여** 귀신의 처소와 각종 더러운 영이 모이는 곳과 각종 더럽고 가증한 새들 이 모이는 곳이 되었도다

이 바벨론을 "귀신의 처소와 각종 더러운 영이 모이는 곳과 각종 더럽고 가증한 새들이 모이는 곳"이라 묘사하고 있습니다. 그리고 이 음녀를 "땅의 왕들을 다스리는 큰 성"이라고도 했습니다. 계17:18

(계17:18) 또 네가 본 그 여자는 땅의 왕들을 다스리는 큰 성이라 하더라

음녀는 계17:4절에 보면 짐승을 타고서 자주색과 붉은 색 옷을 입고 금 잔을 들고 있는데, 그 안에 내용을 보면 다음과 같은 것으로 이는 음녀의 특 징을 요약적으로 나타내 줍니다.

① 음행의 포도주에 취함계17:2
② 가증한 것들로 가득함계17:4
   여기서, **가증한 것** =βδέλυγμα 브델뤼그마, abomination혐오, 특히 우상숭배를 의미
③ 음행의 더러운 것들로 가득함계17:4
④ 성도의 피, 증인의 피에 취함계17:6, 18:24, 19:2 : 종교적 핍박
⑤ 자기를 영화롭게 함계18:7
⑥ 온갖 사치로 자신을 꾸밈계17:4, 18:16
⑦ 세계 정치와 무역상업을 잡고 있음계18:23, 3, 17:2, 4

(계18:23) 등불 빛이 결코 다시 네 안에서 비치지 아니하고 신랑과 신부의 음성이 결코 다시 네 안에서 들리지 아니하리로다 **너의 상인들은 땅의 왕족들**

이라 네 복술로 말미암아 만국이 미혹되었도다

(계18:3) 그 음행의 진노의 포도주로 말미암아 만국이 무너졌으며 또 **땅의 왕들이 그와 더불어 음행하였으며 땅의 상인들도 그 사치의 세력으로 치부하였도다** 하더라

부언하자면 성령의 역사 중에 예언은 사도바울이 특히 사모하며 갈망하라고 권면한 은사입니다.고전14:1,39 왜냐하면 예언으로 말미암아 교회에 끼치는 덕이 크기 때문입니다. 고로 예언을 사모하지 않는 것은 영적인 무지로 인하여 나타나는 현상입니다.

(고전14:3-4) 그러나 예언하는 자는 사람에게 말하여 덕을 세우며 권면하며 안위하는 것이요 4 방언을 말하는 자는 자기의 덕을 세우고 예언하는 자는 교회의 덕을 세우나니

이처럼 예언은 교회를 온전히 세우기 위한 측면에서 매우 중요한 성령의 나타나심입니다.엡4:11-12 그러므로 예언은 믿지 않는 자를 위함이 아니요 믿는 자, 곧 교회 내에서 행해지는 귀한 은사입니다.

(고전14:22) 그러므로 방언은 믿는 자들을 위하지 않고 믿지 아니하는 자들을 위하는 표적이나 예언은 믿지 아니하는 자들을 위하지 않고 믿는 자들을 위함이니

물론 예언은 믿지 않는 이들에게도 하나님을 나타내고 증거 하는 수단으로 사용되기도 합니다.

(고전14:24-25)… 다 예언을 하면 믿지 아니하는 자들이나 무식한 자들이 들어와서 모든 사람에게 책망을 들으며 모든 사람에게 판단을 받고 25 그 마음의 숨은 일이 드러나게 되므로 엎드리어 하나님께 경배하며 하나님이 참으로 너희 가운데 계시다 전파하리라

이처럼 예언은 믿는 자에게는 교회의 덕을, 믿지 않는 자에게는 하나님의 살아계심을 증거하는 것이기에 교회 내에서는 성령의 기름 부으심 아래에서 예언계시가 풍성해야 합니다.

(고전14:26) 그런즉 형제들아 어찌할꼬 너희가 모일 때에 각각 찬송시도 있으며 가르치는 말씀도 있으며 **계시도 있으며** 방언도 있으며 통역함도 있나니 **모든 것을 덕을 세우기 위하여 하라**

이미 앞서 "4.1 예언의 필요성과 유의할 점"에서 강조한 것처럼 성령의 나타나심은 성령의 기름 부으심 아래서 이루어져야 합니다. 이는 인간의 의도대로조정으로 성령님은 일하지 않으시고 그분의 뜻에 따라 나타나시기에 인간은 오직 예언하려는 의지와 사모함만이 요구될 뿐입니다.엡1:11 예언을 하려고 하는 사모하는 마음과 의지를 주께 드리고 성령의 역사하심을 조용히 기다릴 때 성령님은 자신의 뜻대로 운행하실 것입니다.

그리고 성령님께 자신들을 온전히 맡길 때 성령은 성도들을 통하여 자신을 나타내실 것입니다.

이미 말씀 드린 데로 성령님께서 역사하실 때는 우리의 태도에 따라 그 강도는 달라지기에 성도들은 성령의 인격을 존중하고 예언을 멸시치 말아야 합니다.

(살전5:19-20) 성령을 소멸치 말며 예언을 멸시치 말고

또한 성령님의 통로로 쓰임 받는 예언하는 이선지자, 장로…등를 대할 때 주主께 대하듯 해야 합니다.

(대하20:20) 이에 백성들이 일찌기 일어나서 드고아 들로 나가니라 나갈 때에 여호사밧이 서서 가로되 유다와 예루살렘 거민들아 내 말을 들을지어다 너희는 너희 하나님 여호와를 신뢰하라 그리하면 견고히 서리라 그 선지자를 신뢰하라 그리하면 형통하리라 하고
(행10:25-26) 마침 베드로가 들어올 때에 고넬료가 맞아 발 앞에 엎드리어 절하니 26 베드로가 일으켜 가로되 일어서라 나도 사람이라 하고
(엡6:7) 기쁜 마음으로 섬기기를 주께 하듯 하고 사람들에게 하듯 하지 말라
(마10:40) 너희를 영접하는 자는 나를 영접하는 것이요 나를 영접하는 자는 나 보내신 이를 영접하는 것이니라

그리고 기름 부으심을 받아 말씀을 선포하는 자의 마음을 상하게 하지 말아야 합니다.

(대상16:22) 이르시기를 **나의 기름 부은 자를 만지지 말며 나의 선지자를 상하지 말라** 하셨도다
(시105:15) 이르시기를 나의 기름 부은 자를 만지지 말며 나의 선지자를 상하지 말라 하셨도다
(애4:16) 여호와께서 노하여 흩으시고 다시 권고치 아니하시리니 **저희가 제사장들을 높이지 아니하였으며 장로들을 대접지 아니하였음이로다**

이처럼 참으로 하나님의 기름 부으심을 받은 선지자나 제사장 및 장로들을 대접하지 않으면 자기 자신에게 아무런 유익이 없음을 명심해야 합니다. 이는 주님께서 보내신 자를 대접하는 자는 곧 그를 보내신 이를 대접하는 것과 동일하기 때문입니다.

(신17:12-13) 사람이 만일 천자히 하고 네 하나님 여호와 앞에 서서 섬기는 제사장이나 재판장을 듣지 아니하거든 그 사람을 죽여 이스라엘 중에서 악을 제하여 버리라 13 그리하면 온 백성이 듣고 두려워하여 다시는 천자히 행치 아니하리라

(히13:17) 너희를 인도하는 자들에게 순종하고 복종하라 저희는 너희 영혼을 위하여 경성하기를 자기가 회계할 자인 것같이 하느니라 저희로 하여금 즐거움으로 이것을 하게 하고 근심으로 하게 말라 그렇지 않으면 너희에게 유익이 없느니라

(벧전5:5) 젊은 자들아 이와 같이 장로들에게 순복하고 다 서로 겸손으로 허리를 동이라 하나님이 교만한 자를 대적하시되 겸손한 자들에게는 은혜를 주시느니라

(갈6:6) 가르침을 받는 자는 말씀을 가르치는 자와 모든 좋은 것을 함께 하라

(마10:41-42) 선지자의 이름으로 선지자를 영접하는 자는 선지자의 상을 받을 것이요 의인의 이름으로 의인을 영접하는 자는 의인의 상을 받을 것이요 42 또 누구든지 제자의 이름으로 이 소자 중 하나에게 냉수 한 그릇이라도 주는 자는 내가 진실로 너희에게 이르노니 그 사람이 결단코 상을 잃지 아니하리라 하시니라

(살전5:12-13) 형제들아 우리가 너희에게 구하노니 너희 가운데서 수고하고 주 안에서 너희를 다스리며 권하는 자들을 너희가 알고 13 그들의 역사로

말미암아 사랑 안에서 가장 귀히 여기며 너희끼리 화목하라

하나님께서 쓰시는 하나님의 일꾼에게는 특별히 하나님의 명예가 있습니다. 우리가 이들을 귀히 여기는 것은 사람을 육체로 보지 않고 하나님의 영광을 바라보기 때문입니다. 하나님은 이러한 믿음의 소유자들을 또한 귀히 여기십니다. 이러한 이유로 다윗은 한 때 하나님의 기름부음 받은바 된 사울 왕을 해치지 않았음; 시105:15

> (창12:3) **너를 축복하는 자에게는 내가 복을 내리고 너를 저주하는 자에게는 내가 저주하리니** 땅의 모든 족속이 너로 말미암아 복을 얻을 것이라 하신지라
> (고후5:16) 그러므로 우리가 이제부터는 **어떤 사람도 육신을 따라 알지 아니하노라** 비록 우리가 그리스도도 육신을 따라 알았으나 이제부터는 그같이 알지 아니하노라
> (요12:26) 사람이 나를 섬기려면 나를 따르라 나 있는 곳에 나를 섬기는 자도 거기 있으리니 **사람이 나를 섬기면 내 아버지께서 그를 귀히 여기시리라**
> (시105:15) 이르시기를 나의 기름 부은 자를 손대지 말며 나의 선지자들을 해하지 말라 하셨도다

이와 같이 우리는 예언을 사모하되 사랑의 동기와 하나님의 질서를 명심해야 합니다. 예언하는 자나 예언을 받는 자나 모두 이러한 믿음으로 행할 때 성령님은 자신의 기쁘신 뜻에 따라 마음껏 자신을 드러내시며 일하실 것입니다. 할렐루야!

4.3 예언의 분류

하나님 말씀이라는 단어가 성경에는 세 가지 형태로 등장함을 볼 수 있습니다.

첫째로 "LOGOS[2])λόγος 로고스" 입니다. 이 단어는 요1:1절에 "태초에 말씀 LOGOS이 계시니라 이 말씀이 하나님과 함께 계셨으니 이 **말씀이 곧 하나님이시니라**"라고 기록되어 있습니다. 이 문맥의 시제는 미완료 과거형으로, 이 문장속의 태초太初는 현재 시점을 중심으로 과거 영원전의 상태를 포함하는 것으로 시간이 미래로 나아감에 따라 영원까지 이어지는 시제라고도 볼 수가 있습니다. 다시 말하면 이 "태초의 LOGOS"는 영원부터 영원까지 계시는 하나님 자신을 의미합니다.

만유를 창조하신 하나님은 만유보다 크시며 만유 위에 계시고, 또한 만유 안에 계시는 무소부재無所不在하시고 전지전능全知全能하신 하나님이십니다.엡4:6 성경에는 이 LOGOS가 육신이 되어 우리 가운데 거하신 분이 바로 하나님 아들이신 예수님이라 했고요1:14, 이분을 또한 임마누엘 하나님이라 했습니다.마1:23 이처럼 LOGOS는 모든 영광과 찬양을 받으실 하나님이십니다. 할렐루야!

둘째로 "그라페γραφη, graphe" 입니다. 이 단어는 "기록된 하나님의 말씀"을 의미합니다. 딤후3:16절의 "모든 **성경**은 하나님의 감동으로 된 것으로…."에서, 여기에 기록된 "성경"이 바로 "그라페" 입니다.

또한 요5:39절 즉, "너희가 **성경**에서 영생을 얻는 줄 생각하고 **성경**을 상고하거니와 이 **성경**이 곧 내게 대하여 증거하는 것이로다"에서의 "성경"이 또한 이 단어로 되어 있습니다. 이 성경graphe은 구약성경의 전체를 의미하는 것이지만 현재 우리 손에 들어와 있는 성경 66권 전체를 말한다 해도 무

---

2) λόγος(로고스)는 다양한 뜻이 있다. 그러나 여기서 말하는 바는 요1:1-4, 14에서와 같이 "**하나님이신 말씀**"을 의미한다고 해서 로고스를 대문자로 사용한다, 즉 LOGOS(Word).

리는 없을 듯합니다.

"그라페"에는 하나님의 뜻과 계획을 기록하고 있어 이를 통하여 창조된 피조세계[영계와 물질계]를 통하여 이루시고자 하는 경륜과 의도를 밝히 드러내고 계십니다. 또한 "그라페"를 통해 하나님의 속성과 능력을 알 수가 있습니다.

그러나 무한하신 LOGOS 하나님 전체를 성경으로는 다 알 수도 나타낼 수도 없는 것입니다. 요21:25와 20:30절에서도 언급되었듯이, LOGOS이신 예수께서 행하신 일[즉 나타내시고 말씀하신 것]조차도 세상이 감당치 못할 분량이거늘 어찌 LOGOS전체를 나타낼 수 있겠느냐? 라고 반문하는 것을 보면 이해가 됩니다.

이는 단지 예수님의 행하신 일을 통하여 아버지께서 보내시어 나타내신 일임을 세상으로 알게 하고 생명을 얻게 하려하심이라 기록하고 있습니다. 요17:21,23, 20:31

마지막으로 "레마rhema" 입니다.3) "그라페"는 성령의 감동으로 계시되어 기록된 하나님 말씀으로, 성도들이 동일한 성령의 감동으로 말씀을 읽을 때 성도의 영혼[heart와 spirit을 포함]에 주시는 구체적인 말씀이 되는데, 이 말씀이 바로 레마입니다.[특정한 시간에, 특정한 사람에게, 특정한 상황에서 주시는 현재의 말씀]

이 레마는 주님이 성도들에게 현재 들려주시는 말씀[spoken words, anointed words, 요6:63]입니다. 개인에게나 집단에게 하나님의 생각과 의도, 구체적 방법과 때를 제시해 주시는 말씀[이것은 고전14:1,39절에 말하는 "예언"과 관련이 깊음]입니다

---

3) 프리미엄 성경 프로그램 『워드바이블』, 바이블넷. 2014 : 흐레마(hrema), "말하여진 것", "말이나 기록으로 공표된 것"을 나타낸다. 흐레마(hrema)의 의미 (로고스와 구별되는)는 엡 6:17의 "성령의 검, 곧 하나님의 말씀을 가지라"는 명령에서 예증된다. 이곳에서 말하는 바는 우리가 갖고 있는 성경전서 전체를 말하는 것이 아니고, 성령께서 필요시에 사용할 수 있도록 우리에게 기억나게 하시는 개개인의 성경 , 곧 성경으로 인해 우리 마음에 규칙적으로 저장되어 있는 없어서는 안 될 것을 가리킨다.

이 레마는 로고스LOGOS로부터 올 수도 있고, 그라페graphe를 통해 올 수도 있습니다. 레마가 로고스로부터 오는 예언의 대표적인 경우가 바로 다윗 왕이 나단 선지자로부터 받은 하나님의 계시의 말씀입니다.삼하7:4-17 하나님 성전 짓기를 원했던 다윗 왕은 나단 선지자를 통하여 성전 지을 시기와 또 다윗과 그 자손들에게 주시는 구체적인 축복의 말씀을 받는데, 레마로 받는 것을 보게 됩니다.율법과 선지서라고 말하는 이유도, 기록된 율법뿐만 아니라 현재 하나님으로부터 계시로 주시는 말씀도 있음을 의미함

(눅24:44) 또 이르시되 내가 너희와 함께 있을 때에 너희에게 말한바 곧 **모세의 율법과 선지자의** 글과 시편에 나를 가리켜 기록된 모든 것이 이루어져야 하리라…

한편 우리가 "믿음"이라고 말할 때 우선 생각나는 말씀이 바로 롬10:17 말씀입니다. 즉 "…믿음은 들음에서 나며 들음은 그리스도의 **말씀**레마으로 말미암았느니라"라고 했고, 요6:63절에는 "살리는 것은 영이니 육은 무익하니라. 내가 너희에게 이른 말레마이 영이요 생명이라"고 기록되어 있는데, 이 요절 속의 "말씀"이 바로 레마로 되어 있습니다.

다시 말하면 믿음은 주님의 말씀이 살아 있는 영의 말로 들리게 될 때 생긴다는 말입니다. 로고스도 그라페로도 아닌 레마로 역사할 때 믿음이 살아난다는 것입니다. 이처럼 하나님 말씀이 살아 역사할 때히4:12-13, 그때가 바로 레마가 됩니다. 아멘!

주님은 이러한 말씀을 주려 오셨습니다. 이를 "내가 세상에 화평을 주러 온 줄로 생각하지 말라 화평이 아니요 검을 주러 왔노라마10:34"라 하셨습니다. 이를 바울은 성령의 검이라고 표현했습니다. 엡6:17, 마4:4, 신8:3, 계19:13-15, 2:16, 살후2:8

레마의 말씀은 운동력이 있습니다. 예리합니다. 혼과 영과 및 관절과 골수를 찔러 쪼개는 역사가 있습니다. 마음의 생각과 뜻을 감찰하며, 피조세계, 지음 받은 모든 것은 하나님 말씀 앞에 벌거벗은 듯 드러나게 됩니다. 히 4:12-13

우리가 일반적으로 예언이라 말할 때는 하나님 말씀을 의미하므로벧후 1:19-21, 로고스와 그라페 및 레마 모두를 포함합니다.

여기서 로고스와 그라페는 하나님의 말씀 그 자체임으로 인간이 폐할 수 없는 예언이지만, 레마는 성령의 감동으로 인간에게 친히 주신 하나님의 말씀이므로, 이 말씀을 받은 사람이 이를 거부하거나 하나님의 방법과 하나님의 시간때에 따라 반응하여 행하지 않으면 하나님 말씀이라도 성취되지 않고 폐하여 질 수도 있습니다.

그래서 전자를 "무조건적이고 일반적인 예언"이라 부르고, 후자는 "조건적이고 부분적이며 개인적인 예언"이라고 말합니다.

본서에서 다루는 예언은 주로 후자의 경우로, "…예언하는 자는 사람에게 말하여 덕을 세우며 권면하며 안위하는 것이요고전14:3" 또한 모든 이들로 배우게 하는 기능을 가지고 교회에 덕을 끼치게 됩니다. 고전14:31

전술한 바와 같이 개인적인 예언 측면에서 볼 때, 예언은 속성상 "레마"의 한 부분으로 볼 수 있으며, 이 외에도 성령으로 역사하는 다양한 예언을 다음과 같이 분류할 수가 있습니다.

첫째로 "대언의 영"으로 오는 예언입니다.

이는 주로 강한 성령의 임재로 말미암아 예언적 기름 부으심이 무리 가운데 부어질 때 나타나는 예언입니다. 이러한 경우에는 모인 무리 모두가 예언을 하게 됩니다. 이를 예언의 영이 임했다라고 함 특히 강한 성령의 임재 속에서 예언적 예배를 드릴 때나고전14:26, 예언적 기름 부으심이 강한 선지자들의 무리 속에 들어가 있을 때에 일어나는 현상입니다.

모세가 주께 맡은 일이 너무 과중하여 자기를 도울 자를 요청했을 때, 하나님은 모세가 추천한 장로 70명을 모세와 함께 회막에 둘러 세우시고, 하나님은 그들 가운데 영광 중에 임하시어 모두가 예언을 하게하십니다.민11:24-30

또 다윗은 사울 왕을 피하여 라마나욧에 머물고 있었습니다. 라마나욧은 선지자 사무엘의 고향으로 성령의 기름 부으심이 강하게 내리고 있었습니다. 사울 왕은 다윗이 라마나욧에 숨어 있다는 소식을 접하고, 이에 다윗을 잡으려 군사들을 세 번이나 보냈습니다. 그러나 보낸 군사들이 돌아오지 않자, 사울 왕은 직접 라마나욧으로 가게 됩니다.

그곳에 먼저 당도했던 군사들이나, 막 들어온 사울 왕은 다윗을 죽이려는 악의는 볼 수 없고 대신 기름 부으심 아래서 모두가 예언하는 모습을 보여줍니다.삼상19:19-24, 요7:46

(고전14:26) 그런즉 형제들아 어찌할꼬 너희가 모일 때에 각각 찬송시도 있으며 가르치는 말씀도 있으며 계시도 있으며 방언도 있으며 통역함도 있나니 모든 것을 덕을 세우기 위하여 하라

(민11:24-30) 모세가 나가서 여호와의 말씀을 백성에게 고하고 백성의 장로 칠십인을 모아 장막에 둘러 세우매 25 여호와께서 구름 가운데 강림하사 모세에게 말씀하시고 그에게 임한 신을 칠십 장로에게도 임하게 하시니 신이 임하신 때에 각 그들이 예언을 하다 다시는 아니하였더라 26 그 녹명 된 자 중 엘닷이라 하는 자와 메닷이라 하는 자 두 사람이 진에 머물고 회막에 나아가지 아니하였으나 그들에게도 신이 임하였으므로 진에서 예언한지라 27 한 소년이 달려와서 모세에게 고하여 가로되 엘닷과 메닷이 진중에서 예언

하더이다 하매 28 택한 자 중 한 사람 곧 모세를 섬기는 눈의 아들 여호수아가 말하여 가로되 내 주 모세여 금하소서 29 모세가 그에게 이르되 네가 나를 위하여 시기하느냐 여호와께서 그 신을 그 모든 백성에게 주사 다 선지자 되게 하시기를 원하노라 30 모세와 이스라엘 장로들이 진중으로 돌아왔더라

(삼상10:10) 그들이 산에 이를 때에 선지자의 무리가 그를 영접하고 하나님의 신이 사울에게 크게 임하므로 그가 그들 중에서 예언을 하니

(삼상19:20-24) 사울이 다윗을 잡으러 전령들을 보냈더니 그들이 선지자 무리가 예언하는 것과 사무엘이 그들의 수령으로 선 것을 볼 때에 하나님의 영이 사울의 전령들에게 임하매 그들도 예언을 한지라 21 어떤 사람이 그것을 사울에게 알리매 사울이 다른 전령들을 보냈더니 그들도 예언을 했으므로 사울이 세 번째 다시 전령들을 보냈더니 그들도 예언을 한지라…23 사울이 라마 나욧으로 가니라 하나님의 영이 그에게도 임하시니 그가 라마 나욧에 이르기까지 걸어가며 예언을 하였으며 24 그가 또 그의 옷을 벗고 사무엘 앞에서 예언을 하며 하루 밤낮을 벗은 몸으로 누웠더라 그러므로 속담에 이르기를 사울도 선지자 중에 있느냐 하니라

둘째로 "은사적 예언"이 있습니다. (forth-telling)

이는 성령의 은사로 나타나는 성령사역의 한 연장이며 그리스도의 몸인 교회 사역의 하나입니다. 고전12:10절에 나오는 것이 대표적입니다.

(고전12:10) 어떤 이에게는 능력 행함을, **어떤 이에게는 예언함을**, 어떤 이에게는 영들 분별함을, 다른 이에게는 각종 방언 말함을, 어떤 이에게는 방언들 통역함을 주시나니

예언의 은사를 사용할 때는 믿음의 분량에 따라 행하게 됩니다.

(롬12:3) 내게 주신 은혜로 말미암아 너희 각 사람에게 말하노니 마땅히 생각할 그 이상의 생각을 품지 말고 오직 하나님께서 **각 사람에게 나누어 주신 믿음의 분량대로 지혜롭게 생각하라**
(롬12:6) 우리에게 주신 은혜대로 받은 은사가 각각 다르니 혹 **예언이면 믿음의 분수대로**

크리스 오야킬로메 목사는 그의 저서 『예언』이란 책에서 다음과 같은 귀한 믿음의 글을 고백했습니다.

"예언하는 자는 믿음의 분량에 따라 말해야 한다는 뜻입니다. 이런 종류의 예언은 믿음을 말하는 것입니다. 이는 선지자가 계시에 근거하여 말하는 것과는 다릅니다. 하나님의 어떤 자녀가 당신에게 예언적인 발언을 하며 '성령님께서 말씀하십니다. 내가 너와 함께 하므로 나의 자녀야 강하여라.'라고 말할 수 있습니다. 그는 그렇게 하기 위해 당신의 상황에 대한 환상이나 특별한 계시를 받을 필요가 없습니다. 그러나 그는 믿음의 말씀을 가지고, 믿음으로 그 말씀을 당신에게 선포합니다. 이런 말을 할 때 그는, 뭔가가 위로부터 임해서 지금 자기도 무슨 일이 일어나고 있는지 모르는 것처럼 행동할 필요가 없습니다."

이러한 은사적 예언은 성령의 기름 부으심 아래서 현재 상황에 대해 하나님의 말씀에 대한 믿음이 오면 선포이를 레마적 선포 혹은 레마적 예언이라고도 함하는 것입니다. 이럴 때 그 예언을 믿고 행하면 그 일은 이루어지게 됩니다.

(고후4:13) 기록한 바 내가 믿었으므로 말하였다 한 것 같이 우리가 같은 믿음의 마음(영 spirit)을 가졌으니 **우리도 믿었으므로 또한 말하노라**

이 예언적 은사로 행해지는 예언은 하나님의 마음으로 위로comfort하며 권면exhortation 훈계, 충고, 위로하여 교회에 덕을 세우기edification위함입니다. 또한 모든 사람으로 배우게 하고 권면을 받게 하는 목적이 있습니다.

(고전14:3) 그러나 예언하는 자는 사람에게 말하여 **덕을 세우며 권면하며 안위하는 것**이요
(고전14:31) 너희는 **다 모든 사람으로 배우게 하고 모든 사람으로 권면을 받게 하기 위하여** 하나씩 하나씩 예언할 수 있느니라

셋째로 "선지자적 직임의 예언"입니다. (fore-telling)
이 예언은 선지자적 기름 부으심에서 나오는 것으로, 그리스도 사역의 한 연장선으로 행해지는 것입니다. 이 예언은 은사적으로 행해지는 것보다 분야가 넓고 포괄적이며 예지적입니다.

(엡2:20) 너희는 사도들과 선지자들의 터 위에 세우심을 입은 자라 그리스도 예수께서 친히 모퉁이 돌이 되셨느니라
(엡4:1,11)그러므로 주 안에서 갇힌 내가 너희를 권하노니 너희가 부르심을 입은 부름에 합당하게 행하여…11 그가 혹은 사도로, 혹은 선지자로, 혹은 복음 전하는 자로, 혹은 목사와 교사로 주셨으니
(요16:13) 그러하나 진리의 성령이 오시면 그가 너희를 모든 진리 가운데로 인도하시리니 그가 자의로 말하지 않고 오직 듣는 것을 말하시며 장래 일을 너희에게 알리시리라

선지자의 기름 부으심이 임한 자는 계시와 표적이 따릅니다. 계시의 영과 지혜의 영이 동반됩니다. 사11:2 예언 시에 하나님의 계시를 받은 후 그것을 상대방에게 말합니다. 경우에 따라서는 받은 예언이 자신의 앞날을 안내하기도 합니다. 그리고 그 예언은 반드시 성취됩니다.

(삼상3:19-21) 사무엘이 자라매 여호와께서 그와 함께 계셔서 **그의 말이 하나도 땅에 떨어지지 않게 하시니** 단에서부터 브엘세바까지의 온 이스라엘이 사무엘은 여호와의 선지자로 세우심을 입은 줄을 알았더라 여호와께서 실로에서 다시 나타나시되 여호와께서 실로에서 여호와의 말씀으로 사무엘에게 자기를 나타내시니라

구약의 예언이 주로 예지적 예언입니다. 야곱은 후일에 있을 일들을 그의 아들들에게 예언합니다. 창49:2-27 모세는 이스라엘 백성들에게 복을 빌어주면서 예언했습니다. 신33:1-29 침례 요한의 아버지 사가랴는 침례 요한에 대해 예언을 했습니다. 눅1:68-79 이스라엘의 위로를 기다리던 시므온은 성령으로 충만하여 아기 예수님을 안고 예언을 했습니다. 눅2:29-32 여 선지자 안나는 이스라엘의 구원을 바라는 사람들에게 아기 예수님에 대해 말을 했습니다. 눅2:38

실은 구약의 아브라함, 모세, 소선지, 대선지, 시편의 선지자들은 모두가 오실 메시아에 대해 예언을 했습니다. 예언은 완성되었고 부활하신 주님은 친히 이를 증명해 주셨습니다.

(눅24:25-27,44) 이르시되 미련하고 선지자들이 말한 모든 것을 마음에 더디 믿는 자들이여 26 그리스도가 이런 고난을 받고 자기의 영광에 들어가야 할 것이 아니냐 하시고 27 이에 모세와 모든 선지자의 글로 시작하여 모

든 성경에 쓴 바 자기에 관한 것을 자세히 설명하시니라…또 이르시되 내가 너희와 함께 있을 때에 너희에게 말한 바 곧 모세의 율법과 선지자의 글과 시편에 나를 가리켜 기록된 모든 것이 이루어져야 하리라 한 말이 이것이라 하시고

(요5:39,46) 너희가 성경에서 영생을 얻는 줄 생각하고 성경을 연구하거니와 이 성경이 곧 내게 대하여 증언하는 것이니라 …모세를 믿었더라면 또 나를 믿었으리니 이는 그가 내게 대하여 기록하였음이라

신약에서도 엡4:11의 5중 직분 중 하나로 선지자가 나옵니다. 안디옥 교회에서도 많은 선지자들의 모습이 나타납니다.행13:1 이들은 예언의 영으로 장래 일을 예언합니다. 이들에게는 계시와 지식의 영이 함께 역사합니다. 이들에게 임하는 예언의 기름 부으심은 고전14:3에서 언급한 은사로 나타나는 예언의 기름 부으심과는 깊이와 폭이 다릅니다. 그리고 성격도 다릅니다.

이에 반해 개인적 예언은 앞에서 언급된 대로 하나님의 마음으로 위로comfort하며 권면exhortation 훈계, 충고, 위로하여 교회에 덕을 세우기edification 위함입니다.고전12:3 또한 모든 사람으로 배우게 하고 권면하게 하려는 목적이 있다고 했습니다.

그러므로 예언할 때는 예언 받는 이를 조종하고 통제하려 해서는 안 됩니다. 오히려 예언의 말씀을 들음으로 위로를 받고 자유하며 하나님의 주신 숨겨진 은사나 잠재력potential을 깨달아 궁극적으로는 교회에 덕을 끼치게 해야 됩니다.

성도들 속에 있는 하나님의 숨겨진 잠재력 즉 은사, 영성, 영적 민감성 등을 예언을 통하여 영적 은사를 활성화 시키는데 도움을 주게 됩니다.

(딤전4:14-15) 네 속에 있는 은사 곧 장로의 회에서 안수 받을 때에 예언으로 말미암아 받은 것을 조심 없이 말며 15 이 모든 일에 전심전력하여 너의 진보를 모든 사람에게 나타나게 하라
(딤후1:6) 그러므로 내가 나의 안수함으로 네 속에 있는 하나님의 은사를 다시 불일듯하게 하기 위하여 너로 생각하게 하노니

고전14:3의 예언은 예언을 통하여 예언 받는 이의 앞 길을 안내하도록 하는 것이 주목적이 아니라, 오히려 예언 받는 이들은 각자 내주하시는 성령의 내적 증거를 통하여 인도함을 받도록 도와주는 것임을 확인시켜 줍니다. 예언 받는 이들은 자신의 내적 증거를 통하여 받은 예언을 확인하는 것입니다.

(롬8:14) 무릇 하나님의 영으로 인도함을 받는 그들은 곧 하나님의 아들이라

이처럼 개인적 예언은 성령의 나타나심 중 하나로서 고전12:10, 모든 은사들과 마찬가지로 궁극적으로는 예수님을 증거하며 하나님의 영광을 드러내는 것에 초점이 모아져야 합니다.

그리고 대개 이러한 개인적 예언은 부분적으로 임하게 되는데 고전13:9 이는 성령의 기름 부으심의 정도와 개인적 믿음의 분량에 따라서 예언의 폭과 넓이가 달라지기 때문입니다. 그리고 연약하고 제한적인 사람을 통하여 나타나기에 분별이 요구됩니다. 고전14:29

그러므로 우리는 예언을 사모하되 성령의 역사하심과 기름 부으심을 간절히 사모해야할 것입니다.

어떠한 예언이든 예언은 어디까지나 **성령의 감동으로 주어진 하나님의**

마음과 그의 말씀을 전하는 것입니다. 그러므로 성령의 뜻, 그리고 임재와 기름 부으심 아래서 행해야 합니다. 믿음을 발동한다고 아무 때나 자기 의지적으로 함부로 하는 것이 아닙니다. 예언을 하려고 하는 갈망함은 있어야 하나 성령의 흐름에 예민해야 합니다. 그리고 동시에 교회의 덕을 위하여 절제의 미덕고전14:30-32과 거룩한 질서가 필요합니다. 고전14:39

> (고전14:29-31) 예언하는 자는 둘이나 셋이나 말하고 다른 이들은 분별할 것이요 30 만일 곁에 앉아 있는 다른 이에게 계시가 있으면 먼저 하던 자는 잠잠할지니라 31 너희는 다 모든 사람으로 배우게 하고 모든 사람으로 권면을 받게 하기 위하여 하나씩 하나씩 예언할 수 있느니라
> (고전14:32) 예언자들의 영은 예언자들의 자기 절제에 의해 통제를 받게 됩니다[쉬운성경]
> (고전14:1,40) 사랑을 추구하며 신령한 것을 사모하되…모든 것을 품위있게 하고 질서있게 하라

예언에는 **하나님의 뜻과 심정**이 배어져 있습니다. 하나님은 예언을 통하여 하나님 자신의 일을 드러내시며, 동시에 성도 한 사람 한 사람이 자신 앞에 바로 서게 함으로 진정한 축복을 주기를 원하십니다.

> (애3:33) 주께서 인생으로 고생하며 근심하게 하심이 본심이 아니시로다
> (렘29:11-13) 나 여호와가 말하노라 너희를 향한 나의 생각은 내가 아나니 재앙이 아니라 곧 평안이요 너희 장래에 소망을 주려하는 생각이라 12 너희는 내게 부르짖으며 와서 내게 기도하면 내가 너희를 들을 것이요 13 너희가 전심으로 나를 찾고 찾으면 나를 만나리라
> (요10:10) 도적이 오는 것은 도적질하고 죽이고 멸망시키려는 것 뿐이요 내

가 온 것은 양으로 생명을 얻게 하고 더 풍성히 얻게 하려는 것이라

참고로 설교와 교사로서의 가르침은 성령으로 그라페graphe를 깨닫고 이해하고 풀이하여 선포하고 가르치는 것입니다. 이 경우에는 일반적으로 성령으로 인도함 받아 사전의 치밀한 준비와 연구가 있어야 합니다.딤후2:15, 행17:11 그러나 이러한 과정을 통하지 않고, 성령께서 강권적으로 역사하심으로 나타나는 설교와 가르침이 있습니다. 이를 예언적 설교/가르침〈prophetic preaching / teaching〉이라고 함, 또한 예언적 기도/전도〈prophetic prayer /outreaching〉도 있음 ; 엡6:17-19

예언적으로 행하는 설교나 가르침은 하나님께서 바로 그 시간에 그 장소에 참석하고 있는 사람들에게 주시는 레마의 말씀베드로의 설교처럼〈행2:14-40, 3:11-26, 4:8-13〉, 스데반의 설교처럼〈행7:1-53〉, 바울처럼〈행18:5〉…으로 이 또한 귀히 여겨야 하며, 이로서 우리는 다양한 성령의 역사를 이해해야 합니다.

저자도 종종 이러한 형태의 설교나 가르침을 행할 때가 있습니다. 이럴 때엔 설교나 가르침 후에 이를 다시 정리하여 노트에 기록해 두고 있습니다.

(벧전4:11) 만일 누가 말하려면 하나님의 말씀을 하는 것 같이 하고…이는 범사에 예수 그리스도로 말미암아 하나님이 영광을 받으시게 하려 함이니 그에게 영광과 권능이 세세에 무궁토록 있느니라 아멘

(살전2:13) …너희가 우리에게 들은 바 하나님의 말씀을 받을 때에 사람의 말로 받지 아니하고 하나님의 말씀으로 받음이니 진실로 그러하도다 이 말씀이 또한 너희 믿는 자 가운데에서 역사하느니라

(행6:10) 스데반이 지혜와 성령으로 말미암아 그들이 능히 당하지 못하여

(행18:5) …바울이 하나님의 말씀에 붙잡혀 유대인들에게 예수는 그리스도라 밝히 증언하니

4.4 예언하는 법

부활하시어 아버지 우편에 앉으신 예수님은 아버지께 기도하여 믿는 이들에게 자신의 이름으로 성령님이 임하게 하셨습니다. 성령이 임한 표적으로 급하고 강한 바람이 불고 마치 불의 혀처럼 갈라지는 것들이 그들의 머리위로 타 올랐습니다. 동시에 그들은 방언을 하기 시작했습니다.행2:1-4,33 이는 주님께서 승천하시기 전에 새 방언 말할 것에 대한 성취였습니다.

> (막16:17) 믿는 자들에게는 이런 **표적**이 따르리니 곧 저희가 **내 이름으로** 귀신을 쫓아내며 **새 방언을 말하며**

이때 임한 방언은 하나님을 높이며 하나님의 위대한 것을 말했습니다.행2:11, 10:46 그리고 그들은 영으로 하나님을 찬양했습니다.고전14:15, 엡5:18-19 이미 앞에서 언급되었듯이 방언은 바로 영의 기도로 자기 영이 하나님께 비밀신비를 말하는 기도입니다.고전14:2, 13:2

이 영의 기도는 사람들은 알아들을 수가 없기에 가르치거나 설교할 시에는 깨달은 말씀으로 하거나고전14:19 통변을 해야 됩니다.고전14:2,5-11,23,27 이 때 통변은 바로 예언적 성격이 있다고 했습니다.고전14:5,27

방언은 예수님을 믿고 영접함으로 "죽었던 영엡2:1"이 살아남으로고전15:45 나타나는 성령의 외적 열매은사로 구약에서는 나타나지 않던 것인데 왜냐하면 예수님의 피로 영이 살아난 사람이 없기에 ; 요7:37-39신약에 와서 나타나는 귀한 은사라고 했습니다.

예수님을 전 인격적으로 모셔 들이고 그 이름을 믿는 이들에게는 성령님이 내주하시고 성도의 영 속을 지성소 삼아 거하시게 됩니다.고전3:16-17, 엡2:6 구원받은 이들의 영은 4차원의 존재이기에 같은 차원의 성령과 깊은 교제가 이루어지게 됩니다. 마음혼은 느끼지 못할 지라도 영의 세계에서는 그

러한 활동이 있습니다. 그림8-1,2,3

방언은 성도의 영 속에 계신 성령님과 깊은 교제를 믿음의 입술로 표현한 것입니다. 다시 말하면 성도의 영이 성령님을 통하여 아버지께 고하는 것을 입술의 자연언어로 표현한 것이 방언입니다. 이와 마찬가지로 예언도 성령님을 통하여 아버지께서 말씀해 주시는 것을 입술로 선포하는 것을 말합니다.

성도의 영이 방언을 통하여 성령님께 더욱 예민해질수록 성도는 하나님의 마음을 더 깊이 느낄 수가 있습니다. 이러한 과정에서 방언이 성령의 감동으로 그 뜻을 알 수 있게 되는데 이를 통변이라고 합니다.

이로써 통변과 예언을 통하여 아버지의 마음을 선포할 수가 있습니다. 일반적으로 통변과 예언은 방언을 통하여 계속적인 성령님과의 친밀한 교제 가운데 나타나는 것이지만, 많은 시편 내용들처럼 예언의 영이 강하게 임할 때에도 성령으로 하나님의 마음을 표현하게도 합니다.

고린도전서 12장에는 9가지 성령의 나타나심 곧 은사을 다루고 있습니다. 이중에 지식과 지혜의 말씀이 더해지고 분별의 은사가 더해 질 때 예언을 통한 하나님의 마음을 더욱 분명하게 전달할 수가 있게 됩니다.

참고로 예언의 주체는 어디까지나 성령의 역사임을 알아야 하듯이, 어떠한 예언의 유형이라도 반드시 성령의 역사하심이 있어야 함은 당연합니다.

이러한 관점에서 어떻게 하면 성령의 역사하심이 풍성해 지는지, 그리고 왜 성령의 운행하심에 예민해져야 하는지에 대해 보다 깊이 알아보도록 하겠습니다.

그림10에서 보는 바와 같이 성령의 감동은 최종적으로 사람의 입술을 통하여 나가게 됩니다. 이것이 예언입니다. 그런데 결정은 혼에서 이루어지

고, 그 결과가 육으로 내 보내지는 것입니다. 고로 만일 문제가 발생한다면 혼에서 일어납니다. 이를 배달 사고라고 해도 좋음

이미 그림6에서 언급한 바와 같이, 혼에서는 영에서 오는 정보와 혼 자체의 정보, 육과 환경에서 오는 정보, 그리고 마귀사단 혹은 세상로부터 오는 정보 등 다양합니다.

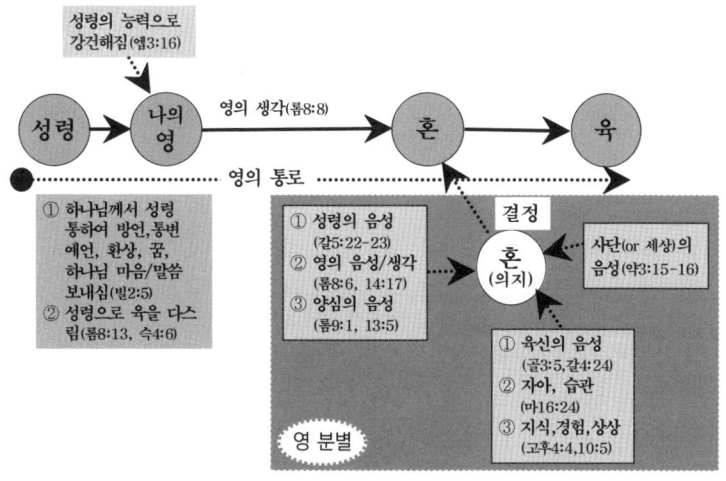

[그림10. 성령감동의 통로]

(고전2:12) 우리가 세상의 영을 받지 아니하고 오직 하나님께로 온 영을 받았으니 이는 우리로 하여금 하나님께서 우리에게 은혜로 주신 것들을 알게 하려 하심이라

문제는 이를 잘 분별하여 영혹은 성령에서 오는 정보를 받아 입으로 말해야 합니다. 만일 성도의영을 통하여 오는 성령의 것이 혼적 자아, 육적 욕심 등과 혼합되어 입으로 선포되어 질 때 이 예언은 전혀 쓰임 받지 못하는 일종의 사람들이 마시지 못할 오염된 물이 됩니다.

그러므로 육신의 욕심을 죽이고, 사람의 자아를 포기하며 용서하지 못한 것, 상처, 우상숭배, 나쁜 습관 및 버릇 등을 먼저 처리해야 합니다.

이러한 후에 영이 성령에 예민해지도록 방언과 찬양, 그리고 말씀 묵상 등으로 자신을 지속적으로 세워나가야 하는데, 사모하는 마음과 간구하는 영으로 넘쳐야 합니다. 무엇보다도 주님을 뜨겁게 사랑하며 이웃을 사랑해야 합니다. 요일3:23-24, 요14:21

이러할 때 아버지와 주님 안에 있는 영광을 공유하게 되고 롬3:23, 히2:10, 10:22, 요17:21-24, 예언하는 자는 영적으로 예민해질 뿐만 아니라 인격적으로도 주님께 쓰임 받는 깨끗한 그릇으로 준비되어 집니다.

(딤후2:21-22) 그러므로 누구든지 이런 것에서 자기를 깨끗하게 하면 귀히 쓰는 그릇이 되어 거룩하고 주인의 쓰심에 합당하며 모든 선한 일에 준비함이 되리라 22 또한 너는 청년의 정욕을 피하고 주를 **깨끗한 마음으로 부르는 자**들과 함께 의와 믿음과 사랑과 화평을 따르라

- **예언 시 유의해야 할 원칙**

예언을 하려고 하는 이들은 고전12:1과 14:1에서처럼 처음에는 의지의 발동으로 시작하지만, 그림11에서처럼 성령의 임재를 느끼면서 영으로 통해 전달되는 성령의 생각과 감정, 느낌이나 영상들을 놓치지 않음으로 성령의 움직임에 예민하도록 집중해야 합니다. 그리고 이를 믿음으로 지혜롭게 표현해야 합니다. 고후4:13

우선적으로 예언하려고 하는 자는 순전하고 완전한 말씀을 묵상함으로 거룩한 믿음으로 자신을 세워나가야 합니다. 유1:20, 엡3:16 그러면 성도의 영은 성령으로 인해 채워지고 세워져 강건하게 됩니다. 성령의 운행하심에 예민하게 됩니다.

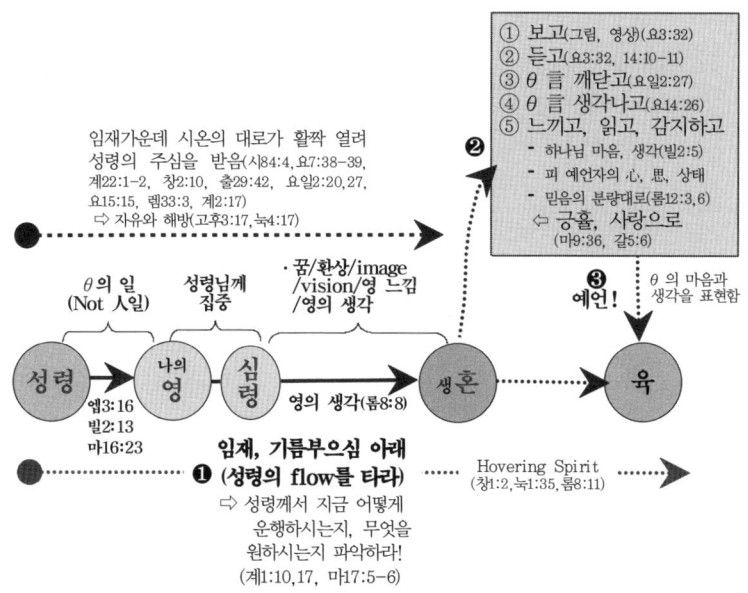

* 심령(heart)은 영의 정보를 혼에 전달하기에, 이를 잘 이해하고 해석하는 훈련이 필요함(주님께 여쭈어 보아야 함: 지혜와 계시의 영이 필요함⇨ 성령의 생각과 마음을 읽어야 함)
* (성령 안에서)깊은 기도 가운데 "θ의 뜻/목적/의도/마음"을 읽음. 이때 생각나고 떠오르게 하는 말씀을 적절히 표현함(요1:20, 롬12:1-3,6)
* 지상에서 주님께서 하신 그대로 따라야 함(오직 성령으로!!:롬8:14,8)
  (요14:10-12,16,26, 16:13-15, 3:32, 요일2:6, 행4:20)

[그림11. 영의 흐름과 예언]

영의 생각으로 넘치게 됩니다.롬8:8 성령께서 무엇을 원하시는 지를, ① 영으로 보게 됩니다.그림, 영상, 멘탈 이미지/그림 등요3:32, 행27:10, ② 주의 음성을 듣게 되고요3:32, 14:10-11, 요일2:6, ③ 하나님의 말씀이 생각나게 되고요14:26, 깨달아지게 됩니다.요일2:27 그리고 ④⑤ 하나님의 마음과 생각을 느끼고, 읽고, 감지하게 됩니다.고전2:16, 롬11:34, 욥15:8, 빌2:5, 요15:15 동시에 예언 받는 자의 마음과 생각이 읽혀지게 됩니다.이때 지식의 영이 발동되는 시기임

이로서 예언은 최종적으로 적절한 말로 표현하여이때 지혜의 영이 발동되는 시

기임 주의 사랑과 긍휼하심으로 위로하고 권면하게 되는 것입니다.마9:36, 갈5:6, 고전14:3 할렐루야!

주님도 이 땅에서 성령의 기름 부으심 가운데 사역하셨습니다.행10:38, 요3:31-35, 14:10-11 주님은 스스로 행하시는 법이 없으셨습니다. 오히려 성령으로 자기 안에 계신 아버지의 것으로 말씀하시고 행하셨습니다.

주님은 하나님 아버지θ父께서 보여주신 것을요5:19, 3:32, 8:38, 14:10, θ父로부터 들으신 것을요5:30, 3:32, 8:26, 15:15, θ父께서 원하시는 것을요5:30, θ父께서 가르치신 것을요8:28, 7:16, 27-29, θ父께서 명하신 것을요14:31, 12:49, θ父께로서 보시고 아시는 것을요3:11, 32, 5:20, θ父께서 주신 말씀을요3:34, 14:24, 눅10:16, 그리고 θ父께서 주신 것요5:36, 10:37-38으로 θ父 일요10:37을 증거 하셨습니다.계1:5, 3;14, 19:10

그래서 주님을 아멘이시오 충성되고계19:11 참된 증인이시오계3:14, 하나님 아버지의 것을 대신하시는 대언의 영이라 했습니다.계19:10

(요일2:6) 저 안에 거한다 하는 자는 그의 행하시는 대로 자기도 행할지니라

(요3:32) 그가 그 보고 들은 것을 증거하되 그의 증거를 받는 이가 없도다

예언하는 입장에서 보면 **예언하는 자는 주님이 하신 방식**대로 쫓아가야 합니다.벧전2:21, 요16:13-15, 14:26 성도 안에 계신 주님께서 하시는 대로 그대로 아멘으로 행해야 합니다.요일2:6, 2:27, 겔37:4,7,10-12

(요16:13-15) 그러나 진리의 성령이 오시면 그가 너희를 모든 진리 가운데로 인도하시리니 그가 스스로 말하지 않고 오직 들은 것을 말하며 장래 일을 너희에게 알리시리라 14 그가 내 영광을 나타내리니 내 것을 가지고 너희에게 알리시겠음이라 15 무릇 아버지께 있는 것은 다 내 것이라 그러므로 내가

말하기를 그가 내 것을 가지고 너희에게 알리시리라 하였노라

(요14:26) 보혜사 곧 아버지께서 내 이름으로 보내실 성령 그가 너희에게 모든 것을 가르치고 내가 너희에게 말한 모든 것을 생각나게 하리라

(요일2:6) 그의 안에 산다고 하는 자는 그가 행하시는 대로 자기도 행할지니라

(겔37:10) 이에 내가 그 명령대로 대언하였더니 생기가 그들에게 들어가매 그들이 곧 살아나서 일어나 서는데 극히 큰 군대더라

그러므로 예언하는 자는 예언을 받는 자에게 하나님의 마음긍휼과 사랑, 마9:46, 갈5:6을 가지고 성령의 흐름곧 기름 부으심에 따라 서두르지 않고 침착하게 자연스럽고도 적절한 표현으로 대언합니다.

한편, 참고적으로 예언하는 자나 예언을 받는 자가 알아야 할 중요한 사실은 예언의 수준입니다. 예언은 예언하는 자의 믿음의 수준믿음의 분수대로…롬12:3,6과 성령님의 기름 부으심의 차이가 있기에 부분적으로 예언이 이루어지는 경우가 많습니다.

(고전13:9) 우리가 부분적으로 알고 부분적으로 예언하니

(고전14:29) 예언하는 자는 둘이나 셋이나 말하고 다른 이들은 분별할 것이요

그러므로 예언을 받는 자는 선포된 예언을 근거로 무엇을 결정할 경우에는 매우 신중해야 합니다. 예언은 부분적이기에 분명 분별되어 져야 하며, 분별 시 성령의 기름 부으심 아래서 성도 간에 서로 분별을 받거나, 기록된 말씀을 통하여 분별하거나이는 예언의 흐름이 성경에 기록된 말씀의 영적 흐름과 일치해야 하기에, 또는 주님으로부터 직분을 맡은 자선지자에게서 분별을 받는

등, 2~3명의 증인의 분별이 반드시 필요합니다. 고후13:1

가장 중요한 것은 예언 받는 자 자신인데, 자신 속에 계신 성령님으로부터 **내적 증거**^{평강, 기쁨, 확신}등를 확보하는 것을 잊지 말아야 합니다. 왜냐하면 성도는 예언하는 자의 예언에 따라 인도받는 것이 아니라 자기 안에 계신 성령으로 인도함 받기에 그러함

(고후13:1) 내가 이제 세 번째 너희에게 가리니 **두세 증인의 입으로 말마다 확정하리라**

(롬8:14) 무릇 **하나님의 영으로 인도함을 받는 그들은 곧 하나님의 아들**이라

(갈5:25) 만일 우리가 **성령으로 살면 또한 성령으로 행할지니**

또한 기억해야 할 부분은 예언 사역의 핵심은 바로 성령의 흐름에 따라 하나님의 마음과 말씀을 전하는 것이라 했습니다. 고로 항상 성령의 기름 부으심을 유지해야 합니다. 그리고 실수가 있을 수가 있으나 이를 겸허히 수용하며 늘 육의 사람을 죽이는 만큼 성결이 유지된다는 사실도 기억해야 합니다.

• **레마적 예언 및 선포**

하나님은 무슨 일을 행하실 때에는 반드시 먼저 뜻을 품으시고 이에 대한 구체적인 계획을 가지고 일하십니다. 그것을 **경륜**^{οἰκονομία 오이코노미아, dispensation, management, ruling}이라고 합니다. 성경의 기록은 모두 하나님의 경륜을 이루기 위해 선포된 하나님의 언약^{言約}임을 말해주고 있습니다.

(엡3:9) 영원부터 만물을 창조하신 **하나님 속에 감추어졌던 비밀의 경륜**이 어떠한 것을 드러내게 하려 하심이라

(딤전1:4) 신화와 족보에 끝없이 몰두하지 말게 하려 함이라 이런 것은 **믿음 안에 있는 하나님의 경륜을 이룸**보다 도리어 변론을 내는 것이라
(갈4:4) 때가 차매 하나님이 그 아들을 보내사 여자에게서 나게 하시고 율법 아래에 나게 하신 것은

이를 특별히 앞에서는 **예언**이라 부른다고 했습니다. 벧후1:20-22

(벧후1:19-21) 또 우리에게는 **더 확실한 예언이 있어** 어두운 데를 비추는 등불과 같으니 날이 새어 샛별이 너희 **마음**(καρδία)**에 떠오르기까지** 너희가 이것을 주의하는 것이 옳으니라 먼저 알 것은 **성경의 모든 예언은 사사로이 풀 것이 아니니 예언은 언제든지 사람의 뜻으로 낸 것이 아니요 오직 성령의 감동하심을 받은 사람들이 하나님께 받아 말한 것임이라**

그러므로 성경의 모든 기록은 하나님의 경륜을 이루기 위한 수많은 약속들로 이루어져 있습니다. 수많은 여호와의 증인들이 이를 구약 안에서 증거하였고 히1:1, 눅24:44-47, 벧전1:10-12, 하나님의 아들 예수님께서 이를 완성하셨습니다. 히10:7, 요17:4, 12:27, 19:30, 롬10:4, 고후1:20, 골2:17

(히1:1) 옛적에 선지자들을 통하여 여러 부분과 여러 모양으로 우리 조상들에게 말씀하신 하나님이
(히10:7) 이에 내가 말하기를 하나님이여 보시옵소서 두루마리 책에 나를 가리켜 기록된 것과 같이 **하나님의 뜻을 행하러 왔나이다** 하셨느니라
(요19:30) 예수께서 신 포도주를 받으신 후에 이르시되 **다 이루었다** 하시고 머리를 숙이니 영혼이 떠나가시니라
(롬10:4) 그리스도는 모든 믿는 자에게 의를 이루기 위하여 **율법의 마침이 되**

시니라

이제 모든 성도들은 예수그리스도를 통해 완성된 하나님의 약속을 누리는 자가 되었습니다. 고후1:20, 3:16 ⇦ 출15:26, 신28:1-14 누구든지 그리스도 예수 안에 있기만 하면 하나님의 모든 약속을 말씀으로 받을 수가 있습니다. 롬10:17, 고후1:20, 3:16, 사43:26 이를 상속자기업, 후사라고 말합니다. 롬8:17, 갈4:7, 3:24-29, 엡3:6, 1:13-14

(고후1:20) 하나님의 약속은 얼마든지 그리스도 안에서 예가 되니 그런즉 그로 말미암아 우리가 아멘 하여 하나님께 영광을 돌리게 되느니라
(엡1:13-14) 그 안에서 너희도 진리의 말씀 곧 너희의 구원의 복음을 듣고 그 안에서 또한 믿어 약속의 성령으로 인치심을 받았으니 이는 **우리의 기업의 보증이 되사** 그 얻으신 것을 속량하시고 그의 영광을 찬송하게 하려 하심이라
(엡3:6) 이는 이방인들이 복음으로 말미암아 그리스도 예수 안에서 **함께 상속자가 되고 함께 지체가 되고 함께 약속에 참여하는** 자가 됨이라

성도들의 삶도 하나님과 같이 그 목표와 계획이 있어야 합니다. 그 계획은 성도 안에 계신 성령께서 자신의 기쁘신 뜻을 위하여 소원을 주십니다. 이것이 각 성도가 품는 **꿈**이요, **비전**이요, **목표**가 됩니다. 이것을 이루기 위한 구체적인 계획도 실행도 성령의 인도함에 따라 이루어져야 하는 것도 성도의 몫입니다.

(빌2:13) 너희 안에서 행하시는 이는 하나님이시니 **자기의 기쁘신 뜻을 위하여 너희에게 소원을 두고 행하게 하시나니**

(요16:13-15) 그러나 진리의 성령이 오시면 그가 너희를 모든 진리 가운데로 인도하시리니 그가 스스로 말하지 않고 오직 들은 것을 말하며 장래 일을 너희에게 알리시리라 그가 내 영광을 나타내리니 내 것을 가지고 너희에게 알리시겠음이라 무릇 아버지께 있는 것은 다 내 것이라 그러므로 내가 말하기를 **그가 내 것을 가지고 너희에게 알리시리라 하였노라**

(렘29:11) 여호와의 말씀이니라 너희를 향한 나의 생각을 내가 아나니 평안이요 재앙이 아니니라 **너희에게 미래와 희망을 주는 것이니라**

이러한 비전은 성령을 통하여 성도의 각 속사람영에 **사모하는 영**을 통하여 **마음**생각으로 오게 됩니다.

(시107:9) 그가 사모하는 영혼(נֶפֶשׁ 네페쉬, soul)에게 만족을 주시며 주린 영혼(נֶפֶשׁ 네페쉬, soul)에게 좋은 것으로 채워주심이로다

(잠16:9) 사람이 마음(heart)으로 자기의 길을 계획할지라도 그의 걸음을 인도하시는 이는 여호와시니라

성령으로부터 오는 하나님의 뜻은 반드시 성경 말씀과 연계되어 있습니다. 다시 말하면 말씀으로 약속되어 있는 소원이면 반드시 이루어지게 됩니다. 사55:11, 43:26

그러므로 말씀을 묵상하다가 다가온 성령의 감동곧 레마 혹은 믿음의 말씀〈롬10:8,17〉을 귀히 여겨야 합니다. 어떤 땐 말씀이 불방망이처럼 오기도 합니다. 렘23:29, 요14:26 이를 베드로는 "…더 **확실한 예언이 있어** 어두운 데를 비추는 등불과 같으니 날이 새어 샛별이 너희 **마음**καρδία, heart**에 떠오르기까지**…"라고 했고, 바울은 "너희는…그리스도의 편지니 이는 …오직 살아 계신 하나님의 영곧 성령으로 쓴 것이며…오직 육의 **마음**καρδία판에 쓴 것이라고

후3:3"라고 했습니다.

이때 그 감동의 말씀을 마음heart으로 받아들이고 믿어야 합니다. 그것이 이성적으로 이해가 되지 않고 가능해 보이지 않더라도 레마의 말씀을 귀하게 여기고 간직해야 합니다.

이러한 상태를 말씀으로 인한 **영적잉태**라고 합니다. 그리고 그 말씀을 굳게 붙들고 계속적으로 믿음의 고백을 해야만 합니다. 히3:14, 4:14. "…그 말하는 것이 이루어질 줄 믿고 **마음**에 의심하지 아니하면 그대로 되리라막11:23"아멘!

영적잉태는 육체적으로 아기를 잉태한 것과 유사합니다. 아기를 잉태한 자는 비록 아직은 태어나지 않았지만 태어날 아기를 상상합니다. 잉태한 순간 이미 아기를 믿음의 눈고후4:18, 히11:1으로 보기 때문에 아기가 태어날 순간까지의 세월은 기쁨과 소망으로 인내하며 지내게 됩니다.

이와 유사하게 봄에 씨를 뿌린 농부는 이미 가을에 들녘 가득히 덮인 잘 익은 곡식을 머리에 그립니다. 그렇기에 추수 때까지의 갖은 변덕스런 날씨세찬 비바람, 뜨거운 뙤약볕, 쉼 없는 갈무리 등등와 흘리는 땀의 수고에도 슬퍼하거나 괴로워하지 않습니다. 황금 빛 들녘을 바라보며 기쁜 마음으로 인내하게 됩니다.약1:2-3, 7-11

그러므로 잉태한 자 그 누구도 잉태한 아기가 이상이 있다든가 죽은 아기가 태어나리라 생각하지 않습니다. 씨를 뿌린 농부 그 누구도 망친 농사를 바라보지 않습니다. 아예 그러한 생각조차 거부합니다. 영적으로 잉태된 말씀에 대한 태도도 동일합니다.

성경은 아브라함의 믿음을 "기록된바 내가 너를 많은 민족의 조상으로 세웠다 하심과 같으니 그가 믿은바 하나님은 죽은 자를 살리시며 없는 것을 있는 것으로 부르시는 이시니라 아브라함이 바랄 수 없는 중에 바라고 믿었으니 이는 네 후손이 이같으리라 하신 말씀대로 많은 민족의 조상이 되게 하려 하심이라 그가 백세나 되어 자기 몸이 죽은 것 같고 사라의 태가 죽은 것 같음을 알고도 믿음이 약하여지지 아니하고 **믿음이 없어 하나님의 약속을 의심하지 않고 믿음으로 견고하여져서** 하나님께 영광을 돌리며 **약속하신 그것을 또한 능히 이루실 줄을 확신하였으니 그러므로 그것이 그에게 의로 여겨졌느니라**롬4:17-22"라고 했습니다.

그러나 하나님께서 아브라함에게 의로 여겨졌다 기록된 것은 아브라함만 위한 것이 아니요 의로 여기심을 받을 우리도 위함이라고 분명히 말씀하고 있습니다.롬4:23-24 그러므로 하나님께서 말씀을 주시면 그 말씀을 끝까지 굳게 붙들고 선포하며 찬양하며 감사하며 나아가야 합니다.히3:14, 4:14 할렐루야 아멘!

다시 말하면, 믿음은 영의 세계에서 일어나는 일이 현실로 나타나게 하는 주체입니다.히11:1 믿음은 하나님의 말씀을 들음으로 생겨납니다.롬10:17 이미 앞에서는 하나님의 약속의 말씀이 성령으로 현재 들리는 말씀을 믿음의 말씀 곧 레마라 하였습니다.마4:4, 엡6:17, 롬10:8 주님이 주시는 현재의 말씀은 영이요 생명으로요6:63, 혼과 영과 골수와 관절을 찔러 쪼개며, 마음의 생각과 뜻을 판단하게 됩니다.히4:12

이 말씀이 우리의 입술에 있어야 합니다.수1:8, 롬10:8, 말2:7, 사59:21 이는 위에서 언급한 바와 같이 고백과 선포를 의미합니다.고후4:13, 히3:14, 4:14 이럴 때 이 선포되는 말은 날카로운 검이 되고 타작마당의 새 타작기계가 되어 모든 방해물을 파쇄하게 되고, 철장권세로 다스려 질그릇같이 산산조각으로 부서뜨릴 것입니다.사41:15-16, 슥4:6-7, 계2:27, 시149:6-9

주무시던 주님은 깨시어 바람을 꾸짖으시고 바다에게 "잠잠하라! 고요하라!" 명령하셨습니다. 그러자 바람은 그치고 바다는 아주 잔잔해졌습니다.막4:39-40

모든 성도 또한 주 안에서 주님께서 주신 말씀을 의지하여 주의 이름으

로 명령해야 합니다. 주님이 그러하신 것과 같이 우리도 이 세상에서 그러해야 합니다. 요일2:6, 4:17

모든 현상 뒤에 역사하는 악한 영을 결박시키고마18:18, 도둑질 당한 하나님의 축복을 원래의 위치로 회복시켜 놓아야 합니다. 사61:6, 슥1:17, 마12:29

성령을 통하여 예수이름으로 선포되는 말씀은 곧 주님이 현재 선포하시는 말씀과 동일시됩니다. 요14:13, 계1:16-, 벧전4:11, 살전2:13 예수이름 앞에는 하늘과 땅, 땅 아래에 있는 모든 피조물은 무릎을 꿇고 복종하게 되어 있는 것과 같이빌2:10-11, 엡1:22, 막16:17-18, 주님께서는 성도의 입술을 통하여 직접 선포하기에 그렇습니다. 요일2:6, 벧전4:11 아멘!

여리고 성이 칠 일째 고함소리를 듣고 허물어진 것이 아니라 이미 첫날부터 내부에서는 허물어져 내리고 있었고수2:9-11, 칠 일째 눈에 나타난 것에 불과합니다. 안에서 바깥으로 무너져 내린 것입니다. 이미 내부적으로는 선포 첫 날부터 붕괴되고 있었습니다.

태양도 달도 여호수아의 명령에 순종해야 합니다. 수10:12 스룹바벨 총독 앞의 큰 산장애도 평지가 되어야 합니다. 슥4:6-7

(롬10:8) 그러면 무엇을 말하느냐 **말씀이 네게 가까워 네 입에 있으며** 네 마음에 있다 하였으니 곧 우리가 전파하는 믿음의 말씀이라
(수1:9) 말하되 여호와께서 이 땅을 너희에게 주신 줄을 내가 아노라…
(슥4:6-7) …만군의 여호와께서 말씀하시되 이는 힘으로 되지 아니하며 능력으로 되지 아니하고 오직 나의 영으로 되느니라 7 큰 산아 네가 무엇이냐 네가 스룹바벨 앞에서 평지가 되리라 그가 머릿돌을 내놓을 때에 무리가 외치기를 은총, 은총이 그에게 있을지어다 하리라 하셨고
(마12:29) 사람이 먼저 강한 자를 결박하지 않고서야 어떻게 그 강한 자의 집

에 들어가 그 세간을 강탈하겠느냐 결박한 후에야 그 집을 강탈하리라

이렇듯 믿음의 말씀이 고백되어지고 선포되어지는 순간 영의 세계에서는 민감하게 반응하게 됩니다. 눈에 보이지 않지만 영의 세계에서는 이미 일이 진행되고 있습니다. 고후4:18, 5:7

그러므로 믿음으로 행한 일에 대하여서는 이미 응답이 왔음을 믿고 감사하며 찬양해야하는 이유가 여기에 있습니다. 막11:22-24, 요일5:14-15 믿는 자에게는 능치 못함이 없는 것입니다. 빌4:13, 막9:23 아멘!

(막9:23) 예수께서 이르시되 할 수 있거든이 무슨 말이냐 **믿는 자에게는 능히 하지 못할 일이 없느니라** 하시니

(고후4:18) 우리가 **주목하는 것은** 보이는 것이 아니요 **보이지 않는 것이니** 보이는 것은 잠깐이요 보이지 않는 것은 영원함이라

그러므로 말씀이 마음 밭heart에 심기어졌으면마13:23, 히6:7 끝까지 말씀을 붙들고 믿음으로 선포하며 나아가야 합니다. 히3:14, 4:14 그렇게 믿음으로 나아가다 보면 하나님의 때가 되어 하나님 방식으로현실로 나타나 증거를 받게 됩니다. 이것이 **응답**입니다.

할렐루야!

(롬10:10) 사람이 **마음(heart)으로** 믿어 의에 이르고 입으로 시인하여 구원에 이르느니라

(고후4:13) 기록한 바 내가 **믿었으므로 말하였다** 한 것 같이 우리가 같은 믿음의 마음(영)을 가졌으니 **우리도 믿었으므로 또한 말하노라**

(히3:14) 우리가 **시작할 때에 확실한 것을 끝까지 견고히 잡고 있으면** 그리스

도와 함께 참여한 자가 되리라

(히4:14) 그러므로 우리에게 큰 대제사장이 계시니 승천하신 이 곧 하나님의 아들 예수시라 **우리가 믿는 도리**(profession 고백)**를 굳게 잡을지어다**

(계3:11) 내가 속히 오리니 **네가 가진 것을 굳게 잡아** 아무도 네 면류관을 빼앗지 못하게 하라

하나님 말씀을 감동으로 받은 날이 바로 소원이 잉태되는 날이라고 했습니다. 그리고 영의 세계에서는 현실로 나타날 모습이 이미 진행되고 있다는 것도 확신해야 합니다.

이는 이미 응답된 것과 한 가지라 했습니다. 눈으로는 확인이 되지 않지만, 시간이 흐르면 하나님의 시간에 그 결과를 보는 것입니다. 이것이 믿음입니다. 그러므로 믿음의 고백은 하나님이 기뻐하시며 응답을 불러옵니다.

(막11:22-24) 예수께서 그들에게 대답하여 이르시되 하나님을 믿으라 내가 진실로 너희에게 이르노니 누구든지 이 산더러 들리어 바다에 던져지라 하며 그 말하는 것이 이루어질 줄 믿고 마음에 의심하지 아니하면 그대로 되리라 그러므로 내가 너희에게 말하노니 무엇이든지 기도하고 구하는 것은 받은 줄로 믿으라 그리하면 너희에게 그대로 되리라

(히11:1) 믿음은 바라는 것들의 실상이요 보지 못하는 것들의 증거니

(요일5:14-15) 그를 향하여 우리가 가진 바 담대함이 이것이니 그의 뜻대로 무엇을 구하면 들으심이라 15 우리가 무엇이든지 구하는 바를 들으시는 줄을 안즉 우리가 그에게 구한 그것을 얻은 줄을 또한 아느니라

세상일을 보아도 우리는 쉽게 알 수가 있습니다. 마음속에 생각이 있으면 그것을 말로 표현하게 됩니다. 그리고 그 말 대로 행동으로 옮기면 생각

으로 한 것이 현실로 나타나게 됩니다. 이러한 과정을 긍정적으로 반복하게 되면 습관화 되고 이것이 사물과 사람, 세상을 바라보는 가치관과 세계관을 형성하게 됩니다.

이로서 그 사람이 소유하고 있는 가치관과 세계관만 보아도 그 사람의 미래를 짐작할 수 있습니다. 이를 세상에서는 "운명을 개척한다"라고도 합니다. 영의 세계, 믿음의 세계에서는 이미 이 원리가 적용되고 있습니다.

하나님은 들리는 대로 일을 행하시는 분이십니다.민14:28 성령님은 하나님의 말씀을 깨닫게 하시고, 생각나게 하십니다. 그러나 반응곧 순종은 성도들의 몫입니다. 성령의 감동으로 주신 말씀을 입술로 고백할 때 하나님은 즉시로 일을 행하십니다. 치유가 일어납니다. 귀신이 떠나갑니다. 새 방언을 하게 됩니다.

> (민14:28) …너희 말이 **내 귀에 들린 대로 내가 너희에게 행하리니**
> (요일2:27) 너희는 주께 받은 바 기름 부음이 너희 안에 거하나니 **아무도 너희를 가르칠 필요가 없고 오직 그의 기름 부음이 모든 것을 너희에게 가르치며** 또 참되고 거짓이 없으니 너희를 가르치신 그대로 주 안에 거하라
> (막16:17-18) 믿는 자들에게는 이런 표적이 따르리니 곧 그들이 **내 이름으로 귀신을 쫓아내며 새 방언을 말하며** 18 뱀을 집어올리며 무슨 독을 마실지라도 해를 받지 아니하며 병든 사람에게 손을 얹은즉 나으리라 하시더라
> (행3:6) 베드로가 이르되 은과 금은 내게 없거니와 내게 있는 이것을 네게 주노니 **나사렛 예수 그리스도의 이름으로 일어나 걸으라** 하고
> (고후4:13) 기록한 바 내가 믿었으므로 말하였다 한 것 같이 우리가 같은 믿음의 마음(영)을 가졌으니 **우리도 믿었으므로 또한 말하노라**

그리고 잊지 말 것은 영의 세계에서는 말씀에 대한 응답을 방해하는 세

력 곧 마귀가 있음을 명심해야 합니다.단10:12-13, 벧전5:8, 약4:7, 엡4:27

그러나 모든 성도는 이러한 방해세력을 이길 권세가 있음도 기억해야 합니다.눅10:19, 요일5:18 주께 순복하고 마귀를 대적해야 합니다.약4:7

> (눅10:19) 내가 **너희에게 뱀과 전갈을 밟으며 원수의 모든 능력을 제어할 권능을 주었으니 너희를 해칠 자가 결코 없으리라**
>
> (막16:17-19) 믿는 자들에게는 이런 표적이 따르리니 곧 그들이 내 이름으로 귀신을 쫓아내며 새 방언을 말하며 **뱀을 집어올리며 무슨 독을 마실지라도 해를 받지 아니하며** 병든 사람에게 손을 얹은즉 나으리라 하시더라
>
> (마18:18-19) 진실로 너희에게 이르노니 **무엇이든지 너희가 땅에서 매면 하늘에서도 매일 것이요 무엇이든지 땅에서 풀면 하늘에서도 풀리리라 진실로 다시 너희에게 이르노니** 너희 중의 두 사람이 땅에서 합심하여 무엇이든지 구하면 하늘에 계신 내 아버지께서 그들을 위하여 이루게 하시리라
>
> (요일5:18)…하나님께로부터 나신 자가 그를 지키시매 **악한 자가 그를 만지지도 못하느니라**

이러한 믿음의 법칙을 그림으로 나타내면 그림12와 같습니다. 이렇듯 말씀에 대한 믿음이 올 때 선포하고 행동함으로 응답을 받게 됩니다. 이를 **레마rhema적 예언**이라고 합니다.

고로 "비전꿈을 크게 품는다"라는 것은 곧 하나님의 말씀을 귀히 여기고 붙드는 것을 말합니다. 이는 하나님의 뜻이 되므로 세상의 기준환경, 기분, 감정, 느낌, 생각, 암시…등을 배격하고 말씀을 품는 것과 동일합니다.

이것이 말씀을 경외하는 태도요사66:2 그 말씀에 시37:4-7과 사1:19과 같이 기쁘게 순종하는 것과 동일합니다.

이러한 믿음의 행보는 성령주님께서 더 일하시게 하는 구체적 순종의 모

습이기도 합니다.요14:21, 사11:2, 고후4:10

(시37:4-7) 또 여호와를 기뻐하라 그가 내 마음의 소원을 네게 이루어 주시
로다 5 네 길을 여호와께 맡기라 그를 의지하면 그가 이루시고 …7 여호와
앞에 잠잠하고 참고 기다리라…
(사1:19) 너희가 즐겨 순종하면 땅의 아름다운 소산을 먹을 것이요
(사66:2)…무릇 마음이 가난하고 심령에 통회하며 내 말을 듣고 떠는 자 그
사람은 내가 돌보려니와
(사11:2) 그의 위에 여호와의 영 …여호와를 경외하는 영이 강림하시리니

여기서 유의해야 할 부분이 있습니다. 성경은 "너희는 우리로 말미암아 나타난 그리스도의 편지니 이는 먹으로 쓴 것이 아니요 오직 살아 계신 하나님의 영으로 쓴 것이며 또 돌 판에 쓴 것이 아니요 오직 육의 마음 판에 쓴 것이라고후3:3"고 했습니다.

(고후4:13) 기록한바 내가 믿는 고로 말하였다 한 것같이 우리가 같은 믿음
의 마음을 가졌으니 우리도 믿는 고로 또한 말하노라
(막11:24) 그러므로 내가 너희에게 말하노니 무엇이든지 기도하고 구하는 것
은 받은 줄로 믿으라 그리하면 너희에게 그대로 되리라

더 이상 율법적 말씀곧 의문, letter이 아니라 심령 깊은 곳에 새겨진 말씀, 곧 성령으로 새겨진 레마가 성령이 역사하신 또 다른 서신서곧 그리스도의 편지가 성령께서 일하신 흔적 즉 새로운 사도행전29장이 될 것임을 말씀합니다. 그런데 이렇게 마음heart 판에 새겨진 말씀이 영이요 생명이 된 레마의 말씀이라면요6:63, 이 생명의 말씀이 또한 세상에 나타나 역사하게 하려면곧 세상에 빛을 발하려

면 항상 예수의 죽음을 몸에 짊어질 때임을 명심해야 합니다.고후4:10-11

(고후4:10-11) 우리가 항상 예수의 죽음을 몸에 짊어짐은 예수의 생명이 또한 우리 몸에 나타나게 하려 함이라 11 우리 살아 있는 자가 항상 예수를 위하여 죽음에 넘겨짐은 예수의 생명이 또한 우리 죽을 육체에 나타나게 하려 함이니라

(갈2:20) 내가 그리스도와 함께 십자가에 못 박혔나니 그런즉 이제는 내가 사는 것이 아니요 오직 내 안에 그리스도께서 사시는 것이라 이제 내가 육체 가운데 사는 것은 나를 사랑하사 나를 위하여 자기 자신을 버리신 하나님의 아들을 믿는 믿음 안에서 사는 것이라

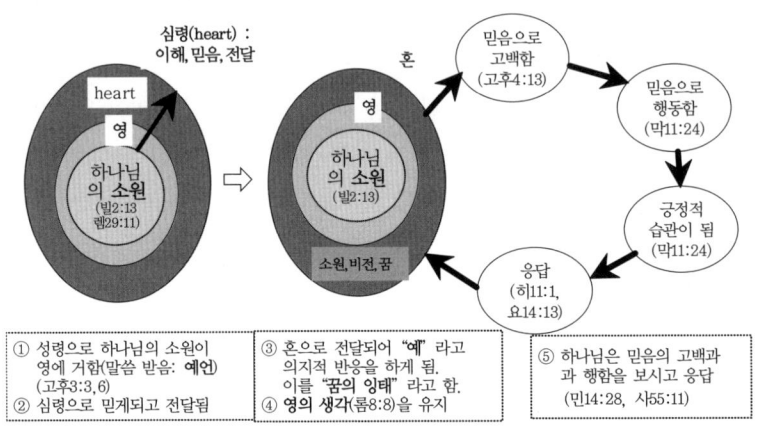

[그림12-1. 레마적 예언 및 선포4)]

---

4) Chris Oyakhilome, 『말씀의 실재 Rhapsody of realities-2021.4』, 믿음의 말씀사, pp27, 2021 : "말씀을 행하는 일 Working the Word"
① 당신의 심령을 말씀과 일치시켜라 your heart must line up with the Word(롬10:10)
② 당신의 마음이 당신의 심령과 말씀에 일치해야 한다. (이는 말씀의 완전한 이해를 말함) your mind must line up with your heart on the the Word(the Word must have meaning in your understanding)
③ 당신은 레마를 말해야 한다 you must speak rhema which is the Word directed to a specific person, at a specific time, and for the specific purpose ; the active Word given for a particular situation(겔37:10)

(고전9:27) 내(속사람)가 내 몸을 쳐 복종하게 함은…

(고전15:31)…너희에 대한 나의 자랑을 두고 단언하노니 나는 날마다 죽노라

(갈5:24) 그리스도 예수의 사람들은 육체와 함께 그 정욕과 탐심을 십자가에 못 박았느니라

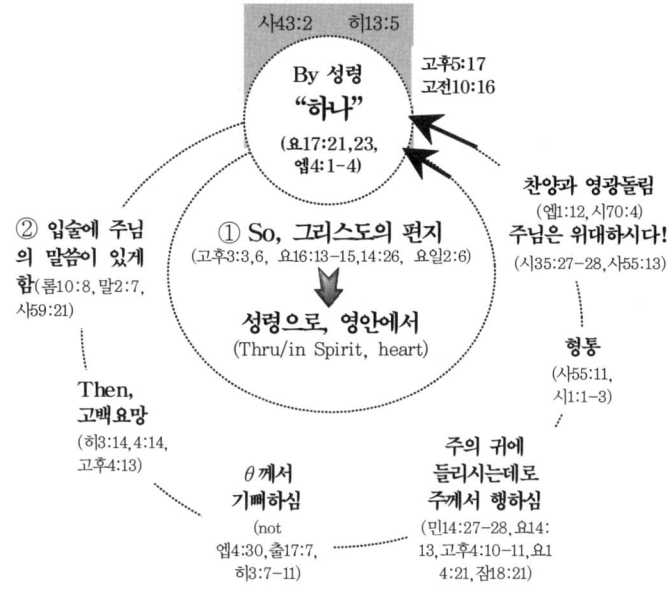

[그림12-2. 레마적 예언 및 선포: 전화위복의 θ]

다시 말하면 말씀을 들음으로 심령 밭에 레마의 말씀이 믿음으로 와 있지만, 이 말씀이 역사하려면 성령과 반대되는 육적 소욕과 겉사람의 자아를 십자가에 내려놓아야 함을 의미합니다.

경험이, 세상 지식과 이론이, 상상이, 생각이, 감정이, 환경이, 심지어 잘못된 성경 교리까지도 성령의 감동과 레마와 상치되면 과감하게 그리스도 예수 앞에 굴복시켜야 빛을 발하게 됩니다. 고후10:4-5, 4:4

이런 의미로 "…우리가 같은 믿음의 마음영,spirit을 가졌으니 우리도 믿었

으므로 또한 말하노라고후4:13"라고 했습니다.

사도 바울은 위 성경구절에서처럼 고린도전후서, 갈라디아서에서 자신의 겉사람을 부인하는 말씀을 강조합니다. 바울은 주님을 만나기 전에는 "그들이 하나님께 열심히 있으나 올바른 지식을 따른 것이 아니니라 하나님의 의를 모르고 자기 의를 세우려고 힘써 하나님의 의에 복종하지 아니하였느니라롬10:2-3"처럼 자신이 그러했습니다. 하나님의 뜻을 몰랐습니다.행22:14, 요15:15 하나님의 말씀도 참된 사랑도 없었습니다.요5:38,42 하나님의 말씀도, 그분의 능력도 오해하고 있었습니다.마22:29 결국은 예수님을 핍박하는데 선두에 서게 되었습니다.

이처럼 잘못된 성경지식은 하나님의 마음을 아프게 하고 사단의 일계2:9, 3:9을 돕는 결과를 가져오게 됩니다.

거듭난 바울은 자신의 과거를 거울로 삼아 많은 진리의 말씀을 전했습니다.

그 첫째가 거듭나는 사건에 대한 것입니다.
즉, "네가 만일 네 입으로 예수를 주主로 시인하며…롬10:9"함으로 예수님을 주로 왕으로 고백하는 것으로 시작하게 합니다.행5:31,42, 고전12:3

둘째로 성도가 살아가야 하는 삶의 태도에 대한 것입니다.
성도의 삶은 예수님을 주主와 왕으로 모시고 살아가는 연속되는 삶으로, 이는 곧 예배의 삶을 말하는 것이요롬12:1, 출29:42-46, "만일 우리가 성령으로 살면 또한 성령으로 행할지니갈5:25"의 말씀처럼 온전히 성령으로 인도받는 삶을 말합니다. 이 삶은 바로 성도 안에 영으로 오신 주님의 말씀에 복종하는 삶을 의미합니다. 이것은 곧 증인의 삶이요 응답의 삶이 됩니다.요15:7 아멘!

성경에는 주님의 통치를 받는 성도의 삶이 신정정치5) 神政治라고 합니다.신17:14-20 에덴 안에 아담의 삶이 그러했고창2:15-17, 19-20,23, 성도의 삶이 그러해야 합니다. 그러면 이사야32장의 귀한 축복이 주어지게 됨을 알려줍니다.

(사32:1-4,17-20) 보라 장차 한 왕이 공의로 통치할 것이요 방백들이 정의로 다스릴 것이며 2 또 그 사람은 광풍을 피하는 곳, 폭우를 가리는 곳 같을 것이며 마른 땅에 냇물 같을 것이며 곤비한 땅에 큰 바위 그늘 같으리니 3 보는 자의 눈이 감기지 아니할 것이요 듣는 자가 귀를 기울일 것이며 4 조급한 자의 마음이 지식을 깨닫고 어눌한 자의 혀가 민첩하여 말을 분명히 할 것이라…17 공의의 열매는 화평이요 공의의 결과는 영원한 평안과 안전이라 18 내 백성이 화평한 집과 안전한 거처와 조용히 쉬는 곳에 있으려니와 … 20 모든 물가에 씨를 뿌리고 소와 나귀를 그리로 모는 너희는 복이 있느라

이 얼마나 부유하고 풍요하며 안전한 삶이되겠습니까? 이것은 주님이 우리 인생의 주인과 왕이 되는 신정정치의 선물인 것입니다. 할렐루야!

---

5) 정학영,『영적원리로 열리는 종말론 요한계시록』, 푸른미디어, pp192-206 ,2013.
: 신정정치(神政治)는 하나님이 통치하는 정부 혹은 나라입니다. 그리고 하나님 나라는 하나님의 통치를 받는 나라를 말합니다. 그런데 하나님 나라는 아들 예수님께 맡겨졌고, 성도들(곧 교회)에게 맡겨졌습니다.(눅22:29) 성경은 하나님 나라가 성도 안에 임해있고 (눅17:20-21) 또 그의 나라가 되었다고 말합니다.(벧전2:9, 계1:6, 5:10) 그러므로 성도는 하나님의 통치를 받고 또한 하나님 나라의 것을 누리는 자가 되었습니다.(빌3:20, 엡1:3, 벧후1:3-4) 구약에서 시온을 예루살렘과 그의 백성이라 통칭합니다. 하나님은 "시온을 친히 세우신다.(시87:5)"예언하셨습니다. 이는 친히 교회를 세우심이요(마16:18) 하늘 예루살렘을 세우신다는 예언이십니다.(갈4:26) 고로 성도는 영적 시온이요(시60:12,14), 하나님이 거하시는 거처요(시132:13-14, 고전3:16), 이미 시온 산에 이른 자요(히12:22, 엡2:6), 동시에 어린 양과 함께 시온 산에 서 있는 자입니다.(계14:1, 엡2:6) 할렐루야 아멘!

요1:4에서는 말씀 속에 하나님의 생명이 세상의 빛이라고 했습니다. 동시에 예수님을 세상의 빛이라고 했습니다.요8:12 아버지의 생명이 생명의 영이신 성령을 통하여 아들 예수님께 오셨고요5:26, 눅1:35, 마1:18, 그 생명이 동일한 성령으로 성도들 안에 말씀으로 와 계신 것입니다. 고로 이 생명의 말씀이 성도를 통해 나타날 때 세상의 빛이 되는 것입니다.사59:21-60:2, 마5:14 할렐루야!

(사59:21-60:1) 여호와께서 또 이르시되 내가 그들과 세운 나의 언약이 이러하니 곧 네 위에 있는 **나의 영과 네 입에 둔 나의 말이 이제부터 영원하도록 네 입에서와 네 후손의 입에서와 네 후손의 후손의 입에서 떠나지 아니하리라** 하시니라 여호와의 말씀이니라 1 일어나라 빛을 발하라 이는 네 빛이 이르렀고 여호와의 영광이 네 위에 임하였음이니라

(마5:14) **너희는 세상의 빛이라** 산 위에 있는 동네가 숨겨지지 못할 것이요

빛이 세상에 선포되면 어두움이 물러가게 됩니다. 이것이 하나님의 역사입니다. 이를 다른 성경에서는 "…믿음의 역사를 능력으로 이루게 하시고살후1:11"라고 말씀합니다. 다시 말하면 성령으로 심령에 심겨진 믿음의 말씀이 동일한 성령의 능력으로 역사하게 된다는 말씀입니다.행3:6,16, 골3:17

고로 **믿음의 선포는 성령의 운행하심 가운데 이루어져야 합니다.** 이는 마치 창1:2에서 수면 위를 운행하시는 성령의 임재 가운데 창1:3의 말씀이 선포됨으로 첫째 날 창조의 사역이 시작되는 것과 같은 영적 원리입니다.

그러므로 모든 성도는 완전한 하나님 말씀으로 거룩한 믿음 위에 끝임 없이 성령과 깊이 교제함으로 말씀 자체가 표적이 되어야 합니다.

(유1:20) 사랑하는 자들아 **너희는 너희의 지극히 거룩한 믿음 위에 자신을 세**

우며 성령으로 기도하며

(막16:20) 제자들이 나가 두루 전파할새 주께서 함께 역사하사 **그 따르는 표적으로 말씀을 확실히 증언하시니라**

그러므로 말씀을 항상 가까이 해야 합니다. 성령으로 말씀을 받고, 그 말씀 안에 굳게 서야합니다.행20:32 그리고 성령 안에서 말씀을 믿음으로 선포해야 합니다. 그리고 영 안에서 이미 이루어짐을 믿고 감사하며 찬양 드려야 역사와 응답을 맛볼 수 있습니다.

① 말씀을 많이 읽어라필요하면 암기하라
② ①의 말씀을 기도하며 묵상하라시1:2, 수1:8
③ ②중에 감동과 믿음이 오면 가슴에 품어라잉태
④ ③의 말씀 위에 굳게 서고, 성령 안에서 선포하라사43:26
  (흔들리지 마라행20:32 ▶ 고후4:13, 히3:14, 4:14)
  - 말씀 안에서 구체적인 목표를 세워라 그리고 실행하라
  - 하나님의 때를 기다려라
⑤ ④하면서 받은 줄 믿고 행동하라
  요일5:14-15, 막11:22-24 ⇨ 감사하며 찬송하고 간증하라

이처럼 "레마"는 성령의 감동으로 계시된 하나님 말씀으로, 성도들의 심령heart와 spirit을 포함에 주시는 구체적인 말씀입니다.롬10:17, 요6:63 레마의 말씀은 들을 때 깊은 감동과 믿음이 동반되며 이때 그 말씀을 믿음으로 선포될 때 역사가 일어나게 됩니다.고후4:13

이 레마는 성령의 음성곧 LOGOS으로부터 올 수도 있고, 기록된 말씀graphe을 읽을 때 올 수도 있다고 했습니다.

그리고 이 예언적 말씀은 강한 성령의 기름 부으심 아래서 나타날 수도 있습니다. 민11:24-30

- **다양한 예언의 실재**

다음은 이미 앞 절에서 행한 레마적 예언에 더하여, 실제적으로 다양한 예언을 행하게 될 때에 도움이 될 가이드-라인입니다.

그림10,11에서 성령께서 성도의 영을 통하여 하나님의 마음과 말씀이 전해지는 원리를 배웠습니다.

중요한 것은 성령의 임재와 기름 부으심 아래 성령의 흐름에 예민해 지는 것이었습니다. 성경은 이를 "…주는 내 구원의 하나님이시니 내가 종일 주를 기다리나이다. 시25:5"라 했고, "여호와 앞에 잠잠하고 참아 기다리라…시37:7"라 했습니다.

성령의 영광이 임하여 기름부음이 올 때까지 기다려야 합니다. 하나님의 장막 속에서 깊은 교제를 해야 합니다. 그 임재가 임하는 시간은 각 개인마다 다를 수 있음. 평소에 주님과의 친밀함 정도에 달려있음; 마6:6, 요일1:3, 요17:3, 계21:3

(사30:18-21) 그러나 여호와께서 기다리시나니 이는 너희에게 은혜를 베풀려 하심이요 일어나시리니 이는 너희를 긍휼히 여기려 하심이라 대저 여호와는 공의의 하나님이심이라 무릇 그를 기다리는 자는 복이 있도다 19 시온에 거하며 예루살렘에 거하는 백성아 너는 다시 통곡하지 않을 것이라 그가 너의 부르짖는 소리를 인하여 네게 은혜를 베푸시되 들으실 때에 네게 응답하시리라 20 주께서 너희에게 환난의 떡과 고생의 물을 주시나 네 스승은 다시 숨기지 아니하시리니 네 눈이 네 스승을 볼 것이며 21 너희가 우편으로 치우치든지 좌편으로 치우치든지 네 뒤에서 말소리가 네 귀에 들려 이르기를 이것이 정로니 너희는 이리로 행하라 할 것이며

이와 관련한 좋은 예화가 있습니다. 야곱과 에서의 이야기입니다. 리브가가 이들을 잉태했을 때 큰 자곧 육적으로 장자인 에서가 작은 자동생 야곱를 섬길 것이라는 하나님의 약속을 받았습니다.창25:23

야곱은 어릴 적부터 조용한 사람으로 어머니의 장막에 거했습니다.창25:27 야곱은 어머니 리브가로부터 하나님의 언약을 듣고 묵상했을 것입니다.사43:26 그는 하나님의 언약을 기억하며 조용히 그 일이 이루어질 때를 기다렸습니다. 그리하여 마침내 하나님의 때가 되매 그 기회를 놓치지 않고 장자권을 취할 수가 있었습니다.창25:31 마치 천국을 침노하는 자처럼 말입니다.마11:12, 13:44

그러나 에서는 육체의 일들로 산으로 사냥으로 바쁨 ; 창25:28에 분주함 때문에 영적인 중요성을 놓쳤습니다.주님은 분주한 마르다보다 주님 앞에 주를 집중하는 마리아를 칭찬 이유를 알게 하는 대목임 ; 눅10:41-42

결국은 모든 축복의 통로인 장자권도, 아브라함에게 주신 큰 민족을 이루려는 하나님의 약속과도 상관없는 외인이 되었을 뿐만 아니라엡2:12, 히12:16-17, 계속적인 육적 행함으로 인해 부모와 하나님의 근심이 되고 말았습니다.창26:34-35, 롬9:12-13

다른 예화가 사무엘 선지자이야기입니다. 하나님의 말씀이 희귀하여 이상이 흔히 보이지 않던 이스라엘의 영적 위기에 사무엘 선지자는 태어났습니다. 그는 어릴 적부터 하나님 앞에서 자랐습니다.삼상2:21

당시 제사장인 엘리와 그의 두 아들은 영적 무감각 아래서 하나님의 기름 부으심이 희미해져 갈 때도삼상2:12-17, 29 사무엘은 하나님의 장막에서 늘 제사 드리며 하나님과 함께 하며 성장해 나갔습니다.이를 하나님의 궤 있는 하나님의 전 안에 누웠다. 즉 "잠잠히 머물렀다"라고 표현함 ; 삼상3:3

엘리 제사장은 더 이상 하나님의 말씀도 이상도 보지 못했습니다. 그러나 사무엘은 하나님의 음성을 들었습니다.삼상3:3-4 성장할수록 하나님의 임재와 기름 부으심은 더욱 강해져 사무엘이 하는 말이 하나도 땅에 떨어지지 않고 역사했으며, 단에서부터 브엘세바까지 온 이스라엘이 사무엘이 하나님의 선지자로 세우심을 알게 되었고, 하나님은 사무엘을 통하여 자신을 나타내시고 온 이스라엘에 자신의 말을 전파하셨습니다.삼상3:19-4:1

이러한 이유로 이사야 선지자는 하나님을 잠잠히 기다리는 자가 복이 있다고 했습니다. 이는 그분이 나타나실 때에는 우리가 어떻게 행할 것인가를 분명하게 말씀해 주시기 때문입니다. 좌로나 우로나 치우지지 않고 분명한 진리의 길로 인도하실 것이기에 그러합니다.수1:7, 요16:13, 신28:14

케네스 해긴 목사는 이를 "그 내적 증거를 알아채기 위해서는 충분히 잠잠해지기까지 얼마의 시간을 기다리는 것이 필요하다"6)로 표현했습니다.

주의 세미한 음성은 크고 강한 바람이 산을 가르고 바위를 부수나 바람 가운데에서도, 바람 후에 지진이 있을지라도 그 가운데 음성이 들리는 것이 아닙니다. 기다리고 집중하며 그분을 바라고 갈망할 때 세미한 음성혹은 감동으로 들리는 것입니다.왕상19:11-12, 마6:6 이는 마치 생명의 위협으로 두려워 낙망하고, 힘들어 지쳐 녹초가 되어 동굴에 머물고 있는 엘리야에게 세미한 음성으로 임하신 성령처럼 말입니다.

(왕상19:12) 또 지진 후에 불이 있으나 불 가운데도 여호와께서 계시지 아니하더니 **불 후에 세미한 소리가 있는지라**
(마6:6) 너는 기도할 때에 **네 골방에 들어가 문을 닫고 은밀한 중에 계신 네 아버지께 기도하라** 은밀한 중에 보시는 네 아버지께서 갚으시리라

---

6) 케네스 해긴, 장해영 옮김, 『하나님의 뜻을 아는 법』, 베다니 출판사, pp36, 2010.

(시37:7) 여호와 앞에 잠잠하고 참아 기다리라…

(시62:1)…나의 영혼이 잠잠히 하나님만 바람이여 나의 구원이 그에게서 나는도다

이처럼 성령께서 운행하심을 기다려, 지금 무엇을 그리고 어떻게 행하기를 원하시는지에 대한 성령의 인도하심에 예민해야 합니다. 성령께서는 환상이나 멘탈 이미지mental image나 그림을 보여줄 때도 있습니다. 말씀이 생각나게 할 수도 있습니다. 환상가운데 말씀이 나타날 수도 있습니다. 하나님의 마음과 생각이 성령으로 읽혀지고 감지되어져 올 수도 있습니다. 그러면 사랑과 긍휼의 마음으로 선포하는 것입니다. 아멘!

참고로 **짐골**은 그의 저서 『**다가온 예언의 혁명**』에서 예언이 오는 과정을 이렇게 적고 있습니다.

① 계획되지 않는 말, 인상이나 생각을 통하여고전2:12-13
  예: 마10:20, 16:17, 요일2:20,27, 고전2:13, 요14:26, 갈1:11-12, 2:2, 엡1:17 ⇐ 육으로, 연구 등 자기열심 만으로 알 수 없음. 성령으로 인해 순간적 계시로 알게 됨

② 환상image, 혹은 mental vision/picture, 요1:48이나 무아지경trance, 입신入神 을 통하여행9:10-16, 계1:11,17, 민24:2-9, 창15:12, 행22:17, 겔3:15

③ 꿈이나 밤의 이상을 통하여창37:8-9, 민12:6, 단7:1-28, 욜2:28

④ 천사의 지시를 통하여 행10:22, 27:23-28, 계1:1

(행10:22) 저희가 대답하되 백부장 고넬료는 의인이요 하나님을 경외하는 자라 유대 온 족속이 칭찬하더니 **저가 거룩한 천사의 지시를 받아 너를 그 집으로 청하여 말을 들으려 하느니라** 한대

사도 바울은 신령한 것을 사모하되 특히 예언하도록 하라고 권면했습니다. 고전14:1 영적인 것에 무지하지 말며고전12:1, 특히 성령을 소멸하지 말고 예언을 멸시하지 말라고 했습니다. 살전5:19-20 고린도 교인들에게 예언하기를 사모하며 방언 말하기를 금하지 말라고 했습니다. 고전14:39

사도 바울 자신도 이러한 측면에서 자신은 고린도 교인들보다 더 많은 방언함을 감사하게 생각하고 있었습니다. 고전14:18, 방언을 통하여 다른 영적인 세계가 열려나가기 때문임

이러한 맥락에서 빌 헤몬 박사는 자신의 책 『**선지자와 개인적 예언**』에서 다음과 같이 예언사역 시 반드시 알아야 할 지침 10가지를 소개하고 있습니다. 즉,

① **성령의 나타나심을 진정으로 사모하고 갈망해야 합니다.** 예언적삶을 살라 1-3 참조

② **하나님의 평안을 유지해야 합니다.** 시85:8, 빌4:7-9, 롬14:17, 15:13

이 부분은 매우 중요함. 영·혼·육이 서로 밀접한 유기적 상관성이 있음으로 인해, 영의 상태뿐만 아니라 마음도, 정신세계도, 또 육적으로도 평강을 유지해야 성령의 음성에 예민하게 반응할 수 있음

(시85:8) 내가 하나님 여호와의 하실 말씀을 들으리니 대저 그 백성, 그 성도에게 화평을 말씀하실 것이라 저희는 다시 망령된 데로 돌아가지 말지로다
(빌4:7-9) 그리하면 모든 지각에 뛰어난 하나님의 평강이 그리스도 예수 안에서 너희 마음과 생각을 지키시리라 8 종말로 형제들아 무엇에든지 참되며 무엇에든지 경건하며 무엇에든지 옳으며 무엇에든지 정결하며 무엇에든지 사랑할만하며 무엇에든지 칭찬할만하며 무슨 덕이 있든지 무슨 기림이 있든지 이것들을 생각하라 9 너희는 내게 배우고 받고 듣고 본 바를 행하라

그리하면 평강의 하나님이 너희와 함께 계시리라

③ 성령님의 인도함에 복종해야 합니다.
④ 육적인 감각에 의존해서는 안 됩니다. 가능한 주님의 음성을 듣도록 해야 합니다.
⑤ 예언 시 자연스러우면서도 확신 있게, 그리고 명확하게 말해야 합니다. 요10:4-5,16

(요10:4-5) 자기 양을 다 내어 놓은 후에 앞서가면 양들이 그의 음성을 아는 고로 따라 오되 5 타인의 음성은 알지 못하는 고로 타인을 따르지 아니하고 도리어 도망하느니라
(요10:16) 또 이 우리에 들지 아니한 다른 양들이 내게 있어 내가 인도하여야 할 터이니 저희도 내 음성을 듣고 한 무리가 되어 한 목자에게 있으리라

⑥ 타이밍이 중요합니다. 즉 적절한 때에 예언해야 합니다.
⑦ 경험 많고 장성한 형제자매에게 교정하거나 지시하는 말은 삼가야 합니다.

(고전14:3) 그러나 예언하는 자는 사람에게 말하여 덕을 세우며 권면하며 안위하는 것이요

⑧ 메시지를 받습니다. 말씀, 꿈, 느낌, 암시, mental image/그림
⑨ 말씀을 받은 후 다음과 같이 다양하게 (교회를) 섬기도록 해야 합니다. 예언 선포, 중보용, 확인용, 평가필요, 오직 개인에게, 회중에게, 노래로 전달
⑩ 실패 시 이를 인정하고 다시 일어서는 용기를 가져야 합니다.

(잠24:16) 대저 의인은 일곱 번 넘어질지라도 다시 일어나려니와 악인은 재앙으로 인하여 엎드러지느니라
(벧전5:5) 젊은 자들아 이와 같이 장로들에게 순복하고 다 서로 겸손으로 허리를 동이라 하나님이 교만한 자를 대적하시되 겸손한 자들에게는 은혜를 주시느니라

그러므로 예언하고자 하는 자는 일반적으로 다음의 과정을 거치게 되는 바, 성령의 운행하심에 집중해야 합니다.

첫째. 성령님과 주파수를 맞추어야 합니다.

이를 위해서는 위에서 말씀드린 바와 같이 자신을 성결하게 해야 합니다. 세상으로부터, 죄로부터 분리되어야 합니다. 죄가 있는 곳에서는 성령님이 역사하지 않으십니다. 그리고 응답도 없습니다. 사59:1-2 그리고 세상 근심과 염려를 주께 맡겨야 합니다. 두려움을 버려야 합니다. 빌4:6-7, 딤후1:7 무엇보다도 평강을 유지해야 합니다. 롬14:17, 15:13, 빌4:9

둘째. 사모하며 주님께 집중해야 합니다.

잡생각을 버리고 생각을 주님께 모아야 합니다. 기름 부으심이 강한 찬양을 조용히 틀어놓으면 좋음. 그리고 무릎은 꿇는 것이 좋으며 손은 자연스럽게 무릎에 얹고, 손바닥은 하늘을 향하게 하는 것이 도움이 됨. 그리고 지속적으로 조용한 음성으로 깊은 방언을 하면 큰 도움이 됨 가능한 주님께 집중 할 수 있는 장소가 필요합니다. 마6:6

성령의 임재를 사모하며 호흡을 들이쉬고 내쉬면서 영으로 기도를 해야 합니다. "성령님 임하소서!" "주님 사랑합니다!" "제가 주님을 바라며 사모합니다! 모든 영광 받으소서!"라고 고백하며 성령의 이끌림을 받고 깊은 영안으로 들어가야 됩니다.

(마6:6) 너는 기도할 때에 네 골방에 들어가 문을 닫고 은밀한 중에 계신 네 아버지께 기도하라 은밀한 중에 보시는 네 아버지께서 갚으시리라

셋째. 성령님의 운행하심에 집중합니다.

그리고 하나님께로부터 계시를 받기 시작합니다. 보통 계시는 성령의 음성과 강한 감동으로, 영의 음성과 영의 생각으로, 환상으로, 혹은 멘탈 이미지나 그림으로 오게 됩니다.

넷째. 계시를 분별하며 해석합니다.

성령과 영으로 오는 계시는 평안하고 고요하며 기쁨으로 오게 됩니다.갈5:22-23, 롬8:6, 4:17, 15:13 그러므로 불안해지고 조급해지고 갑자기 흥분되는 경우에는 다시 한 번 확인해보아야 합니다. 그리고 성령영의 생각은 "무엇에든지 참되며 무엇에든지 경건하며 무엇에든지 옳으며 무엇에든지 정결하며 무엇에든지 사랑 받을 만하며 무엇에든지 칭찬 받을 만하며 무슨 덕이 있든지 무슨 기림빌4:8"이 있게 됩니다.

환상과 멘탈 이미지에 대해서는 그 해석을 성령님께 맡기며 반드시 물어보아야 합니다. 성령님은 강한 감동으로 그 의미를 줄 때도 있습니다. 만약 그러한 징후들이 없다면, 보여준 그대로, 들려준 그대로 말해주어야 합니다. 자기 생각과 마음의 것을 더하거나 하는 추측은 금물입니다.

다섯째. 입으로 표현(즉 예언)합니다.

이를 입으로 표현합니다. 표현 할 때는 빌 헤몬 박사가 자신의 책『선지자와 개인적 예언』에서 소개한 바를 따르면 유익이 많습니다.

즉, 예언을 진행할 때 "예언 받는 자 직업 ⇨ 가족 ⇨ 재정문제 ⇨ 은사문제 ⇨ 장점 ⇨ 약점 ⇨ 죄 문제"등의 순으로 진행하되, 과거, 현재, 미래 순

으로 예언을 진행하면 흐름이 무난하다고 권면합니다.
 이는 예언은 덕을 세우고 권면하며 위로하는 기본적 원칙에 근거한 것이기에 그러합니다.
 "예언 받는 자 직업 ⇨ 가족 ⇨ 재정문제 ⇨ 은사문제 ⇨ 장점"순으로 말하는 것은 위로와 활력을 주기 위함이요, 이렇게 진행함으로 예언을 받는 자가 마음 문이 열리고 평안해지면 "약점, 죄 문제"를 지혜롭게 지적해 줌으로 하나님의 온전한 축복을 받을 수 있게 도와주는 것입니다.

여섯째. 이 모든 일을 하신 주님께로 영광을 돌려야합니다.
 예언하는 자에게 관심을 끌게 해서는 안 됩니다. 행3:12 한편, 이미 앞에서도 설명되었지만, 예언을 받는 자나 예언하는 자가 알아야 할 중요한 사실은 예언의 수준입니다.
 예언은 예언하는 자의 믿음의 수준과 성령님의 기름 부으심의 차이가 있기에 부분적으로 예언이 선포되는 경우가 많습니다.

 (고전13:9) 우리가 부분적으로 알고 부분적으로 예언하니

 그러므로 예언은 분명 분별되어 져야 하며, 분별 시 성령의 기름 부으심 아래서 성도 간에 분별을 받거나, 주님으로부터 직분을 맡은 자선지자로부터의 분별을 받는 태도도 권장됩니다.

 (잠11:14) 도략이 없으면 백성이 망하여도 **모사가 많으면 평안을 누리느니라**
 (잠15:22) 의논이 없으면 경영이 파하고 **모사가 많으면 경영이 성립하느니라**
 (잠20:18) 무릇 경영은 의논함으로 성취하나니 **모략을 베풀고 전쟁할지니라**
 (잠24:6) 너는 모략으로 싸우라 **승리는 모사가 많음에 있느니라**

(잠18:1) 무리에게서 스스로 나뉘는 자는 자기 소욕을 따르는 자라 온갖 참 지혜를 배척하느니라
(시119:24) 주의 증거는 나의 즐거움이요 **나의 모사니이다**
(고전14:29-32) 예언하는 자는 둘이나 셋이나 말하고 다른 이들은 분변할 것이요 30 만일 곁에 앉은 다른 이에게 계시가 있거든 먼저 하던 자는 잠잠할지니라 31 너희는 다 모든 사람으로 배우게 하고 모든 사람으로 권면을 받게 하기 위하여 하나씩 하나씩 예언할 수 있느니라 32 예언하는 자들의 영이 예언하는 자들에게 제재를 받나니

만일 그렇지 않는 이에게 잘못 예언을 받을 시 "4.1 예언의 필요성과 유의할 점" 단원에서 언급한 바대로 사단의 통로가 되어 더 어려움을 겪을 수도 있습니다.

그러나 가장 확실하고 좋은 분별은 성경말씀을 바탕으로 자신의 속에 계신 성령으로부터 예민하게 내적 증거소망, 말씀, 영의 소리, 성령의 음성, 평강, 양심 등를 받는 것입니다.

(빌2:13) 너희 안에서 행하시는 이는 하나님이시니 자기의 기쁘신 뜻을 위하여 너희로 소원을 두고 행하게 하시나니
(빌1:6) 너희 속에 착한 일을 시작하신 이가 그리스도 예수의 날까지 이루실 줄을 우리가 확신하노라
(요14:26) 보혜사 곧 아버지께서 내 이름으로 보내실 성령 그가 너희에게 모든 것을 가르치시고 내가 너희에게 말한 모든 것을 생각나게 하시리라
(골3:15) 그리스도의 평강이 너희 마음을 주장하게 하라 평강을 위하여 너희가 한 몸으로 부르심을 받았나니 또한 너희는 감사하는 자가 되라
(요16:13) 그러나 진리의 성령이 오시면 그가 너희를 모든 진리 가운데로

인도하시리니 그가 자의로 말하지 않고 오직 듣는 것을 말하시며 장래 일을 너희에게 알리시리라

(행16:6-9) 성령이 아시아에서 말씀을 전하지 못하게 하시거늘 브루기아와 갈라디아 땅으로 다녀가 7 무시아 앞에 이르러 비두니아로 가고자 애쓰되 예수의 영이 허락지 아니하시는지라 8 무시아를 지나 드로아로 내려갔는데 9 밤에 환상이 바울에게 보이니 마게도냐 사람 하나가 서서 그에게 청하여 가로되 마게도냐로 건너와서 우리를 도우라 하거늘

(롬9:1) 내가 그리스도 안에서 참말을 하고 거짓말을 아니하노라 내게 큰 근심이 있는 것과 마음에 그치지 않는 고통이 있는 것을 내 양심이 성령 안에서 나로 더불어 증거하노니

이미 앞에서도 강조했지만, 주님이 오시기 전까지를 말세last days라고 합니다. 특히 7년 대환난 중 후반 3.5년의 기간은 재림 전 가장 혹독한 시련의 기간으로 이를 사도행전에서는 "또 내가 위로 하늘에서는 기사를 아래로 땅에서는 징조를 베풀리니 곧 피와 불과 연기로다 주의 크고 영화로운 날이 이르기 전에 해가 변하여 어두워지고 달이 변하여 피가 되리라행2:19-20"라고 표현했습니다.

모든 교회는 이 모든 환난을 통과하여행14:22, 마24:20-21 끝까지 인내하고 승리할 때 주님의 재림을 맞이할 수가 있어야 합니다.행2:21, 엡6:13, 계2:10, 마25:12-13

그러기 위해서는 요엘 선지자의 예언처럼 "하나님이 말씀하시기를 말세에 내가 내 영을 모든 육체에 부어 주리니 너희의 자녀들은 **예언**할 것이요 너희의 젊은이들은 환상을 보고 너희의 늙은이들은 꿈을 꾸리라 그 때에 내가 내 영을 내 남종과 여종들에게 부어 주리니 그들이 **예언**할 것이요행2:17-18"처럼 영적으로 신령해야 됩니다.

지금 모두는 주님의 재림이 얼마 남지 않았다고 한 목소리로 말합니다. 그러므로 교회마다 영적으로 충만하여고전1:5-8 온 영과 혼과 육이 거룩한 모습으로 주님을 기다려야 합니다. 살전5:23

(고전1:5-8) 이는 너희가 그 안에서 모든 일 곧 모든 언변과 모든 지식에 풍족하므로 6 그리스도의 증거가 너희 중에 견고하게 되어 7 **너희가 모든 은사에 부족함이 없이 우리 주 예수 그리스도의 나타나심을 기다림이라** 8 주께서 너희를 우리 주 예수 그리스도의 날에 책망할 것이 없는 자로 끝까지 견고하게 하시리라

(살전5:23) 평강의 하나님이 친히 너희를 온전히 거룩하게 하시고 또 너희의 **온 영과 혼과 몸이 우리 주 예수 그리스도께서 강림하실 때에 흠 없게 보전되기를 원하노라**

그럼에도 불구하고 많은 교회가 이러한 성령의 사역예: 예언사역이 활성화되고 있지 않습니다. 그 이유를 나름대로 분석하면 다음과 같습니다.

첫째. 예언에 대한 무지 때문입니다.(호4:6)
이는 불충분한 성경 가르침에 기인합니다. 이는 교리적 반경 내로 성경이 묶여있다고도 볼 수가 있습니다.

둘째. 예언에 대한 두려움입니다.
이는 예언의 부정적인 측면즉, 온전하지 못한 예언 사역으로 인한 부작용 때문에 오는 오해, 거부, 창피 및 실패로 인해 생기는 것입니다.

셋째. 예언을 배척하는 분위기 때문입니다.

하나님의 생각을 공유하고 영적 부유함을 놓치지 않도록 해야 합니다. 다음 구절을 기억함으로 그 유익을 놓치지 말아야 합니다.

(잠14:4) 소가 없으면 구유는 깨끗하려니와 소의 힘으로 얻는 것이 많으니라

넷째. 폐쇄된 환경 때문입니다.
연합하는 환경이 중요합니다. 소위 성령 사역하는 무리와는 더욱 모이기를 힘쓰고, 또 말씀 중심의 사역 팀과는 서로를 이해하고 서로의 장점을 나누는 연합이 필요합니다.

다섯째. 온전한 하나님 말씀 안에 거하지 않아서 그렇습니다.
성경을 통전적으로 보는 시각이 부족하고, 또 정확한 영적 원리를 파악하지 못하는데 기인합니다.

여섯째. 일정하지 않는 기도 때문입니다.
특히 영의 기도와 활발한 계시의 삶이 필요합니다. 이로 인하여 깊이 영의 세계를 체험하는 성령과의 친밀한 교제가 있어야 합니다.

일곱째. 자만심을 경계하고 영적 성장을 위한 겸손이 필요합니다.
열정과 종의 심정을 갖는 것이 필요합니다. 하나님은 겸손한 자에게 더욱 성령의 기름을 부으시고, 교만한 자를 대적하기에 그렇습니다.

여덟째. 성령을 근심케 한 과거의 실수로부터 회복이 필요합니다.
이삭이 아버지의 옛 우물을 다시 파, 다시 심한 흉년을 극복한 것처럼 창25:18 강한 기름 부으심으로 다시 회복해야 됩니다.

이처럼 우리는 정말로 성령의 역사에 예민해야 합니다. 주님께서 재림하실 때가 정말 멀지않습니다. 우리는 깨어 기도해야 합니다. 성령이 교회들에게 하시는 말씀을 경청해야 합니다. 하나님의 말씀과 그분의 마음에 귀를 기울여야 합니다.

우리는 영적으로 무지하여 하나님의 기뻐하시고 선하시고 온전하신 뜻을 알지 못하여 성령으로 근심하게도 말아야 하며엡5:17-18, 롬12:2, 엡4:30, 동시에 교만하거나 자만하여 주님이 주신 신령한 것을 주의 뜻을 위해 사용되지 못하는 어리석음에 방임해서도 안 됩니다. 이를 "마귀에 틈을 준다.엡4:27"라고 함 오직 성령님의 인도함에 어린아이와 같은 순종하는 태도가 필요합니다.

진정으로 성령의 나타나심과 기름 부으심을 사모하면서 매일 매일 성령에 인도함 받아 지성소에 계신 아버지 보좌로 나아가야 합니다. 이를 주의 뜻을 아는 현명한 처녀와 같다고 말합니다. 마25:4, 엡5:17

(히10:22) 우리가 마음에 뿌림을 받아 양심의 악을 깨닫고 몸을 맑은 물로 씻었으니 **참 마음과 온전한 믿음으로 하나님께 나아가자**

(엡2:18) 이는 저로 말미암아 우리 둘이 **한 성령 안에서 아버지께 나아감을 얻게 하려 하심이라**

(사65:24) 그들이 부르기 전에 내가 응답하겠고 그들이 말을 마치기 전에 내가 들을 것이며

끝으로 늘 명심할 사실은, 성령의 역사 뒤에는 반드시 사단의 방해도 있음을 알아야 합니다. 그리고 예언자와 예언을 받는 자의 미성숙에 대한 배려와 포용심도 있어야 발전합니다. 그래서 혹 인간의 관점에 보기에시끄러울 수도, 혼란스러울 수도 있습니다. 그러나 다음 말씀을 또한 기억해야 합니다.

(행17:11) 베뢰아 사람은 데살로니가에 있는 사람보다 **더 신사적이어서 간절한 마음으로 말씀을 받고 이것이 그러한가 하여 날마다 성경을 상고**하므로

우리는 성령의 역사를 사모하고 받아들여야 합니다. 그러나 동시에 분별을 위하여 영들 구별함의 은사를 구하고 말씀의 세계가 더욱 열려 스스로 분별력을 가지도록 해야 합니다.

분명한 사실은 장을 담가 먹는 데는 구더기도 있습니다. 그렇다고 구더기 무서워 장을 담그지 않으면 영양분이 많은 장 요리를 먹을 수가 없을 것입니다. "소가 없으면 구유는 깨끗하려니와 소의 힘으로 얻는 것이 많으니라"란 말씀이 더욱 가슴으로 다가오는 이유가 무엇일까요?

사도바울도 영적으로 어린 아이와도 같은 고린도 교회에 있었던 은사문제를 말씀으로 정리하여 그들을 권면하는 반면, 오히려 영적인 부분예언 등에 더욱 분발하라고 한 이유를 우리는 알아야합니다.

- **예언의 분별**

예언은 반드시 분별되어야 한다고 성경은 전합니다. 이는 성령의 감동이 사람을 통하여 오기 때문입니다. 사람은 인격적으로 불완전할 수 있습니다. 연약하며 제한적인 육으로 인해 옛사람의 습관과 버릇, 생각, 사고방식, 행동양식 및 온전하지 못한성격이 있을 수 있으며, 또한 환경과 마귀의 시험으로부터 자유롭지 못합니다.

하나님의 말씀과 성령의 역사음성, 감동, 환상, 꿈 등는 완전하여 분별할 필요가 없으나, 이 모든 것이 불완전한 사람을 통하여 나타나기에 분별이 필요한 것입니다.

(고전13:9) 우리가 부분적으로 알고 부분적으로 예언하니

(고전14:29) 예언하는 자는 둘이나 셋이나 말하고 다른 이들은 분별할 것이요

① 예언의 동기를 살펴라.

앞에서 언급한 바와 같이, 하나님의 모든 은사와 기름 부으심은 하나님의 영광과 관련되어 있습니다. 성경에도 "… 그가 스스로 말하지 않고 오직 들은 것을 말하며 장래 일을 너희에게 알리시리라 그가 **내 영광을 나타내리니** 내 것을 가지고 너희에게 알리시겠음이라요16:13-14"라고 했습니다. 무당도 정확히 알아맞히기도 합니다. 어떤 때는 주머니에 있는 동전의 개수까지도 정확히 알아맞힙니다.

그러나 무당이 장래 일을 말하고 설령 알아맞히는 일이 있을지라도, 그 행태를 보면 그리스도를 높이고 하나님의 영광을 나타내는 일이 없습니다. 주님도 "나는 사람에게서 영광을 취하지 아니하노라요5:41"라고 하시고, 또 "너희가 서로 영광을 취하고 유일하신 하나님께로부터 오는 영광은 구하지 아니하니 어찌 나를 믿을 수 있느냐요5:44"라고 하셨습니다.

그러므로 교회에 덕을 세우지 않거나, 고전14:3처럼 사람에게 말하여 덕을 세우며 권면하며 위로하지 않거나, 혹은 사랑으로 행하지 않고고전13:4-7 자기 유익을 구하거나 자기의 의를 드러내는롬10:2-3 예언은 하나님으로부터 온 것이 아닙니다.

(딤전1:5) 이 교훈의 목적은 **청결한 마음과 선한 양심과 거짓이 없는 믿음에서 나오는 사랑**이거늘 The goal of this command is love, which comes from a pure heart and a good conscience and a sincere faith.

② 말씀과 영적흐름과 원리가 동일한가?

예언의 주체는 성령이십니다.고전12:4 성령은 성경의 저자이십니다.딤후3:16, 벧후1:21 그리고 동시에 성령은 진리의 영이십니다.요16:13, 시31:5, 요7:28 성경에서는 말씀이 하나님의 진리라고 했습니다.요17:17

그러니 진리를 증거 하는 성령과 진리인 말씀은 하나일 수밖에 없습니다. 그러므로 성령으로 감동받은 예언은 반드시 하나님의 말씀과 같은 영적맥락을 가지고 있습니다. 이런 의미에서 앞에서 이미 성령의 일을 분별하는 방법에 대해 상세히 다루었습니다.

(요16:13-15) 그러나 진리의 성령이 오시면 그가 너희를 모든 진리 가운데로 인도하시리니 그가 스스로 말하지 않고 오직 들은 것을 말하며 장래 일을 너희에게 알리시리라 14 그가 내 영광을 나타내리니 내 것을 가지고 너희에게 알리시겠음이라 15 무릇 아버지께 있는 것은 다 내 것이라 그러므로 내가 말하기를 그가 내 것을 가지고 너희에게 알리시리라 하였노라

③ 안식과 자유, 확신을 주는가?

주님은 자유하게 하려고 오셨습니다.요8:32 그리고 주의 영이 계신 곳에는 자유와 해방이 있습니다.고후3:17, 눅4:18, 사10:27 예언하는 자는 주의 영에 이끌리어 사람에게 말하게 됨으로 교회에 덕을 세우며 사람들을 권면하며 위로하는 것입니다. 사람들을 살리고 회복시키는 역사가 있습니다.성령은 생명의 영이기에 그러함 ; 롬8:2,6

그리고 딤후1:7에도 "하나님이 우리에게 주신 것은 두려워하는 마음spirit 영이 아니요 오직 능력과 사랑과 절제하는 마음spirit 영이니"라고 하심과 같이 두려움이나 염려나 근심을 주지 않습니다. 급한 마음이나 조급함, 안달하는 마음이나 초조함을 주지 않습니다. 수시로 오락가락하며 바뀌는 요동

함으로 하지 않습니다.

오히려 "하나님의 나라는…오직 성령 안에 있는 의와 평강과 희락이라롬14:17"말씀과 같이 안식과 함께 자유와 해방, 기쁨과 평강으로 오게 됩니다. 확신과 일관성으로 오게 됩니다. 이는 바로 성령으로 하나님 나라를 경험하는 것과 동일합니다. 할렐루야, 아멘!

(골4:12) …너희로 **하나님의 모든 뜻 가운데서 완전하고 확신있게 서기를 구하나니**

(살전1:5) 이는 우리 복음이…**오직 능력과 성령과 큰 확신으로 된 것이니**…

④ 예언의 성취를 살펴라.

앞에서 이미 말씀드린 바대로 예언은 "무조건적이고 일반적인 예언"과 "조건적이고 개인적인 예언"이 있었습니다. 무조건적이고 일반적인 예언은 하나님 말씀 자체이기에 성취되지 않는 법이 없습니다.

그러나 본서에서 다루는 예언은 주로 "개인적 예언" 곧, 레마적 예언과 은사적 예언이라 했습니다. 이러한 분류의 예언은 어디까지나 사람을 통하여 나타나 사람에게 말하여 덕을 세우며 권면하며 안위하게 됩니다.고전14:3 그런고로 부분적이며 동시에 분별이 요구됩니다.고전13:9-10, 14:29

만일 예언 받은 자가 믿지 않거나 불순종할 때는 예언이 성취되지 않습니다. 그렇지 않으면 예언은 성취되어져야 합니다.

(신18:22) 만일 선지자가 있어 **여호와의 이름으로 말한 일에 증험도 없고 성취함도 없으면 이는 여호와께서 말씀하신 것이 아니요 그 선지자가 제 마음대로 한 말이니** 너는 그를 두려워하지 말지니라

• 우리의 태도

본장을 마치기 전에 우리는 명심해야 할 사항이 또 있습니다. 예언하는 자는 하나님의 말씀과 감동, 마음을 전달하는 자입니다. 그러므로 무엇보다도 성결해야 하고 성령으로 인도함 받는 자가 되어야 합니다. 고전 13:4-7과 같이 하나님의 사랑으로 넘치고 인격적으로 결격사항이 없어야 합니다. 물론 완벽한 사람은 이 세상에 없을지 모르나, **최소한 동기가 순수하고 겸손한 자, 사모하고 갈망하는 자**가 되어야 합니다.

이는 사도 바울이 말한 바, "그러므로 나의 사랑하는 자들아 너희가 나 있을 때뿐 아니라 더욱 지금 나 없을 때에도 항상 복종하여 두렵고 떨림으로 너희 구원을 이루라(빌2:13)"와 같이 성화의 단계를 거쳐나가야 합니다. 철저한 자기 절제와 거룩한 삶을 추구해야 합니다.

그러므로 어디 영적인 예배자리에서 한두 번 은혜를 받았다거나, 한두 번의 기름 부으심 안수를 받은 것으로 쉽고 편하게 예언하려는 태도는 바람직하지 않습니다. 고린도 교인들이 각종 은사가 임해서도〈고전1:5-7〉 여전히 영적 어린아이임을 기억해야 함〈고전3:1〉 은사는 하나님의 강권적인 선물로도 올수 있음으로, 깨끗하고 정결한 사랑으로 인한 믿음과는 항상 일치하는 것이 아님 ; 갈5:6, 딤전1:5

사도 바울처럼 끝없이 겉사람의 자아와 육체의 소욕을 부인하고, 자기의 영으로 육을 쳐 복종시키는 성결의 삶 가운데 주의 기뻐하심을 바라며, 주를 향한 한결같은 영의 기도로 자신을 세워나갈 때 하늘 기름 부으심이 증가하고 영계가 열려나간다는 사실을 명심해야 합니다. 아멘!

(고전13:4-8) 사랑은 오래 견디고 참을성이 있으며 친절합니다. 사랑은 결코 시기하지 않으며 질투심이 끓어오르지 않습니다. 사랑은 자랑하거나 자만하지 않으며 건방떨지 않습니다. 사랑은 잘난 체하지 않습니다. 교만하여 건방지고 우쭐거리지 않습니다. 사랑은 (버릇없이) 무례하지 않으며 꼴사납

게 행동하지 않습니다. 사랑(우리 안에 있는 하나님의 사랑)은 자신의 권리를 주장하거나 자신의 방법을 고집하지 않습니다. 사랑은 자기 본위가 아니기 때문입니다. 사랑은 성질내거나 짜증내거나 분개하지 않습니다. 사랑은 악행 당한 것을 생각지 않습니다. 해 받은 것을 마음에 두지 않습니다. 사랑은…그 바라는 것이 어떤 환경에서도 변치 않으며 모든 것을(약해지지 않고)견딥니다. 사랑은 절대로 실패하지 않습니다. 절대로 없어지거나 사라지거나 끝나지 않습니다. 예언(즉, 신의 뜻과 목적을 해석하는 은사)에 관해서는, 이루어지고 없어질 것입니다. 방언에 관해서는, 폐하여지고 그치게 될 것입니다. 지식에 관해서는, 폐하여질 것입니다…[확대성경]

(벧전5:5-6) 젊은 자들아 이와 같이 장로들에게 순복하고 다 서로 겸손으로 허리를 동이라 하나님이 교만한 자를 대적하시되 겸손한 자들에게는 은혜를 주시느니라 6 그러므로 하나님의 능하신 손 아래서 겸손하라 때가 되면 너희를 높이시리라

(갈2:20) 내가 그리스도와 함께 십자가에 못박혔나니 그런즉 이제는 내가 산 것이 아니요 오직 내 안에 그리스도께서 사신 것이라…

특히 유념해야 할 것은 예언을 하는 자의 태도와 중심을 늘 기억해야 합니다. 즉, 예언하는 자는 하나님의 사역자로서의 품위를 유지하면서 동시에 겸손과 영적질서를 잘 따라야 합니다.

하나님은 교회의 감독으로 목사를 세웠습니다.행20:28 고로 모든 예언은 목사의 영적권위 아래서 행해야 혼란과 마귀의 틈을 허락하지 않습니다. 이런 의미에서 다음의 말씀을 기억해야 합니다.

(고전14:29-32) 예언하는 자는 둘이나 셋이나 말하고 다른 이들은 분변할 것이요 30 만일 곁에 앉은 다른 이에게 계시가 있거든 먼저 하던 자는 잠잠할

지니라 31 너희는 다 모든 사람으로 배우게 하고 모든 사람으로 권면을 받게 하기 위하여 하나씩 하나씩 예언할 수 있느니라 32 예언하는 자들의 영이 예언하는 자들에게 제재를 받나니 33 하나님은 어지러움의 하나님이 아니시요 오직 화평의 하나님이시니라

예언의 분별을 위해서도, 모든 사람으로 배우고 또 권면 받게 하기 위해서도 한 쪽 구석에서 음밀히 행해지는 것이 아닌 공중적public으로 행해져야 됩니다.

예언자들의 영은 예언자들의 자기 절제에 의해 통제를 받습니다. 하나님은 어지러움의 하나님이 아닌 질서와 화평의 하나님이심을 명심해야 합니다.

아멘!

5장
영광의 삶

하나님과 우리 주 예수를 앎으로 은혜와 평강이
너희에게 더욱 많을지어다 그의 신기한 능력으로
생명과 경건에 속한 모든 것을 우리에게 주셨으니
이는 자기의 영광과 덕으로써 우리를 부르신 이를 앎으로
말미암음이라 이로써 그 보배롭고 지극히 큰 약속을
우리에게 주사 이 약속으로 말미암아 너희가 정욕 때문에
세상에서 썩어질 것을 피하여 신성한 성품에 참여하는 자가
되게 하려 하셨느니라
벧후1:2-4

5.1 영광의 통로(θ 父 ⇨ 예수 ⇨ 성도)

모든 만물은 하나님의 영광과 그의 아들을 위해 창조되었습니다. 고전 3:21-23, 골1:16, 히1:2 모든 피조물은 그 지으신 목적대로 하나님의 영광을 드러냅니다. 롬1:20, 시19장, 136장, 148장 그리고 아담 때부터 구약의 이스라엘 백성이 그 일부를 담당했습니다. 신4:6-8, 출33:16

그러나 하나님의 영광을 가장 정확하게 나타내시고 증거 하신 분은 예수 그리스도이십니다. 왜냐하면 예수님은 말씀으로 계시던 하나님이시요 요1:1-2, 아버지 품속에 영광으로 계셨던 분이시기에 그렇습니다. 요1:18, 17:5

이 분은 아버지의 계명과 영광을 가지고 육체로 오셨고 요16:14, 골1:19, 2:2-3,9, 요일5:6-7, 하나님은 그분의 육체 위로 성령과 능력으로 한량없는 기름을 부으시어 요3:34, 17:22,24, 행10:38, 사11:1-2 아버지의 일을 완성하게 하셨습니다. 요17:1-4

(골1:19) 아버지께서는 모든 충만으로 예수 안에 거하게 하시고

(골2:9) 그 안에는 신성의 모든 충만이 육체로 거하시고

(사11:1-2) 이새의 줄기에서 한 싹이 나며 그 뿌리에서 한 가지가 나서 결실할 것이요 2 그 위에 여호와의 영 곧 지혜와 총명의 영이요 모략과 재능의 영이요 지식과 여호와를 경외하는 영이 강림하시리니

(요17:1-4) 예수께서 이 말씀을 하시고 눈을 들어 하늘을 우러러 이르시되 아버지여 때가 이르렀사오니 아들을 영화롭게 하사 아들로 아버지를 영화롭게 하게 하옵소서 2 아버지께서 아들에게 주신 모든 사람에게 영생을 주게 하시려고 만민을 다스리는 권위를 아들에게 주셨음이로소이다 3 영생은 곧 유일하신 참 하나님과 그가 보내신 자 예수 그리스도를 아는 것이니이다 4 아버지께서 내게 하라고 주신 일을 내가 이루어 아버지를 이 세상에서 영화롭게 하였사오니

그런고로 예수님은 하나님의 영광과 함께 하시다가요17:5, 요일1:2,5,7 성령으로 잉태되시어 육신을 입으시고 이 땅에서 하나님의 그 영광을 가장 정확히 나타내신 분이시요영광의 광채, 히1:3, 또 그 영광이 되셨습니다.요1:14, 고후4:6, 요8:12

할렐루야!

(히1:3) 이는 **하나님의 영광의 광채시요** 그 본체의 형상이시라….

(요1:14) 말씀이 육신이 되어 우리 가운데 거하시매 우리가 그의 영광을 보니 **아버지의 독생자의 영광이요** 은혜와 진리가 충만하더라

(고후4:6) 어두운 데에 빛이 비치라 말씀하셨던 그 하나님께서 **예수 그리스도의 얼굴에 있는 하나님의 영광을 아는** 빛을 우리 마음에 비추셨느니라

(요8:12) 예수께서 또 말씀하여 이르시되 **나는 세상의 빛이니** 나를 따르는 자는 어둠에 다니지 아니하고 **생명의 빛을 얻으리라**

(요12:35-36) 예수께서 이르시되 **아직 잠시 동안 빛이 너희 중에 있으니 빛이 있을 동안에 다녀 어둠에 붙잡히지 않게 하라** 어둠에 다니는 자는 그 가는 곳을 알지 못하느니라 너희에게 아직 빛이 있을 동안에 빛을 믿으라 그리하면 **빛의 아들**이 되리라 예수께서 이 말씀을 하시고 그들을 떠나가서 숨으시니라

(요12:46) **나는 빛으로 세상에 왔나니** 무릇 나를 믿는 자로 어둠에 거하지 않게 하려 함이로라

예수님께 임한 하나님의 영광은 말씀 안에 있는 하나님의 생명으로 세상을 비추는 빛이 되십니다. 요1:4, 5:26, 8:12 이 빛은 "생명력 있는 말씀"이 되어 요일1:2, 이 빛이 비춰지는 곳마다 하나님의 생명이 전달되며, 살리는 역사가 있습니다. 요5:25, 6:63, 고전15:45

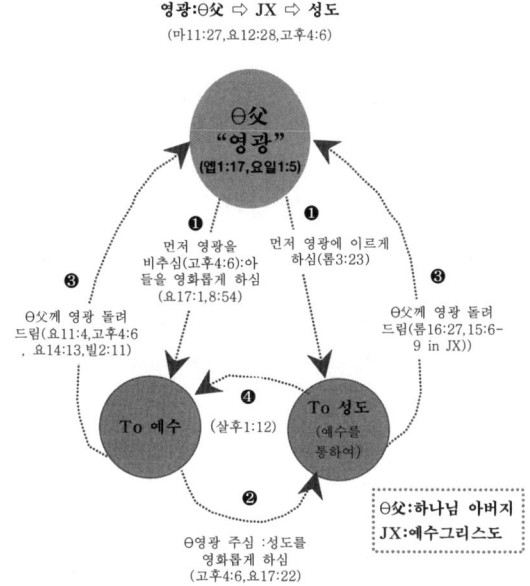

[그림13. 영광 사이클]

(요1:4) 그 안에 생명이 있었으니 이 생명은 사람들의 빛이라
(요5:26) 아버지께서 자기 속에 생명이 있음 같이 아들에게도 생명을 주어 그 속에 있게 하셨고
(요6:63) 살리는 것은 영이니…**내가 너희에게 이른 말은 영이요 생명이라**
(요5:25) 진실로 진실로 너희에게 이르노니 죽은 자들이 하나님의 아들의 음성을 들을 때가 오나니 곧 이 때라 듣는 자는 살아나리라
(고전15:45) 기록된 바 첫 사람 아담은 생령이 되었다 함과 같이 마지막 아담은 살려 주는 영이 되었나니

이제는 예수님을 믿고 영접한 모든 자는 하나님의 자녀인 동시에 빛의 자녀가 됩니다.요12:36, 5:24, 1:12, 엡5:8 이 빛은 말씀 안에 있던 하나님의 생명으로요1:4 하나님께서 생명의 성령으로롬8:2 그 아들 예수 안에 있던 바로 그 생명입니다.요5:26

이제는 그 동일한 성령으로 말미암아 하나님의 생명이 성도에게 오게 된 것입니다.요5:24, 요일5:11, 요17:22, 16:14

이로서 성도는 세상의 빛영광이 되었습니다.마5:14, 엡5:8 성도를 통하여 예수님의 영광을 세상에 드러내게 되었습니다. 다시 말하면 **성도는 예수님의 영광이 된 것입니다.**고후8:23, 사46:13, 43:7 할렐루야!

이제는 성도가 성령으로 육신의 소욕을 죽일 때마다.갈2:20, 고후4:10-11, 성도 안에 있는 말씀이요15:7, 또한 말씀 안에 존재하는 하나님의 생명이 세상의 빛이 되어 세상을 밝히게 됩니다.사59:21-6:2 아멘!

위의 그림13은 하나님의 영광 사이클을 나타내고 있습니다. 앞에서 언급한 바대로 하나님은 영광이시요엡1:17, 요일1:5, 계21:22-23 영광중에 계십니

다.딤전6:16

(엡1:17) 우리 주 예수 그리스도의 하나님, 영광의 아버지께서…
(요일1:5) 우리가 그에게서 듣고 너희에게 전하는 소식은 이것이니 곧 하나님은 빛이시라 그에게는 어둠이 조금도 없으시다는 것이니라

하나님의 영광은 성령으로 아들 예수님께로 오게 되었고, 그리고 동일한 성령으로 성도에게로 갔다가 최후로 하나님께 되돌아가는 사이클입니다.
주님과 성도는 하나님의 영광을 세상에 드러내는 통로가 됩니다. 하나님은 아들 예수 안에서 영화롭게 되셨는데, 이는 아들이 자신의 영광을 증거 하는 일로 말미암아 하나님을 드러내고 또 영화롭게 하셨기 때문입니다.요10:37-38, 12:27

동일한 영적 원리로 주님은 성도 안에서 성도가 주님의 영광을 증거 한 일로 인하여 영화롭게 되셨습니다.요일2:6, 요14:13 그리고 하나님은 아들 예수를 통하여 자신의 일을 세상에 나타나게 하심으로 아들을 영화롭게 하셨으며요13:31-32, 또한 아들 예수님은 성도들로 하여금 자신의 영광을 세상에 드러냄으로 성도들을 영화롭게 하셨습니다.살후1:12

이러한 영광의 흐름으로 인해 주님은 하나님의 영광이 되심을 증거 받으셨고, 성도는 또한 주님의 영광이 된 사실을 세상에 알리게 되었습니다. 할렐루야 아멘!

(잠17:6) 손자는 노인의 면류관이요 **아비는 자식의 영화니라**
(요1:14) 말씀이 육신이 되어 우리 가운데 거하시매 우리가 그의 **영광을 보니 아버지의 독생자의 영광이요** 은혜와 진리가 충만하더라
(요5:44) …**하나님께로부터 오는 영광은 구하지 아니하니** 어찌 나를 믿을 수

있느냐

(요11:40) …네가 믿으면 하나님의 영광을 보리라 하지 아니하였느냐 하시니

(사46:13) …내가 나의 영광인 이스라엘을 위하여 구원을 시온에 베풀리라

(고후8:23) …우리 형제들로 말하면 여러 교회의 사자들이요 그리스도의 영광이니라

요17장은 주님이 이 땅에서 심한 통곡과 눈물로 아버지께 드린 유언 같은 기도입니다. 이 기도 중에 다음과 같은 말씀이 나옵니다.

(요17:21-24) 아버지여, 아버지께서 내 안에, 내가 아버지 안에 있는 것 같이 **그들도 다 하나가 되어 우리 안에 있게 하사** 세상으로 아버지께서 나를 보내신 것을 믿게 하옵소서 22 **내게 주신 영광을 내가 그들에게 주었사오니 이는 우리가 하나가 된 것 같이 그들도 하나가 되게 하려 함이니이다** 23 곧 내가 그들 안에 있고 아버지께서 내 안에 계시어 그들로 온전함을 이루어 하나가 되게 하려 함은 아버지께서 나를 보내신 것과 또 나를 사랑하심 같이 그들도 사랑하신 것을 세상으로 알게 하려 함이로소이다 24 아버지여 내게 주신 자도 나 있는 곳에 나와 함께 있어 아버지께서 창세 전부터 나를 사랑하시므로 **내게 주신 나의 영광을 그들로 보게 하시기를 원하옵나이다**

여기서 주목할 말씀이 "…내게 주신 나의 영광을 그들로 보게 하시기를 원하옵나이다" 입니다. 이것은 모세가 하나님께 올려드렸던 기도였습니다. 출33:18 그러나 모세에게는 이 영광이 허락되지 않았습니다. 출33:20-23 그런데 그 기도를 지금 주님께서 아버지께 올려드리고 있습니다.

이제는 주님의 십자가 부활을 통하여 모든 성도가 하나님의 영광을 보는 위치에 설 뿐만 아니라 그 영광을 경험하는 위치에 서게 되었습니다. 엡2:6, 히

2:10, 고후3:18 할렐루야! 주님의 기도 중에 "…그들도 다 하나가 되어 우리 안에 있게 하사…"의 말씀을 이러한 이해 아래 눈 여겨 보아야 합니다.

오직 성령으로만이 **하나**되게 하심을 성경 여러 곳에서 확인 할 수가 있습니다. 고전12:13, 엡4:3-4, 고전6:17, 그림14-15

(고전12:13) 우리가 유대인이나 헬라인이나 종이나 자유자나 다 한 성령으로 세례를 받아 **한 몸이 되었고 또 다 한 성령을 마시게 하셨느니라**

(엡4:3-4) 평안의 매는 줄로 성령의 하나 되게 하신 것을 힘써 지키라 4 몸이 하나이요 성령이 하나이니 이와 같이 너희가 부르심의 한 소망 안에서 부르심을 입었느니라

(고전 6:17) 주와 합하는 자는 **한 영이니라**

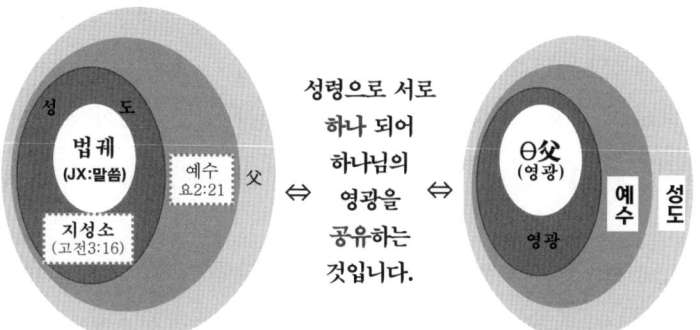

성도 안에 말씀이 있어(요15:7), 말씀대로 믿어 열매를 많이 내면(요15:8, 마5:13-16, 행10:38) 하나님 아버지는 이로 인해 영광을 받으시고(요15:8), 예수님은 성도들을 (참)제자로 삼으십니다(요15:8). 하나님 아버지는 자신의 영광을 위해 예수이름으로 구한 모든 것(응답과 역사)을 주십니다(요16:23-24, 15:16, 골3:17, 행3:16, 빌2:10-11)

[그림14. 요17:21 도해]

하나님 아버지는 영광중에 계십니다(요17:5, 요일1:7, 딤전6:16). 동시에 하나님은 영광 자체이시기도 합니다(요일1:5, 엡1:17). 이 영광이 주님 안에 계셨습니다. 주님은 세상의 빛이 되시어 이 영광을 세상에 드러내셨습니다(고후4:6, 요1:14). 이제는 주님은 성령으로 성도 안에 영광으로 와 계십니다. 성도는 세상의 빛이 되어 계속하여 세상에 영광을 드러내야 합니다.

[그림15. 요17:23 도해]

주님과 성도가 하나 되는 사건도 바로 성령의 역사입니다. 요14:20, 요일3:24
성도 간, 교회 간 하나가 되는 것 또한 성령의 역사입니다. 행2:46, 4:32

우리가 알거니와 주님과 아버지께서는 이미 성령으로 하나가 되어 계십니다. 요10:30, 14:10-11 이는 주님과 하나님 아버지께서 이미 하나 되어 영광중에 계심을 의미하기도 합니다. 계21:22-23

하나님은 언제나 영광으로 계시고요일1:5, 딤전6:16, 주님은 아버지께 돌아가시어 창세전에 계셨던 모습 그대로 지금도 영광중에 아버지와 함께 계십니다. 요17:5, 계21:22-23

그러므로 **주님이 올려드렸던 유언의 기도는 모든 성도가 하나 되어 아버지와 아들이 거하시는 영광 중에 함께 거하는 것**을 의미합니다! 그림14,15 참조 이는 하나님의 영광을 예수님과 함께 성도들도 **함께 공유하는 것**을 의미합니다.

이것이 주님의 바람이요 오순절 마가 다락방에서 성령께서 임하심으로 주님의 기도에 대한 성취입니다.

이로서 모든 성도는 성령으로 하나님의 영광을 보며 경험하게 하는 합법적 근거가 되었습니다. 할렐루야!

(고후3:17-18) 주는 영이시니 주의 영이 계신 곳에는 자유가 있느니라 우리가 다 수건을 벗은 얼굴로 거울을 보는 것 같이 **주의 영광을 보매** 그와 같은 형상으로 변화하여 **영광에서 영광에 이르니 곧 주의 영**으로 말미암음이니라

(요14:17) 그는 진리의 영이라 세상은 능히 그를 받지 못하나니 이는 그를 보지도 못하고 알지도 못함이라 그러나 너희는 그를 아나니 **그는 너희와 함께 거하심이요 또 너희 속에 계시겠음이라**

(벧전4:14) 너희가 그리스도의 이름으로 치욕을 당하면 복 있는 자로다 **영광**

의 영 곧 하나님의 영이 너희 위에 계심이라

(히2:10) 만물이 인하고 만물이 말미암은 자에게는 **많은 아들을 이끌어 영광에 들어가게 하시는 일**에 저희 구원의 주를 고난으로 말미암아 온전케 하심이 합당하도다

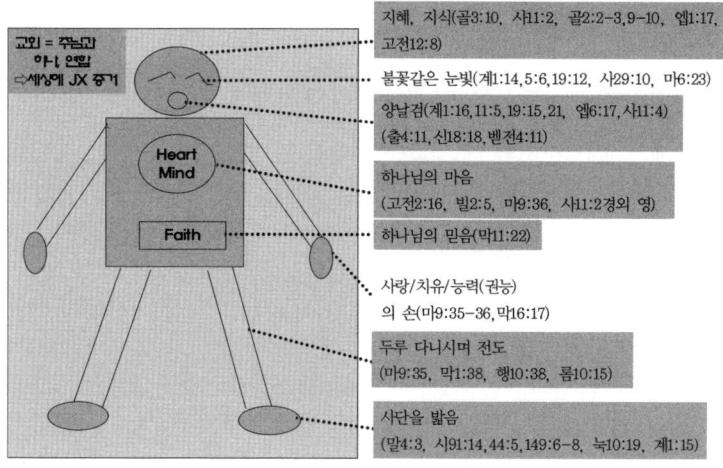

[그림16. 그리스도의 지체와 연합]

주님은 성령으로 몸된 교회에 오시어 자신의 일을 계속 행하십니다. 골1:23-24 아니 더 많은 일을 행하십니다. 요14:12 주님은 몸된 교회에서 지상에서 자신이 행하셨던 사역을 오중사역자five-fold-minister을 통하여 계속하십니다. 엡4:10-11 이로서 몸된 교회를 온전케 하시고 온전히 자신과 아버지를 증거하게 하셨습니다. 엡4:13,15 이로서 몸된 교회는 하나님이 거하시는 거처가 되시고 하나님과 함께 일하는 동역이 되신 것입니다. 고전3:9, 고후6:1, 빌2:13,1:6, 요일2:6

주님은 "아버지여, 아버지께서 내 안에, 내가 아버지 안에 있는 것 같이 그들도 다 하나가 되어 우리 안에 있게 하사 세상으로 아버지께서 나를 보내신 것을 믿게 하옵소서 22 내게 주신 영광을 내가 그들에게 주었사오니

이는 우리가 하나가 된 것 같이 그들도 하나가 되게 하려 함이니이다 23 곧 내가 그들 안에 있고 아버지께서 내 안에 계시어 그들로 온전함을 이루어 하나가 되게 하려 함은 아버지께서 나를 보내신 것과 또 나를 사랑하심 같이 그들도 사랑하신 것을 세상으로 알게 하려 함이로소이다.요17:21-23"라 하셨습니다. 삼위일체 하나님과 교회가 하나가 되기를 기도하신 것입니다. 성령이 교회에 임하시면서 이 일이 이루어졌습니다.요14:20, 약4:5, 요일4:15 주님은 교회의 머리가 되셨고, 교회는 주님의 지체가 된 것입니다. 하여 머리 없는 지체가 없는 것처럼, 지체없는 머리 또한 없게 되었습니다. 이로서 주님은 지체없이 일하지 않으십니다. 몸된 교회는 주님께서 사용하시어 주님 자신을 일을 행하는 주체가 되었습니다.요일2:6 영도 혼도 육체도 주님의 통로가 된 것입니다. 아니 주님의 소유가 되어 주님의 일을 대신하며 주님께 함께 일하는 기관이 된 것입니다.그림16 참조

구약에서 이스라엘 백성들이 절대절명의 위기에 처할 때가 있었습니다. 앞엔 홍해가, 뒤에는 바로 왕이 이끄는 육백승의 최정예 기마병이 곧 덮칠 기세였습니다. 이스라엘 백성들은 심히 두려워하고 하나님께 부르짖으며 자신들이 처한 상황에 불만을 터뜨리고 있었습니다. 그때 하나님은 "여호와께서 모세에게 이르시되 너는 어찌하여 내게 부르짖느냐 이스라엘 자손에게 명령하여 앞으로 나아가게 하고 지팡이를 들고 손을 바다 위로 내밀어 그것이 갈라지게 하라 이스라엘 자손이 바다 가운데서 마른 땅으로 행하리라출14:15-16"라 하셨습니다. 결국엔 홍해는 갈라지고 마른 땅이 드러나 이스라엘은 구원받았습니다. 하나님의 권능이 모세의 손을 통하여 일어난 것입니다.출7:19, 출8:5, 수8:18 이처럼 지체의 손뿐만 아니라 마음의 생각까지도 하나님의 능력과 힘의 통로가 됩니다. 특히 방언으로 기도할 때 우리의 마음을 하나님의 힘과 능력이 전달되어 이루시기를 원하시는 그 일the very thing에 집중해야 합니다. 이처럼 주님은 주님의 지체를 통해 일하십니다. 주님

의 능력과 힘 곧 성령이 문제를 향해 뻗은 손을 통하여 나아가 해결하며, 주님의 능력과 힘이 주께서 이루시려는 목적과 의도에 우리가 집중하는 마음을 통해 이루어집니다.

5.2 완전한 데로 나아가라

하나님은 의의 말씀을 경험하고 단단한 음식도 먹을 수 있는 장성한 자가 되라고 하십니다. 그리스도의 도道, 곧 말씀의 초보에 머무르지 말고 완전한 데로 나아가라고 말하십니다.

(히5:12-6:2) 때가 오래되었으므로 너희가 마땅히 선생이 되었을 터인데 너희가 다시 **하나님의 말씀의 초보**(first principles of the doctrines of God)에 대하여 누구에게 가르침을 받아야 할 처지이니 단단한 음식은 못 먹고 젖이나 먹어야 할 자가 되었도다 이는 젖을 먹는 자마다 어린 아이니 의의 말씀을 경험하지 못한 자요 단단한 음식은 장성한 자의 것이니 그들은 지각을 사용하므로 연단을 받아 선악을 분별하는 자들이니라 그러므로 우리가 **그리스도의 도의 초보**(the principles of the doctrine of Christ)를 **버리고**(leaving) 죽은 행실을 회개함과 하나님께 대한 신앙과 세례들과 안수와 죽은 자의 부활과 영원한 심판에 관한 교훈의 터를 다시 **닦지 말고**(not laying again) **완전한 데로 나아갈지니라**

죽은 행실을 회개함과 하나님께 대한 신앙과 세례(침례)들과 안수와 죽은 자의 부활과 영원한 심판에 관한 교훈은 그리스도 말씀의 초보요 기초입니다. 이는 인간중심의 신앙에서 벗어날 수가 없습니다. 인간구원의 완성 즉 죄 사함과 부활에서 들여다보는 관점입니다.

그러나 인간은 그리스도 예수 안에서 하나님의 영광과 선한 일을 위해 지음 받았다는 사실을 잊어서는 안 됩니다.엡2:10, 사43:7 인간중심이 아닌 하나님 중심임을 잊어서는 안 됩니다.

죄사함도, 성령의 기름부음 받음도, 그리고 직분주심 이 모두가 하나님 자신의 영광의 그 이름을 위함임을 잊어서는 안 됩니다.사16:3, 행13:22, 계1:6

이러므로 그리스도의 도의 초보에 머물거나 기초를 다시 닦지 말고 완전한 하나님의 뜻을 이루는 곳에 도달해야 합니다.히6:2, 요12:27-32

> (사43:7) 무릇 내 이름으로 일컫는 자 곧 **내가 내 영광을 위하여 창조한자를 오게 하라** 그들을 내가 지었고 만들었느니라
>
> (사43:25) **나 곧 나는 나를 위하여 네 허물을 도말하는 자니** 네 죄를 기억지 아니하리라
>
> (사48:11) **내가 나를 위하며 내가 나를 위하여 이를 이룰 것이라** 어찌 내 이름을 욕되게 하리요 **내 영광을 다른 자에게 주지 아니하리라**
>
> (골3:10) 새 사람을 입었으니 이는 자기를 창조하신 자의 형상을 좇아 지식에까지 새롭게 하심을 받는 자니라

이 일은 주님께서 이 땅에서 행하신 일이요행10:38, 모든 성도가 이를 계속해서 이루어 나가야할 일입니다. 하나님은 자신을 위해 열심을 내셨고〈사9:7, 겔39:25〉, 그 열심이 성령을 통하여 주님과 교회로 이어짐〈요12:49-50, 딛2:14〉 이를 **하나님의 경륜**이라고 합니다.자신의 영광 계시, 영생과 하나님 나라 이룸 ; 요12:27-28, 딛1:2-3, 딤전1:4

교회는 예수님과 하나님의 행하신 일을 믿는 믿음 안영생을 얻는 것도 이러한 믿음에서 비롯됨; 요5:24, 히12:2, 요일5:20에서 이루어지는 하나님의 영원하신 뜻을 계속 이루어 나가는 곳입니다.

(엡2:10) 우리는 그의 만드신 바라 그리스도 예수 안에서 선한 일을 위하여 지으심을 받은 자니 이 일은 하나님이 전에 예비하사 우리로 그 가운데서 행하게 하려 하심이니라
(딤전1:5) 경계의 목적은 청결한 마음과 선한 양심과 거짓이 없는 믿음으로 나는 사랑이거늘

영원부터 하나님 속에 감추어진 하나님의 경륜을 교회를 통하여 세상에 드러내는 일입니다.이 일은 위해 천사는 교회를 통해 하나님의 지혜를 받고, 또 지시를 받아 교회를 도와 일을 행하는 영임 ; 히1:14

(엡3:9-10) **영원부터 만물을 창조**하신 하나님 속에 감추었던 비밀의 경륜이 어떠한 것을 드러내게 하려 하심이라 10 이는 이제 교회로 말미암아 하늘에서 정사와 권세들에게 하나님의 각종 지혜를 알게 하려 하심이니
(히1:14) 모든 천사들은 부리는 영으로서 **구원 얻을 후사들을 위하여 섬기라고 보내**심이 아니뇨

이 선한 일은 하나님의 영광 안에서 성령으로 이루어져 나가게 됩니다. 이런 의미에서 "모든 사람이 죄를 범하였으매 하나님의 영광에 이르지 못하더니롬3:23"라 하심으로 죄사함을 통하여 인간이 영광 안에서 감당해야 할 일을 분명히 말씀하고 있습니다.히2:10 아멘!
완전한 분은 하나님 한 분뿐이시고, 완전한 곳은 하나님의 임재의 자리요, 그리고 완전한 데에 이르는 방법은 오직 성령의 이끌림을 받아 예배를 통하여 영광의 자리에 들어가는 것입니다.엡2:18, 요4:23, 히2:10, 고후3:18

(고후3:18) 우리가 다 수건을 벗은 얼굴로 거울을 보는 것 같이 주의 영광을

보매 그와 같은 형상으로 변화하여 **영광에서 영광에 이르니 곧 주의 영으로 말미암음이니라**

(엡2:18) 이는 저로 말미암아 우리 둘이 **한 성령 안에서 아버지께 나아감을 얻게 하려 하심이라**

(히2:10) 만물이 인하고 만물이 말미암은 자에게는 **많은 아들을 이끌어 영광에 들어가게 하시는 일**에 저희 구원의 주를 고난으로 말미암아 온전케 하심이 합당하도다

하나님은 모든 성도들이 온전해complete, perfect지기를 원하십니다. 마5:48, 히6:2, 엡4:12-13,15, 요17:23, 골2:10 이는 화평케 하는 주님의 일을 이 땅에서 계속하여 행해야 하는 그리스도의 대사이기에 그렇습니다. 요14:12, 골1:24, 고후5:18-20

(마5:48) 그러므로 하늘에 계신 너희 아버지의 온전하심과 같이 너희도 온전하라

(엡4:12-13) 이는 성도를 온전하게 하며 봉사의 일을 하게 하며 그리스도의 몸을 세우려 하심이라 13 우리가 다 하나님의 아들을 믿는 것과 아는 일에 하나가 되어 온전한 사람을 이루어 그리스도의 장성한 분량이 충만한 데까지 이르리니

(엡4:15) 오직 사랑 안에서 참된 것을 하여 범사에 그에게까지 자랄지라 그는 머리니 곧 그리스도라

(골3:10) 새 사람을 입었으니 이는 자기를 창조하신 이의 형상을 따라 지식에까지 새롭게 하심을 입은 자니라

(골2:9-10) 그 안에는 신성의 모든 충만이 육체로 거하시고 10 너희도 그 안에서 충만하여졌으니 그는 모든 통치자와 권세의 머리시라

(골1:24) 나는 이제 너희를 위하여 받는 괴로움을 기뻐하고 그리스도의 남은 고난을 그의 몸 된 교회를 위하여 내 육체에 채우노라

(요14:12) 내가 진실로 진실로 너희에게 이르노니 나를 믿는 자는 내가 하는 일을 그도 할 것이요 또한 그보다 큰 일도 하리니 이는 내가 아버지께로 감이라

이것은 교회 내에서 오중 직분자사도, 선지자, 복음 전하는 자, 목사, 교사 ; 엡4:11로부터 가르침 받음으로 가능합니다. 여기서 오중 직분은 모두 이 땅에서 행하셨던 그리스도의 고유의 직분엡4:8으로, 모두가 성령으로 이루어졌던 부분입니다. 주님은 다섯 가지 직분을 위한 성령의 기름 부으심으로 온전하셨던 분이십니다.

(사11:1-2) 이새의 줄기에서 한 싹이 나며 그 뿌리에서 한 가지가 나서 결실할 것이요 그의 위에 **여호와의 영 곧 지혜와 총명의 영이요 모략과 재능의 영이요 지식과 여호와를 경외하는 영이 강림하시리니**

(요3:34-35) 하나님이 보내신 이는 하나님의 말씀을 하나니 이는 **하나님이 성령을 한량 없이 주심이니라** 아버지께서 아들을 사랑하사 **만물을 다 그의 손에 주셨으니**

(행10:38) 하나님이 나사렛 예수에게 **성령과 능력을 기름 붓듯 하셨으매** 그가 두루 다니시며 선한 일을 행하시고 마귀에 눌린 모든 사람을 고치셨으니 이는 하나님이 함께 하셨음이라

우리가 알다시피 주님은 아버지 영광의 영이신 성령으로 충만하셨습니다. 주님의 몸은 이 땅에 머물고 계셨지만 하늘 영광 속에 살고 계셨습니다. 그러므로 주님으로부터 오는 오중 직분으로 가르침을 받는 성도는 성령의 기름 부으심으로 충만하여 하늘 영광을 누리는 자가 되는 것입니다.엡1:23

이러한 방법으로 성도는 영적으로 온전해 질 수 있고, 그리스도의 장성한 분량에 이르게 되는 것입니다. 할렐루야!

> (엡4:13,15) 우리가 다 하나님의 아들을 믿는 것과 아는 일에 하나가 되어 온전한 사람을 이루어 그리스도의 장성한 분량이 충만한 데까지 이르리니… 15 오직 사랑 안에서 참된 것을 하여 범사에 그에게까지 자랄지라 그는 머리니 곧 그리스도라
> (엡3:19) 그 너비와 길이와 높이와 깊이가 어떠함을 깨달아 하나님의 모든 충만하신 것으로 너희에게 충만하게 하시기를 구하노라
> (엡1:23) 교회는 그의 몸이니 만물 안에서 만물을 충만케 하시는 이의 충만함이니라

이런 맥락에서 방언의 깊은 세계와 예언의 중요성이 돋보이게 됩니다. 모든 성도는 예수님과 같이 하나님의 것을 유업으로 이을 자입니다. 롬8:17, 갈4:7 이는 주님이 십자가에서 모든 저주를 담당하심으로 말미암아사53:5 성령께서 보증으로 주신 것입니다. 엡1:13-14

> **(롬8:17) 자녀이면 또한 상속자 곧 하나님의 상속자요 그리스도와 함께 한 상속자니** 우리가 그와 함께 영광을 받기 위하여 고난도 함께 받아야 할 것이니라
> (엡3:6) 이는 이방인들이 복음으로 말미암아 **그리스도 예수 안에서 함께 상속자가 되고 함께 지체가 되고 함께 약속에 참여하는 자가 됨이라**
> (벧전1:4) 썩지 않고 더럽지 않고 쇠하지 아니하는 **유업을 잇게 하시나니** 곧 너희를 위하여 하늘에 간직하신 것이라
> (갈3:29) 너희가 그리스도의 것이면 곧 아브라함의 자손이요 약속대로 **유업**

을 이을 자니라

(갈4:7) …아들이니 아들이면 하나님으로 말미암아 유업을 받을 자니라

(히9:15) 이로 말미암아 그는 새 언약의 중보자시니 이는 첫 언약 때에 범한 죄에서 속량하려고 죽으사 부르심을 입은 자로 하여금 **영원한 기업의 약속을 얻게 하려 하심이라**

예수님께서 지신 십자가는 하늘과 땅을 하나로 통일시키셨습니다.엡1:10 다시 말하면 완전하시고, 온전한 선물을 가지신 하나님의 부요함이 이 땅으로 전달되는 통로를 열어놓으셨고히10:19-20, 모든 성도는 이 길을 따라 하나님께 나아갈 수가 있을 뿐 아니라 하늘 부요함도 누리게 된 것입니다.엡2:18, 히10:19-20, 요14:6 아멘!

(히10:20) 그 길은 우리를 위하여 휘장 가운데로 열어 놓으신 **새로운 살 길이요** 휘장은 곧 그의 육체니라

(요14:6) 예수께서 이르시되 내가 곧 길이요…

(약1:17) 온갖 좋은 은사와 온전한 선물이 다 위로부터 빛들의 아버지께로부터 **내려오나니** 그는 변함도 없으시고 회전하는 그림자도 없으시니라

(엡1:10) 하늘에 있는 것이나 땅에 있는 것이 다 **그리스도 안에서 통일되게 하려 하심이라**

(골1:19-20) 아버지께서는 모든 충만으로 예수 안에 거하게 하시고 그의 십자가의 피로 화평을 이루사 만물 곧 땅에 있는 것들이나 하늘에 있는 것들이 그로 말미암아 자기와 화목하게 되기를 기뻐하심이라

(마6:10) 나라가 임하시오며 뜻이 하늘에서 이룬 것 같이 땅에서도 이루어지이다

(신28:12) 여호와께서 너를 위하여 **하늘의 아름다운 보고를 여시사**…네가 많

은 민족에게 꾸어줄지라도 너는 꾸지 아니할 것이요
(엡1:3) 찬송하리로다 하나님 곧 우리 주 예수 그리스도의 아버지께서 그리**스도 안에서 하늘에 속한 모든 신령한 복을 우리에게 주시되**
(요16:24) …너희가 내 이름으로 아무 것도 구하지 아니하였으나 **구하라 그리하면 받으리니 너희 기쁨이 충만하리라**
(골3:17) 또 무엇을 하든지 말에나 일에나 다 주 예수의 이름으로 하고 그를 힘입어 하나님 아버지께 감사하라

하나님 나라와 그의 나라의 영광도 그 길로 오는 것입니다.

(히2:10) 그러므로 만물이 그를 위하고 또한 그로 말미암은 이가 **많은 아들들을 이끌어 영광에 들어가게 하시는 일에** 그들의 구원의 창시자를 고난을 통하여 온전하게 하심이 합당하도다
(사42:8) 나는 여호와이니 이는 내 이름이라 나는 **내 영광을 다른 자에게, 내 찬송을 우상에게 주지 아니하리라**
(마12:28) 그러나 내가 하나님의 성령을 힘입어 귀신을 쫓아내는 것이면 하나님의 나라가 이미 너희에게 임하였느니라

그리고 하나님 나라와 영광 속에서 누리는 하늘의 모든 부유함과 권능고전4:20도 그 길로 오는 것입니다. 할렐루야!

(골2:2-3) 이는 그들로 마음에 위안을 받고 사랑 안에서 연합하여 확실한 이해의 모든 풍성함과 하나님의 비밀인 그리스도를 깨닫게 하려 함이니 **그 안에는 지혜와 지식의 모든 보화가 감추어져 있느니라**
(롬14:17) 하나님의 나라는 먹는 것과 마시는 것이 아니요 오직 **성령 안에 있**

는 의와 평강과 희락이라

(벧전1:4) 썩지 않고 더럽지 않고 쇠하지 아니하는 유업을 잇게 하시나니 곧 **너희를 위하여 하늘에 간직하신 것이라**

무엇보다도 가장 중요한 사실은 하나님 자신이 성도의 기업이 된다는 사실입니다. 신10:9 하나님이신 성령님과 그분의 이름이 이미 성도 안에 오셔서 영원히 계십니다. 요14:17, 26, 고후13:5, 마28:20 성령과 그 이름으로 인하여 모든 하늘 부유함과 권세가 이미 성도의 유업으로 주어져 있습니다.

(신10:9) 그러므로 레위는 그의 형제 중에 분깃이 없으며 기업이 없고 네 하나님 여호와께서 그에게 말씀하심 같이 **여호와가 그의 기업이시니라**
(사11:2) **여호와의 영 곧 지혜와 총명의 영이요 모략과 재능의 영이요 지식과 여호와를 경외하는 영이 강림하시리니**

그러므로 모든 성도는 하늘 영광에 참여하여엡3:6 그것을 누리며, 그것을 세상에 전하며벧전2:9 또 그것을 세상에 나누어 주는 부요한 자들이 되었습니다. 이것이 진정한 복임 ; 벧전3:9, 창12:2-3, 39:5, 롬15:16 할렐루야 아멘!

(창12:2-3) 내가 너로 큰 민족을 이루고 **네게 복을 주어 네 이름을 창대하게 하리니 너는 복이 될지라**…땅의 모든 족속이 너로 말미암아 복을 얻을 것이라 하신지라
(벧전3:9) 악을 악으로, 욕을 욕으로 갚지 말고 도리어 복을 빌라 이를 위하여 너희가 부르심을 받았으니 **이는 복을 이어받게 하려 하심이라**
(벧전2:9) …이는 너희를 어두운 데서 불러내어 그의 기이한 빛(곧 영광)에 들어가게 하신 이의 아름다운 덕을 선포하게 하려 하심이라

(롬15:16) 이 은혜는 곧 나로 이방인을 위하여 그리스도 예수의 일군이 되어 하나님의 복음의 제사장 직무를 하게 하사 **이방인을 제물로 드리는 그것이 성령 안에서 거룩하게 되어 받으심직하게 하려 하심**이라

이제 성도의 삶은 이 모든 영광의 풍성함을 허락하신 하나님을 찬양하며 합당한 영광을 돌리는 삶입니다. 영광 중에 즐거워하며 기뻐하는 삶입니다. 이것이 영광의 삶, 후사의 삶, 그리고 증거의 삶이됨을 의미합니다.

(엡1:5-6) 그 기쁘신 뜻대로 우리를 예정하사 예수 그리스도로 말미암아 자기의 아들들이 되게 하셨으니…**그의 은혜의 영광을 찬송하게 하려는 것**이라

(엡1:11-14) 모든 일을 그의 뜻의 결정대로 일하시는 이의 계획을 따라 우리가 예정을 입어 **그 안에서 기업이 되었으니** 이는 우리가 그리스도 안에서 전부터 바라던 **그의 영광의 찬송이 되게 하려 하심이라**…또한 믿어 약속의 성령으로 인치심을 받았으니 이는 우리의 기업의 보증이 되사 그 얻으신 것을 속량하시고 **그의 영광을 찬송하게 하려 하심이라**

(엡1:18-19) 너희 마음의 눈을 밝히사 그의 부르심의 소망이 무엇이며 성도 안에서 그 **기업의 영광의 풍성함이 무엇이며** 그의 힘의 위력으로 역사하심을 따라 믿는 우리에게 베푸신 **능력의 지극히 크심이 어떠한 것을 너희로 알게 하시기를 구하노라**

(사43:7,21) 무릇 내 이름으로 일컫는 자 곧 **내가 내 영광을 위하여 창조한자**를 오게 하라 그들을 내가 지었고 만들었느니라… 이 백성은 내가 나를 위하여 지었나니 **나를 찬송하게 하려 함이니라**

(시149:5) 성도들은 **영광 중에 즐거워하며** 그들의 침상에서 기쁨으로 노래할 지어다

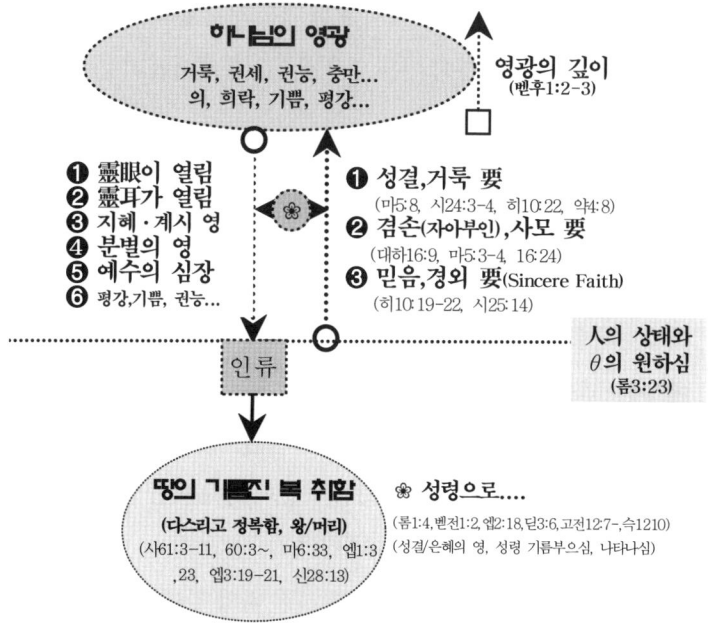

[그림17. 깊은 영광으로 들어가는 길]

이처럼 하나님의 영광은 성령으로 임하게 되며, 성령으로 그 영광을 체험하게 됩니다. 고후3:17-18

하나님은 모든 성도가 이 영광을 더욱 세상에 드러내기를 원하십니다. 빛을 발하기를 원하십니다. 그리고 더 깊은 하나님의 영광에 참여하기를 원하십니다. 벧후1:2-4, 그림17

(벧후1:2-4) …그의 신기한 능력으로 생명과 경건에 속한 모든 것을 우리에게 주셨으니 이는 자기의 영광과 덕으로써 우리를 부르신 이를 앎으로 말미암음이라…신성한 성품에 참여하는 자가 되게 하려 하셨느니라

경험하여 아는 자만이 전할 수가 있습니다. 벧전2:9 영광도 영광 중에 계신

아버지와 주님도 그러합니다. 이것이 또한 영생과 교제의 삶 중에 나타나는 바요17:3, 요일1:3, 이미 말했듯이 이는 오직 성령을 통해서만 가능합니다.

> (요17:3) 영생은 곧 유일하신 참 하나님과 그의 보내신 자 예수 그리스도를 아는(⇦ γινώσκω 기노스코) 것이니이다
> (요일1:3) 우리가 보고 들은 바를 너희에게도 전함은 너희로 우리와 사귐이 있게 하려 함이니 우리의 사귐은 **아버지와 그의 아들 예수 그리스도와 더불어 누림**이라

고로 성령께서 더욱 일하시도록 하면 영광과 하나 되신 아버지와 주님을 그만큼 더 체험하며 누리게 됩니다.요일1:3

사도바울에게 신기한 능력을 맛보게 하신 바와 같이행19:11-12, 빌립 집사에게 성령으로 물리적인 순간 이동transportation을 맛보게 하신 바와 같이행8:39-40, 왕상18:2, 또한 에스겔 선지자와 사도 요한처럼 성령 안에서 시時공간空間을 초월한 체험도 가능하게 되는 것입니다.1)겔1:1-4, 3:12-15, 37:1, 계4:2, 17:3, 21:10, 왕상18:46

이 모든 것은 모든 성도가 육체의 소욕을 거부하고 거룩하며 영적 사모함 가운데 성령으로 살아갈 때 경험하는 특별한 은혜입니다.갈5:16-21,24

> **(왕상18:46) 여호와의 능력이** 엘리야에게 임하매 그가 허리를 동이고 이스르

---

1) **시·공간의 초월경험** : 에스겔은 그발 강가에서 하나님의 권능이 임하고 하늘이 열림으로(겔1:1-3) 장차 임할 예루살렘의 심판과 소명을 받았다.(겔1-3장) 이는 이사야도(사6:2-8), 사도 요한도(계1:9-20) 성령 안에서 소명과 함께 영적인 세계에 대한 계시를 받았다. 이들은 성령으로 이끌림을 받아 시 공간을 초월한 경험을 하게 되었다.(겔1:1-4, 3:12-15, 37:1, 계4:2, 17:3, 21:10, 왕상18:46)
  ■ **놀라운 성령의 능력을 경험** : 엘리야처럼(왕상18:46), 사도 바울처럼(행19:11-12), 사도 요한처럼(계21:10)…등
  ■ **승천의 경험** : 에녹과 엘리야는 죽음을 보지 않고 승천을 맛을 보게 됨. 계11:12에 두 증인이 승천하는 경험을 예언하고 있음.

엘로 들어가는 곳까지 아합 앞에서 달려갔더라

(행19:11-12) 하나님이 바울의 손으로 놀라운 능력을 행하게 하시니 12 심지어 사람들이 바울의 몸에서 손수건이나 앞치마를 가져다가 병든 사람에게 얹으면 그 병이 떠나고 악귀도 나가더라

(행8:39-40) 둘이 물에서 올라올새 주의 영이 빌립을 이끌어간지라 내시는 기쁘게 길을 가므로 그를 다시 보지 못하니라 40 빌립은 아소도에 나타나 여러 성을 지나 다니며 복음을 전하고 가이사랴에 이르니라

(계4:2) 내가 곧 성령에 감동되었더니 보라 하늘에 보좌를 베풀었고 그 보좌 위에 앉으신 이가 있는데

(계21:10) 성령으로 나를 데리고 크고 높은 산으로 올라가 하나님께로부터 하늘에서 내려오는 거룩한 성 예루살렘을 보이니

(계11:12) 하늘로부터 큰 음성이 있어 이리로 올라오라 함을 **그들이 듣고 구름을 타고 하늘로 올라가니** 그들의 원수들도 구경하더라

어떤 이들은 "저 사람은 성령도 충만하고 믿음도 좋으신 분인데 왜 저런 흉측한 일事故·事件…을 당하는 거야? 하나님께서 보호하지 않으셨나?"라는 의문을 가지기도 합니다. 그러나 성경은 "하나님께로부터 태어난 사람은 누구나 죄를 짓지 아니하는 줄을 우리가 아노라. 오히려 하나님께로부터 태어난 자는 자신을 지키나니, 악한 자가 그를 건드리지 못하느니라요일5:18 KJV"라고 하셨습니다.

하나님은 성령을 통하여 성도 자신 스스로를 지킬 수 있도록 모든 것을 다 허락하셨습니다.딤후1:14, 유1:20-21 하나님은 아담을 만드시고 자신이 창설하신 에덴동산에 두시면서 그것들을 경작하며 지키게 하셨습니다.창2:15 요한 사도도 "자녀들아 너희 자신을 지켜 우상에게서 멀리하라요일5:21"라고 했습니다. 잠언 기자도 "모든 지킬 만한 것 중에 더욱 네 마음을 지키라…잠

4:23"라 했습니다.

우리가 성령의 감동과 말씀에 순간순간 얼마나 민감하고 예민하게 반응해야 하는 가에 대한 깨달음의 메시지입니다. 천사를 보내 주시면서 까지히 1:14 보호하기를 원하시는 하나님께서는 결코 실수하시거나 실패하지 않으십니다. 단지 우리가 이를 감지하지 못하고 주님이 원하시는 수준으로 경성하여 깨어있지 못하기에 그렇습니다.

엡5:18에 "술 취하지 말라 이는 방탕한 것이니 **오직 성령으로 충만을 받으라.**"에서 "성령으로 충만을 받으라."란 단어는 현재 명령형입니다. 이는 계속적으로 현재 성령 충만을 명령하는 것입니다.

롬8:1에서도 "…그리스도 예수 안에 있는 자들에게는 결코 정죄함이 없나니, 그들은 **육신을 따라 행하지 아니하고 성령을 따라 행하느니라**KJV"라고 했습니다. 순간순간 육신을 따르지 않고 성령을 따라 가는 삶을 살아야 성령 충만한 삶이 유지됩니다. 갈5:25, 히3:13 무시로 깊은 영적기도를 해야 합니다. 이것이 방언기도의 위력임 주시는 말씀을 성령 안에서 선포해야 합니다. 이것이 레마적 선포의 활용임

인간입장에선 그럴싸해 보이는 믿음도 주님의 입장에서는 그렇지 않을 수도 있습니다. 마16:23-24 주님의 실패가 아닌 우리의 영적수준 때문에 수많은 사고 사건들에 자신을 노출시키게 됩니다. 자신도 모르는 사이에 마귀에게 틈을 주게 됩니다. 엡4:27, 마16:22-23

아니면 우리가 이해하지 못하는 하나님의 의도에서 하나님의 특별한 목적을 위해 하나님께서 일시적으로 사단의 사자를 허락하셨을 수도 있습니다. 고후12:7-10, 욥1:12, 2:6 그러나 대부분은 인간의 죄악과 불신앙, 그리고 불순종으로 인해 하나님의 부요 속에 거하지 못하는 것입니다. 마치 바벨론으로 노예로 끌려가는 이스라엘 백성들처럼! 렘2:13-17, 우리 민족의 일제식민지처럼 또한 마귀의 방해로 인해 또한 얼마나 많은 것을 빼앗기고 살아갑니까? 요10:10上

그렇지만 우리는 여러 가지 이유로 인해 뒤로 물러갈 자들이 아니라 계속하여 전진해 나갈 자들입니다. 히10:38-39 우리가 다시금 주께로 돌아가면 주님은 우리를 회복시키시고, 더 깊은 하나님의 영광으로 들어가게 하십니다. 롬3:23, 히2:10, 고후3:18 할렐루야 아멘!

성도는 영적으로 레위족속장자의 대표 ; 민3:11-13에 속한 제사장이라 증거합니다. 벧전2:9

(민3:11-13) 여호와께서 모세에게 일러 가라사대 12 보라 내가 이스라엘 자손 중에서 레위인을 택하여 이스라엘 자손중 모든 첫 태에 처음 난 자를 대신케 하였은즉 레위인은 내 것이라 13 처음 난 자는 다 내 것임은 내가 애굽 땅에서 그 처음 난 자를 다 죽이던 날에 이스라엘의 처음 난 자는 사람이나 짐승을 다 거룩히 구별하였음이니 그들은 내 것이 될 것임이니라 나는 여호와니라

(벧전2:9) 오직 너희는 택하신 족속이요 왕 같은 제사장들이요 거룩한 나라요 그의 소유된 백성이니 이는 너희를 어두운데서 불러내어 그의 기이한 빛에 들어가게 하신 자의 아름다운 덕을 선전하게 하려 하심이라

구약에서는 제사장으로 택함을 받은 레위족속게르손, 고핫, 므라리, 아론, 모세은 성막을 중심으로 가장 가까운 곳에 진을 쳐야 했습니다. 성막 중심은 바로 지성소로 여기서 하나님의 영광 속에 들어가 그 임재를 맛보며, 하나님을 뵙는 곳입니다.

지성소에는 두 그룹이 둘러싼 속죄소혹은 시은좌: 속죄를 배풀고 은혜를 베푸는 곳 밑에 법궤언약궤, 증거궤가 있는 곳입니다. 언약궤는 하나님의 영생과 복에 대한 언약이, 증거궤는 마른 지팡이에 살구가 열리는 표적과 기사가 따르는

성령의 역사를, 법궤는 하나님의 말씀이 있는 곳으로 제사장은 하나님의 임재와 말씀, 한량없는 성령의 가장 가까운 곳에 있어야 함을 의미합니다. 말2:7, 호4:6

만일 성막을 움직이고자 할 때, 제사장은 먼저 구름기둥이 증거의 성막 위로 떠오를 때를 기다려만 합니다. 민10:11 그러면 제사장은 먼저 은 나팔을 불게 됩니다. 제사장은 때를 얻든지 못 얻든지 파수꾼과 같이 생명의 나팔을 불어야 하며 민10:8-10, 벧전2:9, 성령의 움직임에 예민하게 반응하여야 함을 나타냅니다. 엡5:18-19, 골3:16, 갈5:25

광야에서 성막의 행진 대열을 보면, 레위 지파인 고핫 족속이 법궤를 메고 뒤 따르고 또 순서에 따라 게르손 및 므라리 자손이 성막을 메고 그 뒤를 이어 따라 갑니다. 민10:11-28 이는 제사장은 성령의 움직임에 따라 법궤인 하나님의 말씀과 함께 동행해야 함을 말하며, 그 삶이 성령과 말씀의 인도함을 받아 걸어가야 함을 의미합니다. 롬8:14, 12:1-2, 갈5:25

제사장의 임무는 법궤를 메고 성막과 성물을 메고 옮기는 일 외에도, ① **여호와 앞에 있는 성소와 제단에 봉사하는 일**민16:40, 18:5, ② **하나님의 율법을 백성에게 가르치는 일**대하15:3, 렘18:18, 겔7:26, 미3:11, ③ **백성을 위해 하나님의 뜻을 묻는 일**(우림과 둠밈을 통해, 출28:30, 스2:63, 이 밖에도 **소송을 취급하고, 전쟁 시에는 양각 나팔을 부는 일, 또는 문둥병자를 식별하는 일** 등의 임무를 수행했습니다. 특히 제사장은 여호와 앞에 있는 성소와 제단에 봉사하는 일민16:40, 18:5을 수행 하면서, 밤낮으로 하나님께 찬송하는 일도 행했습니다. 대상9:33

(대상9:33) 또 찬송하는 자가 있으니 곧 레위 우두머리라 그들은 골방에 거주하면서 주야로 자기 직분에 전념하므로 다른 일은 하지 아니하였더라

이는 신약에서 보면 제사장인 성도들이 성령의 충만함으로 시와 찬미와 신령한 새 노래로 하나님께 영광을 돌려야 함을 의미합니다.엡5:18-19, 골3:16 성도들은 주께 영광의 찬양을 드릴 때 하나님은 사단의 사슬을 결박하고 승리의 삶을 약속하십니다.시149:4-9, 행16:24-26

그리고 제사장은 아침저녁으로 하나님을 섬길 때 제단위의 불과 등잔불이 주야로 꺼지지 않도록 관리하는 의무가 있었습니다.레24:3 성소에 있는 등잔불의 불통으로 인해 불빛이 흐려지지 않고 항상 밝히 타오르도록 해야 합니다. 제사장인 성도들은 모두 하나님 앞에서 성령을 모신 살아 있는 성전들입니다.고전3:16 또한 교회는 이러한 작은 성전들이 모여 보다 더 큰 성전을 이룬 모습니다.엡2:21-22 딤후4:22절에서 주께서 네 영에 함께 하시기를 바란다고 했습니다.

이는 성전인 성도 각 사람이 성령으로 늘 충만함을 유지해야 할 뿐 아니라엡5:18-19, 골3:16, 성도의 모임 가운데서도 성령의 역사가 풍성해 지기를 바라는 뜻이기도 합니다.고전14:26 이로서 제사장은 하나님의 복을 선포하는 또 다른 직무를 수행하게 되는 것입니다.

이처럼 모든 성도는 영적인 레위족속이요 장자의 직분인 동시에 제사장입니다.민3:11-13, 벧전2:9 제사장은 하나님의 복을 받고, 또한 하나님 복의 통로로 쓰임 받게 됩니다.창12:2-3 고로 모든 성도는 하나님의 복을 빌어주는 중요한 직무가 있음을 명심해야 합니다.

(민3:12-13) 보라 내가 이스라엘 자손 중에서 레위인을 택하여 이스라엘 자손중 모든 첫 태에 처음 난 자를 대신케 하였은즉 레위인은 내 것이라 13 처음 난 자는 다 내 것임은 내가 애굽 땅에서 그 처음 난 자를 다 죽이던 날에 이스라엘의 처음 난 자는 사람이나 짐승을 다 거룩히 구별하였음이니 그들

은 내 것이 될 것임이니라 나는 여호와니라
(창12:2-3) 내가 너로 큰 민족을 이루고 네게 복을 주어 네 이름을 창대케 하리니 너는 복의 근원이 될지라 3 너를 축복하는 자에게는 내가 복을 내리고 너를 저주하는 자에게는 내가 저주하리니 땅의 모든 족속이 너를 인하여 복을 얻을 것이니라 하신지라[한글개역성경]
(벧전3:9) 악을 악으로, 욕을 욕으로 갚지 말고 도리어 복을 빌라 이를 위하여 너희가 부르심을 받았으니 이는 복을 이어받게 하려 하심이라
(마10:12-13) 또 그 집에 들어가면서 **평안하기를 빌라**…

이렇듯 성도의 특별한 위치를 생각할 때 성도가 얼마만큼 말씀과 성령에 예민해야 하며 영광의 삶을 살아가야 하는 지에 대해 다시금 생각하게 만들어 줍니다.

그림17은 성도들이 더 깊은 영광에 이르는 방법과 그 결과를 간략히 묘사한 그림입니다. 부언하여 강조하자면, 성령의 기름 부으심이 더 강하게 임하게 하려면 모든 육체의 소욕을 버리고 자아를 내려놓는 성결함이 있어야 합니다. 그리고 갈망하며 믿음으로 하나님께 나아가는 담대함도 있어야 합니다. 아멘!

(시24:3-4) 여호와의 산에 오를 자가 누구며 그의 거룩한 곳에 설 자가 누구인가 곧 **손이 깨끗하며 마음이 청결하며 뜻을 허탄한 데에 두지 아니하며 거짓 맹세하지 아니하는 자로다**
(마5:8) 마음이 청결한 자는 복이 있나니 그들이 하나님을 볼 것임이요
(마5:3-6) 심령이 가난한 자는 복이 있나니 천국이 그들의 것임이요 애통하는 자는 복이 있나니 그들이 위로를 받을 것임이요 …의에 주리고 목마른 자는 복이 있나니 그들이 배부를 것임이요

(대하16:9) 여호와의 눈은 온 땅을 두루 감찰하사 **전심으로 자기에게 향하는 자들**을 위하여 능력을 베푸시나니…

(시63:1-2) 하나님이여 주는 나의 하나님이시라 내가 **간절히 주를 찾되** 물이 없어 마르고 황폐한 땅에서 내 영혼이 주를 갈망하며 내 육체가 주를 앙모하나이다…

(시84:2) 내 영혼이 여호와의 **궁정을 사모하여 쇠약함이여** 내 마음과 육체가 살아 계시는 하나님께 부르짖나이다

(시25:14) 여호와의 친밀하심이 그를 경외하는 자들에게 있음이여 그의 언약을 그들에게 보이시리로다

(히11:6) 믿음이 없이는 하나님을 기쁘시게 하지 못하나니 하나님께 나아가는 자는 반드시 그가 계신 것과 또한 **그가 자기를 찾는 자들**에게 상 주시는 이심을 믿어야 할지니라

이처럼 앞 장에서 다룬 예언 사역은 영광의 삶을 살아가는 성도의 한 모습입니다. 세상은 하나님의 영광을 볼 수가 없습니다. 그러나 교회를 통하여 확인할 수가 있습니다.

이 영광이 온 세상을 덮을 때 주님은 재림하실 것입니다!합2:14, 3:3, 사11:9 그 때가 모든 족속으로 천국복음이 전해질 때인 것입니다.마24:14

(합2:14) 이는 물이 바다를 덮음 같이 **여호와의 영광을 인정하는 것이 세상에 가득함**이니라

(합3:3)…그의 영광이 하늘을 덮었고 그의 찬송이 세계에 가득하도다

(사11:9) 내 거룩한 산 모든 곳에서 해 됨도 없고 상함도 없을 것이니 이는 물이 바다를 덮음 같이 **여호와를 아는 지식이 세상에 충만할 것임이니라**

(마24:14) 이 **천국 복음이 모든 민족에게 증언되기 위하여 온 세상에 전파되**

리니 그제야 끝이 오리라

아멘!
주 예수여 오시옵소서!
'Αμήν ναί, ἔρχου κύριε 'Ιησου
아멘 나이, 에르쿠 큐리에 예수

(계22:20)··· 내가 진실로 속히 오리라 하시거늘

마라나타!
μαρὰν ἀθα 마라나타,
Our Lord comes!

나가는 글

> 보라 장차 한 왕이 공의로 통치할 것이요 방백들이
> 정의로 다스릴 것이며 또 그 사람은 광풍을 피하는 곳,
> 폭우를 가리는 곳 같을 것이며 마른 땅에 냇물 같을 것이며
> 곤비한 땅에 큰 바위 그늘 같으리니
> 사32:1-2

본서는 영광의 삶을 살아가는 교회에서 성령의 인도함을 받고, 성령과 말씀으로 분별하며, 또한 기름 부으심 아래서 성령의 감동으로 나타나는 방언과 예언을 다루었습니다.

성령으로 인도함 받는 삶갈5:25은 철저하게 예수님과 아버지와의 깊은 교제를 하게 하는 영생의 삶과도 직결되어 있습니다.요17:3, 요일1:3 예수님을 주主와 왕으로 모시며행2:36, 5:31,42, 롬10:9, 고후4:5, 그분의 말씀과 감동에 통치 받으며사32:1 하나님 나라의 삶을 살아가는 교회는 진정한 신정정치神政治의 나라가 됩니다.벧전2:9, 계1:6, 5:10

주님이 행하시는 대로 행해야 합니다.요일2:6, 4:17 이러할 때 예수님과 아버지를 깊이 알고요17:3, 마11:27, 벧후3:18, 또 그의 나라를 경험하고 이를 증거하는 제사장의 삶도 살아가게 됩니다.출19:5-6, 사61:6, 말2:5그림9

예수님은 교회의 머리가 되어 통치하시며, 교회를 자신의 것으로 부요하고 풍성하게 되기를 원하십니다.요10:10下, 엡1:23, 골2:2-3 아담처럼 에덴의 삶을 누리기를 원하십니다.창2:15-16, 19-20, 겔36:35, 사62:4

(사32:1-4) 보라 장차 한 왕이 공의로 통치할 것이요 방백들이 정의로 다스

릴 것이며 2 또 그 사람은 광풍을 피하는 곳, 폭우를 가리는 곳 같을 것이며 마른 땅에 냇물 같을 것이며 곤비한 땅에 큰 바위 그늘 같으리니 3 보는 자의 눈이 감기지 아니할 것이요 듣는 자가 귀를 기울일 것이며 4 조급한 자의 마음이 지식을 깨닫고 어눌한 자의 혀가 민첩하여 말을 분명히 할 것이라

(사62:1-4) 나는 시온의 의가 빛 같이, 예루살렘의 구원이 횃불 같이 나타나도록 시온을 위하여 잠잠하지 아니하며 예루살렘을 위하여 쉬지 아니할 것인즉 2 이방 나라들이 네 공의를, 뭇 왕이 다 네 영광을 볼 것이요 너는 여호와의 입으로 정하실 새 이름으로 일컬음이 될 것이며 3 너는 또 여호와의 손의 아름다운 관, 네 하나님의 손의 왕관이 될 것이라 4 다시는 너를 버림 받은 자라 부르지 아니하며 다시는 네 땅을 황무지라 부르지 아니하고 오직 너를 헵시바라 하며 네 땅을 쁄라라 하리니 이는 여호와께서 너를 기뻐하실 것이며 네 땅이 결혼한 것처럼 될 것임이라

성도קדשׁ 코데쉬, άγιος 하기오스는 "חסד, 하-시드경건하며 자비한"과 "קדיש, 카-도-쉬경건하여 예배를 위해 성별된"의 뜻을 가지고 있습니다. 신33:2

또한 동시에 성도는 "άγός 하고스두려운 것"와 "άγνός 하그노스신성한, 순결한, 거룩한, 봉헌된"의 두 의미를 내포하고 있습니다. 고전1:2, 골1:2

이 두 의미 곧 "두려움"과 "거룩"은 원래 하나님께 대해 쓰이는 용어입니다. 익히 알듯이 하나님은 경외의 대상이요, 거룩의 기준이 되십니다.

이처럼 하나님께 쓰이는 의미와 동일하게 적용된다는 것은 하나님의 백성곧 성도이 하나님을 대신하여 세상에 하나님을 증거하고 그분의 영광을 드러내는 자임을 나타냅니다. 말2:7, 고후5:20

하나님은 이를 위해 이들을 택하시고 의롭게 하시고 또한 영화롭게 하셨습니다. 롬8:30 그리고 그 이름을 높이셨습니다. 창12:2, 사91:14 이 모든 일은

하나님 자신의 이름과 영광, 곧 선한 일을 위해 행하신 일입니다.창12:2, 사 43:7,21, 엡2:10, 딛2:14

> **(창12:2)** 내가 너로 큰 민족을 이루고 네게 복을 주어 네 이름을 창대케 하리니 너는 복의 근원이 될지라
> **(사43:7)** 무릇 내 이름으로 일컫는 자 곧 내가 내 영광을 위하여 창조한자를 오게 하라 그들을 내가 지었고 만들었느니라
> **(사43:21)** 이 백성은 **내가 나를 위하여 지었나니** 나의 찬송을 부르게 하려함 이니라
> **(엡2:10)** 우리는 그의 만드신 바라 **그리스도 예수 안에서 선한 일을 위하여 지으심을 받은 자**니 이 일은 하나님이 전에 예비하사 우리로 그 가운데서 행하게 하려 하심이니라
> **(딛2:14)** 그가 우리를 대신하여 자신을 주심은 모든 불법에서 우리를 구속하시고 우리를 깨끗하게 하사 **선한 일에 열심하는 친 백성이 되게 하려 하심이**니라

이스라엘을 애굽에서, 또 바벨론에서 구원하시고 회복시키신 것도 다 이런 이유에서입니다.겔20:9-12, 출29:46, 겔36:22-23, 사43:25, 단9:19

하나님은 자신의 영광이 다른 자곧 우상에게 주어지거나, 자신의 이름이 모독 받는 일에 분노를 발하십니다.사48:11, 42:8, 출20:5

우상숭배자들이 지옥 불에 떨어지는 이유가 여기에 있으며계21:8, 22:15, 사단 또한 이러한 일을 행하는 하나님의 원수임을 쉽게 알 수가 있습니다.계13:1,5-6, 행13:10

> **(사48:11)** 내가 나를 위하며 내가 나를 위하여 이를 이룰 것이라 어찌 내 이름

을 욕되게 하리요 **내 영광을 다른 자에게 주지 아니하리라**

(사42:8) 나는 여호와니 이는 내 이름이라 **나는 내 영광을 다른 자에게, 내 찬송을 우상에게 주지 아니하리라**

(겔20:9) 그러나 내가 그들의 거하는 이방인의 목전에서 그들에게 나타나서 그들을 애굽 땅에서 인도하여 내었었나니 **이는 내 이름을 위함이라 내 이름을 그 이방인의 목전에서 더럽히지 않으려 하여 행하였음이로라**

(계21:8) 그러나 두려워하는 자들과 믿지 아니하는 자들과 흉악한 자들과 살인자들과 행음자들과 술객들과 **우상 숭배자들**과 모든 거짓말하는 자들은 **불과 유황으로 타는 못에 참예하리니 이것이 둘째 사망이라**

모든 만물은 하나님을 높이고 그분의 영광을 위해 창조되었음을 우리는 잘 알고 있습니다.시148장, 150장 그러므로 성령을 주신 이유도, 성령의 나타나심을 주신 이유도 모두 주의 영광과 직결되어야 합니다.행1:8 다른 이유는 없습니다.

방언통변을 겸하는 방언임과 함께 예언 또한 하나님의 영광과 연결되어 있어야 할 이유도 여기에 있습니다. 이것이 바로 교회에 덕이 되어야 한다는 의미이기도 합니다.고전14:4 성령의 나타나심이 유익이 되는 이유도 그러합니다.고전12:7

성령으로 아니하고는 하나님의 말씀을 경외할 힘도, 순종할 힘도겔36:26-27, 롬8:4,7, 사11:2, 66:2, 육신의 정욕을 제어할 능력도 없음을 인정해야 합니다.롬8:1-3,13

교회는 말씀과 성령이 하나가 되어 역사해야 안전하며 완전해 집니다.겔36:25-27, 사59:21, 마25:4

이렇게 해야 "율법주의니 신비주의니"하는 것에 부끄러워하며 진심으로

회개하게 될 것입니다. 욥이 회개한 그 심정을 이해하게 될 것입니다. 욥42:3-6

(겔36:27) 또 내 영을 너희 속에 두어 너희로 내 율례를 행하게 하리니 너희가 내 규례를 지켜 행할지라

(사59:21) 여호와께서 또 가라사대 내가 그들과 세운 나의 언약이 이러하니 곧 네 위에 있는 나의 영과 네 입에 둔 나의 말이 이제부터 영영토록 네 입에서와 네 후손의 입에서와 네 후손의 후손의 입에서 떠나지 아니하리라 하시니라 여호와의 말씀이니라

(욥42:3-6) 무지한 말로 이치를 가리우는 자가 누구니이까 내가 스스로 깨달을 수 없는 일을 말하였고 스스로 알 수 없고 헤아리기 어려운 일을 말하였나이다 4 내가 말하겠사오니 주여 들으시고 내가 주께 묻겠사오니 주여 내게 알게 하옵소서 5 내가 주께 대하여 귀로 듣기만 하였삽더니 이제는 눈으로 주를 뵈옵나이다 6 그러므로 내가 스스로 한하고 티끌과 재 가운데서 회개하나이다

그러면 진정으로 교계가 하나가 될 것입니다. 엡4:3-6 모두가 하나가 되어 주님의 충만한 분량의 완전한 데로 나아가게 될 것입니다. 엡4:13,15

(엡4:3-6) 평안의 매는 줄로 성령이 하나되게 하신 것을 힘써 지키라 4 몸이 하나이요 성령도 한 분이시니 이와 같이 너희가 부르심의 한 소망 안에서 부르심을 받았느니라 5 주도 한 분이시요 믿음도 하나이요 세례(침례)도 하나이요 6 하나님도 한 분이시니 …

(엡4:13,15) 우리가 다 하나님의 아들을 믿는 것과 아는 일에 하나가 되어 온전한 사람을 이루어 그리스도의 장성한 분량이 충만한 데까지 이르리니…

오직 사랑 안에서 참된 것을 하여 범사에 그에게까지 자랄지라 그는 머리니 곧 그리스도라

이로서 서로 힘을 합하여 세상에서 소금이 되며 온전한 빛을 발할 수가 있습니다. 사60:1-2, 마5:13-16 아멘!

(사59:21-60:1) 여호와께서 또 이르시되 내가 그들과 세운 나의 언약이 이러하니 곧 네 위에 있는 나의 영과 네 입에 둔 나의 말이 이제부터 영원하도록 네 입에서와 네 후손의 입에서와 네 후손의 후손의 입에서 떠나지 아니하리라 하시니라 여호와의 말씀이니라 일어나라 빛을 발하라 이는 네 빛이 이르렀고 여호와의 영광이 네 위에 임하였음이니라
(요17:21-24)…그들도 다 하나가 되어 우리 안에 있게 하사 세상으로 아버지께서 나를 보내신 것을 믿게 하옵소서" 22 내게 주신 영광을 내가 그들에게 주었사오니 이는 우리가 하나가 된 것 같이 그들도 하나가 되게 하려 함이니이다…24 아버지여 내게 주신 자도 나 있는 곳에 나와 함께 있어 아버지께서 창세 전부터 나를 사랑하시므로 내게 주신 나의 영광을 그들로 보게 하시기를 원하옵나이다

부 록

1. 하늘로부터 오는 것
2. 세상으로부터 오는 것
3. 성령의 역할과 명칭
4. 기름 부으심
5. 삼위일체 θ 과 교회
6. 영광말씀 아카데미

이 사람들은 여자로 더불어 더럽히지 아니하고 정절이 있는 자라
어린 양이 어디로 인도하든지 따라가는 자며 사람 가운데서 구속을 받아
처음 익은 열매로 하나님과 어린 양에게 속한 자들이니
계14:4

부록1 : 하늘로부터 오는 것

▶ (요일1:7) 저가 **빛 가운데** 계신 것같이 우리도 **빛 가운데** 행하면 우리가 서로 사귐이 있고 그 아들 예수의 피가 우리를 모든 죄에서 깨끗하게 하실 것이요

▶ (빌4:8) 끝으로 형제들아 무엇에든지 참되며 무엇에든지 경건하며 무엇에든지 옳으며 무엇에든지 정결하며 무엇에든지 사랑 받을 만하며 무엇에든지 칭찬 받을 만하며 무슨 덕이 있든지 무슨 기림이 있든지 이것들을 생각하라

▶ (고전13:4-7) 오래 견디고 참을성이 있으며 친절합니다. 결코 시기하지 않으며 질투심이 끓어오르지 않습니다. 자랑하거나 자만하지 않으며 건방떨지 않습니다. 잘난 체 하지 않습니다. 교만하여 건방지고 우쭐거리지 않습니다. (버릇없이)무례하지 않으며 꼴사납게 행동하지 않습니다. 자신의 권리를 주장하거나 자신의 방법을 고집하지 않습니다. 자기 유익을 구하지 않습니다. 성질내거나 짜증내거나 분개하지 않습니다. 악행 당한 것을 생각지 않습니다. 해(害) 받은 것을 마음에 두지 않습니다. 불법과 불의를 기뻐하지 않고, 정의와 진리가 이길 때 기뻐합니다. 그 어떤 것에도 꺾이지 않고 모든 것을 견디어내며, 모든 사람의 최선을 기꺼이 믿으며 그 바라는 것이 어떤 환경에서도 변치 않으며 모든

것을(약해지지 않고)견딥니다. 절대로 실패하지 않습니다. 절대로 없어지거나 사라지거나 끝나지 않습니다[AMP]

▶(고전16:14) 너희 모든 일을 **사랑으로 행하라**

▶(약1:17) 온갖 좋은 은사와 온전한 선물이 다 위로부터 빛들의 아버지께로부터 내려오나니 그는 변함도 없으시고 회전하는 그림자도 없으시니라

▶(롬8:6) 육신의 생각은 사망이요 영의 생각은 **생명과 평안**이니라

▶(롬14:17) 하나님의 나라는 먹는 것과 마시는 것이 아니요 오직 **성령 안에 있는 의와 평강과 희락**이라

▶(요6:63) 살리는 것은 영이니 육은 무익하니라 내가 너희에게 이른 말은 **영이요 생명**이라

▶(롬8:2) 이는 그리스도 예수 안에 있는 **생명의 성령의 법**이 죄와 사망의 법에서 너를 해방하였음이라

▶(갈5:22-23) 그러나 성령의 열매는 사랑과 기쁨과 평화와 인내와 친절과 선함과 신실과 온유와 절제이다. 이런 것들을 금할 법은 없습니다

▶(약3:17-18) 오직 위로부터 난 지혜는 첫째 성결하고 다음에 화평하고 관용하고 양순하며 긍휼과 선한 열매가 가득하고 편견과 거짓이 없나니 화평하게 하는 자들은 화평으로 심어 의의 열매를 거두느니라

▶(골1:10) 주께 합당하게 행하여 범사에 기쁘시게 하고 모든 선한 일에 열매를 맺게 하시며 하나님을 아는 것에 자라게 하시고

▶(마12:35) 선한 사람은 그 쌓은 선에서 선한 것을 내고 악한 사람은 그 쌓은 악에서 악한 것을 내느니라

▶(마5:16) 이같이 너희 빛이 사람 앞에 비치게 하여 그들로 너희 착한 행실을 보고 하늘에 계신 너희 아버지께 영광을 돌리게 하라

▶(엡4:2-3) 모든 겸손과 온유로 하고 오래 참음으로 사랑 가운데서 서로 용납하고 평안의 매는 줄로 성령이 하나되게 하신 것을 힘써 지키라

▶(엡4:32) 서로 친절하게 하며 불쌍히 여기며 서로 용서하기를 하나님이 그리스도 안에서 너희를 용서하심과 같이 하라

▶(딤후1:7) 하나님이 우리에게 주신 것은 두려워하는 마음(영)이 아니요 오직 **능력과 사랑과 절제하는 마음**(영)이니

▶(살전5:15-23) 삼가 누가 누구에게든지 **악으로 악을 갚지 말게 하고 서로 대하든지 모든 사람을 대하든지 항상 선을 따르라** 항상 기뻐하라 쉬지 말고 기도하라 범사에 감사하라 이것이 그리스도 예수 안에서 너희를 향하신 하나님의 뜻이니라 성령을 소멸하지 말며 예언을 멸시하지 말고 **범사에 헤아려 좋은 것을 취하고 악은 어떤 모양이라도 버리라** 평강의 하나님이 친히 너희를 온전히 거룩하게 하시고 또 너희의 온 영과 혼과 몸이 우리 주 예수 그리스도께서 강림하실 때에 흠 없게 보전되기

를 원하노라

▶(엡5:8-10…38) 너희가 전에는 어둠이더니 이제는 주 안에서 빛이라 빛의 자녀들처럼 행하라 9 **빛의 열매는 모든 착함과 의로움과 진실함**에 있느니라 10 주께 기쁘시게 할 것이 무엇인가 시험하여 보라…그러나 너희도 각각 자기의 아내 사랑하기를 자신 같이 하고 아내도 자기 남편을 존경하라

부록2 : 세상으로부터 오는 것

▶(약3:14-16) 그러나 너희 마음 속에 독한 시기와 다툼이 있으면 자랑하지 말라 진리를 거슬러 거짓말하지 말라 이러한 지혜는 위로부터 내려온 것이 아니요 땅 위의 것이요 정욕의 것이요 귀신의 것이니 시기와 다툼이 있는 곳에는 혼란과 모든 악한 일이 있음이라

▶(요일2:16) 이는 세상에 있는 모든 것이 육신의 정욕과 안목의 정욕과 이생의 자랑이니 다 아버지께로부터 온 것이 아니요 세상으로부터 온 것이라

▶(딤후3:1-5) 너는 이것을 알라 말세에 고통하는 때가 이르러 사람들이 자기를 사랑하며 돈을 사랑하며 자랑하며 교만하며 비방하며 부모를 거역하며 감사하지 아니하며 거룩하지 아니하며 무정하며 원통함을 풀지 아니하며 모함하며 절제하지 못하며 사나우며 선한 것을 좋아하지 아니하며 배신하며 조급하며 자만하며 쾌락을 사랑하기를 하나님 사랑하는 것보다 더하며 경건의 모양은 있으나 경건의 능력은 부인하니 이같은 자들에게서 네가 돌아서라

▶(갈5:15-21) 만일 서로 물고 먹으면 피차 멸망할까 조심하라 내가 이르노니 너희는 성령을 따라 행하라 그리하면 육체의 욕심을 이루지 아니하

리라 육체의 소욕은 성령을 거스르고 성령은 육체를 거스르나니 이 둘이 서로 대적함으로 너희가 원하는 것을 하지 못하게 하려 함이니라 너희가 만일 성령의 인도하시는 바가 되면 율법 아래에 있지 아니하리라 육체의 일은 분명하니 곧 음행과 더러운 것과 호색과 우상 숭배와 주술과 원수 맺는 것과 분쟁과 시기와 분냄과 당 짓는 것과 분열함과 이단과 투기와 술 취함과 방탕함과 또 그와 같은 것들이라 전에 너희에게 경계한 것 같이 경계하노니 이런 일을 하는 자들은 하나님의 나라를 유업으로 받지 못할 것이요

▶(유1:18-19) 그들이 너희에게 말하기를 마지막 때에 자기의 경건하지 않은 정욕대로 행하며 조롱하는 자들이 있으리라 하였나니 이 사람들은 분열을 일으키는 자며 육에 속한 자며 성령이 없는 자니라

▶(골3:5-9) 그러므로 땅에 있는 지체를 죽이라 곧 음란과 부정과 사욕과 악한 정욕과 탐심이니 탐심은 우상 숭배니라 이것들로 말미암아 하나님의 진노가 임하느니라 너희도 전에 그 가운데 살 때에는 그 가운데서 행하였으나 이제는 너희가 이 모든 것을 벗어 버리라 곧 분함과 노여움과 악의와 비방과 너희 입의 부끄러운 말이라 너희가 서로 거짓말을 하지 말라 옛 사람과 그 행위를 벗어버리고

▶(엡4:14,18-19) 이는 우리가 이제부터 어린 아이가 되지 아니하여 사람의 속임수와 간사한 유혹에 빠져 온갖 교훈의 풍조에 밀려 요동하지 않게 하려 함이라…그들의 총명이 어두워지고 그들 가운데 있는 무지함과 그들의 마음이 굳어짐으로 말미암아 하나님의 생명에서 떠나 있도다 그들이 감각 없는 자가 되어 자신을 방탕에 방임하여 모든 더러운 것을

욕심으로 행하되

▶(엡4:19-31) 그들이 감각 없는 자가 되어 자신을 방탕에 방임하여 모든 더러운 것을 욕심으로 행하되 오직 너희는 그리스도를 그같이 배우지 아니하였느니라 진리가 예수 안에 있는 것 같이 너희가 참으로 그에게서 듣고 또한 그 안에서 가르침을 받았을 진대 너희는 유혹의 욕심을 따라 썩어져 가는 구습을 따르는 옛 사람을 벗어 버리고 오직 너희의 심령이 새롭게 되어 하나님을 따라 의와 진리의 거룩함으로 지으심을 받은 새 사람을 입으라 그런즉 거짓을 버리고 각각 그 이웃과 더불어 참된 것을 말하라 이는 우리가 서로 지체가 됨이라 분을 내어도 죄를 짓지 말며 해가 지도록 분을 품지 말고 마귀에게 틈을 주지 말라 도둑질하는 자는 다시 도둑질 하지 말고 돌이켜 가난한 자에게 구제할 수 있도록 자기 손으로 수고하여 선한 일을 하라 무릇 더러운 말은 너희 입 밖에도 내지 말고 오직 덕을 세우는 데 소용되는 대로 선한 말을 하여 듣는 자들에게 은혜를 끼치게 하라 하나님의 성령을 근심하게 하지 말라 그 안에서 너희가 구원의 날까지 인치심을 받았느니라 너희는 모든 악독과 노함과 분냄과 떠드는 것과 비방하는 것을 모든 악의와 함께 버리고

▶(엡5:3-6,11-13) 음행과 온갖 더러운 것과 탐욕은 너희 중에서 그 이름조차도 부르지 말라 이는 성도에게 마땅한 바니라 누추함과 어리석은 말이나 희롱의 말이 마땅치 아니하니 오히려 감사하는 말을 하라 너희도 정녕 이것을 알거니와 음행하는 자나 더러운 자나 탐하는 자 곧 우상 숭배자는 다 그리스도와 하나님 나라에서 기업을 얻지 못하리니 누구든지 헛된 말로 너희를 속이지 못하게 하라 이로 말미암아 하나님의 진노가 불순종의 아들들에게 임하나니… 너희는 열매 없는 어둠의 일에

참여하지 말고 도리어 책망하라 그들의 은밀히 행하는 것들은 말하기도 부끄러운 것들이라 그러나 책망을 받는 모든 것은 빛으로 말미암아 드러나나니 드러나는 것마다 빛이니라

▶(딤전6:4-5) 그는 교만하여 아무 것도 알지 못하고 변론과 언쟁을 좋아하는 자니 이로써 투기와 분쟁과 비방과 악한 생각이 나며 마음이 부패하여지고 진리를 잃어 버려 경건을 이익의 방도로 생각하는 자들의 다툼이 일어나느니라

▶(고후12:20-21) 내가 갈 때에 너희를 내가 원하는 것과 같이 보지 못하고 또 내가 너희에게 너희가 원하지 않는 것과 같이 보일까 두려워하며 또 다툼과 시기와 분냄과 당 짓는 것과 비방과 수군거림과 거만함과 혼란이 있을까 두려워하고 또 내가 다시 갈 때에 내 하나님이 나를 너희 앞에서 낮추실까 두려워하고 또 내가 전에 죄를 지은 여러 사람의 그 행한 바 더러움과 음란함과 호색함을 회개하지 아니함 때문에 슬퍼할까 두려워하노라

▶(벧후2:9-22) 주께서 경건한 자는 시험에서 건지실 줄 아시고 불의한 자는 형벌 아래에 두어 심판 날까지 지키시며 특별히 육체를 따라 더러운 정욕 가운데서 행하며 주관하는 이를 멸시하는 자들에게는 형벌할 줄 아시느니라 이들은 당돌하고 자긍하며 떨지 않고 영광 있는 자들을 비방하거니와 더 큰 힘과 능력을 가진 천사들도 주 앞에서 그들을 거슬러 비방하는 고발을 하지 아니하느니라 그러나 이 사람들은 본래 잡혀 죽기 위하여 난 이성 없는 짐승 같아서 그 알지 못하는 것을 비방하고 그들의 멸망 가운데서 멸망을 당하며 불의의 값으로 불의를 당하며 낮에

즐기고 노는 것을 기쁘게 여기는 자들이니 점과 흠이라 너희와 함께 연회할 때에 그들의 속임수로 즐기고 놀며 음심이 가득한 눈을 가지고 범죄하기를 그치지 아니하고 굳세지 못한 영혼들을 유혹하며 탐욕에 연단된 마음을 가진 자들이니 저주의 자식이라 그들이 바른 길을 떠나 미혹되어 브올의 아들 발람의 길을 따르는도다 그는 불의의 삯을 사랑하다가 자기의 불법으로 말미암아 책망을 받되 말하지 못하는 나귀가 사람의 소리로 말하여 이 선지자의 미친 행동을 저지하였느니라 이 사람들은 물 없는 샘이요 광풍에 밀려 가는 안개니 그들을 위하여 캄캄한 어둠이 예비되어 있나니 그들이 허탄한 자랑의 말을 토하며 그릇되게 행하는 사람들에게서 겨우 피한 자들을 음란으로써 육체의 정욕 중에서 유혹하는도다 그들에게 자유를 준다 하여도 자신들은 멸망의 종들이니 누구든지 진 자는 이긴 자의 종이 됨이라 만일 그들이 우리 주 되신 구주 예수 그리스도를 앎으로 세상의 더러움을 피한 후에 다시 그 중에 얽매이고 지면 그 나중 형편이 처음보다 더 심하리니 의의 도를 안 후에 받은 거룩한 명령을 저버리는 것보다 알지 못하는 것이 도리어 그들에게 나으니라 참된 속담에 이르기를 개가 그 토하였던 것에 돌아가고 돼지가 씻었다가 더러운 구덩이에 도로 누웠다 하는 말이 그들에게 응하였도다

▶ (엡5:3) 음행과 온갖 더러운 것과 탐욕은 너희 중에서 그 이름조차도 부르지 말라 이는 성도에게 마땅한 바니라

▶ (엡2:1-3) 그는 허물과 죄로 죽었던 너희를 살리셨도다 그 때에 너희는 그 가운데서 행하여 이 세상 풍조를 따르고 공중의 권세 잡은 자를 따랐으니 곧 지금 불순종의 아들들 가운데서 역사하는 영이라 전에는 우리도

다 그 가운데서 우리 육체의 욕심을 따라 지내며 육체와 마음이 원하는 것을 하여 다른 이들과 같이 본질상 진노의 자녀이었더니

▶(고전6:9-10) 불의한 자가 하나님의 나라를 유업으로 받지 못할 줄을 알지 못하느냐 미혹을 받지 말라 음행하는 자나 우상 숭배하는 자나 간음하는 자나 탐색하는 자나 남색하는 자나 도적이나 탐욕을 부리는 자나 술취하는 자나 모욕하는 자나 속여 빼앗는 자들은 하나님의 나라를 유업으로 받지 못하리라

▶(계21:8) 그러나 두려워하는 자들과 믿지 아니하는 자들과 흉악한 자들과 살인자들과 음행하는 자들과 점술가들과 우상 숭배자들과 거짓말하는 모든 자들은 불과 유황으로 타는 못에 던져지리니 이것이 둘째 사망이라

▶(막7:20-22) 또 이르시되 사람에게서 나오는 그것이 사람을 더럽게 하느니라 속에서 곧 사람의 마음에서 나오는 것은 악한 생각 곧 음란과 도둑질과 살인과 간음과 탐욕과 악독과 속임과 음탕과 질투와 비방과 교만과 우매함이니

부록3 : 성령의 역할과 명칭

(1) 성령의 역할

① 감동시켜 예수를 믿게 하신다. 고전12:3

② 예수를 믿음으로 구원받은 것을 보증하신다. 고후1:21~22, 5:5

③ 예수의 말씀을 생각나게 하신다. 요14:26

④ 예수의 말씀을 순종하게 하신다. 벧전1:22 KJV, 겔36:27-28

⑤ 예수를 증거 하신다. 진리의 영 요15:26

⑥ 우리를 진리 가운데로 인도 하신다. 요16:13

⑦ 우리를 능력으로 강건케 하신다. 엡3:16

⑧ 각종 은사를 주셔서 신앙생활을 도우신다. 고전12:4~11

⑨ 주님이 성도 안에 계심을 성도자신이 스스로 체험하게 하신다. 요일3:24, 고후13:5 **예수의 생명**을 체험케 하시는 분: 롬8:2

⑩ 하나님과 주님이 하신 일을 체험하게 하신다. 예수님의 삶을 성도들에게 재현되게 하신다. 요14:12, 벧후1:3-4

⑪ 말씀이 체험되게 하신다. 요8:32, 눅4:17-18, 막16:20, 살후1:11

⑫ 성도와 성도, 주님과 성도를 하나 되게 하신다. 요17:21, 고전12:13

⑬ **보증**하신다. 자녀롬8:16, 엡4:30, 후사엡1:13-14, 응답고후1:20, 기름 부으심고후1:21, 하나님 말씀딤후3:16, 산제사히10:14-15, 29, 9:14, 부활고후5:5, 요6:37-40

*삼위일체 하나님 : 하나님 아버지사랑 : 본체와 근원

예수 그리스도사랑의 표현 : 은혜

성령님사랑을 공급받고 체험함 ; 교제

(2) 성령의 다른 표현

○ 하나님의 영롬8:9, 벧전4:14

○ 진리의 영요16:13, 15:26, 요일5:7

○ 그리스도의 영롬8:9

○ 예수의 영행16:7, 고후3:18

○ 성결거룩의 영벧전1:2, 롬1:4,8:13, 고전3:16-17

○ 영광의 영벧전4:14

○ 일곱 영사11:2, 계5:6

○ 경외의 영/순종의 영사11:2, 66:2, 롬8:7, 겔36:27-28

○ 계시의 영/지혜, 총명의 영 엡1:11, 3:3-5, 벧전1:12/엡1:17, 출28:3, 사11:2

○ 은혜/간구/회개의 영히10:29, 슥12:10, 행2:14-41, 2:37-38

○ 하나님, 예수님을 주인으로 인정케 하는 영롬10:9, 고전12:3

○ **하나** 되게 하시는 영 고전12:13, 엡4:3,2:14-18, 행2:45,4:31-32, 요17:21-22,14:20

○ 유일하신 영엡4:4/영원하신 성령히9:14

○ 대언의 영계19:10/사랑과 온유의 영고전4:21

○ 생명의 영롬8:2,6,10-11,13 〈==cf: 레17:11

○ 심판, 소멸, 책망의 영사4:4, 딛3:5, 요16:8

○ 지극히 높으신 이의 능력눅1:35

○ 하나님/주님, 하나님 말씀, 하나님 나라경험과 재현과 확장의 영 요5:19-20, 14;12

○ 보혜사요14:16, 15:26/믿음의 영고후4;13, 고전12:3

부록4 : 기름 부으심(χρίσμα 크리스마)

기름 부으심의 의미는 **하나님 아버지의 뜻과 계획과 함께 아버지의 것**혹은 하나님 나라의 것을 **위탁되고 위임**맡김**되는 총체적 과정**을 의미합니다.약1:17, 요13:3, 3:35, 마11:27, 28:18, 롬14:17 고로 모든 기름 부으심성령의 기름 부으심, 능력의 기름 부으심, 말씀의 기름 부으심 등은 하나님께로부터 오는 것입니다.고후1:21, 약1:17

예수님도 성령과 능력으로 기름 부으심 가운데 사역을 하셨습니다.행10:38, 마9:35, 요13:3, 3:35, 16:15, 17:7,10, 마11:27 고로 성령의 나타나심곧 은사은 성령의 기름 부으심의 결과로 주어지는 것이라 할 수가 있습니다.

사도 바울도 성령과 능력의 나타나심 가운데 사역했음을 고백합니다.고전2:4 동시에 모든 교회도 이러한 기름 부으심 가운데 주님의 일을 해야 합니다.행1:8

기름 부으심에는 2가지 종류가 있습니다. 즉 **외적 기름 부으심과 내적 기름 부으심**입니다.그림6 참조

모든 성도에게 임하신 성령님은 성도 가운데와 성도 안에 임하시고요14:17, 이로서 성도와 예수님은 하나가 되었습니다.요14:20, 요일4:13

(요14:17) 그는 진리의 영이라 세상은 능히 그를 받지 못하나니 이는 그를 보지도 못하고 알지도 못함이라 **그러나 너희는 그를 아나니 그는 너희와 함께 거하심이요 또 너희 속에 계시겠음이라**

(요14:20) 그 날에는 내가 아버지 안에, **너희가 내 안에, 내가 너희 안에 있는 것을 너희가 알리라**

이 사건은 놀라운 일입니다. 특히 내적 기름 부으심은 구약에는 없던 사건요일2:20,27으로, 주님의 십자가로 인해 교회에 일어난 하나님의 은혜이자, 성도 각자의 믿음으로 나타난 것입니다.요7:39, 엡2:8-9, 행2:33, 고전12:1, 갈3:23

이로서 믿는 자에게 임하는 성령의 선물성령침례로 인한 방언도 포함함도 계속적으로 주어지게 됩니다.행2:4, 고전14:1

그러나 동시에 우리가 주목해 보아야 할 것은 성령께서 임하심으로 일어나는 핵심적 현상이 주님과 성도가 **하나 됨**이라는 것입니다.요14:20, 17:21-23

이 **하나 됨** 사건은 이미 성령의 역사고전12:13, 엡4:3-5, 1:18로 인하여, 말씀이 하나님과 하나가 되셨고요1:1-2, 예수님과 아버지가 하나 되셨습니다.요10:30

이는 예수님의 경우를 살펴보면 내적·외적 기름 부으심의 개념을 보다 쉽게 이해할 수 있습니다. 예수님은 이 땅에 오실 때 성령으로 잉태되셨습니다.마1:18 성령으로 인도함을 받으셨습니다.눅2:49 예수님은 이 땅에 오실 때 이미 그 안에는 성령께서 계셨고, 하나님의 내적 기름 부으심이 임해 있었습니다.

그러나 땅의 아버지 요셉의 일곧 목수을 마치시고 하늘로부터 보내신 하늘 아버지의 일을 시작하실 때는 위로부터 성령의 권능으로 충만함이를 외적 기름 부으심이라 함을 입으셨습니다.마3:16-17, 눅3:21-22, 4:1,14

이를 이사야 선지자는 사11:1-2와 여러 성경에서 다음과 같이 표현하고 있습니다.

(사11:1-2) 이새의 줄기에서 한 싹이 나며 그 뿌리에서 한 가지가 나서 결실

할 것이요 2 그의 위에 여호와의 영 곧 지혜와 총명의 영이요 모략과 재능의 영이요 지식과 여호와를 경외하는 영이 강림하시리니

(눅3:21-22) 백성이 다 세례를 받을새 예수도 세례를 받으시고 기도하실 때에 하늘이 열리며 22 성령이 비둘기 같은 형체로 그의 위에 강림하시더니 하늘로부터 소리가 나기를 너는 내 사랑하는 아들이라 내가 너를 기뻐하노라 하시니라

(눅4:1,14) 예수께서 성령의 충만함(πλήρης 플레레스, "가득함")을 입어 요단 강에서 돌아오사⋯ 성령의 능력으로 갈릴리에 돌아가시니 그 소문이 사방에 퍼졌고

주님은 자기 안에 계신 아버지께서 원하시는 대로 행하시고 말씀하셨습니다.요14:10-11, 3:32 이는 성령과 권능으로 행하셨음을 증명하는 것입니다.사61:1-2, 눅4:18-19, 요3:31-35, 행10:38

교회는 주님의 몸이요 지체로서 주님과 하나가 되어 있습니다. 그리고 주님이 하신 방식 그대로벧전2:21 이 땅에서 주님의 대사가 되어 주님의 남은 일을 수행해야 됩니다. 고후5:21, 골1:24 이는 모두 기름 부으심으로만 가능합니다. 아멘!

성령의 충만은 두 가지로 나누어집니다. 하나는 **내적 충만**πληροω 플레로우, 성령의 내주와 연관되어 있어, 소멸되지 않음 ; 마28:20, 눅4:21, 행2:28, 엡1:23, 3:19, 4:10, 골2:10이요, 다른 하나는 **외적 충만**πληοω 플레소, 외적 성령의 기름 부으심으로 성령을 근심시키는 행위를 계속하면 소멸될 수 있음 ; 눅4:1, 행2:4, 4:31, 13:9입니다.

성령의 내적 충만은 거듭남과 인격의 변화 및 성화로 이끌어 갑니다. 성령으로 인한 열매로 풍성하게 됩니다. 행2:28, 요4:14, 7:38, 갈5:22-23, 롬14:17

반면에 성령의 외적 충만은 위로부터 능력이 입혀지는 것과 같이 실질적

인 사역이 이루어지게 합니다.눅24:49, 행2:4,17, 4:31, 6:3,5,8, 7:55, 9:17, 13:9,52, 10:38 성령의 기름 부으심이 다른 이들에게로 전이되기도 합니다.행19:11-12, 롬1:11

성도의 영 안에 임하신 성령고전3:16은 예수님을 부인하거나 성령을 훼방하지 않는 한 떠나지 않으시나마28:20, 외적으로 임하시는 성령의 기름 부으심은 불순종으로 성령을 근심케 하거나 성령을 소멸시키면 더 이상 역사하지 않으십니다. 다윗도 이러한 부분을 매우 걱정했습니다.구약의 성령님은 부분적, 일시적 목적을 위해 일하심 : 삿14:6

(시51:11) 나를 주 앞에서 쫓아내지 마시며 **주의 성령을 내게서 거두지 마소서**

(고후12:9-10) …나의 여러 약한 것들에 대하여 자랑하리니 **이는 그리스도의 능력이 내게 머물게 하려 함이라** 그러므로 내가 그리스도를 위하여 약한 것들과 능욕과 궁핍과 박해와 곤고를 기뻐하노니 이는 내가 약한 그 때에 강함이라

(빌3:9) 내가 그를 위하여 모든 것을 잃어버리고 배설물로 여김은 **그리스도를 얻고 그 안에서 발견되려 함**이니

(고후4:11) 우리 살아 있는 자가 항상 예수를 위하여 죽음에 넘겨짐은 **예수의 생명이 또한 우리 죽을 육체에 나타나게 하려 함이니라**

(갈2:20) …그런즉 이제는 내가 사는 것이 아니요 오직 **내 안에 그리스도께서 사시는 것이라** …

(고전9:27) 내가 **내 몸을 쳐 복종하게 함은**….

(고전15:31) 형제들아 내가 그리스도 예수 우리 주 안에서 가진바 너희에게 대한 나의 자랑을 두고 단언하노니 **나는 날마다 죽노라**

성령님은 내적·외적 충만으로 오십니다. 요14:17 그리고 성령을 모신 자들

은 이미 성령으로 주님과 하나가 되어 있고요14:20, 성령님은 성도의 영을 지성소naos 나오스삼아 계신다고 했습니다.고전3:16

구약의 성막은 실제 성전이 되신 주님의 모형이요2:21, 히8:5, 성막의 지성소 안에 있는 법궤는 말씀이신 주님을 나타냅니다. 고로 요14:20절의 영적의미는 이러합니다.

즉, "주님이 내 안에 계심"은 말씀이신 주님이 지성소인 성도 안에 계심을 의미하며, 동시에 "내가 주님 안에 있다"는 지성소인 성도가 성전 되신 주님 안에 머문다는 의미입니다. 할렐루야!

(요14:20) 그 날에는 내가 아버지 안에, 너희가 내 안에, 내가 너희 안에 있는 것을 너희가 알리라

동시에, "주님 안에 내가 있다"는 의미는 "성령의 임재 아래서 머리되신 주님의 통치명령안에 있다"는 의미요, "내 안에 주님이 계시다"은 말씀이신 주님이 성도 안에서 친히 말씀하심을 의미합니다.좌측 그림

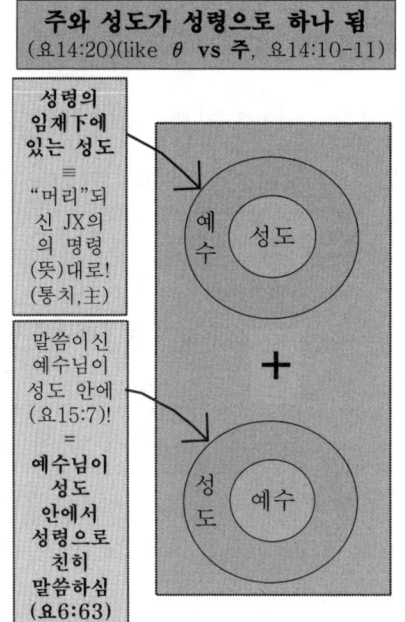

전자는 외적 기름 부으심과 밀접한 관련이 있으며, 또한 후자는 내적 기름 부으심과 밀접한 관계를 가지게 됩니다.

외적 기름 부으심은 성령의 임재 아래서 머리되신 주님의 철저한 통치를 받을 때이를 "신정정치가

5장 나가는 글 • 343

이루어진다"라고 함 강하게 임하게 됩니다. 또한 내적 기름 부으심은 성도 안에 계신 주님께서 성령으로 주시는 말씀에 즉시로 순종할 때 강하게 나타나게 됩니다.요15:7 그러므로 주님과 성도가 온전히 "하나"의 관계로 지속될 때 내적·외적 기름 부으심은 충만하게 됩니다.

이상의 내용을 전제로 하여 사11:2와 고전12:7에서 전하는 의미는 서로 차이가 있음을 알 수 있습니다.

즉, 성령의 나타나심곧 은사은 기름 부으심 가운데 주어집니다. 고로 은사는 기름 부으심의 한 형태라 할 수 있습니다. 기름 부으심은 성령의 일하심 자체이자 전체를 포함하기에 사11:2의 일곱 영이 그 대표적입니다. 고로 사11:2의 것은 고전12:7의 것과는 그 깊이와 넓이와 폭이 다릅니다.

다시 말하면 고전12:7은 개인적이요 소규모적이며, 일시적인 사건이라면, 사11:2는 단체적이요 포괄적이며 지속적인 역사입니다. 사11:2의 말씀은 실제로 주님의 사역을 말씀하는 것으로, 신약에서 주님의 지상 사역을 보면 이해가 빠릅니다.

주님의 지상사역은 철저한 기름 부으심 사역이셨습니다. 행10:38이 그렇고 요3:31-35가 그러합니다. 이러한 사역의 예언적 말씀인 사61:1-3이 이를 증거 하기도 합니다.

(사61:1) 주 여호와의 영이 내게 내리셨으니 이는 여호와께서 내게 기름을 부으사 가난한 자에게 아름다운 소식을 전하게 하려 하심이라…
(사11:2) 그의 위에 여호와의 영 곧 지혜와 총명의 영이요 모략과 재능의 영이요 지식과 여호와를 경외하는 영이 강림하시리니
(요3:32-35) 그가 친히 보고 들은 것을 증언하되 그의 증언을 받는 자가 없도다…34 하나님이 보내신 이는 하나님의 말씀을 하나니 이는 하나님이 성

령을 한량없이 주심이니라….

(행10:38) 하나님이 나사렛 예수에게 성령과 능력을 기름 붓듯 하셨으매 그가 두루 다니시며 선한 일을 행하시고 마귀에 눌린 모든 사람을 고치셨으니 이는 하나님이 함께 하셨음이라

주님의 지상 사역은 내적·외적 기름 부으심이 충만한 가운데 이루어졌습니다. 성도들도 주님의 사역을 그대로 본받아 성령의 기름 부으심이 충만할 때 주님의 일을 계속할 수 있음을 기억해야 합니다. 요14:12, 이것이 그리스도인 〈기름부음을 받은 무리〉라 불리는 이유임

부록5 : 삼위일체 하나님과 교회

삼위일체 하나님은 그 본질에 있어서는 하나이신데, 하나이신 하나님 안에, 세 위격인격persona, 즉 아버지와 말씀(아들)과 성령과 세 사역역할이 있음을 분명히 말씀합니다. 요일5:7KJV에 하늘에 증거 하시는 분은 3분이신데 이 **세분이 하나**라고 분명히 말씀하고 계십니다. 그리고 땅에서 주님이 승천하시며 제자들에게 말씀하시기를 "아버지와 아들과 성령의 이름단수로 표기됨으로 침례를 주라"는 말씀에서 세분하늘에서 증거하시는 분 : **아버지, 말씀, 성령**, 땅에서 증거하시는 분 : **아버지, 아들, 성령** 혹은 **피와 물**과 **성령**이 하나이심을 분명히 하고 있습니다. 이를 비유적으로 설명하면, 몸이 하나이나 영, 혼, 육이 있음과 같이, 혼이 하나이나 지성, 감정, 의지가 있는 것과 같이, 그리고 시간이 과거, 현재, 미래도 있지만 하나의 시간 존재개념인 것과 같습니다. 이처럼 **"삼위의 하나님이 한분**딤전1:17, 2:5, 빌2:13, 약2:19" 곧 **삼위일체**로 계십니다. 그리고 아버지는 모든 것의 근본이신데, 계획하시고 뜻을 정하시고 진행하시는 분이시며, 말씀은 아버지의 일과 계획을 계시하시고 실행하시는 분이시나, 성령님은 아버지와 아들이 서로 하나 되게 하시어 그 뜻과 계획이 이루어지게 하시는 분이십니다.

성령님은 아버지와 말씀이 하나 되게 하시고요10:30, 요일5:7, 아버지의 뜻이 말씀곧 예수을 통하여 실현되게 하십니다. 이처럼 아버지와 말씀아들, 성령님은 항상 함께 일하시나 그 역할은 다르십니다. 아버지와 말씀아들, 성령님은 각각 고유의 인격이 있으시나 항상 통일 되시고 일치하십니다. 이처럼

"하나님은 한분이시다"란 의미는 바로 "삼위일체의 하나님"을 의미하는 것입니다.

(요일5:6-8) 이 분은 물과 피로 오신 예수그리스도시니, 물로만이 아니라 물과 피로니라. 증거하시는 이는 성령이시니, 성령은 진리이시기 때문이라. 이는 하늘에서 증거하시는 이가 세분이시니, 아버지와 말씀과 성령이시오, 이 세 분은 하나이시라. 또 땅에서 증거하는 것도 셋이니, 영과 물과 피요, 이 셋은 하나 안에서 일치하느니라[KJV] 6 This is he that came by water and blood, [even] Jesus Christ; not by water only, but by water and blood. And it is the Spirit that beareth witness, because the Spirit is truth. 7 For there are three that bear record in heaven, the Father, the Word, and the Holy Ghost: and these three are one.[KJV]

(요10:30) 나와 아버지는 하나이니라 하신대

(요1:1-2) 태초에 말씀이 계시니라 이 말씀이 하나님과 함께 계셨으니 이 말씀은 곧 하나님이시니라 2 그가 태초에 하나님과 함께 계셨고

(요14:10-11) 내가 아버지 안에 거하고 아버지는 내 안에 계신 것을 네가 믿지 아니하느냐 내가 너희에게 이르는 말은 스스로 하는 것이 아니라 아버지께서 내 안에 계셔서 그의 일을 하시는 것이라 11 내가 아버지 안에 거하고 아버지께서 내 안에 계심을 믿으라 그렇지 못하겠거든 행하는 그 일로 말미암아 나를 믿으라

(1) 증거

하나님 아버지를 아시는 분은 예수 그리스도밖에 없고, 예수 그리스도를 아시는 분은 하나님 아버지밖에 없습니다.마11:27 구약에서는 삼위일체 하나님 중에 주로 하나님 아버지께서 등장하시고, 신약은 주로 아들 예

수님이 등장하십니다. 그러나 성령님은 신구약에 공통적으로 역사하십니다. 시139:7,10, 요16:13-15, 이것은 소위 삼신론도 양태론도 아님 구약성경은 아버지께서 오실 아들메시아를 성령으로 예언하시고, 신약성경은 예언대로 오신 아들이 성령으로 아버지를 증거 하시고 다시 오실 자신을 예언하고 있습니다.

(마11:27) 내 아버지께서 모든 것을 내게 주셨으니 아버지 외에는 아들을 아는 자가 없고 아들과 또 아들의 소원대로 계시를 받는 자 외에는 아버지를 아는 자가 없느니라

(요5:39) 너희가 성경에서 영생을 얻는 줄 생각하고 성경을 연구하거니와 이 성경이 곧 내게 대하여 증언하는 것이니라

(벧전1:21) 예언은 언제든지 사람의 뜻으로 낸 것이 아니요 오직 성령의 감동 하심을 받은 사람들이 하나님께 받아 말한 것임이라

(요8:14) 예수께서 대답하여 이르시되 내가 나를 위하여 증언하여도 내 증언이 참되니 나는 내가 어디서 오며 어디로 가는 것을 알거니와 너희는 내가 어디서 오며 어디로 가는 것을 알지 못하느니라

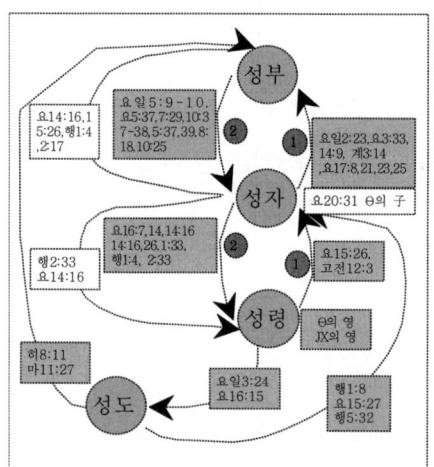

▶ (요7:28-29)…너희가 나를 알고 내가 어디서 온 것도 알거니와 내가 스스로 온 것이 아니니라 나를 보내신 이는 참되시니 너희는 그를 알지 못하나 나는 아노니 이는 내가 그에게서 났고 그가 나를 보내셨음이라 하시니

▶ (행1:8) 오직 성령이 너희에게 임하시면 너희가 권능을 받고 예루살렘과 온 유대와 사마리아와 땅 끝까지 이르러 내 증인이 되리라…

▶ (요12:28) 아버지여, 아버지의 이름을 영광스럽게 하옵소서 하시니 이에 하늘에서 소리가 나서 이르되 내가 이미 영광스럽게 하였고 또 다시 영광스럽게 하리라…

▶ (요17:26) 내가 아버지의 이름을 그들에게 알게 하였고 또 알게 하리니…

▶ (히8:11)…그들이 작은 자로부터 큰 자까지 다 나를 앎이라

[부록5-1. 삼위일체 하나님 증거관계]

(요10:37-38) 만일 내가 내 아버지의 일을 행하지 아니하거든 나를 믿지 말려니와 내가 행하거든 나를 믿지 아니할지라도 그 일은 믿으라 그러면 너희가 아버지께서 내 안에 계시고 내가 아버지 안에 있음을 깨달아 알리라 하시니

위의 그림 [부록5-1]에서처럼 삼위일체의 하나님은 인간에게 삼위일체 하나님 자신에 대한 증거를 맡기지 않으십니다.요2:24-25, 5:34-35 삼위일체의 하나님 스스로를 서로에 대해 증거 하십니다.마11:27, 요5:32

(요2:24-25) 예수는 그 몸을 저희에게 의탁지 아니하셨으니 이는 친히 모든 사람을 아심이요 25 또 친히 사람의 속에 있는 것을 아시므로 사람에 대하여 아무의 증거도 받으실 필요가 없음이니라

(요5:34-35) 그러나 나는 사람에게서 증거를 취하지 아니하노라 다만 이 말을 하는 것은 너희로 구원을 얻게 하려 함이니라 35 요한은 켜서 비취는 등불이라 너희가 일시 그 빛에 즐거이 있기를 원하였거니와

(요5:32) 나를 위하여 증거하시는 이가 따로 있으니 나를 위하여 증거하시는 그 증거가 참인 줄 아노라

아들 예수님은 스스로 오지 않으시고 아버지의 보내심을 받았고요7:28, 8:42, 히3:1, 또 스스로 말하지도 행하시지도 않으셨고요5:19-20, 14:10 아버지께서 말씀하시고 행하심대로 하셨습니다.요5:19,30, 8:28,40, 17:8, 16:15

(요7:28) 예수께서…가라사대 너희가 나를 알고 내가 어디서 온 것도 알거니와 내가 스스로 온 것이 아니로라 나를 보내신 이는 참이시니 너희는 그를 알지 못하나

(요8:42)예수께서 가라사대 하나님이 너희 아버지였으면 너희가 나를 사랑

하였으리니 이는 내가 하나님께로 나서 왔음이라 나는 스스로 온 것이 아니요 아버지께서 나를 보내신 것이니라

(요5:19-20)…아들이 아버지의 하시는 일을 보지 않고는 아무 것도 스스로 할 수 없나니 아버지께서 행하시는 그것을 아들도 그와 같이 행하느니라 20 아버지께서 아들을 사랑하사 자기의 행하시는 것을 다 아들에게 보이시고 또 그보다 더 큰일을 보이사 너희로 기이히 여기게 하시리라

오직 아버지께로 나오신 분만이 아버지를 알고요1:18, 아버지를 증거 하십니다.요7:28-29, 3:31-33 성령님도 스스로 증거 하지 않으시고 들은 것을 증거 하십니다.요16:13-15 그런데 이 증거를 유일하게 위탁받은 이가 있으니 바로 아들의 소원대로 계시를 받은 자, 곧 주님을 사랑하는 자입니다.마11:27, 요14:21 아버지를 알고 하나님 나라를 아는 자입니다.히8:11, 눅8:10, 갈4:9 그들은 바로 성령을 받은 자들입니다.행1:8

이 증거를 맡은 자곧 성도는 오직 성령으로 하나님의 영광과 이름을 증거하는 의무와 동시에 특권을 부여받은 것입니다.요12:28, 17:26 이는 알고 경험한 자만이 증거 할 수 있기 때문입니다. 아멘!

(행1:8) 오직 성령이 너희에게 임하시면 너희가 권능을 받고 예루살렘과 온 유대와 사마리아와 땅 끝까지 이르러 내 증인이 되리라 하시니라

(요12:28) 아버지여 아버지의 이름을 영광스럽게 하옵소서 하시니 이에 하늘에서 소리가 나서 가로되 내가 이미 영광스럽게 하였고 또 다시 영광스럽게 하리라 하신대

(요17:26) 내가 아버지의 이름을 저희에게 알게 하였고 또 알게 하리니 이는 나를 사랑하신 사랑이 저희 안에 있고 나도 저희 안에 있게 하려 함이니이다

(2) 삼위일체 하나님과 교회와의 관계

하나님이 아담을 창조하실 때 "하나님의 형상"대로 창조하셨습니다. 이 때 하나님은 삼위일체의 하나님이십니다. 하나님의 형상은 곧 하나님의 영적 속성으로, 곧 삼위일체의 영적 속성을 지닌 자로 창조되었습니다. 그러므로 마지막 아담을 닮은 모든 성도는 삼위일체적 삶을 살아가게 되어 있습니다. **삼위일체적 삶은 "증거**행1:8**"와 "영생**요17:3**", 그리고 "예배**롬12:1**"의 삶**을 의미합니다. **하나님을 증거하며 계시하는 삶**을 말합니다. 그 삶은 성령으로 **아버지와 아들 예수와의 깊은 교제와 누림의 삶**을 의미합니다. 요일1:3-4, 요17:3, 창1:26, 요17:21-23

(요일1:3-4) 우리가 보고 들은 바를 너희에게도 전함은 너희로 우리와 사귐이 있게 하려 함이니 우리의 사귐은 아버지와 그의 아들 예수 그리스도와 더불어 누림이라 4 우리가 이것을 씀은 우리의 기쁨이 충만하게 하려 함이라

(요17:3) 영생은 곧 유일하신 참 하나님과 그가 보내신 자 예수 그리스도를 아는 것(γινώσκω 기노스코)이니이다

(벧후1:2) **하나님과 우리 주 예수를 앎**으로 은혜와 평강이 너희에게 더욱 많을지어다

(요17:21-23) 아버지여, 아버지께서 내 안에, 내가 아버지 안에 있는 것 같이 그들도 다 하나가 되어 우리 안에 있게 하사 세상으로 아버지께서 나를 보내신 것을 믿게 하옵소서 22 내게 주신 영광을 내가 그들에게 주었사오니 이는 우리가 하나가 된 것 같이 그들도 하나가 되게 하려 함이니이다 23 곧 내가 그들 안에 있고 아버지께서 내 안에 계시어 그들로 온전함을 이루어 하나가 되게 하려 함은 아버지께서 나를 보내신 것과 **또 나를 사랑하심 같이 그들도 사랑하신 것**을 세상으로 알게 하려 함이로소이다

여기서 "아는…"에서 "γινώσκω 기노스코"는 경험적이고 체험적으로 아는 것을 의미합니다. 이는 오직 성령으로 하나 될 때만 가능합니다.요일3:24, 요17:21-23 그러므로 하나님 아버지, 예수 그리스도를 경험하는 삶은 오직 성령으로 인도함 받고 성령으로 동행 할 때 가능한 것을 알 수가 있습니다.갈5:25 하나님의 말씀을, 하나님 나라를 경험하는 사람은 오직 성령으로 가능합니다. 고로 예수님이 십자가에서 이루신 하나님의 일곧, 사53:5, 고후8:9, 마8:17, 벧전2:24은 성령으로 경험하게 되는 것입니다.롬8:11 이것이 **삼위일체적 삶의 누림**하나님의 영광·생명·부요·권세·권능 공유 ⇦ 하나님의 형상 ; 요일1:3-4, 요17:21-23, 요17:3, 창1:26입니다. 고로 성도는 구원을 받는 순간요5:24부터 이미 영생을 경험하는 삶입니다. 이는 성령을 통하여 유일하신 참 하나님과 그의 보내신 자 예수를 깊이 알고 증거 하는 삶 즉 **"세상으로 알게 하려 함이로소이다**.요17:23, 계3:9"를 의미합니다.

하나님 아버지는 하나님의 것과 그의 나라의 것을 나누어 주시기를 원하시기에 이를 약속하셨습니다. 이는 기름 부으심 가운데 누리게 되는 상속혹은 유업입니다. 행26:18, 엡1:23, 갈4:7, 롬8:17, 엡3:6 아들 예수님은 이를 위하여 십자가 위에서 그 길을 여셨습니다. 엡1:10, 골1:20, 히10:19-21, 요14:6 그리고 성령님은 이를 보증하시고엡1:13-14, 경험하게누리게 하시고, 또 주위로 흘러나가 전달하고 번성하게 하십니다.벧전2:9, 사60:2-4, 슥8:21-23 이로써 이 모든 것을 온 세상에 전파하는 것입니다.벧전2:9

(골1:20) 그의 십자가의 피로 **화평을 이루사** 만물 곧 땅에 있는 것들이나 하늘에 있는 것들을 그로 말미암아 자기와 화목케 되기를 기뻐하심이라

(요14:6) 예수께서 가라사대 **내가 곧 길이요** 진리요 생명이니 나로 말미암지 않고는 아버지께로 올 자가 없느니라

(벧전2:9) 오직 너희는 택하신 족속이요 왕 같은 제사장들이요 거룩한 나라

요 그의 소유된 백성이니 이는 너희를 어두운데서 불러 내어 그의 기이한 빛에 들어가게 하신 자의 **아름다운 덕을 선전**하게 하려 하심이라

이 말씀은 또한 하나 되신 아버지와 주님의 영광에 들어가라는 말씀입니다. 다시 말하면 아버지는 영광중에 계시는 영광이시고요일1:5, 아들 예수님은 그 영광에 참여하고 계시고요17:5,22, 동시에 성도들이 하나가 되어 그 영광에 참여하기를 원하십니다. 히2;10, 10:22, 엡3:6, 요15:14 이것이 바로 성도의 예배의 삶을 의미합니다. 롬12:1 참된 예배자는 물말씀과 영으로 영광의 아버지께 나아가는 것임을 알아야 합니다. 요4:23-24

(요16:13-15) 그러나 진리의 성령이 오시면 그가 너희를 모든 진리 가운데로 인도하시리니 그가 스스로 말하지 않고 오직 들은 것을 말하며 장래 일을 너희에게 알리시리라 그가 내 영광을 나타내리니 내 것을 가지고 너희에게 알리시겠음이라 무릇 아버지께 있는 것은 다 내 것이라 그러므로 내가 말하기를 그가 내 것을 가지고 너희에게 알리시리라 하였노라

(요4:23-24) 아버지께 참되게 예배하는 자들은 영과 진리로 예배할 때가 오나니 곧 이 때라 아버지께서는 자기에게 이렇게 예배하는 자들을 찾으시느니라 하나님은 영이시니 예배하는 자가 영과 진리로 예배할지니라

(롬12:1-2) 그러므로 형제들아 내가 하나님의 모든 자비하심으로 너희를 권하노니 너희 몸을 하나님이 기뻐하시는 거룩한 산 제사로 드리라 이는 너희의 드릴 영적(합당한 KJV) 예배니라 2 너희는 이 세대를 본받지 말고 오직 마음을 새롭게 함으로 변화를 받아 하나님의 선하시고 기뻐하시고 온전하신 뜻이 무엇인지 분별하도록 하라

아래 그림 [부록5-2]은 교회와 삼위일체 하나님과의 관계성을 나타내고

있으며, 그림 [부록5-3]은 교회를 통한 삼위일체 하나님의 사역을 나타내고 있습니다. 앞에서 말한바 구약성경은 아버지께서 오실 아들메시아를 성령으로 예언하시고, 신약성경은 예언대로 오신 아들이 성령으로 아버지를 증거 하시고 다시 오실 자신을 예언하고 있다고 했습니다. 그러나 교회는 성령으로 아버지와 아들을 세상에 증거 합니다. 요17:21,23

교회는 삼위일체 하나님의 영광을 공유하며 동시에 통치를 받습니다. 그리고 교회는 교회 안에 임하신 삼위일체 하나님을 증거 합니다. 이렇게 하여 삼위일체 하나님은 교회를 통하여 영원전의 하나님이 정하신 뜻과 계획을 성취하게 됩니다.

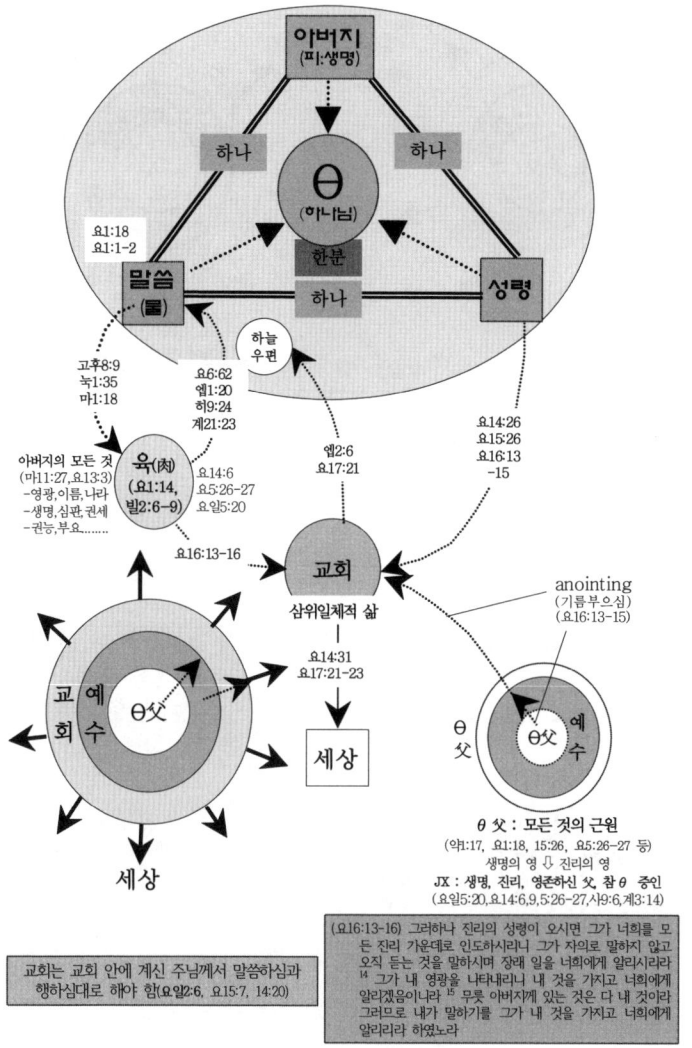

[부록5-2. 교회와 삼위일체 하나님과의 관계성]

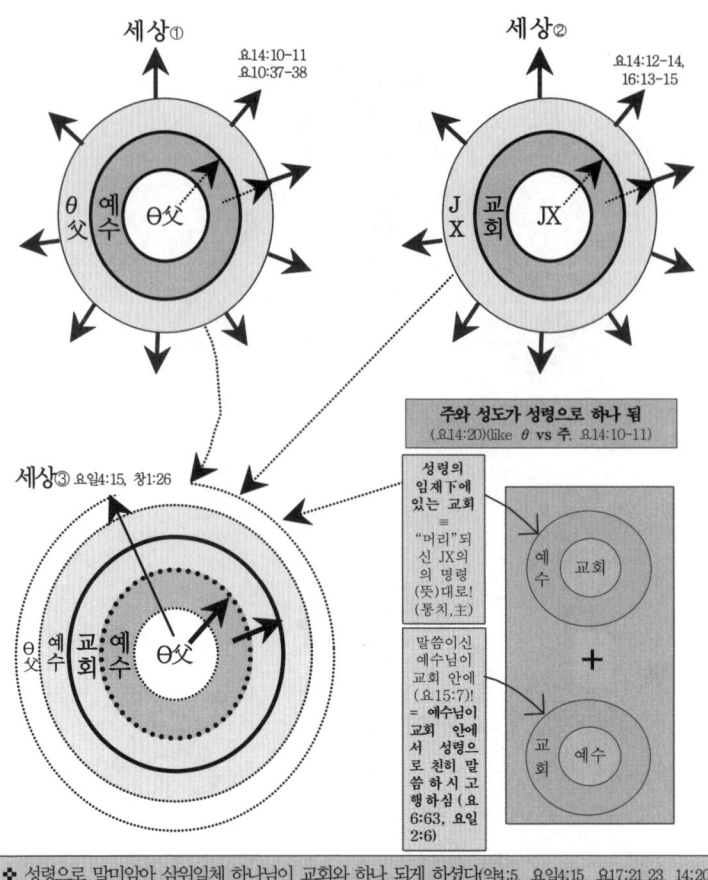

- 성령으로 말미암아 삼위일체 하나님이 교회와 하나 되게 하셨다(엡4:5, 요일4:15, 요17:21,23, 14:20)
- 세상① : JX보다 크신 θ 父께서 자기 품속에 계신 독생자(LOGOS)를 사랑하셨고, 예수님은 자기 안에 계신 아버지와 하나가 되어 성령으로 아버지를 세상에 증거 하셨음.
- 세상② : 교회는 머리되신 JX께 통치를 받고, 교회 안에 오신 주님을 성령으로 세상에 증거 함.
- 세상③[세상①+세상②] : 교회는 삼일 하나님 안에서 하나가 되어 삼일 하나님을 세상에 증거 함.
- 삼일 하나님은 교회를 사랑하시고 기름 부으시어 교회의 일(삼일 하나님 증거)로 세상에 알려지게 함. (요17:21-23, 14:31)
- θ 父께서는 성령으로 말씀하시고 행하신다 (중생, 부활 포함) ⟨== 삼위일체로 일하시고 행하심⟩(요16:13-15)

[부록5-3. 교회를 통한 삼위일체 하나님의 사역]

부록6 : 축사 (逐邪)

(1) 선한 영계

하나님 나라1)는 일차적으로 구원받은 성도들 안에 임하게 됩니다.눅17:20-21, 마12:28 그리고 이 땅의 삶을 다하면 낙원에서 안식을 누리게 됩니다.눅16:22 아브라함 품, 눅23:43 이후에는 백보좌 심판 전에 잠자며 안식하는 자도, 이 땅에 살아가는 자도 모두 각각 부활과 휴거에 참여하게 됩니다. 그리고 행한 대로계22:11-12 각자 자기 상급을 가지고 새 하늘 새 땅인 천국에 입성하게 됩니다. 최후에는 하나님으로부터 하늘에서 내려온 새 예루살렘 성에서 살아가게 됩니다.계21, 22장

하나님의 나라는 하늘 영광이 임한 곳입니다. 동시에 하나님의 통치가

---

1) ① "나라"는 기본적으로 다음 3가지가 만족되어야 한다. 즉 통치자(왕), 백성, 그리고 땅이다. 고로 에덴, 교회, 그리고 (가나안의 실재요 완성인) 새 예루살렘 등이 이 조건을 만족하는 곳이다. 고로 하나님 나라(하늘 나라, 곧 천국)는 실제로 경험되어지는 포괄적인 영적 공간인 동시에 구체적 장소도 포함하게 된다. (롬14:17, 마8:1).
② 이처럼 하나님 나라(곧 천국)는 하나님의 통치가 이루어지고 하나님의 부요함을 경험하는 곳을 지칭하는 포괄적인 의미를 가지고 있다. 그래서 하나님 나라가 임한 곳이 여럿이라 본 부록에서는 설명한다. 한편 낙원에 대해서도 알아야 한다. 낙원(파라다이스, 아브라함의 품 ; 눅16:22)이란 단어는 신약성경에만 3번 나타나는 것으로 그 첫 번째가 십자가에서 주님 나라가 임하실 때 기억해 달라던 강도에게 약속한 곳(눅23:43), 두 번째가 바울이 환상 가운데 3층 하늘을 경험했을 때 사용했으며(고후12:4), 마지막으로 아시아 일곱 교회 중 에베소 교회에게 끝까지 이기는 자에게 주시는 선물 중에 나타난다. (계2:7) 그래서 낙원은 계2:7에서처럼 생명나무 열매를 먹을 수 있는 곳으로 바로 계22:1-2에서처럼 하나님의 보좌가 있는 새 예루살렘 안에서 누리는 안식의 삶을 나타내기도 한다. 그리고 낙원은 셋째 하늘과 겹치는 의미를 지니고 있다. (고후12:2,4) 참고로 모든 성도의 영은 3층 하늘에서 하나님 우편(곧 하나님 아버지 품속)에 주님과 함께 앉아있다.(엡2:6) 그리고 주님 재림 시 함께 영광중에 나타나게 된다. (골3:4, 살전3:13, 4:13).

"또 너희에게 이르노니 동 서로부터 많은 사람이 이르러 아브라함과 이삭과 야곱과 함께 천국에 앉으려니와 12 그 나라의 본 자손들은 바깥 어두운 데 쫓겨나 거기서 울며 이를 갈게 되리라(마8:11-12)"

이루어지고, 하늘 부요를 맛보는 곳입니다.

(마6:10) 나라가 임하시오며 뜻이 하늘에서 이룬 것 같이 땅에서도 이루어지이다
- 천국βασιλεία τῶν οὐρανῶν 마11:11
  = 하나님 나라βασιλεία τοῦ θεοῦ 눅7:28

그 곳에는 성전이 있고 또한 하나님의 보좌가 있으며마5:34, 이곳으로부터 생명수의 강물이 흘러나옵니다.계22:1-2, 겔47:1-5 이 생명수 강물은 성령을 의미합니다.요7:38-39 생명수 강이 흐르는 하나님의 나라는 여러 곳에 나타납니다.천국1,2,3 부활 후에 가는 곳이 천국3신천신지이지만, 이 땅에서도, 에덴과 낙원에서도 생명수 강물을 맛보며, 하나님 나라의 영광을 누릴 수가 있습니다.고전15:50, 히1:8.

(고전15:50) …혈과 육은 하나님 나라를 이어받을 수 없고 또한 썩는 것은 썩지 아니하는 것을 유업으로 받지 못하느니라
(히1:8) 아들에 관하여는 하나님이여 주의 보좌는 영영하며 주의 나라의 규는 공평한 규이니이다

그 기름 부으심의 정도는 아래 그림에서 보는 바와 같이 천국1에서 천국3로 향해 갈수록 더 강하게 경험하게 됩니다. 이 땅에선 성도 안에 하나님 나라가 성령으로 임해 있음으로눅17:21, 마12:28 인해 성도가 곧 성전입니다.고전3:16 이곳에서도 생명수 강이 흘러나옵니다.

(고전3:16) 너희는 너희가 하나님의 성전(ναός 나오스, 지성소)인 것과 하나

님의 성령이 너희 안에 계시는 것을 알지 못하느냐

(요7:38-39) 나를 믿는 자는 성경에 이름과 같이 그 배에서 생수의 강이 흘러나오리라 하시니 이는 그를 믿는 자들이 받을 성령을 가리켜 말씀하신 것이라

(계22:1-2) {새 예루살렘 성} 또 그가 수정 같이 맑은 생명수의 강을 내게 보이니 하나님과 및 어린 양의 보좌로부터 나와서 길 가운데로 흐르더라…

(슥14:8) 그 날에 생수가 예루살렘에서 솟아나서 절반은 동해로, 절반은 서해로 흐를 것이라 여름에도 겨울에도 그러하리라

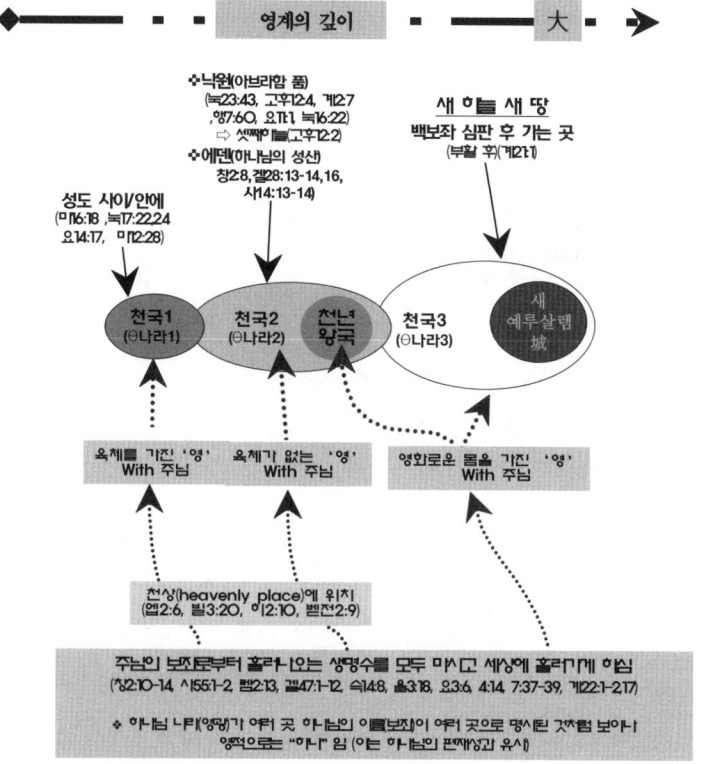

구약의 성막 안 지성소에는 하나님의 은혜의 보좌, 시은施恩좌가 있었습

니다. 지성소에는 하나님의 영광과 임재가 충만했습니다. 주님은 부활 승천하시어 아버지 보좌 우편에 좌정하셨습니다.엡1:20 이때 모든 성도의 영 또한 함께 합니다.엡2:6.

(엡1:20) 그의 능력이 그리스도 안에서 역사하사 죽은 자들 가운데서 다시 살리시고 하늘에서 자기의 오른편에 앉히사

(엡2:6) 또 함께 일으키사 그리스도 예수 안에서 함께 하늘에 앉히시니

이제는 성도의 영이 지성소ναός 나오스가 되었습니다.고전3:16 고로 성도는 하나님의 영광의 영, 곧 성령으로 살아가며 걸어가는 자가 되었습니다.갈5:25 이 영광의 영이 성도 안에도, 성도 가운데에도 머물고 계십니다.벧전4:14, 요14:17 이제는 교회즉 성도 무리에게 임한 하나님 나라의 생명수 강을 세상으로 흘러 보내야 합니다.창2:10-14, 합2:14, 사11:9, 겔47:8-12 그리하여 온 세상이 하나님의 생명과 영광이 충만하며 하나님을 아는 지식으로 충만하게 해야 합니다.

(창2:10) 강이 에덴에서 흘러 나와 동산을 적시고 거기서부터 갈라져 네 근원이 되었으니

(합2:14) 이는 물이 바다를 덮음 같이 여호와의 영광을 인정하는 것이 세상에 가득함이니라

(사11:9) 내 거룩한 산 모든 곳에서 해 됨도 없고 상함도 없을 것이니 이는 물이 바다를 덮음 같이 여호와를 아는 지식이 세상에 충만할 것임이니라

(겔47:8-12) 그가 내게 이르시되 이 물이 동쪽으로 향하여 흘러 아라바로 내려가서 바다에 이르리니 이 흘러내리는 물로 그 바다의 물이 되살아나리라 …그 물이 성소를 통하여 나옴이라…

☞ 다양한 하나님 나라의 위치 : 이미 새 하늘과 새 땅 및 지옥 유황 불못은 예비 돼 있음마25:34,41, 그러나 성도의 거처는 예비 중입니다. 요14:2-3

- 성도 사이/안에 : 마16:18, 눅17:22,24, 마12:28
- 낙원잠듬/아브라함 품 : 눅16:22, 23:43, 고후12:4, 계2:7, 행7:60, 요11:1, 고전15:50, 히1:8
- 에덴하나님의 성산 : 창2:8, 겔28:13-14,16, 사14:13-14
- 시온산하늘 예루살렘 : 히12:22, 갈4:26, 계14:1, 시2:6, 76:2, 102:21, 욜 3:20-21, 사60:14
- 새 하늘/새 땅아버지의 집 : 계21,22장, 요14:2

(2) 악한 영계

하나님은 사람보다 영적 존재들을 먼저 지으셨습니다.골1:16 천사도 사람과 같이 하나님의 피조물이지만 육체가 없는 영적 존재들입니다. 이 천사들 중 일부인 "기름 부음 받은 천사그룹"는 하나님을 찬양과 경배로 섬겨야 하는 자신의 신분겔28:13을 망각하고 스스로 하나님이 되고자 하여 자기 지위를 벗어나고 말았습니다. 하나님은 하나님을 반역하고 범죄한 천사LUCIFER 루시퍼, 계명성를 용서치 않으시고 어두운 구덩이에 던져 큰 날 심판 때까지 영원한 결박으로 가두셨습니다.벧후2:4, 유1:6 사단이 죄를 범하여 찍혀 내어 쫓긴 곳이 바로 1,2층 하늘지구를 포함이 있는 곳입니다. 그래서 땅창1:2, 사14:12, 계12:9이 있는 이 우주는 반역한 천사를 영원한 심판 때창15:16, 슥14:21, 벧후3:7-9, 유1:6, 계20:10까지 가두어진 감옥과 같은 곳입니다.

(창15:16)… 이는 아모리 족속(…가나안 족속)의 죄악이 아직 가득 차지 아니함이니라

(슥14:21) 예루살렘과 유다의 모든 솥이 만군의 여호와의 성물이 될 것인즉 제사 드리는 자가 와서 이 솥을 가져다가 그것으로 고기를 삶으리라 그 날에는 만군의 여호와의 전에 가나안 사람이 다시 있지 아니하리라 하시니라
(벧후3:7-9) 이제 하늘과 땅은 그 동일한 말씀으로 불사르기 위하여 보호하신 바 되어 경건하지 아니한 사람들의 심판과 멸망의 날까지 보존하여 두신 것이니라…9 주의 약속은 어떤 이들이 더디다고 생각하는 것 같이 더딘 것이 아니라 오직 주께서는 너희를 대하여 오래 참으사 아무도 멸망하지 아니하고 다 회개하기에 이르기를 원하시느니라
(계20:10) 또 그들을 미혹하는 마귀가 불과 유황 못에 던져지니 거기는 그 짐승과 거짓 선지자도 있어 세세토록 밤낮 괴로움을 받으리라

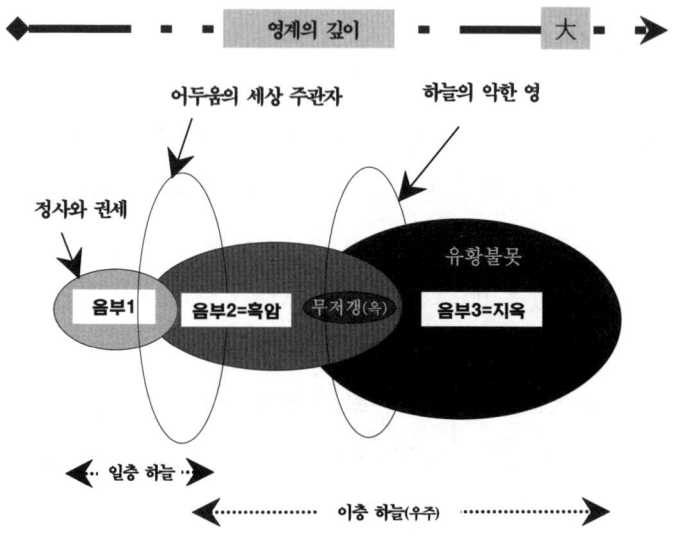

주님은 이 곳 즉 음부의 권세곧 마귀가 있는 곳에 교회하나님 나라를 세우려 오셨습니다. 마16:18, 엡2:2-3, 히2:14-15, 요일5:18-19, 요18:36-37, 눅22:29 음부의 권세가 있는 곳에 더 큰 권세자 예수님이 오시어 마귀세상 임금을 심판하시고,

그의 일죄를 멸하시고 온 인류를 해방시키며 자유롭게 하셨습니다.요일3:8, 골2:14-15 고로 음부는 사단의 영향이 미치는 곳입니다. 그리고 불신자가 죽어 가는 구체적인 장소이기도 합니다.눅16:22-25 그러나 음부는 악한 영적 세력의 영향력에 따라 세 영역으로 구분할 수가 있습니다. 주님은 악한 세계를 3개의 세계로 분류하셨습니다. 곧 **"우리의 씨름은 혈과 육을 상대하는 것이 아니요 통치자들과 권세들과 이 어둠의 세상 주관자들과 하늘에 있는 악의 영들을 상대함이라**엡5:12**"** 입니다. 이것을 풀어 쓰면, (1) 통치자들과 권세들, (2) 어둠의 세상 주관자들, (3) 하늘에 있는 악의 영들입니다. 이 세 영적 존재가 존재하는 공간이 같은 장소가 아닙니다. 이들이 거하는 곳은 이들의 영향력의 차이에 따라 구분합니다. 그 영향력에 대한 장소를 음부 1,2,3으로 분류하였습니다. 악한 영향력이 가장 강한 곳이 바로 유황지옥 불못이지만, 이곳은 마귀가 가는 최후의 장소요, 고통의 장소이기도 합니다.마25:41

위에서 보여준 악한 영계의 그림에서 보는 바와 같이 영적으로 가장 어두운 곳에 유황 지옥 불못이 자리하고 있습니다. 또한 흑암의 세계음부의 심연가 있으며 이 속에 무저갱아뷔소스과 감옥퓰라케이 있습니다. 그리고 교회가 자리하고 있는 어두운 세계곧 음부가 있습니다.마16:18, 엡2:2-3, 히2:14-15, 요일 5:18-19 하늘의 악한 영은 흑암의 세계혹은 유황지옥 불못의 연계부분도 포함에, 어두움의 세상 주관자는 음부와 흑암의 세계에 걸친 곳에, 마지막으로 정사와 권세는 음부의 세계에 존재합니다. 믿지 않는 자는 음부ᾅδης 하데스의 세계에 있다가눅16:16:23, 백보좌 심판 전에 부활하여계20:12-13 심판을 받은 후 지옥 불못으로 던져지게 됩니다.계20:15

(엡6:12) 우리의 씨름은 혈과 육을 상대하는 것이 아니요 정사(통치자들)과

권세들과 이 어둠의 세상 주관자들과 하늘에 있는 악의 영들을 상대함이라 (계13:2) 내가 본 짐승은 표범과 비슷하고 그 발은 곰의 발 같고 그 입은 사자의 입 같은데 용이 자기의 능력과 보좌와 큰 권세를 그에게 주었더라

☞ 권세의 이동 : 용마귀 ⇨ 하늘의 악한 영 ⇨ 어둠의 세상 주관자 ⇨ 정사와 권세
☞ 교회가 조우하는 악한 영의 존재: 주로 음부1-2의 세력임. 즉 이 세상 주관자들과 정사와 권세임 principalities, powers, the rulers of the darkness of this world

☞ 악한 세계의 원어 풀이

(사14:12-15) 너 아침의 아들 계명성{Lucifer루시퍼, KJV}이여 어찌 그리 하늘에서 떨어졌으며 너 열국을 엎은 자여 어찌 그리 땅에 찍혔는고 네가 네 마음에 이르기를 내가 하늘에 올라 하나님의 뭇 별 위에 내가 북극 집회의 산 위에 앉으리라 가장 높은 구름에 올라 지극히 높은 자와 같아지리라 하는도다 그러나 이제 네가 스올 곧 구덩이 맨 밑에 떨어짐을 당하리로다
(벧후2:4) 하나님이 범죄한 천사들을 용서하지 아니하시고 지옥(ταρταρος 흑암)에 던져 어두운(ζόφος) 구덩이(σειρα)에 두어 심판 때까지 지키게 하셨으며

❶ 음부 ἅδης 하데스: 계20:13-14, 눅16:23, 마16:18
❷ 흑암 ταρταρος 타르타로스: 벧후2:4
    = 음부陰部의 심연深淵
        σειρα세이라 chain ζόφος 조포스 darkness, 벧후2:4,17, 유1:6
    * 스올 = 음부의 심연곧 흑암의 다른 구약적 표현

❸ 옥감옥 φυλακῇ / 퓰라케: 벧전3:19, 계20:7

    무저갱 ἄβυσσος 아뷔소스 Abyss, Bottomless pit: 계20:3

    ∴ 옥퓰라케, 계20:7 = 무저갱아뷔소스, 계20:3동일 장소

❹ 유황 불못 λίμνην 못, τοῦ πυρὸς "불, καὶ θείου 유황

    ⇨ γέεννα 게엔나, 마5:22, 25:41, 계19:20, 20:10,14 불못

    = 사단마귀, 용, 뱀이 최후로 던져져 영원히 고통 받는 곳

- **게엔나**는 히게힌놈힌놈의 골짜기에서 유래 : 우상 몰렉에게 자녀를 불로 바친 곳대하28:3, 33:6, 쓰레기 태우는 곳이다.왕하23:10
- 성경에 "지옥"마5:22,29,30, 10:2, 23:15,33이라고 번역된 곳은 "유황 불못"을 의미한다.
- "음부"는 믿지 않는 자들이 가는 구체적인 장소요, 또한 어두움의 세상 영이 그 영향력을 미치는 포괄적인 영적 장소이기도 한다.

☞ 유황 불못게엔나에 들어가는 순서

(마25:41) 또 왼편에 있는 자들에게 이르시되 저주를 받은 자들아 나를 떠나 마귀와 그 사자들을 위하여 예비된 영영한 불에 들어가라

❶ 짐승과 거짓 선지자계19:20 ⇦ 계13:1, 11

❷ 마귀계20:10

❸ 사망과 음부계20:14 ⇦ 벧후3:10-12

❹ 불신자마귀의 자녀계20:15

계시록 13장에 보면 바다에서 한 짐승이 나오는 장면이 있습니다. 그런데 이 짐승은 용에게서 능력과 보좌와 권세를 받는 것을 볼 수가 있습니다.

짐승은 이것으로 하나님을 모독하고 하나님과 함께 하는 자들을 비방하며 핍박하는 일을 합니다.

(계13:1-2,4) 내가 보니 바다에서 한 짐승이 나오는데 뿔이 열이요 머리가 일곱이라 그 뿔에는 열 왕관이 있고 그 머리들에는 신성 모독 하는 이름들이 있더라 내가 2 본 짐승은 표범과 비슷하고 그 발은 곰의 발 같고 그 입은 사자의 입 같은데 용이 자기의 능력과 보좌와 큰 권세를 그에게 주었더라…4 용이 짐승에게 권세를 주므로 용에게 경배하며 짐승에게 경배하여 이르되 누가 이 짐승과 같으냐 누가 능히 이와 더불어 싸우리요 하더라
(계13:5-7) 또 짐승이 과장되고 신성 모독을 말하는 입을 받고 또 마흔두 달 동안 일할 권세를 받으니라 6 짐승이 입을 벌려 하나님을 향하여 비방하되 그의 이름과 그의 장막 곧 하늘에 사는 자들을 비방하더라 7 또 권세를 받아 성도들과 싸워 이기게 되고 각 족속과 백성과 방언과 나라를 다스리는 권세를 받으니

또 땅에서 다른 짐승이 올라와 먼저 나온 짐승의 모든 권세를 받아 짐승을 경배하게 하며 이마의 표를 받게 하는 일을 하는 것을 봅니다. 이 두 번째 짐승은 거짓 선지자입니다.

(계13:11-16) 내가 보매 또 다른 짐승이 땅에서 올라오니 어린 양 같이 두 뿔이 있고 용처럼 말을 하더라…14 짐승 앞에서 받은 바 이적을 행함으로 땅에 거하는 자들을 미혹하며 땅에 거하는 자들에게 이르기를 칼에 상하였다가 살아난 짐승을 위하여 우상을 만들라 하더라…15 그가 권세를 받아 그 짐승의 우상에게 생기를 주어 그 짐승의 우상으로 말하게 하고 또 짐승의 우상에게 경배하지 아니하는 자는 몇이든지 다 죽이게 하더라 16 그가 모든

자 곧 작은 자나 큰 자나 부자나 가난한 자나 자유인이나 종들에게 그 오른손에나 이마에 표를 받게 하고

이처럼 용이 바다에서 올라온 짐승에게, 바다에서 올라온 짐승은 땅에서 나온 짐승에게 권세를 건네주는 것을 볼 수가 있습니다. 이와 같이 사단 용은 하늘들의 악한 영들에게, 하늘들의 악한 영들은 어두움의 세상주관자들에게, 어두움의 세상주관자들은 정사rulers와 권세authorities자들에게 명령을 하달하는 체계로 되어 있습니다.

주님은 케네스 해긴 목사에게 말씀하시기를 만일 성도들이 마18:18-20절혹은 딤전2:2에서처럼 그 권세를 행사할 때 성도들은 실재로 어두움의 세상주관자과 정사rulers와 권세authorities를 다스리며, 이럴 때 주님은 하늘의 악한 영들을 묶고 결박시키는 일을 하신다고 하셨습니다.2) 누가복음 10장에서는 70명의 제자들이 전도여행에서 돌아와 주님께 보고하는 장면이 있습니다. 제자들은 귀신들이 자기들의 명령에 항복하는 사실을 말할 때 주님은 사단이 하늘로부터 번개같이 떨어지는 것을 설명해 주신 것은 이러한 영적 원리에 기초한 것입니다.

(눅10:17-19) 칠십 인이 기뻐 돌아와 이르되 주여 주의 이름이면 귀신들도 우리에게 항복하더이다 18 예수께서 이르시되 사탄이 하늘로부터 번개 같이 떨어지는 것을 내가 보았노라 19 내가 너희에게 뱀과 전갈을 밟으며 원수의 모든 능력을 제어할 권능을 주었으니 너희를 해칠 자가 결코 없으리라

주님은 임금들과 높은 지위에 있는 모든 사람들을 위해 기도하라고 하셨습니다.딤전2:1-2 이는 고요하고 평안한 생활을 위해서라 하셨습니다. 우리

---

2) 케네스 해긴, 『승리하는 교회』 (김진호 역, 서울: 믿음의 말씀사, 2007), pp32-36.

가 나라와 민족을 위해 기도할 때 주님은 이 나라, 이 민족에 역사하는 영들을 결박시키겠다는 약속입니다. 이것이 주님이 우리를 보호하시고 지키시는 방법이요, 우리 자신을 지키는 방법입니다. 요일5:18

(요일5:18) 하나님께로부터 난 자는 다 범죄하지 아니하는 줄을 우리가 아노라 하나님께로부터 나신 자가 그를 지키시매(난자가 자기를 지키매) 악한 자가 그를 만지지도 못하느니라

결국은 성도들이 이 땅에서 예수이름으로 하늘1,2층의 영적 존재에 대해 성도에게 위임된 권세를 행할 때 결국은 사단과 그를 따르는 사자들도 결박 당함을 볼 수가 있습니다. 아멘!

(3) 축사(逐邪)

또 한 가지 사실은 자기 지위를 지키지 않고 자기 처소를 떠나 타락한 천사가 3층 하늘에서 우주 땅으로 쫓겨내려 오기 전까지는 1-2층 하늘과 땅엔 영적 어두움 곧 음부이란 개념이 없었습니다. 다시 말하면 오직 하나님을 계시할 두 번째 장소로의 창조였습니다. 그러나 타락한 천사가 우주 안으로 쫓겨 내려옴에 따라 처음으로 이 우주 안은 영적인 음부가 시작된 곳이 되었고, 이로서 이 타락한 천사가 최후 심판 때까지 가두어 둘 흑암과 심판 받아 들어갈 지옥불못이 예비된 것입니다. 마25:41, 유1:6 이런 의미에서 영적으로 1-2층 하늘을 세상 또는 공중이라고 하고 엡2:2, 살전4:16-17, 아담이 타락한 후에는 이 세상을 다스리는 자가 되어 성경에서는 이를 세상임금 곧 마귀3)라

---

3) 마귀를 다른 명칭으로 계12:9에서 사단, 용, 또는 옛뱀이라고 한다. 이외에도 성경에는 세상 주관자, 세상 임금(엡6:12, 요2:31, 16:11), 흑암의 권세자(엡6:12, 눅22:53, 골1:13, 행26:18, 시74:20, 유1:6), 음부(어두움)의 권세자(마5:18), 사망 권세자(히2:14, 11:28), 공중 권세자(엡2:2, 눅4:6), 천하를 꾀는 자(미혹 자)(계12:1,9, 19:20, 20:3), 거짓의 아비(요8:44), 살인 자(요8:44), 악한 자(마6:13, 요일3:12, 5:19), 시험하는 자(마4:1,7, 약1:14, 살전3:5), 참소하는 자(계12:10, 욥 1:9-11), 하나님과 원수(행13:10, 롬5:10), 그리고 음행의

고 칭하게 되었습니다.아담이 타락하여 마귀의 다스림 속에 있기 전 까지는 천하만국과 그 영광은 하나님이 아담에게 주신 것이었다; 창1:26-18, 마4:8, 눅4:6 그러나 마16:18에서 언급된 말씀처럼, 교회는 이 세상에서 하나님의 의와 영광이 임한 유일한 곳으로 음부의 권세를 이기는 곳이라고 말하고 있습니다. 아멘!

케네스 해긴 목사는 그의 책『승리하는 교회』에서 과연 예수믿는 크리스쳔이 사단귀신의 소유물이 될 수 있는가?라는 주제를 다음과 같은 용어로 설명하고 있습니다. 즉,

① 귀신에 억눌림 상태oppression

: 사단이 생각을 집어넣어 사로잡는 단계요13:2, 고후4:4

② 귀신에 사로잡힘 상태obsession

: 사단이 사람의 마음을 지배하는 단계요3:19-21

③ 완전히귀신의 소유가 된 상태possession

: 계속 ②의 상태를 계속 즐겨하면악하고 더러운 영이 들어와 집을 짓는 최종 단계 잠11:27, 6:18, 6:2, 민14:28

①,②번 상태는 육과 혼의 영역에, ③번은 영·혼·육 전체 영역에의 영향입니다. 성도의 영은 하나님의 보좌가 있는 지성소빛으로 충만로 어두움이 침범치 못합니다. 크리스쳔에 대해선 귀신들림 현상보다 대부분 육적인 문제와 연결돼 있음 이런 이유로 예수를 고의로 부인하거나 성령을 훼방이런 상태를 구원을 잃어버려 마귀의 자녀로 돌아간다고 함. 즉 마귀의 소유가 됨하기 전에는 결코 주를 믿는 이들에게 귀신의 소유가 될 수 없습니다. 그러나 크리스쳔은 사단에 문을 열어 줌으로 인해 ①,②번 영역에서 고통을 당할 수가 있습니다. 요10:10上, 엡4:27, 6:10-17, 4)

왕(계17:18)이라고 한다.
4) 마귀에게 틈을 주지 말라(엡4:27)"의 말씀을 많은 의미를 준다. 마귀는 성도를 해할 합법적 권세는 박탈당했다(골2:15, 요12:31). 그러나 성도 스스로 마귀가 공격할 틈을 주게 되면 요10:10(상)에서처럼 도둑질, 죽임, 멸망당하게 된다(막5:13, 마17:15, 4:6). 고로 틈을 주지 말아야 한다(곧 어두움과 분리되야 한다). 그러려면 ① 스스로 "더러움을 피하고 성결해야 한다"(막7:20-23, 갈5:19-21, 엡4:17-22, 25-26, 28-29, 30-31, 마12:34-37, 히12:15,

고로 성도는 성령의 말씀을 심령에 기록하여 생명의 빛을 발하게 함으로서 스스로의 능력으로 귀신의 영향력에서 벗어날 수 있습니다. 고후3:3,6. 사 59:21-60:1, 딤후2:25-27

모든 성도는 주님을 영접하고 주 예수의 이름을 믿음으로 하나님 자녀의 권세를 받았습니다. 이를 예수 이름으로 오신 성령을 받았다 함 ; 요1:12,14:26 이는 곧 사단 결박권과 통치권이 있음을 의미하며 엡1:21, 빌2:9-10, 눅10:19 지성소 안의 주의 보좌로부터 생명수 강이 자신을 채우며 이를 주위로 흘려보낼 수가 있음도 알아야 합니다. 이를 기름부으심이 주위로 흘러나간다 함, 이를 진정한 영향력이라 부름; 요7:37-39 다시 말하면, 성도는 귀신 등 주위로부터 영향을 받기는커녕 오히려 자신은 충만함으로 채움받고 이를 세상으로 흘러 보내는 영향력 있는 자임을 명심해야 합니다. 아멘!

(요7:37-39) 명절 끝날 곧 큰날에 예수께서 서서 외쳐 가라사대 누구든지 목마르거든 내게로 와서 마시라 38 나를 믿는 자는 성경에 이름과 같이 그 배에서 생수의 강이 흘러나리라 하시니 39 이는 그를 믿는 자의 받을 성령을 가리켜 말씀하신 것이라

(시119:130) 주의 말씀을 열므로 우둔한 자에게 비춰어 깨닫게 하나이다

마18:35, 엡4:32, 롬12장) ② 염려, 근심, 걱정, 두려움, (극도의)슬픔, 격노, 놀람(엡4:26,31)을 피하고 미움을 버리고 용서해야 한다(엡4:32) ③ 하나님 말씀으로 채우고 묵상해야 한다(마12:43-45,13:19, 히4:14) ④ 예수님의 보혈을 의지해야 하고(계12:11), 성령의 임재를 갈망해야 한다 ⑤ 예수이름의 권세를 믿고 믿음으로 선포해야 한다(막16:17, 5:8-9, 고후 4:13)

* 사울왕의 경우 *
① 처음엔 겸손했다(삼상9:21-22, 10:21-23,15:17). 예언도 했다(삼상10:10). 그래서 하나님께서 그의 왕국을 약속하셨다(삼상13:13) ② 그러나, 서서히 하나님과 멀어지기 시작했다. 하나님이 기름 붓지 않은 직분(곧 제사장)을 탐내게 되었다(곧 교만과 월권행위)(삼상13:8-11, 15:15) ③ 하나님의 말씀을 불순종하고 떠나게 된다(삼상15:3,10-11,15-19,21-23). 그리고 시기과 질투, 두려움에 쌓이게 되고(삼상18:6-9,13,28-30, 15:17-29), 다윗을 살해 하려 한다(삼상19:1) ④ 기름부음이 떠나게 되고 악신이 역사하기 시작한다(삼상16:13-15) ⑤ 결국 죽게 된다(삼상31:3-5).

(사60:1-2) 일어나라 빛을 발하라 이는 네 빛이 이르렀고 여호와의 영광이 네 위에 임하였음이니라 2 보라 어두움이 땅을 덮을 것이며 캄캄함이 만민을 가리우려니와 오직 여호와께서 네 위에 임하실 것이며 그 영광이 네 위에 나타나리니

(요일3:10) 이러므로 하나님의 자녀들과 마귀의 자녀들이 나타나나니 무릇 의를 행치 아니하는 자나 또는 그 형제를 사랑치 아니하는 자는 하나님께 속하지 아니하니라

귀신은 정사와 권세라고 표현된 등급의 악한 영적세력입니다. 그리고 이 귀신은 어둡고 더러운 존재로 표현됩니다. 이는 귀신은 어두운 곳, 더러운 곳곧 말씀가 성령이 없는 곳을 찾아다닌다는 의미가 됩니다. 특히 옛사람의 것들에 끌려 다니는 사람의 정신과 육체는 귀신들이 아주 좋아하는 곳입니다.마12:43-45 그러나 전신갑주로 무장하며 성령 안에서 무시로 기도하는 성도들에게 결단코 이러한 영적존재는 성도를 해하거나 공격하지 못합니다. 그러나 성령을 근심시키고 공격할 틈을 주면 다른 이야기가 됩니다.엡4:27,30

"여호와께서 또 이르시되 내가 그들과 세운 나의 언약이 이러하니 곧 네 위에 있는 나의 영과 네 입에 둔 나의 말이 이제부터 영원하도록 네 입에서와 네 후손의 입에서와 네 후손의 후손의 입에서 떠나지 아니하리라 하시니라 여호와의 말씀이니라 일어나라 빛을 발하라 이는 네 빛이 이르렀고 여호와의 영광이 네 위에 임하였음이니라사59:21-60:1"처럼, 하나님의 영과 하나님의 말씀을 가슴에 새기고 말씀이 그 입술에 있는 성도들은 세상에 빛을 발하게 됩니다. 귀신은 어두운 존재이며 사망의 존재이기에 빛이나 생명이 역사하면 스스로 물러나게 됩니다. 이는 고래고래 고함지르며 축사할 필요가 없단 의미입니다. 자유케 하시는 것은 진리의 말씀말씀이 살아 생명력으로 역사하고, 내적 기름부으심이 생수의 강이 되어 세상에 흘러나가 빛을 발할 때를 말함; 요8:32, 6:63,

7:39, 히4:12-13, 사60:1과 성령의 권능과 기름부으심이기에 그러합니다.눅4:18, 고후3:17, 행10:38 성령의 운행하심과 상황에 맞게 주시는 말씀 곧 생명력 있는 말씀으로 귀신은 쉽게 축사됩니다.요1:4, 딤후2:25-27 그러나 어둠을 좋아하여 스스로 사단이 공격할 틈을 주게 되면 축사는 커녕 상태는 더욱 악화됩니다.엡4:27, 벧후2:19-22, 롬6:16, 마12:45

"너희 자신을 종으로 내주어 누구에게 순종하든지 그 순종함을 받는 자의 종이 되는 줄을 너희가 알지 못하느냐 혹은 죄의 종으로 사망에 이르고 혹은 순종의 종으로 의에 이르느니라롬6:16"

하여 다름의 절차들을 잘 숙지하면 귀신의 축사는 어렵지 않게 진행됩니다. 즉,

① 모든 믿는 자는 주 예수의 이름으로 축사할 권세가 주어짐을 믿어야 한다.요1:12, 막16:17-18 그래서 말씀을 믿음으로 하는 고백이 필요하다.고후4:13

- 마귀는 틈을 주지 않으면 성도를 공격할 합법적 권세가 없다.엡4:27, 6:10-17

② 귀신5)은 어둡고 더러운 것곧 영적 쓰레기를 좋아하므로, 우선적으로 말씀과 성령으로 즉 빛 가운데행하고요8:12, 12:35-36, 더러운 영적 쓰레기를 제거해야 한다.미워하여 용서하지 못하는 등의 죄의 고백. 어두움, 두려움, 염려, 근심, 지나친 슬픔, 악독, 분노, 노함, 고집, 완악 등과의 분리 작업이 요망됨 ; 딤후2:25-26, 요일1:9-10, 막11:25, 마18:35, 엡4:25-31, 히12:15

- 영적쓰레기 : 육체의 욕심과 소욕, 육체의 일갈5:16-21, 고후10:4-5, 마

---

5) 음부의 권세자 마귀를 "바알세불" 또는 "바알세붑"이라 부름. 전자는 "똥집주인 ; 마12:24", 후자는 "똥파리의 왕 ; 왕하1:2-3"의미가 있음. 이들 단어의 공통의미는 더러움을 나타낸다.

16:24, 막7:20-23, 엡4:17-22,25-26,28-31, 히12:15

- 사단은 육의 오감의 영역에서 역사하여 잘못된 암시나 생각, 느낌, 이론, 경험, 잘못된 지식 등을 통하여 사람들에게 행동하도록 한다.고후4:4, 10:4-5, 요13:2, 마16:23-24 고로 축사 전에 먼저 육체의 일과 육신의 생각을 먼저 다루어야 한다.롬12:1-2

③ 축귀 사역 전가능한 1-3일 정도의 금식도 유용하다. 이 때 찬양 드리며 말씀과 기도를 병행시키는 것이 좋다.마12:43-45, 13:19, 시149편. 사람에게는 각자 자유의지가 있다. 그러므로 어두움에서 벗어나 빛 안에 거하려는 의지 발동이 무엇보다 중요함 ; 롬6:16

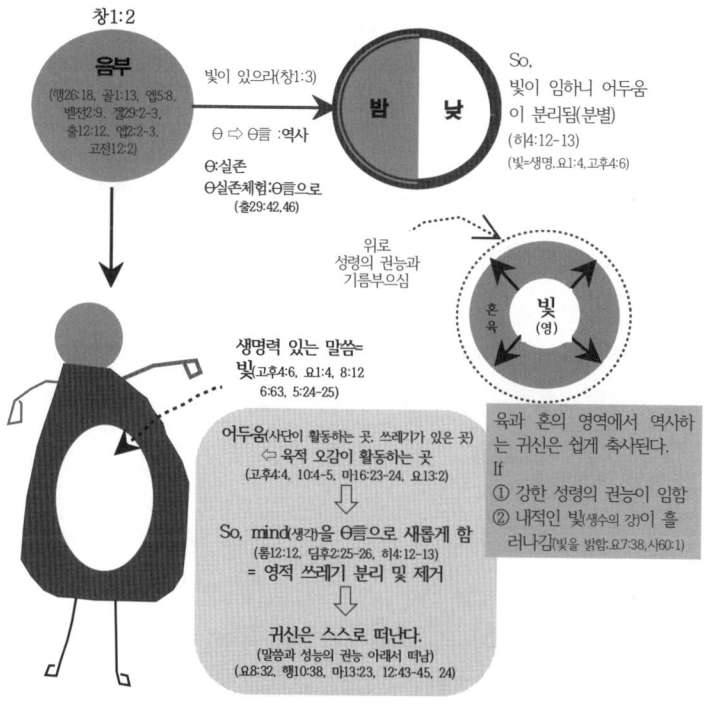

[부록6. 축사(逐邪)의 비밀]

④ 병의 치유는 다양하다. 치유의 방법은 성령님께 물어야 한다.지혜와 지식의 말씀의 은사, 영분별 은사 활용

- 귀신으로 기인한 병 : 축사로 치유함눅4:40-41,17-18, 7:21, 마9:32-33
- 다른 원인으로 기인한 병
  - 성령의 기름부으심과 능력아래서눅13:11-13,16, 사10:27
  - 말씀으로마8:16, 막7:32-37
  - 자연적인 것사단의 간접적 역사에 기인: 음식, 의학적 치료왕하20:7, 딤전5:23

* 악하고 더러운 영을 직접 다룸으로 항상 해결되는 것이 아니나, 말씀위에 기름부으심이 있을 시에는 역사는 항상 일어난다.눅6:17-18, 4:17-18, 행10:38, 롬10:17, 시107:20

* 축사는 반드시 성령의 능력과 기름부으심 아래서 이루어져야 한다.성령님께 여쭈어 보아야 한다; 마12:28, 눅4:17, 막16:17. 고함만 지르거나 자의적으로 하면 오히려 마귀에게 틈을 주게 됨

* 상대방이 믿음의 의지가 있을 때에는 믿음의 기도가 필요하다.본인의 동의와 협조 하에 믿고 스스로 선포해야 한다 ; 눅9:1, 엡6:13, 약4:7

⑤ 먼저 예수이름으로대장귀신을 축사해야 한다.이름과 숫자를 밝히라고 명령한다 ; 마12:43-45, 막5:7,9,13.

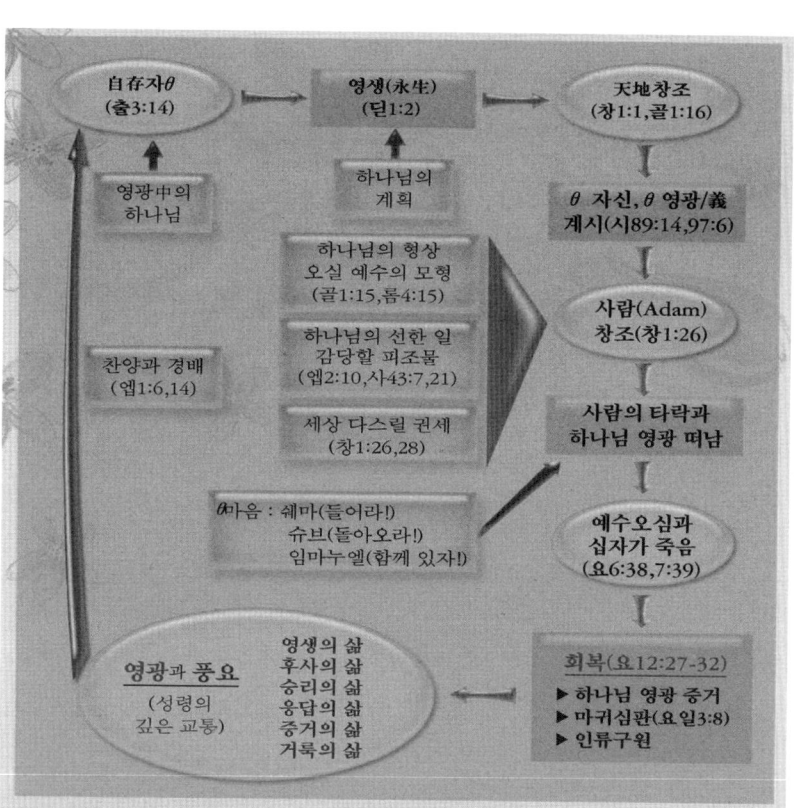

G_Ba는 기초반(새신자 및 입문)과 핵심반(G_Ba기본, G_Ba응용)이 있습니다. 기초반에서는 하나님을 만나는 과정으로 성령을 체험하며, 신앙생활을 시작하는 단계로 아래 도표에 Curriculum이 나와 있습니다. 그리고 핵심반에서는 오른 쪽에 소개되어 있는 바, 그리스도의 군사와 대사로서 영광의 삶을 살아가는데 필요한 훈련을 하는 과정입니다. 철저한 성경 말씀 위에 성령의 깊은 조명으로 권세 있는 말씀위에 성령의 기름 부으심이 충만합니다.

제1편	제2편	제3편	제4편
▶ θ 은 누구신가? ▶ 성경에 대하여..	참 나는 누구인가?	왜 죄인인가?	예수와 구원
제7편	제8편	제9편	
성령을 받아라!	성령으로 인도받는 삶(1,2)	성도의 삶 (1, 2) ▶ 믿음과 기도, 응답이란? ▶ 찬양은 어떻게 드리나? ▶ 성령의 음성듣기	

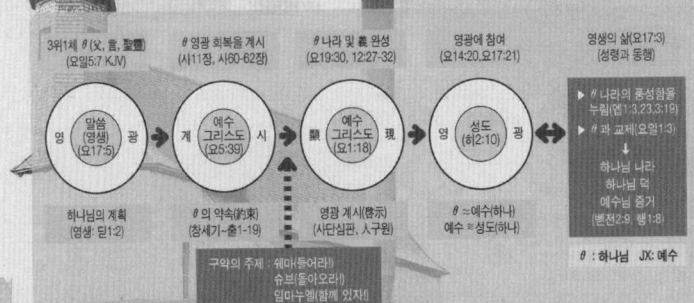

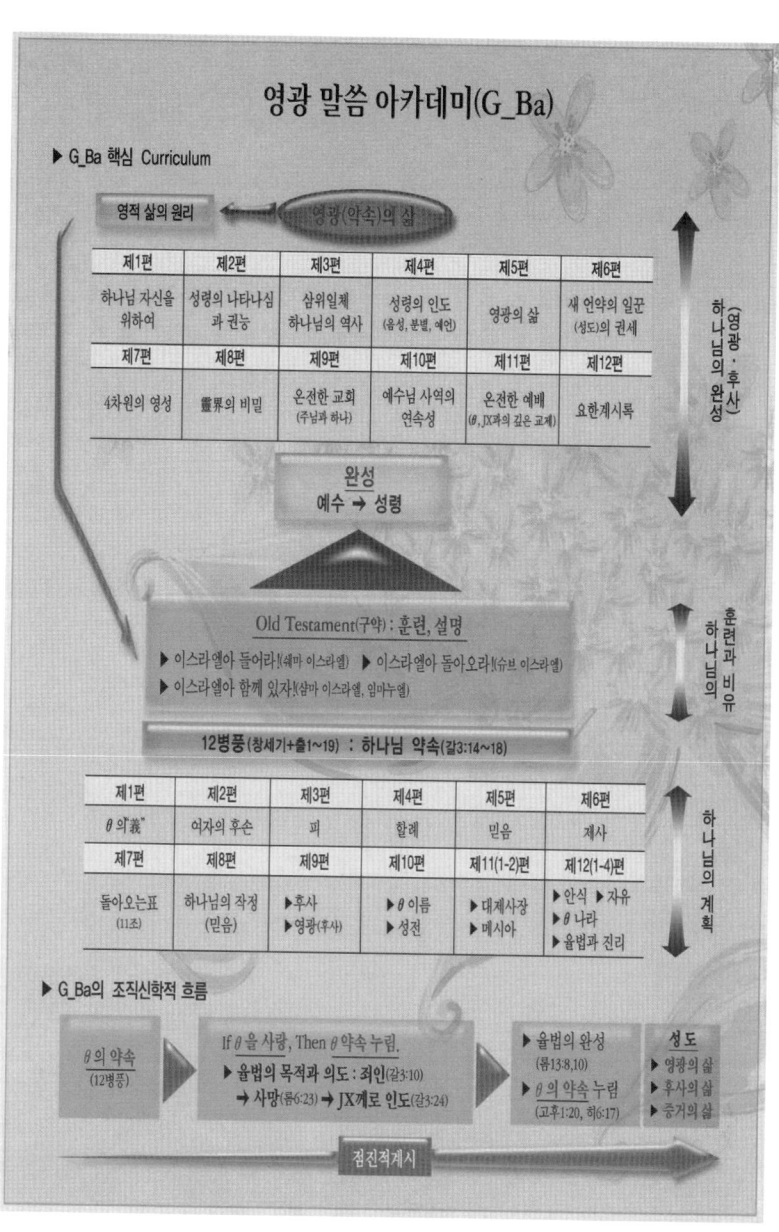